10,-

L

Einführung in die sozialwissenschaftliche Statistik

Von
Dr. phil. Werner J. Patzelt
Akademischer Rat

R. Oldenbourg Verlag München Wien

CIP-Kurztitelaufnahme der Deutschen Bibliothek

Patzelt, Werner J.:
Einführung in die sozialwissenschaftliche
Statistik / von Werner J. Patzelt. – München ;
Wien : Oldenbourg, 1985.
   ISBN 3-486-20036-4

© 1985 R. Oldenbourg Verlag GmbH, München

Das Werk ist urheberrechtlich geschützt. Die dadurch begründeten Rechte, insbesondere die der Übersetzung, des Nachdrucks, der Funksendung, der Wiedergabe auf photomechanischem oder ähnlichem Wege sowie der Speicherung und Auswertung in Datenverarbeitungsanlagen, bleiben auch bei auszugsweiser Verwertung vorbehalten. Werden mit schriftlicher Einwilligung des Verlages einzelne Vervielfältigungsstücke für gewerbliche Zwecke hergestellt, ist an den Verlag die nach § 54 Abs. 2 Urh.G. zu zahlende Vergütung zu entrichten, über deren Höhe der Verlag Auskunft gibt.

Gesamtherstellung: Rieder, Schrobenhausen

ISBN 3-486-20036-4

Inhaltsverzeichnis

Vorwort   1

1. Kapitel:
Der Stellenwert der Statistik für die sozialwissenschaftliche Forschung   1

I.   Zur Logik (sozial-)wissenschaftlicher Forschung   1

     1. Alltagswissen und wissenschaftliches Wissen   1

     2. Wissenschaftliche Aussagen und Begriffe   5
         a. Klassifikatorische, komparative und metrische Variablen   8
         b. Diskrete und stetige Variablen   8
         c. Manifeste und latente Variablen   9

     3. Der (sozial-)wissenschaftliche Forschungsprozeß   9
         a. Die 'Konzeptualisierungsphase'   10
         b. Die 'Datenerhebungsphase'   10
         c. Die 'Auswertungsphase'   13
         d. Die 'Interpretationsphase'   15

II.   Statistische Modelle und sozialwissenschaftliche Meßniveaus   16

     1. Statistische Modelle   16

     2. Sozialwissenschaftliche Meßniveaus   18
         a. Nominalskala   22
         b. Ordinalskala (Rangskala)   22
         c. Intervallskala   23
         d. Verhältnisskala (Ratioskala)   23

III.   'Statistiken' und 'Amtliche Statistik'   26

2. Kapitel:
Deskriptive Statistik   28

I.   Modelle zur Erfassung von Häufigkeitsverteilungen   28

     1. Häufigkeitsverteilungen bei nominalskalierten Daten   29
     2. Häufigkeitsverteilungen bei ordinalskalierten Daten   30

3. Häufigkeitsverteilungen bei metrisch skalierten Daten 30

II. Modelle zur graphischen Darstellung von Häufigkeitsverteilungen 31

1. Die graphische Darstellung monovariater (univariater) Häufigkeitsverteilungen 32
   a. Modelle für nominalskalierte Daten 32
   b. Modelle für ordinalskalierte Daten 34
   c. Modelle für metrisch skalierte Daten 34

2. Die graphische Darstellung bivariater Häufigkeitsverteilungen 36
   a. Modelle für nominalskalierte Daten 36
   b. Modelle für ordinalskalierte Daten 36
   c. Modelle für metrisch skalierte Daten 36

   Exkurs: Datentransformationen 39

3. Die graphische Darstellung der gemeinsamen Häufigkeitsverteilung von drei Variablen 40
   a. Modelle für nominalskalierte Daten 40
   b. Modelle für ordinalskalierte Daten 41
   c. Modelle für metrisch skalierte Daten 41

III. Modelle zur Beschreibung von Verteilungsformen 41

1. Modelle zur Beschreibung monovariater Verteilungsformen 42
   a. Modelle für nominalskalierte Daten 42
   b. Modelle für ordinalskalierte Daten 42
   c. Modelle für metrisch skalierte Daten 43

2. Modelle zur Beschreibung bivariater Verteilungsformen 45
   a. Modelle für nominalskalierte Daten 46
   b. Modelle für ordinalskalierte Daten 46
   c. Modelle für metrisch skalierte Daten 47

IV. Modelle zur Beschreibung der 'zentralen Tendenz' 48
   1. Modelle für nominalskalierte Daten 48
   2. Modelle für ordinalskalierte Daten 48
   3. Modelle für metrisch skalierte Daten 50

V.	Modelle zur Beschreibung der Streuung (Dispersion)	51
	1. Modelle für nominalskalierte Daten	51
	2. Modelle für ordinalskalierte Daten	52
	3. Modelle für metrisch skalierte Daten	54
	a. Mittlerer Quartilsabstand und Kelley-Range	54
	b. Die Varianz	54
	c. Die Standardabweichung	55
	d. Quartils-Dispersionskoeffizient und Variationskoeffizient	55
VI.	Modelle zur Beschreibung von Konzentration	56
	1. Zum Konzept der Konzentration	56
	2. Modelle für ratioskalierte Daten	57
	a. Der Hirschmann- bzw. Herfindahl-Index	57
	b. Lorenz-Kurve und Gini-Index	58
VII.	Modelle zur Erfassung des Zusammenhangs zwischen zwei Variablen	61
	1. Modelle für nominalskalierte Daten	64
	a. Die Prozentsatzdifferenz d%	64
	b. Von chi^2 abgeleitete Modelle: Phi, T, V und C	66
	c. Yules Koeffizient Q	69
	d. Goodman/Kruskals Lambda	70
	2. Modelle für ordinalskalierte Daten	73
	a. Zur Logik ordinaler Zusammenhangsmaße	73
	b. Ordinale Zusammenhangsmaße im Überblick	76
	aa. Ordinale Interpretation nominaler Zusammenhangsmaße	76
	bb. Die Tau-Koeffizienten von Kendall	76
	cc. Der Gamma-Koeffizient von Goodman und Kruskal	77
	dd. Die d-Koeffizienten von Somers	78
	ee. Der Rangkorrelationskoeffizient von Spearman	79
	3. Modelle für metrisch skalierte Daten	79
	a. Der tetrachorische Koeffizient r_{tet}	80
	b. Das Regressionsmodell ('Regressionsanalyse')	80
	c. Determinationskoeffizient r^2 und Maßkorrelationskoeffizient r ('Produkt-Moment-Korrelation')	87

4. Modelle für den Zusammenhang zwischen einer topologisch skalierten und einer metrisch skalierten Variablen 90

   a. Punktbiserialer und biserialer Korrelationskoeffizient 90
   b. Pearsons Eta² und Eta 90
   c. Das Modell der Streuungszerlegung (Varianzanalyse) 91

VIII. Modelle zur Beschreibung des Zusammenhangs zwischen drei Variablen 92

   1. Aufgaben und Grundgedanken der Drittvariablenanalyse 92
   2. Modelle der Drittvariablenanalyse 97

IX. Multivariate Modelle 99

   1. Modelle für nominalskalierte Daten 100
   2. Modelle für ordinalskalierte Daten 102
   3. Modelle für metrisch skalierte Daten 102

     a. Individual- und Aggregatdaten 102
     b. Metrisch-multivariate Modelle im Überblick 104
       aa. Multiple Korrelationsanalyse 104
       bb. Multiple Regressionsanalyse 105
       cc. Pfadanalyse ('kausale Modellierung') 106
       dd. Clusteranalyse 111
       ee. Faktorenanalyse 111

   4. Modelle für Zusammenhänge zwischen nominal- und metrisch skalierten Variablen 121

     a. Diskriminanzanalyse 121
     b. Kontrastgruppenanalyse 124
     c. Varianzanalyse 131

X. Modelle zur Analyse von Prozessen (Zeitreihenanalyse) 135

   1. Zeitreihen nominal-, ordinal- und metrisch skalierter Variablen 135
   2. Fragestellungen, Probleme und Modelle der Zeitreihenanalyse 139

3. Kapitel:
Wahrscheinlichkeitstheoretische Grundlagen der schließenden Statistik 147

I. Das Konzept der Wahrscheinlichkeit 149

    1. Alltagsweltliche und wissenschaftliche Wahrscheinlichkeitsaussagen 149

    2. Subjektive Wahrscheinlichkeitsaussagen 151

    3. Die Häufigkeitskonzeption der Wahrscheinlichkeit 155

        a. Grundzüge der Häufigkeitskonzeption der Wahrscheinlichkeit 156

        b. Zur Rolle der Kombinatorik in der Wahrscheinlichkeitstheorie 160

        c. Theoreme der Wahrscheinlichkeitsrechnung 162

II. Wahrscheinlichkeitstheoretische Anforderungen an Auswahlen 164

III. Wahrscheinlichkeitsverteilungen und ihr sozialwissenschaftlicher Nutzen 170

    1. Aufgaben und Arten von Wahrscheinlichkeitsverteilungen 170

    2. Die Gleichverteilung 173

    3. Die 'Familie der Binomialverteilung' 173

        a. Die Binomialverteilung ('Bernoulli-Verteilung') 173

        b. Die Poisson-Verteilung 175

        c. Die hypergeometrische Verteilung 175

    4. Die Normalverteilung 176

        a. Struktur und Eigenschaften 176

        b. Verwendungsbedingungen der Normalverteilung 183

    5. Die 'Familie der Normalverteilung' 185

        a. Die t-Verteilung ('Student-Verteilung') 185

        b. Die chi^2-Verteilung 186

        c. Die F-Verteilung 187

        Exkurs: Zum Konzept der 'Freiheitsgrade' 188

    6. Zur praktischen Benutzung von Wahrscheinlichkeitsverteilungen 189

4. Kapitel:
Schließende Statistik 192

A. Der statistische Repräsentationsschluß 195

    I. Der zentrale Grenzwertsatz 195

    II. Grundgedanken statistischer Repräsentationsschlüsse 198

        1. Grundgedanken der Punktschätzung 198
            a. Das Prinzip der kleinsten Quadrate 198
            b. Das Maximum-Likelikood-Prinzip 199
            c. Verwendung des Bayes-Ansatzes 199

        2. Grundgedanken der Intervallschätzung 199

    III. Modelle statistischer Repräsentationsschlüsse 204

B. Der statistische Inklusionsschluß 205

    I. Die logische Struktur eines Signifikanztests 206
        1. Der Signifikanztest als Falsifikationsversuch 206
        2. Der Signifikanztest als indirekter Beweis 207

    II. Die Durchführung eines Signifikanztests 209

        1. Die Operationalisierung der zu prüfenden Hypothese als Paar von H_1 und H_0 209

        2. Vergleich des aus der Stichprobe berechneten Wertes der Prüfgröße mit der Prüfverteilung 210

            a. Ein Beispiel (t-Test)
            b. Signifikanzniveau und Ablehnungsbereich 212
            c. Zweiseitige und einseitige Fragestellung 215
            d. Die konkrete Durchführung eines Signifikanztests 217

        3. Die Entscheidung für oder gegen H_0 bzw. H_1 217
            a. Fehler 1. Art und Fehler 2. Art 218
            b. Die Festsetzung des Signifikanzniveaus 219

    III. Fehler bei der Benutzung von Signifikanztests 222

        1. Unzulässige Umrechnungen zweiseitiger in einseitige Irrtumswahrscheinlichkeiten 222

        2. Fehlinterpretation des Signifikanzbegriffs 222

        3. Fehlinterpretation des Sicherheitsniveaus 223

        4. Fehlinterpretation des Signifikanzniveaus 223

5. Fehlerhafter Einsatz von Signifikanztests bei 224
der Datenanalyse
6. Anwendung von Signifikanztests bei einer Voll- 225
erhebung

IV. Kriterien zur Auswahl eines Signifikanztests 226

1. Fragestellung, Meßniveau und wahrscheinlichkeits- 226
theoretische Voraussetzungen

2. Die Stärke-Effizienz des Tests 227

3. Die Art der vorliegenden Stichprobe(n) 228

   a. Ein-Stichprobenfall 228
   b. Fall zweier unabhängiger Stichproben 229
   c. Fall von k unabhängigen Stichproben 229
   d. Fall zweier abhängiger Stichproben 230
      aa. Meßwiederholungstechnik 230
      bb. Paarbildungstechnik 232
   e. Fall von k abhängigen Stichproben 235

V. Signifikanztests im Überblick 236

1. Tests für den Ein-Stichprobenfall 236

   a. Binomialtest 236
   b. Chi^2-Test für e i n e Stichprobe 237
   c. Iterationstest ('Sequenzanalyse') 238
   d. Kolmogorov-Smirnov-Test für e i n e Stichprobe 238
   e. Tests für die Verteilungsform 239
   f. Tests für den Mittelwert 239
   g. Tests für die Varianz 240

2. Tests für zwei unabhängige Stichproben 240

   a. Fisher-Test 240
   b. Chi^2-Test für zwei unabhängige Stichproben 240
   c. Test gegen den Trend nach Pfanzagl 241
   d. Mediantest für zwei unabhängige Stichproben 241
   e. Mann-Whitney-U-Test 241
   f. Kolmogorov-Smirnov-Test für zwei unabhängige 241
Stichproben
   g. Iterationstest von Wald-Wolfowitz 242
   h. Moses-Test 242
   i. Randomisierungstest für zwei unabhängige 242
Stichproben

j. F-Test 243
k. t-Test für zwei unabhängige Stichproben 243
l. Welch-Test 243

3. Tests für k unabhängige Stichproben 243

   a. Chi²-Test für k unabhängige Stichproben 244
   b. Mediantest für k unabhängige Stichproben 244
   c. H-Test (Einfache Rangvarianzanalyse) 244
   d. Varianzanalyse für unabhängige Stichproben 244

4. Tests für zwei abhängige Stichproben 247

   a. McNemar-Test 247
   b. Vorzeichentest 247
   c. Wilcoxon-Vorzeichenrang-Test 247
   d. Walsh-Test 247
   e. Randomisierungstest für zwei abhängige Stichproben 248
   f. Ferguson-Test 248
   g. t-Test für zwei abhängige Stichproben 248

5. Tests für k abhängige Stichproben 248

   a. Cochrans Q-Test 248
   b. Friedmans Rangvarianzanalyse 249
   c. Varianzanalyse für Meßwiederholungen 249

6. Signifikanztests für Zusammenhangsmaße 249

   a. Signifikanztests für nominale Zusammenhangsmaße 250
   b. Signifikanztests für ordinale Zusammenhangsmaße 250
   c. Signifikanztests für metrische Zusammenhangsmaße 250
   d. Signifikanztests für die Gleichheit zweier Korrelationskoeffizienten 250
   e. Signifikanztests für partielle Zusammenhangsmaße 251

5. Kapitel: 252
EDV-gestützte Verwendung statistischer Modelle 251

  II. Grundkenntnisse für EDV-gestützte Statistikverwendung 254

    1. Hardware, Software und Betriebsarten 254

    2. Sozialwissenschaftliche Nutzungsmöglichkeiten der EDV 257

      a. Informationsspeicherung und Informationswiedergewinnung 257
      b. Benutzung statistischer Modelle 258

      c. Automatische Inhaltsanalyse   258
      d. Computersimulation   258

    3. EDV-gestützte Statistikverwendung: SPSS als Beispiel   259

III. Grundzüge der EDV-gestützten Statistikverwendung im Ablauf eines Forschungsprozesses   261

Literaturverzeichnis   266

Vorwort

Die Statistik gehört zu den unbeliebten Inhalten eines sozialwissenschaftlichen Studiums. Nirgendwo scheint der Bezug zu eigentlich interessanten Fragestellungen und 'zur Wirklichkeit' schlechthin so sehr verlorenzugehen, und nirgendwo erlebt man ein größeres Mißverhältnis zwischen notwendigem Arbeitsaufwand und motivierenden Erfolgserlebnissen. Die Botschaft, Statistik sei wichtig und unverzichtbar, hört man wohl; auch fehlt vielleicht gar nicht der Glaube. Doch weder in Statistik-Kursen noch beim Studium statistischer Lehrbücher wird so recht erfahrbar, was wirklich der Lohn dieser Mühen sei.

Meist schiebt sich nämlich der Zwang, von vornherein die schlecht beherrschte Sprache der Mathematik benutzen zu müssen, zwischen den durchaus Lernwilligen und seinen Gegenstand. Doch wem macht es Spaß, unfreiwillig an intellektuelle Grenzen zu gelangen - gar noch mit dem üblichen Hinweis bedacht, erwartet würden ja nur ganz elementare Kenntnisse der Schulmathematik? Wer sein sozialwissenschaftliches Studium nicht zum mathematischen Nachlernen benutzt, erlebt die Statistik folglich als Disziplin, die ihn ausgrenzt.

Das ist zweifellos fatal: Motivation wird beschädigt, Leistungswille blockiert. Auf die Sozialwissenschaften hat dies nachteilige Rückwirkungen. Zwar steht außer jedem vernünftigen Zweifel, daß dieser Wissenschaftszweig nicht ohne empirische Forschung, diese aber nicht ohne Statistik auskommt. Doch wieviele derer, die studierend oder lehrend in den Sozialwissenschaften tätig sind, haben wirklich ein ungebrochenes Verhältnis zur Statistik?

Wie sieht es gar erst mit der Popularisierung fachwissenschaftlicher Kenntnisse aus: wo besteht unter aufgeschlossenen Laien ein wenigstens rudimentäres methodisches und statistisches Vorwissen, so daß die Nachvollziehbarkeit sozialwissenschaftlicher Aussagen und die Akzeptanz für sie als gewährleistet gelten könnte? Sofern die gesellschaftliche Folgenlosigkeit weiter Bereiche sozialwissenschaftlicher Forschung auf mangelhaften Transfer von Forschungsergebnissen in die soziale und politische Praxis, dieses Defizit aber darauf zurückzuführen ist, daß die Glaubwürdigkeit sozialwissenschaftlicher Forschungsergebnisse zu bezweifeln schier zum guten Ton gehört, lohnt es sicherlich, diesem Zustand auf den Grund zu gehen. Es scheint nun ein Großteil sozialwissenschaftlicher Selbstdarstellungsprobleme daher zu rühren, daß meist sowohl die Forschungslogik als auch das Forschungsinstrumentarium der Sozialwissenschaften recht unklar bleiben. Vor allem gilt dies für die statistischen Arbeitsmittel der sozialwissenschaftlichen Forschung, bezüglich derer Vorurteile zu hegen geradezu als Ausweis kritischen Wissenschaftsverständnisses gilt. Nun mangelt es gewiß nicht an vorzüglichen Kompendien und Lehrbüchern der Forschungslogik, der sozialwissenschaftlichen Methodologie und der Statistik, die hier Abhilfe schaffen könnten. Doch gerade die verfügbare Statistik-Literatur war dabei offensichtlich nicht erfolgreich.

Deswegen versucht diese Einführung, den gängigen Kanon grundlegender statistischer Kenntnisse auf eine neue Art zu vermitteln. Statistik soll auf ihre Leitgedanken reduziert werden, damit eine leicht faßliche Verständnisgrundlage entsteht, auf der dann alle notwendigen Detailkenntnisse aufgebaut werden können. Strikt wird der Weg vom allgemeinen zum besonderen beschritten, wobei das Eindringen in die praktisch wichtigen Detailkenntnisse dem Studium im wahrsten Wortsinn weiterführender Literatur überlassen bleibt. Es wird alles ausgespart, was den Blick aufs Ganze, die dienende Funktion der Statistik innerhalb der sozialwissenschaftlichen Forschung, verstellen könnte. Vor allem werden die mathematischen Konkretisierungen der statistischen Leitgedanken nur in dem geringen Umfang dargestellt, in dem sie für ein erstes Verständnis der Statistik absolut unverzichtbar erscheinen. Beim Leser werden lediglich Erinnerungen an mathematisches Grundlagenwissen vorausgesetzt. Dafür wird ihm zugemutet, sich die logische Struktur einfacher und komplexer statistischer Modelle anzueignen und neben ihren Vorzügen stets auch ihre Verwendungsprobleme zu bedenken. 'Rezeptwissen' wird ebensowenig wie die Fähigkeit zum statistischen Rechnen angestrebt; das erste führt ohnehin nur zu Mißverständnissen der Statistik, und Rechenfertigkeiten sind auf elementarem Niveau durchaus verzichtbar.

Keineswegs versteht sich diese Einführung als 'Lehrbuch'; sie will nicht mehr erreichen, als ihr Titel besagt: die ersten Schritte in die sozialwissenschaftliche Statistiknutzung zu weisen. Sie hat den Zweck, als Schlüssel zur vorliegenden Statistik-Literatur zu dienen; wie Wittgensteins Leiter kann sie weggelegt werden, sobald ein Kenntnisstand erreicht ist, der ein befriedigendes Studium der angegebenen Lehrbücher möglich macht.

Das Propädeutikum, das diese Einführung liefert, gliedert sich in fünf Kapitel, die der Reihe nach durchgearbeitet werden sollten. Zunächst ist der sozialwissenschaftliche Stellenwert der Statistik zu klären. Dann werden die wichtigsten Modelle der deskriptiven Statistik dargestellt, wobei auch in die Logik multivariater Modelle eingeführt wird. Das dritte Kapitel behandelt die Grundlagen der schließenden Statistik. Ihre einzelnen Modelle finden sich im vierten Kapitel beschrieben; sein Schwerpunkt liegt auf der Erörterung der Möglichkeiten statistischer Hypothesenprüfung. Abschließend wird gezeigt, auf welche Weise die EDV für sozialwissenschaftlich-statistische Forschungszwecke zu nutzen ist.

Sollte dem Leser nach dem Studium dieses Buches klar sein, daß die Statistik keineswegs eine ausgrenzende Disziplin, ein Tummelplatz für Esoteriker oder Manipulateure ist, sollte er seine Berührungsängste gegenüber statistischer Argumentation verloren und gar motiviert worden sein, sich mit dieser Disziplin näher vertraut zu machen, um sie für seine sozialwissenschaftlichen Interessen in ihrer ganzen Leistungsfähigkeit nutzen zu können, so hätte die 'Einführung' ihre Absicht erreicht.

1. Kapitel
Der Stellenwert der Statistik für die sozialwissenschaftliche Forschung

I. Zur Logik (sozial-)wissenschaftlicher Forschung

1. Alltagswissen und wissenschaftliches Wissen

Sozialwissenschaftliche Forschung hat die Aufgabe, Aussagen über soziale Wirklichkeit zu formulieren. 'Soziale Wirklichkeit' bezeichnet sämtliche Inhalte, Strukturen und Prozesse wechselseitig aufeinander bezogener menschlicher Handlungen. Offenbar ist aber jeder in der Lage, über dies alles irgendwelche Aussagen zu treffen. An sozialwissenschaftlicher Forschung besteht darum nur Bedarf, wenn die von ihr erarbeiteten Aussagen sich in irgendeiner nützlichen Weise von jenen unterscheiden, zu denen bereits sachkundige 'Laien' gelangen. Deren Wissen über soziale Wirklichkeit soll 'Alltagswissen' heißen: ein Wissen, das für das tägliche Leben ausreicht, auf manchen Gebieten äußerst spezialisiert ist ('Fachmannswissen') und sich bei vielen praktischen Aufgaben bewährt hat.

Die Menge der Aussagen, die durch sozialwissenschaftliche Forschung erarbeitet werden, soll 'wissenschaftliches Wissen' heißen. Wichtige Gemeinsamkeiten und Unterschiede zwischen Alltagswissen und wissenschaftlichem Wissen lassen sich in fünf Punkten zusammenfassen:

a) Alltagswissen, in täglicher Praxis erworben und bewährt, ist für seinen Besitzer selbstverständlich. Er benützt es zur Orientierung wie einen Kompaß, an dessen Verläßlichkeit man nicht zweifelt. Wissenschaftliches Wissen wird für Wissenschaftler oft ebenso selbstverständlich werden. Doch grundsätzlich ist ihnen klar, daß wissenschaftliches Wissen als Produkt komplizierter, störanfälliger Arbeitsprozesse alles andere als selbstverständlich ist und sich zwar bei der Bewältigung wissenschaftlicher und praktischer Probleme bewährt haben mag, aber grundsätzlich durch neue Entdeckungen in Frage gestellt und weitgehend verändert werden kann.

b) Das Alltagswissen und die gesamte Perspektive auf die soziale Wirklichkeit, die es ausdrückt, ist vorgeprägt durch kulturspezifische Denkweisen und Begriffe. Da diese Denkweisen und Begriffe innerhalb des alltäglichen Sprechens über Wirklichkeit selbstverständlich sind, bleibt diese Prägung den Benutzern von Alltagswissen regelmäßig unbemerkt. Ihnen bleibt darum auch oft genug unbekannt, wieviele Tatsachen, Zusammenhänge und Erklärungsmöglichkeiten sie einfach übersehen, weil eben die in aller

Selbstverständlichkeit benutzten Denkweisen und Begriffe nicht 'auf sie passen'.

Auch wissenschaftliches Wissen ist in derselben Weise vorgeprägt. Doch im Bereich der Wissenschaft sind jene Denkweisen und Begriffe selbst Gegenstand sorgfältiger Untersuchungen, welche die 'Perspektive auf Wirklichkeit' strukturieren, die gewonnenen Kenntnisse ordnen und deuten sowie festlegen, was auf welche Weise in den Blick und Zugriff von Forschung geraten kann. Es ist die Aufgabe theoretischer Forschung, für die Tatsachenforschung ('empirische Forschung') nützliche Denkweisen und Begriffe zu entwickeln und die Merkmale jener Perspektiven zu klären, die bei der Tatsachenforschung benutzt werden. Der unabänderliche Sachverhalt der 'Perspektivität' jedes Versuchs, Wirklichkeit zu betrachten und über sie Aussagen zu formulieren, wird mit Begriffen wie 'theoriegeleitete Empirie' oder 'erkenntnisleitende Bedingungen/Interessen' bezeichnet. Anders als das Alltagswissen ist sich wissenschaftliches Wissen seiner Perspektivität und Prägung darum stets bewußt.

c) Die Informationen, aus denen das Alltagswissen besteht, sind selektiv. Niemand kann auch über einen beschränkten Wirklichkeitsbereich je alles in Erfahrung bringen; von dem, was grundsätzlich wahrgenommen werden könnte, entgeht dem Betrachter regelmäßig ein Großteil, und von dem, was tatsächlich aufgenommen wurde, vergißt er sicher vieles. Aktuell verfügbares Wissen ist darum das Ergebnis eines mindestens dreifachen Filtervorgangs. Weil das Alltagswissen für seinen Besitzer aber selbstverständlich ist, entgeht ihm üblicherweise sowohl die Tatsache solcher Selektivität als auch, daß er durch bestimmte persönliche 'Filterpraktiken' im Lauf der Jahre ein systematisch verzerrtes Bild der Wirklichkeit erhält. Er benützt als Grundlage seiner Orientierung in der Welt und seiner Schlußfolgerungen dann eine Auswahl (eine 'Stichprobe') von Informationen, deren oft fehlerhafte Beschaffenheit er nicht bemerkt.

Auch wissenschaftliches Wissen ist grundsätzlich selektiv. Doch Wissenschaftler sind sich der Tatsache solcher Selektivität meist bewußt und versuchen, bei allen Schlußfolgerungen die Auswirkungen solcher selektiver Informationsgrundlagen in Rechnung zu stellen. Außerdem ist es eine Regel wissenschaftlicher Forschung, nach Möglichkeit stets den gesamten Gegenstandsbereich zu untersuchen, über den Aussagen formuliert werden sollen, d.h.: Selektivität zu vermeiden. Falls dies nicht möglich ist, werden solche Auswahlen vorgenommen (werden 'Stichproben gezogen'), die korrekte Schlüsse auf den gesamten interessierenden Gegenstandsbereich

– die 'Grundgesamtheit' – zulassen. Im Gegensatz zum Alltagswissen ist wissenschaftliches Wissen darum auf kontrollierte Weise selektiv und stellt sicher, daß kein durch unbedachte Filterung vezerrtes 'Bild der Wirklichkeit' entsteht.

d) Die im Alltagswissen verfügbaren Aussagen stimmen sehr oft mit den Tatsachen überein, auf die sie sich beziehen. Dies gilt vor allem für den Bereich des beruflichen Fachmannswissens. Doch ein großer Teil des Alltagswissens enthält Aussagen über Wirklichkeitsbereiche, bezüglich welcher fachmännische Kompetenz eben fehlt. Am Fall populärer volkswirtschaftlicher oder politischer Vorstellungen dürfte dies unmittelbar einzusehen sein. Als Ersatz für fachmännisches oder wenigstens im eigenen Alltag bewährtes Wissen dienen dann Zufallskenntnisse, Analogien, Sprichwortweisheiten, mythische oder ideologische Vorstellungen. Ganz allgemein gilt: je stärker Alltagswissen sich auf Sachverhalte außerhalb des konkreten, eigenen Alltagshandelns bezieht, um so eher kann man davon ausgehen, daß seine Aussagen mit den Tatsachen nicht übereinstimmen. Der praktischen Nützlichkeit von Alltagswissen tut dies freilich keinen Abbruch: es muß stets nur so gut sein, daß mittels seiner das alltägliche Handeln erfolgreich durchgeführt werden kann.

Wissenschaftliches Wissen ist von der Notwendigkeit frei, zur allgemeinen Orientierung und Kommunikation im Alltag dienen zu müssen. Die Begriffe, Aussagen und Informationen, aus denen es besteht, unterliegen nicht der Hauptforderung, die an Alltagswissen und Alltagssprache gestellt werden muß: nur so kompliziert zu sein, wie es für konkrete, praktische Zwecke unverzichtbar ist. Die Wissenschaftssprache und das in ihr formulierbare Wissen kann darum auf einen anderen Zweck hin optimiert werden: Aussagen so zu formulieren,

- daß sie wegen ihrer Präzision gut daraufhin überprüft werden können, ob sie mit den Tatsachen, auf die sie sich beziehen, übereinstimmen;
- daß sie wegen ihrer Komplexität auch solche Merkmale der Wirklichkeit gut erfassen können, für die in Alltagssprache und Alltagsdenken nur stark vereinfachende Denkweisen verfügbar sind.

In der Tat ist es eine wichtige Regel wissenschaftlicher Forschung, Aussagen dieser Art zu formulieren, sie daraufhin zu prüfen, ob sie mit den Tatsachen übereinstimmen, und solche Aussagen, bei denen das nicht der Fall ist, auszusondern oder zu verbessern. Akzeptierte Aussagen stellen dann das verfügbare wissenschaftliche Wissen dar. Wo Wissenschaft gemäß ihren von der Wissenschaftstheorie beschriebenen Regeln betrieben wird, kann man darum, im Gegensatz zu weiten Bereichen des Alltagswissens, davon ausgehen, daß die benutzten Aussagen in bestmöglich erreichbarer Weise mit den Tatsachen übereinstimmen. Diese Erwartung bezüglich der Qualität wissenschaftlicher Aussagen ist vor allem dann praktisch wichtig, wenn wissenschaftliche Aussagen inhaltlich von Aussagen des Alltagswissens abweichen.

e) Die im Alltagswissen benutzten Aussagen sind in sich selbst sehr oft schlüssig. Doch man überblickt häufig nicht die logischen Konsequenzen einzelner Aussagen, so daß längere und komplexere Argumentationen oft logisch fehlerhaft sind. Indessen stellt dies für alltägliches Reden und Handeln selten ein Problem dar: auf logische Stimmigkeit kommt es nur insoweit an, daß Kommunikation und kommunikationsgeleitetes Handeln nicht beeinträchtigt werden.

Für wissenschaftliche Forschung gelten andere Regeln. Sie haben sicherzustellen, daß alle Aussagen streng auf ihre Übereinstimmung mit den Tatsachen geprüft werden können - ob man sie nun leicht oder nur mit einiger Mühe kommunizieren kann. Doch schon eine so einfache Aussage wie 'Erfolg macht leichtsinnig' läßt sich dann nicht mehr auf ihre Übereinstimmung mit den Tatsachen prüfen, wenn es nicht möglich ist, sie in logisch korrekten Ableitungen zu solchen Aussagen umzuformen, die konkrete Sachverhalte beschreiben, welche in ausreichend ähnlicher Weise von jedem intellektuell kompetenten Erwachsenen wahrgenommen werden können. Deswegen muß für wissenschaftliche Aussagen unbedingt gefordert werden, daß sie in sich logisch richtig sind ('logische Konsistenz'). Welche der verfügbaren Logiken ('klassische' zweiwertige Logik, mehrwertige Logiken, modale Logiken) die Kriterien für logische Konsistenz abgeben, hängt ganz vom zu bearbeitenden Forschungsproblem ab; für praktische Zwecke reicht die zweiwertige Logik des Alltagsdenkens, die nur zwischen 'wahr' und 'falsch' unterscheidet, in der Regel aus. Wichtig ist zu begreifen, daß diese Forderung nach logischer Konsistenz (die ihrerseits begriffliche Klarheit voraussetzt) keinesfalls ein Selbstzweck ist, sondern einzig und allein dazu dient, die Prüfbarkeit aller Aussagen zu gewährleisten, die im Lauf wissenschaftlicher Forschung benutzt oder erarbeitet werden.

Diese in fünf Punkten zusammengefaßten Überlegungen zeigen, daß wissenschaftliche Aussagen den Aussagen, die jedermann formulieren kann, tatsächlich überlegen sind:

- sie eröffnen Perspektiven auf Wirklichkeit, die dem Alltagsdenken unzugänglich sind;
- sie erlauben eine präzisere, zielgerichtete Prüfung ihrer Übereinstimmung mit den Tatsachen;
- sie werden dort, wo solche Prüfungen durchgeführt werden, verläßlicher zur Orientierung dienen können als das eigene Alltagswissen, das sich ja nur in sehr engen Wirklichkeitsbereichen bewähren kann.

Folglich kann wissenschaftliches Wissen von großem praktischen Nutzen sein. Es kann das Alltagswissen freilich nie ersetzen; auch setzt der Wunsch, solches Wissen zu erarbeiten, keineswegs voraus, das Alltagswissen gering einzuschätzen. Vielmehr entsteht Nachfrage nach zusätzlichem wissenschaftlichen Wissen immer dann, wenn das Alltagswissen zur Bewältigung konkreter Probleme nicht mehr ausreicht. Gerade die sozialwissenschaftliche Forschung entwickelte sich darum regelmäßig zu Zeiten, in denen soziale und politische Probleme mit dem überkommenen Alltagswissen nicht mehr in den Griff zu bekommen waren.

2. Wissenschaftliche Aussagen und Begriffe

An wissenschaftliche Aussagen müssen gemäß dem obigen Gedankengang zwei Forderungen gestellt werden:

a) Beziehen sich wissenschaftliche Aussagen auf Tatsachen oder Zusammenhänge, die in der Wirklichkeit bestehen ('empirische Aussagen'), so müssen sie mit diesen Tatsachen oder Zusammenhängen übereinstimmen[*]. Ist dies bei einer Aussage der Fall, so heißt sie 'wahr'; d.h.: Wahrheit ist weder ein 'Zustand' noch eine 'Substanz', sondern eine (mögliche) Eigenschaft von Aussagen. Unter dem 'Wahrheitsgehalt' einer Aussage versteht man darum das Ausmaß, in dem sie mit jenen Tatsachen oder Zusammenhängen übereinstimmt, auf die sie sich bezieht. Solchermaßen wahre Aussagen zu er-

---

[*] Die Logik wissenschaftlicher Aussagen, die Tatsachen oder Zusammenhänge bewerten, fordern oder kritisieren ('normative Aussagen'), kann hier nicht behandelt werden.

arbeiten oder den Wahrheitsgehalt von Aussagen über Tatsachen und Zusammenhänge zu prüfen, ist die Aufgabe empirischer Forschung.

b) Aussagen müssen so miteinander verbunden werden, daß ihr Wahrheits- oder Falschheitsgehalt bei jedem Argumentationsschritt unverändert weitergegeben wird. Dies wird durch die Benutzung jener Formen 'gültiger Schlüsse' garantiert, die innerhalb verschiedener Logiken verfügbar sind. Aussagenverbindungen, bei denen diese Schlußformen korrekt verwendet werden, sind logisch konsistent. Solche Konsistenz zu überprüfen und gegebenenfalls zu verbessern, ist eine wichtige Aufgabe theoretischer Forschung.

Aus diesen beiden grundlegenden wissenschaftstheoretischen Postulaten lassen sich speziellere Forderungen an wissenschaftliche Begriffe und Aussagen ableiten. Vor allem ist folgende Forderung zu erfüllen: jede noch so abstrakte Aussage muß durch logisch richtige Ableitungen auf solche Begriffe zurückzuführen sein, die im zu erforschenden Wirklichkeitsausschnitt Tatsachen oder Zusammenhänge erfassen, über deren Vorliegen oder Nicht-Vorliegen unter intellektuell kompetenten Erwachsenen Konsens erzielt werden kann.

Eine solche 'Ableitungskette' zwischen einem theoretischen Begriff ('Konzept') und wahrnehmbaren Wirklichkeitsmerkmalen ('empirischer Referent') herzustellen, heißt: den theoretischen Begriff (bzw. das Konzept) zu 'operationalisieren'. Gelingt es, einen theoretischen Begriff mit einem empirischen Referenten durch logisch stimmige Ableitungen so zu verbinden, daß tatsächlich jene Wirklichkeitsmerkmale erfaßt werden, auf die sich der Vorstellungsinhalt des Begriffes richtet, so heißt die entsprechende Operationalisierung 'valide'. Offensichtlich lassen sich nur bei validen Operationalisierungen der benutzten Begriffe Aussagen auf ihre Übereinstimmung mit den Tatsachen prüfen. Darum ist es eine zentrale und oft recht schwierige Forschungsaufgabe, für Validität zu sorgen.

Aussagen entstehen dadurch, daß Begriffe miteinander verbunden werden. Die zur Bildung wissenschaftlicher Aussagen benutzten Begriffe lassen sich vielfältig gliedern. Eine wichtige Gliederungsmöglichkeit unterscheidet 'klassifikatorische', 'komparative' und 'metrische' Begriffe.

Klassifikatorische Begriffe sind solche, die unterschiedliche Wirklichkeitsmerkmale einfach verschieden benennen: Mann/Frau, Mensch/Tier, Lebewesen/Sache usw. Selbstverständlich drückt die Art und Weise, in der Unterschiedlichkeit festgestellt und ein Wirklichkeitsbereich begrifflich geordnet wird, eine bestimmte Perspektive auf diesen Wirklichkeitsbereich aus. Klassifikatorische Begriffe sind die einfachsten Begriffe und haben einen eher geringen Informationsgehalt: sie geben nur an, daß bestimmte Klassen von Wirklichkeitsmerkmalen existieren und ein gegebener Sachverhalt in eine bestimmte Klasse fällt. Dafür, daß es Grade an Merkmalsausprägungen gibt und auch Verhältnisse zwischen Wirklichkeitsmerkmalen betrachtet werden können, sind diese Begriffe 'blind'.

Komparative Begriffe leisten alles, was auch klassifikatorische Begriffe leisten. Zusätzlich drücken sie Grade an Merkmalsausprägungen und folglich Rangordnungen aus. In Form der Steigerung ('klar - klarer - am klarsten') oder einer Reihenfolge gemäß den natürlichen Zahlen (1., 2., 3., ..., n.) sind sie, wie die klassifikatorischen Begriffe, schon in der Alltagssprache verfügbar. Natürlich drücken sie nicht Rangordnungen schlechthin, sondern innerhalb einer bestimmten Perspektive wahrgenommene Rangordnungen aus.

Metrische Begriffe sind die kompliziertesten und informationshaltigsten Begriffe. Sie erlauben es, Differenzen und Proportionen innerhalb von Rangordnungen zu erfassen. Sie sind in der Alltagssprache nicht von vornherein verfügbar, sondern erst dann, wenn ein bestimmter Maßstab für Rangordnungen entwickelt wurde und sich als so praxisnützlich erwies, daß er im Alltagsleben benutzt wurde und darum in die Alltagssprache einging. Voll zur Alltagssprache gehören inzwischen metrische Begriffe wie Grad Celsius, Mark und Pfennig, Kilo und Gramm, Meter und Zentimeter. Zur Fachmannssprache, noch nicht aber zur Alltagssprache, gehören metrische Begriffe wie Joule und Dezibel. Metrische Betriffe heißen auch 'quantitative Begriffe'; komparative und klassifikatorische Begriffe nennt man 'qualitative Begriffe'.

Eine zweite sehr wichtige Gliederung von Begriffen entsteht, wenn man Begriffe als Variablen ausgestaltet. Dies ist immer dann sinnvoll, wenn man Gruppen von Wirklichkeitsmerkmalen mit einem einzigen Begriff bezeichnen, innerhalb dieses Begriffes aber Unterschiede benennen möchte. Eine Variable ist also gewissermaßen ein Oberbegriff, in dessen empirischen Referenten man durch - beliebig viele - Unterbegriffe ('Werte, welche die Variable annehmen kann, kürzer: 'Variablenwerte') nähere Unterscheidungen trifft. Durch eine Variable als Oberbegriff wird somit ein bestimmtes Wirklichkeitsmerkmal, und durch die Variablenwerte werden bestimmte Merkmalsausprägungen bezeichnet. Die übliche Redeweise lautet: eine Variable 'nimmt bestimmte Werte/Ausprägungen an'. Variablen zu verwenden, erlaubt erheblich klarere und einfachere Ausdrucksweisen.

Drei Gliederungsmöglichkeiten von Variablen sind in unserem Zusammenhang wichtig:

a. Klassifikatorische, komparative und metrische Variablen

Eine klassifikatorische Variable liegt vor, wenn die Variablenwerte klassifikatorische Begriffe sind. Eine solche klassifikatorische Variable ist etwa der Begriff 'Mensch': die Merkmalsausprägungen, die er umfaßt, werden durch die klassifikatorischen Unterbegriffe 'Mann', 'Frau' und 'Zwitter' bezeichnet. Ebenso klassifikatorische Variablen sind etwa 'Nationalität' und 'Sprache'. Bei einer komparativen Variablen sind die Variablenwerte komparative Begriffe. Als Beispiel diene zunächst die Variable 'schön': Rangstufen an Schönheit lassen sich durch Variablenwerte wie 'schön - schöner - am schönsten' bezeichnen. Bei der Variable 'sich fortbewegen' ließen sich komparative Variablenwerte wie 'gehen - hasten - rennen' benutzen. Dementsprechend sind bei metrischen Variablen die Variablenwerte metrische Begriffe; bei einer Variable wie 'Länge' sind die metrischen Variablenwerte etwa '1 ... n' Zentimeter.

b. Diskrete und stetige Variablen

Eine diskrete Variable liegt dann vor, wenn eine Variable nur bestimmte, feste Variablenwerte annehmen kann. Dies ist grundsätzlich bei klassifikatorischen und komparativen Variablen der Fall. Weder kann die Variable 'Mensch' andere Werte als 'Mann', 'Zwitter' und 'Frau' annehmen noch ist es bei einer komparativen Variablen wie 'schön' möglich, daß zwischen Werten wie 'am schönsten', 'am 2.schönsten', 'am 3.schönsten', ..., 'am n.schönsten' Werte wie 'am 2,93.schönsten' auftreten. Dieser Wert würde nämlich nur zu einer logisch äquivalenten Neunumerierung führen, also an der durch die natürlichen Zahlen ausgedrückten Rangordnung nichts ändern. Diskrete Variablen, die nur zwei Werte annehmen können, heißen 'dichotome Variablen'; können sie nur drei Werte annehmen, nennt man sie 'trichotome Variablen'.

Eine stetige Variable liegt vor, wenn eine Variable innerhalb eines bestimmten Wertebereiches jeden beliebigen Wert annehmen kann. Dies ist nur bei wenigen metrischen Variablen - also nicht bei allen - der Fall: bei jenen, die Werte aus dem gesamten Bereich der reellen Zahlen annehmen können. Allerdings werden mit guten Gründen oft auch diskrete metrische Variablen wie stetige Variablen behandelt. Das monatliche Einkommen kann z.B. allenfalls unterschiedliche Pfennigbeträge annehmen, stellt also eine diskrete Variable dar. Dennoch ist es für kaum einen praktischen Zweck nötig, solche

'Pfennig-Sprünge' zu betrachten, weswegen 'Einkommen' wie eine stetige Variable behandelt werden kann.

c. Manifeste Variablen und latente Variablen

Manifeste Variablen sind Begriffe, die sich auf einen unmittelbar wahrnehmbaren empirischen Referenten beziehen. Das ist bei Variablen wie 'Einkommen', 'jährliche Urlaubstage' oder 'Wohnzimmerausstattung' der Fall. Bei latenten Variablen kann man ihren empirischen Referenten hingegen nicht unmittelbar wahrnehmen. Solche Variablen sind beispielsweise 'Religiosität', 'politische Meinung' oder 'Intelligenz'. Diese Unterscheidung ist für die sozialwissenschaftliche Forschung von größter Bedeutung. Ungleich den naturwissenschaftlichen Forschungsgegenständen lassen sich wichtige sozialwissenschaftliche Forschungsgegenstände nämlich nicht unmittelbar erfassen; bei ihnen handelt es sich um die empirischen Referenten latenter Variablen. Nun sind freilich nur dann Aussagen auf ihre Übereinstimmung mit den Tatsachen zu prüfen, wenn bezüglich ihrer ein empirischer Referent angegeben werden kann, über dessen Beschaffenheit unter intellektuell kompetenten Erwachsenen Konsens zu erreichen ist. Dies ist grundsätzlich nur bei den empirischen Referenten manifester Variablen möglich. Aussagen über die empirischen Referenten latenter Variablen lassen sich deswegen nur dann auf ihre Übereinstimmung mit den Tatsachen prüfen,

- wenn man aus ihnen in valider Weise Aussagen über die empirischen Referenten manifester Variablen ableitet,
- dann diese Aussagen auf ihre Übereinstimmung mit den Tatsachen prüft,
- und vom Ergebnis dieser Prüfung auf den Wahrheitsgehalt der zu prüfenden Aussagen über die empirischen Referenten der latenten Variablen schließt. Manifeste Variablen müssen darum als unverzichtbare, wenngleich oft problematische 'Indikatoren' von latenten Variablen dienen.

3. Der (sozial-)wissenschaftliche Forschungsprozeß

Das im Forschungsprozeß zu erzeugende wissenschaftliche Wissen läßt sich gliedern in

- Wissen über Tatsachen,
- Wissen über Zusammenhänge,
- Wissen über tragfähige Erklärungen für das (Nicht-)Vorliegen von Tatsachen oder Zusammenhängen.

Ferner kann man zwei Weisen der Suche nach solchem Wissen unterscheiden. Sie sind in ihrer Forschungslogik zwar gleich, führen jedoch zu abweichenden 'Arbeitsstilen'. Im 'fragenden Forschungsmodus' werden Fragen formuliert wie 'wo ...?', 'wann ... ?', 'welche ...?', 'wie ...?' usw., also Fragen nach dem Vorliegen und der Beschaffenheit von Tatsachen und Zusammenhängen. Als Ergebnis des Forschungsprozesses entstehen beschreibende Aussagen ('deskriptive Studien'). Im 'prüfenden Forschungsmodus' werden einerseits Aussagen über Tatsachen und Zusammenhänge, andererseits Aussagen über Erklärungsmöglichkeiten auf ihren Wahrheitsgehalt geprüft. Aussagen, mit denen prüfend umgegangen wird, heißen 'Hypothesen'[*]. Als Ergebnis solcher Forschung entstehen überprüfte, bewährte Aussagen über Tatsachen, Zusammenhänge und Erklärungsmöglichkeiten ('analytische Studien'). In der Regel werden im selben Forschungsprozeß, der sich in vier Phasen gliedern läßt, beide Modi abwechselnd verwendet.

a. Die 'Konzeptualisierungsphase'

Sowohl die Forschungsfragen des ersten als auch die Hypothesen des zweiten Modus werden mit perspektivischen Begriffen (innerhalb perspektivischer Theorien) formuliert. Durch Begriffswahl und Hypothesenbildung wird also aus der Menge des grundsätzlich Erforschbaren jener Wirklichkeitsausschnitt selektiert, auf den die Untersuchung sich dann richtet. Dieser Abschnitt des Forschungsprozesses - die 'Konzeptualisierungsphase' - stellt darum die entscheidende Weichenstellung für das gesamte Forschungsvorhaben dar.

b. Die 'Datenerhebungsphase'

Im Lauf des Forschungsprozesses müssen die formulierten Fragen beantwortet und die interessierenden Hypothesen überprüft werden. Da es sich grundsätzlich um Aussagen über (soziale) Wirklichkeit handelt, müssen solche Informationen über (soziale) Wirklichkeit erhoben werden, die zu den gesuchten Antworten und den angestrebten Überprüfungen führen können. Entweder werden alle Informationen erhoben, die bezüglich des zu erforschenden Wirklichkeitsausschnittes zugänglich sind. Dann führt man eine 'Vollerhebung' durch; man untersucht die 'Grundgesamtheit'. Dies ist oft aus finanziellen, personellen oder sachlichen Gründen nicht möglich. Auch ist eine Untersu-

---

[*] Ob es sich bei einer Aussage um eine Hypothese handelt, hängt also allein davon ab, wie man im Forschungsprozeß mit ihr umgeht; keinesfalls sind unter Hypothesen 'zweifelhafte Aussagen' zu verstehen.

chung der Grundgesamtheit (aus unten zu behandelnden Gründen) oft gar nicht nötig, um gleichwohl über sie solche Aussagen treffen zu können, die mit den Tatsachen übereinstimmen. In diesen Fällen untersucht man 'Stichproben' ('Auswahlen', 'Samples'. Später wird dargestellt, welche Regeln bei der Ziehung von Stichproben zu beachten sind, damit anhand ihrer wirklich die Beschaffenheit der Grundgesamtheit erforscht werden kann).

'Methoden' heißen jene Vorgehensweisen, durch welche die benötigten Informationen über soziale Wirklichkeit konkret erhoben werden. Oft müssen jene Menschen selbst untersucht werden, die durch ihr wechselseitig aufeinander bezogenes Handeln die zu erforschenden Bereiche sozialer Wirklichkeit hervorbringen, aufrechterhalten, gestalten und benutzen. Man erhebt die benötigten Informationen dann in unmittelbarer Interaktion mit ihnen; die dabei verwendeten Forschungsmethoden heißen darum 'interaktive Methoden'. Für die sozialwissenschaftliche Forschung sind besonders wichtig: Interview, schriftliche Befragung, Gruppendiskussion, Beobachtung und Experiment[*]. Oft liegen jene Informationen über soziale Wirklichkeit, die es im Forschungsprozeß auszuwerten gilt, aber auch schon bereit. Man muß dann mit den handelnden Menschen, dem Gegenstand sozialwissenschaftlicher Forschung, nicht mehr in unmittelbare Interaktion treten. Die in diesem Fall zu verwendenden Methoden sollen darum 'nicht-interaktive Methoden' heißen. Zu nennen sind hier vor allem die qualitative und quantitative Inhaltsanalyse, die Aggregatdatenanalyse und alle Arten von Sekundäranalysen. An dieser Stelle kann nur knapp angemerkt werden, daß die Unterscheidung zwischen interaktiven und nicht-interaktiven Forschungsmethoden auf erhebliche Unterschiede in der 'Rückwirkung des Forschers auf seinen Gegenstand' und in den methodenspezifischen Fehlerquellen verweist.

Allen Forschungsmethoden ist gemeinsam, daß sie in gezielter und selektiver Weise zu solchen 'Aufzeichnungen' über die interessierenden Wirklichkeitsmerkmale gelangen, bezüglich welcher unter intellektuell kompetenten Erwachsenen darüber Konsens hergestellt werden kann, ob diese 'Aufzeichnungen' innerhalb der jeweils gewählten Forschungsperspektive mit den Wirklichkeitsmerkmalen übereinstimmen, die sie eben 'aufzuzeichnen' haben. Falls etwa nur festgehalten werden soll, ob bei einem Interview eine bestimmte Antwort eine gestellte Frage bejaht oder verneint, ist dies meist nicht schwierig;

---

*) Auf die Unterscheidung zwischen interaktiven Labor- und Feldexperimenten und nicht-interaktiven ex-post-facto-Experimenten kann hier nicht eingegangen werden. Die Soziometrie kann, ihrer Datenerhebungsweise wegen, unter die Befragungsmethoden subsumiert werden.

Probleme tun sich auf, wenn etwa der Sinn beobachteter Handlungen 'aufgezeichnet' werden soll.

Derartige Aufzeichnungen heißen 'Daten'. Offensichtlich werden Daten keineswegs einfach 'gesammelt'; vielmehr sind sie das Ergebnis eines komplizierten, fehleranfälligen, theoriegeleiteten Suchprozesses, bei dem gezielt nach ganz bestimmten Informationen gefahndet wird. Man kann darum formulieren: die Aufgabe empirischer Forschung besteht darin, möglichst fehlerfrei und ausreichend vollständig jene Daten zu erzeugen, die man zur Beantwortung der Forschungsfragen und zur Prüfung der interessierenden Hypothesen braucht.

Welche Arten von Daten erzeugt ('erhoben') werden sollen, hängt unmittelbar von den Begriffen (in der Regel: Variablen) ab, die bei der Formulierung jener Fragen und Hypothesen verwendet werden. Vor allem sind darum klassifikatorische, komparative und metrische Daten zu unterscheiden, von denen die ersten beiden Arten oft in Form von Texten erzeugt werden. Daten können an Personen, Gegenständen, Texten, Bildern usw. erhoben werden, sofern an ihnen jene Merkmale faßbar werden, auf die sich das Untersuchungsinteresse richtet. Man spricht in diesem Zusammenhang darum von 'Untersuchungseinheiten' bzw. 'Merkmalsträgern'. Die Menge aller Merkmalsträger, auf welche sich das Forschungsinteresse richtet, ist die Grundgesamtheit, während als Stichprobe die Menge konkret ausgewählter Untersuchungseinheiten bezeichnet wird[*)].

Am Ende des zweiten Forschungsabschnitts verfügt man also über Daten, die an angebbaren Untersuchungseinheiten erhoben wurden und auf die forschungsleitenden Variablen bezogen sind. Dieses Ergebnis der Datenerhebungsphase läßt sich grundsätzlich in Form einer 'Datenmatrix' zusammenfassen, und sehr oft werden die erhobenen Daten auch tatsächlich so zusammengestellt. In statistischer Terminologie spricht man von der Datenmatrix als von der 'Urliste'. Bei EDV-gestützter Auswertung müssen die Daten ohnehin in dieser Form gespeichert werden; man spricht dann von einer 'Datei' bzw. von einem 'Daten-File'.

[*)] Auf die Unterscheidung zwischen Untersuchungs-, Erhebungs- und Aussageeinheit kann hier nicht eingegangen werden.

Die Datenmatrix hat folgende logische Struktur:

Abb. 1: Die Datenmatrix

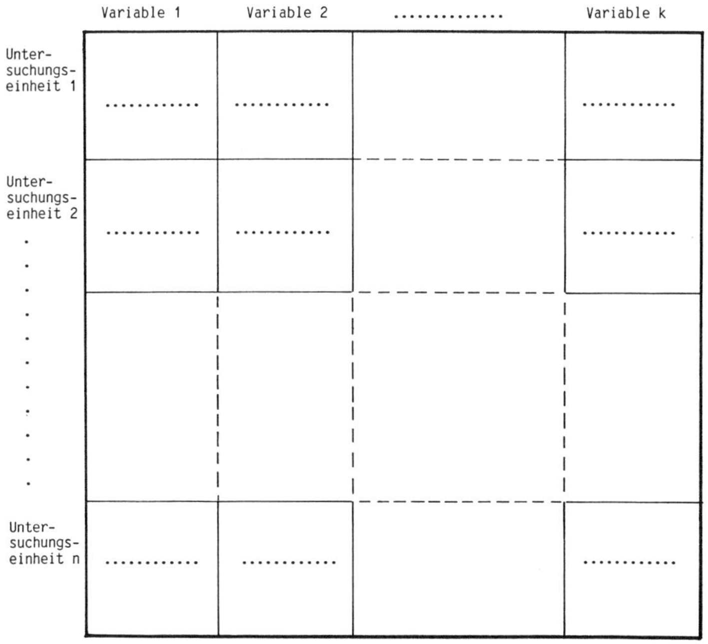

	Variable 1	Variable 2	....	Variable k
Unter-suchungs-einheit 1	....	....		....
Unter-suchungs-einheit 2	....	....		....
.				
Unter-suchungs-einheit n	....	....		....

In den Zellen der Datenmatrix stehen die 'Aufzeichnungen' über jene Merkmale der einzelnen Untersuchungseinheiten, auf die sich die forschungsleitenden Variablen beziehen. Was konkret in den Zellen steht - vor allem: ob Texte oder Ziffern -, hängt allein davon ab, welche Werte eine Variable annehmen kann. Bei einer Variablen wie 'Monatseinkommen' wird eine Zahl in der entsprechenden Zelle stehen; bei einer Variablen wie 'Lebenslauf' kann eine ganze Biographie den Zelleneintrag darstellen. Wenn für eine Untersuchungseinheit der Wert einer bestimmten Variablen nicht erhoben werden konnte, bleibt die entsprechende Zelle einfach leer ('fehlender Wert', 'missing value'). Je ausführlicher und gründlicher eine Datenerhebung geplant war und auch durchgeführt wurde, um so informationshaltiger ist die Datenmatrix: in ihr befindet sich gewissermaßen der gewonnene und weiterverarbeitungstaugliche 'Rohstoff' wissenschaftlicher Forschung.

c. Die 'Auswertungsphase'

Sozusagen ein 'Halbfertigprodukt' entsteht bis zum Abschluß des nächsten Forschungsabschnitts. Dessen Aufgabe ist es, die zusammengetragenen Informationen so zu verarbeiten, daß die Forschungsfragen klar beantwortet und die Forschungshypothesen streng geprüft werden können. Vier Möglichkeiten, diese Aufgabe zu erfüllen, lassen sich unterscheiden:

a) Durch <u>horizontalen</u> Vergleich der Zelleneinträge aller Variablen für jeweils <u>eine</u> Untersuchungseinheit läßt sich deren je individuelle 'Gestalt' ermitteln. In vergleichender Analyse der individuellen Gestalten einzelner Untersuchungseinheiten können <u>Typen</u> von Untersuchungseinheiten ermittelt, aufeinander bezogen und zur Beantwortung der Forschungsfragen bzw. zur Prüfung der Forschungshypothesen verwendet werden.

b) Durch <u>vertikalen</u> Vergleich der Zelleneinträge aller Untersuchungseinheiten für jeweils eine Variable läßt sich die <u>Verteilung</u> der Variablenwerte ermitteln und somit feststellen, wie der in der Perspektive dieser Variablen betrachtete Wirklichkeitsausschnitt beschaffen ist.

c) Es kann festgestellt werden, in welchen Kombinationen die Untersuchungseinheiten bei mehreren Variablen welche Werte aufweisen und welche <u>gemeinsamen Verteilungen</u> der Werte mehrerer Variablen sich daraus ergeben. Auf diese Weise ist herauszufinden, wie jene Wirklichkeitsmerkmale miteinander zusammenhängen, die von den einzelnen Variablen erfaßt werden.

d) Falls nur eine Stichprobe untersucht wurde und die Datenmatrix nur Informationen über eine Auswahl an Untersuchungseinheiten enthält, muß von Aussagen über diese Stichprobe <u>auf die Beschaffenheit der Grundgesamtheit geschlossen</u> werden.

Forschungsarbeiten, bei denen vor allem die erste Auswertungsmöglichkeit benutzt wird, bezeichnet man oft als 'konventionell'; im einzelnen nennt man sie, je nach ihrer besonderen Fragestellung, 'idiographische', 'qualitativ-interpretative' oder 'phänomenologische-hermeneutische' Studien. Forschungsarbeiten, bei denen überwiegend die anderen drei Auswertungsmöglichkeiten verwendet werden, heißen vielfach 'empirisch-analytisch', 'quantifizierend', 'szientistisch' oder - abwertend gemeint - 'positivistisch'. All diese Begriffe sind nicht sonderlich präzis; vielfach sind sie irreführend; meist bauen sie wenig hilfreiche Frontstellungen auf. Es wäre wichtig zu begreifen, <u>daß alle vier Auswertungswege miteinander zu kombinieren sind</u> und unter ihnen sinnvoll nur nach Maßgabe der zu beantwortenden Fragen und der zu prüfenden Hypothesen ausgewählt werden kann. Darum sollte es zur Regel werden, daß jeder Sozialwissenschaftler gleichermaßen kompetent alle vier Auswertungsmöglichkeiten beherrscht.

Der Stellenwert der Statistik innerhalb der sozialwissenschaftlichen Forschung läßt sich nun knapp so bestimmen: die Statistik stellt jenes intellektuelle Werkzeug zur Verfügung, mittels dessen die Auswertungsmöglichkeiten b, c und d genutzt werden können. Im einzelnen sind folgende Begriffe wichtig:

- Die deskriptive Statistik ('beschreibende Statistik') dient zu einer solchen Bearbeitung der Datenmatrix, daß genau jene Informationen faßbar werden, deren man zur Beantwortung der Forschungsfragen und zur Prüfung der Hypothesen bedarf.

- Wenn die Daten nur einer Variablen bearbeitet werden, nutzt man die monovariate Statistik (auch: 'univariate Statistik', vgl. die Auswertungsaufgabe b). Wenn Zusammenhänge zwischen zwei Variablen untersucht werden, nutzt man die bivariate Statistik; bei der Untersuchung von Zusammenhängen zwischen drei und mehr Variablen verwendet man die multivariate Statistik, (vgl. die Auswertungsaufgabe c).

- Die schließende Statistik (auch: 'induktive Statistik' oder 'Inferenzstatistik') erfüllt zwei Zwecke. Erstens erlaubt sie es, von Stichproben - die bestimmte Bedingungen erfüllen müssen - auf Grundgesamtheiten zu schließen. Zweitens können mittels ihrer an Stichproben solche Hypothesen geprüft werden, die sich auf Grundgesamtheiten beziehen ('Signifikanztests'; vgl. insgesamt die Auswertungsaufgabe d).

- Mono-, bi- und multivariate Statistik wird im Bereich sowohl der deskriptiven als auch der schließenden Statistik benutzt.

Am Ende der Auswertungsphase verfügt der Forscher über zielgerichtet aufbereitete und präzis 'auf den Punkt gebrachte' Informationen, anhand welcher er seine Fragen beantworten und zum Ergebnis der beabsichtigten Hypothesenprüfung gelangen kann. Welche Informationen dabei auf welche Weise aufbereitet werden sollen, kann stets nur aus den Fragestellungen und Hypothesen des Forschers, nie aber 'aus der Statistik' abgeleitet werden. Fern davon, Selbstzweck oder gar 'Kriterium moderner Wissenschaftlichkeit' zu sein, hat die sozialwissenschaftliche Statistik darum keine andere als eine dienende Funktion.

d. Die 'Interpretationsphase'

Die als Endprodukt des Forschungsprozesses erstrebten wissenschaftlichen Analysen entstehen in dieser Phase. Die Einzelbefunde der Datenauswertung werden aufeinander bezogen; es läuft jener hermeneutische Prozeß ab, in dem aus einer Fülle von Befunden ein Gesamtbild entsteht, das den Sinn der Einzelergebnisse angemessen zu deuten erlaubt und dabei selbst Veränderungen erfährt. Innerhalb dieses durch empirische Forschung erarbeiteten Gesamtbildes werden die Forschungsfragen beantwortet und die Ergebnisse der Hypothesenprüfung festgestellt.

II. Statistische Modelle und sozialwissenschaftliche Meßniveaus

1. Statistische Modelle

Die Aufgaben, welche die Statistik in der Auswertungsphase wissenschaftlicher Forschung erfüllen muß, lassen sich in zwei Punkten zusammenfassen:

a) Aus der Vielfalt der Informationen, die in der Datenmatrix enthalten sind, müssen für je spezielle Fragestellungen genau jene Informationen herausgefiltert werden, die zu ihrer Beantwortung wichtig sind. Diese Aufgabe der Informationsreduktion erfüllt die deskriptive Statistik[*).

b) Es muß gezeigt werden, wie von wahren Aussagen über Stichproben zu mit den Tatsachen übereinstimmenden Aussagen über Grundgesamtheiten gelangt werden kann. Bisweilen sind auch Schlüsse von Aussagen über Grundgesamtheiten auf Aussagen über Stichproben erwünscht. Dies alles zu ermöglichen, ist die Aufgabe der schließenden Statistik.

Bei beiden Aufgaben geht es um Informationsverarbeitung; sie stellen sich bei vielen praktischen Problemen bereits dem Alltagsdenken. Die Aufgabe der Informationsreduktion liegt vor, wenn sich ein Lehrer Klarheit über den Zusammenhang zwischen seinem Auftreten im Unterricht und der Disziplin in der Klasse verschaffen will. Die Aufgabe des Schlusses von einer Stichprobe auf die Grundgesamtheit steht an, wenn der Lehrer Leistungsfähigkeit und Persönlichkeit eines Schülers auf der Grundlage jener Erfahrungen beurteilen will, die er im Unterricht mit ihm gemacht hat. Im Alltagsdenken wurden

---

*) Welche Informationen wichtig sind, kann nur nach Maßgabe der Forschungsfragen und Forschungshypothesen bestimmt werden. Die Verantwortung dafür, gegebenenfalls durch tendenziöse Informationsreduktion zu manipulieren, trifft den manipulierenden Forscher, keineswegs aber 'die Statistik'. Da eine ihrer Aufgaben eben in der Informationsreduktion besteht, kann man ihr schlechterdings nicht genau dies zum Vorwurf machen. Eine gründliche statistische Ausbildung erzieht darum gerade nicht zum 'Zahlenjongleur' und 'Manipulator', sondern zum Kritiker solcher Mißbräuche.

viele Praktiken entwickelt, diese Aufgaben so zu bewältigen, daß den verfolgten praktischen Zwecken gedient ist. Wie die Wissenschaft insgesamt hat sich auch die Statistik aus solchen Problemlösungsfertigkeiten des Alltagsdenkens entwickelt. Gerade im Fall der Statistik wird aber oft - und bisweilen in denunziatorischer Absicht - übersehen, daß sie nur eine 'Fortsetzung des Alltagsdenkens mit anderen Mitteln' ist - mit Mitteln freilich, die dort weiterhelfen, wo die Fertigkeiten des Alltagsdenkens nicht mehr ausreichen. Es kann festgestellt werden, daß es keinerlei empfehlenswerte Alternativen zur Nutzung der Statistik gibt, wenn diese beiden Aufgaben bei der Herstellung wissenschaftlichen Wissens erfüllt werden müssen.

Sowohl für die gewünschte Informationsreduktion als auch für die notwendigen Schlüsse von Stichproben auf Grundgesamtheiten (und umgekehrt) stellt die Statistik eine Vielzahl von mathematischen 'Modellen der Informationsverarbeitung' zur Verfügung. Ein Sozialwissenschaftler faßt die Statistik darum am besten als einen Selbstbedienungsladen auf, in dem er sich mit jenem intellektuellen Werkzeug, also: mit jenen statistischen Modellen versorgen kann, die ihm bei seiner Forschungsarbeit nützlich sind. Er muß darum genau soviel statistische Kompetenz besitzen, daß er

- das Angebot an statistischen Modellen zielsicher überblicken kann,
- aus ihm die für seine Zwecke angemessenen Modelle auszusuchen versteht,
- und schließlich in der Lage ist, die geeigneten Modelle ohne sachliche und inhaltliche Fehler bei seiner Arbeit zu verwenden.

Je besser ein Sozialwissenschaftler die mathematische oder wenigstens logische Struktur der verwendeten statistischen Modelle versteht, um so mehr Nutzen wird er aus ihnen ziehen. Sie auch rechnerisch handhaben zu können, erbringt zwar größere Vertrautheit mit ihren Eigenschaften, ist für Sozialwissenschaftler aber in der Regel verzichtbar, seit die Rechenarbeit von EDV-Systemen übernommen werden kann. Insgesamt befindet sich der Sozialwissenschaftler statistischen Modellen gegenüber in der Lage eines Endverbrauchers: er benutzt einfach ihre Dienstleistungen. Hergestellt werden diese Modelle von Statistikern, d.h. von Wissenschaftlern, die in Form der 'mathematischen Statistik' eine Teildisziplin der Mathematik betreiben. Insofern die Mathematik ein Teil der Logik, diese aber ebenso ein Teil philosophischer Forschung ist wie die theoretische Forschung in den empirischen Einzeldisziplinen, erweist sich die Statistik als von vornherein integraler Bestandteil eines ausreichend komplexen Forschungsansatzes.

Einer angemessenen Einschätzung des sozialwissenschaftlichen Stellenwertes der Statistik ist freilich die herkömmliche Praxis hinderlich, statt von 'statistischen Modellen' von 'statistischen Methoden' oder 'statistischen Verfahren' zu sprechen. Mit dieser Redeweise verbindet sich nämlich oft die Ansicht, dank solch besonderer 'Verfahren' oder 'Methoden' würden aus dem erarbeiteten Datenmaterial Sachverhalte oder Einsichten 'errechnet', die gewissermaßen in ihm 'enthalten' seien und durch 'statistische Methoden' 'zutage gefördert' würden. Diese Ansicht ist falsch. In Wirklichkeit stellen die statistischen Modelle nämlich nur besondere Sichtweisen auf Wirklichkeitsmerkmale dar, die sich durch je eigentümliche perspektivische Übertreibungen oder Verzerrungen, vor allem aber durch 'Blindstellen' auszeichnen, und dasjenige, was man dank ihrer Verwendung 'zutage gefördert' glaubt, durch den Akt ihrer Benutzung erst erzeugen. Genau deswegen ist die Statistik für vielfältige Manipulationszwecke äußerst hilfreich: dieselbe Wirklichkeit erscheint je nach gewählten Modellen und Perspektiven anders. Folglich setzt eine korrekte Nutzung von Statistik unabdingbar voraus, daß die Verwendung ihrer einzelnen Modelle in ein theoretisch klar strukturiertes und empirisch gut kontrollierbares Forschungsprogramm integriert wird. Automatisierbare 'Methoden' bzw. 'Verfahren' sind nur die konkreten Rechenoperationen, in welche die Benutzung eines bestimmten statistischen Modells mündet. Dieser 'verfahrenstechnische' Teil sozialwissenschaftlicher Statistik kann deswegen an Rechenanlagen delegiert werden, während Auswahl und Einsatz statistischer Modelle bei der Datenauswertung unbedingt der kreativen Intelligenz eines Sozialwissenschaftlers bedürfen.

2. Sozialwissenschaftliche Meßniveaus

Da sie ein Teil der Mathematik ist, benutzt die Statistik als ihren 'Werkstoff' nicht verbales Material, sondern Zahlen. Verbales Material stellt aber größtenteils nicht nur den 'Werkstoff', sondern auch das Datenmaterial der Sozialwissenschaften dar. Statistische Modelle können in den Sozialwissenschaften darum nur dort verwendet werden, wo es gelingt, verbale Aussagen gleichbedeutend in Aussagen zu übersetzen, die anhand von Zahlen formuliert werden. Auf welche Weise dies sehr oft möglich ist, erschließt sich in folgendem Gedankengang:

Soziale Wirklichkeit, der Gegenstand der Sozialforschung, besteht aus Tatsachen und Zusammenhängen[*]. Die Menge dieser Tatsachen und Zusammenhänge samt all ihren Merkmalen bezeichnet man als 'Relativ', d.h.: als Menge von Elementen und Relationen. Da soziale Wirklichkeit durch die menschlichen Sinne, also: empirisch wahrgenommen werden kann, spricht man von sozialer Wirklichkeit in diesem Zusammenhang als von einem 'empirischen Relativ'.

Beim Reden über dieses empirische Relativ werden Begriffe, also: wird verbales Material verwendet. Der Alltagssprache intellektuell kompetenter Erwachsener gelingt es grundsätzlich, sozialer Wirklichkeit Begriffe so zuzuordnen, daß in für alle praktischen Zwecke ausreichender Weise ihre Beschaffenheit verbal angemessen ausgedrückt wird. Diese Leistung der Alltagssprache kann so formuliert werden: das empirische Relativ wird 'auf ein verbales Relativ abgebildet'. Natürlich ist diese Abbildung perspektivisch, selektiv und nur für je konkrete Zwecke, nie aber 'allgemein' ausreichend.

Oben wurde gezeigt, daß die Alltagssprache klassifikatorische, komparative und metrische Begriffe verwendet. Nun soll dargelegt werden, daß man statt klassifikatorischer, komparativer und metrischer Begriffe ebensogut Zahlen verwenden kann.

Klassifikatorische Begriffe drücken die Gleichheit oder Verschiedenheit ihrer empirischen Referenten aus - etwa: 'Samstag' und 'Sonnabend' bzw. 'Dienstag' und 'Mittwoch'. Im verbalen Relativ werden also folgende im empirischen Relativ vorliegende Relationen abgebildet: a = b bzw. a $\neq$ b. Dieselbe Informationsleistung erbringen freilich auch Zahlen, z.B.: 1 = 1 bzw. 1 $\neq$ 2. Falls man also durch Definition den klassifikatorischen Begriffen der Alltagssprache Zahlen zuordnet, kann man das interessierende empirische Relativ statt auf ein verbales Relativ ebensogut auf ein numerisches Relativ abbilden. Wenn man nur die Relation der Gleichheit oder Verschiedenheit ausdrücken will, kann man ganz beliebige Zahlen per Definition zuordnen[**]; diese dürfen dann freilich keinesfalls gemäß ihrem 'Zahlenwert', sondern nur gemäß ihrer Gleichheit oder Verschiedenheit interpretiert werden.

---

[*] Daß diese Tatsachen und Zusammenhänge durch das sinnhaft aufeinander bezogene Handeln von Menschen hervorgebracht, aufrechterhalten, benutzt und gestaltet werden, wird stets stillschweigend vorausgesetzt.

[**] Daß eine solche Zuordnung innerhalb eines Aussagenzusammenhangs stets gleich vorgenommen werden muß, versteht sich von selbst.

Komparative Begriffe drücken ein Mehr oder Weniger aus. Einem empirischen Relativ, in dem es etwa unterschiedliche Ausprägungen des Merkmals 'Härte' gibt, läßt sich dann das verbale Relativ 'hart - härter - am härtesten' zuordnen. Die erfaßte Relation ist offensichtlich a < b < c, d.h.: eine Rangordnung.

Da auch Zahlen stets Rangordnungen ausdrücken, läßt sich jenes empirische Relativ ebensogut auf ein numerisches Relativ wie '1 < 2 < 3', '5 < 23 < 53' u.ä. abbilden. Falls man Rangordnungen numerisch bezeichnen will, muß man komparativen Begriffen also lediglich per Definition Zahlen zuordnen; dabei ist zu beachten, daß die Größenfolge der Zahlen genau der betrachteten Rangordnung im empirischen Relativ entsprechen muß. Die benutzten Zahlen dürfen dann freilich nur gemäß ihrer Gleichheit und Verschiedenheit sowie gemäß der Rangordnung ihrer Größen interpretiert werden; die Differenzen zwischen ihnen oder die Proportionen unter ihnen entbehren jedes empirischen Referenten.

Differenzen und Proportionen werden erst von metrischen Begriffen erfaßt. Einen Grundbestand an solchen metrischen Begriffen hält jede Alltagssprache bereit; andere wurden durch wissenschaftliche Forschung gebildet und drangen dann erst in die Alltagssprache ein. Gemeinsam ist allen metrischen Begriffen, daß sie von vornherein auf den natürlichen Zahlen (1, 2, 3, ..., ∞) aufbauen, die bereits dem Alltagsdenken selbstverständlich sind. Dem empirischen Relativ der Abfolge verschiedener Tage werden etwa in Form von Datumsangaben Zahlen wie '3.6.1985' und '6.6.1985' zugeordnet; d.h.: es wird unmittelbar das empirische Relativ auf ein numerisches Relativ abgebildet; das verbale Relativ stellt lediglich eine sprachliche 'Rückübersetzung' dar. Beide Datumsangaben drücken sowohl die Verschiedenheit ihrer empirischen Referenten ('jener Montag, an dem ...' bzw. 'jener Fronleichnamstag ...') als auch eine zeitliche Rangordnung aus: der 3.6. liegt vor dem 6.6. Ferner kann das Intervall zwischen beiden Zahlen interpretiert werden: genau drei Tage trennen die Daten. Derartige Intervalle können dann miteinander verglichen werden: zwischen dem 3.6. und dem 6.6. liegen ebensoviele Tage wie zwischen dem 6.6. und dem 9.6. Es wird also das Verhältnis von Intervallen ('Differenzen') betrachtet. Ohne empirischen Referenten ist aber die Proportion zwischen den einzelnen Zahlen, d.h. Datumsangaben: in welchem Sinn sollte der 6.6. 'doppelt so viel' sein wie der 3.6.? Es wird also nur eine ganz bestimmte Relation eines empirischen Relativs durch solche Begriffe auf ein numerisches Relativ abgebildet: jene der Differenz. Bezüglich solcher Differenzen lassen sich dann numerische Aussagen formulieren wie 'A - B = C - D', 'A - B $\neq$ C - D', 'A - B $\gtrless$ C - D' und '(A - B) : (C - D)=...'

Die Alltagssprache verfügt freilich auch über metrische Begriffe, die Proportionen erfassen. Längenbezeichnungen wie 'Elle', 'Fuß' oder 'Schritt', die vom menschlichen Körper abgeleitet wurden, bilden seit ältester Zeit einen Maßstab für Abstände. Verbunden mit einer Zählung gemäß den natürlichen Zahlen erlauben sie Aussagen wie 'drei Fuß', 'fünfmal so lang wie ...' oder 'ein Zehntel der Länge von ...'. Über die Angabe von Gleichheit und Verschiedenheit, Rangordnungen und Abständen hinaus, wird durch solche Begriffe die Relation 'A = x · B' vom empirischen Relativ auf ein numerisches Relativ abgebildet. Über die elementaren Längenmaße hinaus hat die Forschung inzwischen eine Fülle metrischer Begriffe entwickelt, dank welcher solche Relationen numerisch abgebildet werden können.

(Soziale) Wirklichkeit, unser empirisches Relativ, läßt sich folglich nicht nur auf ein verbales Relativ, sondern grundsätzlich auch auf ein numerisches Relativ abbilden. Ebenso wie von Begriffen gefordert wird, sie müßten - innerhalb ihrer Perspektive - die im empirischen Relativ vorhandenen Relationen in Übereinstimmung mit den Tatsachen erfassen ('homomorphe Abbildung'), muß auch von Zahlen verlangt werden, eine solche homomorphe Abbildung zu leisten. Gelingt dies, dann kann man zahlenmäßig formulierte Aussagen als Alternative zu verbal formulierten Aussagen immer dann benutzen, wenn dies für die Bewältigung praktischer oder theoretischer Probleme vorteilhaft ist. Eine solche Zuordnung von Zahlen zu einem empirischen Relativ, also: die homomorphe Abbildung eines empirischen Relativs auf ein numerisches Relativ, nennt man 'Messen'; alle Einzeltätigkeiten, die mit derartiger Zuordnung von Zahlen zu Merkmalen der (sozialen) Wirklichkeit verbunden sind, stellen den 'Meßvorgang' dar; die durch Messung erzeugten Zahlen heißen 'Meßwerte'.

Oben wurden einige wichtige Relationen herausgearbeitet, die in empirischen Relativen aufzufinden sind: Gleichheit/Verschiedenheit, Rangordnung, Differenz, Proportion. Ferner wurde gezeigt, daß diese Relationen grundsätzlich nicht nur durch Begriffe, sondern auch durch Zahlen darzustellen sind. Mit solchen Meßwerten lassen sich nun zwar stets alle verfügbaren mathematischen Operationen durchführen, doch dies würde die Meßwerte als 'reine Zahlen', nicht aber als Abbildungen eines empirischen Relativs behandeln und führte zu völlig sinnlosen 'Ergebnissen'. Wenn beispielsweise die Zahlen '1', '2', '3' per Definition die Rangordnung 'gescheit', 'gescheiter', 'am gescheitesten' ausdrücken, sind mathematische Operationen wie '3 - 1', '3 x 2', '$\sqrt{1 + 2 + 3}$' offensichtlich ohne empirischen Referenten und folglich zwar mathematisch, keinesfalls aber sachlich sinnvoll. Obwohl Messungen die Nutzung mathematischer Operationen - und folglich statistischer Modelle - überhaupt erst ermöglichen, kann mit den durch Messung erzeugten Zahlen durchaus nicht verfahren werden wie mit den Zahlen der Schulmathematik. Vielmehr gilt:

- Stets muß klar sein, welche Relationen im empirischen Relativ durch Zahlen abgebildet werden ('Informationsgehalt der Zahlen').

- Es dürfen nur solche mathematischen Operationen mit den Zahlen durchgeführt werden, die gemäß dem Informationsgehalt der benutzten Zahlen inhaltlich sinnvoll sind.

Beim Versuch, beide Forderungen in jeder Phase des Forschungsprozesses zu erfüllen, hat es sich bewährt, den Meßvorgang nach 'Meßniveaus' (auch: 'Skalenniveaus') zu gliedern und festzustellen, welche mathematischen Operationen auf welchem Meßniveau zulässig sind; hieraus ergibt sich dann, welche statistischen Modelle im Einzelfall verwendet werden dürfen. Üblicherweise unterscheidet man vier Meßniveaus: die Nominal-, Ordinal-, (auch: 'Rang-'), Intervall- und Verhältnisskala (auch: 'Ratioskala'[*]). Durch Messung in Zahlenform überführte Daten nennt man, je nach Meßniveau, nominal-, ordinal-, intervall- oder ratioskaliert.

a. Nominalskala

Auf dem Niveau der Nominalskala wird gemessen, wenn Zahlen nur Gleichheit oder Ungleichheit ausdrücken. Durch die Verwendung klassifikatorischer Begriffe nimmt bereits die Alltagssprache implizite Messungen auf dem Niveau der Nominalskala vor. Zahlen, die durch nominale Messung zugewiesen werden, dürfen nicht addiert, subtrahiert, multipliziert, dividiert usw. werden; Betrachtungen ihrer Größenunterschiede sind sinnlos. Sie dürfen aber beliebig verändert werden ('Transformationen'), solange ihre definitorische Zuordnung zu einem Wirklichkeitsmerkmal unverändert und die Gleichheit oder Verschiedenheit der Zahlen erhalten bleibt.

b. Ordinalskala (Rangskala)

Auf dem Niveau der Ordinalskala wird gemessen, wenn Zahlen über Gleichheit und Verschiedenheit hinaus auch Rangordnungen ausdrücken. Durch die Verwendung komparativer Begriffe nimmt die Alltagssprache auch auf dem Niveau der

---

[*] von englisch 'ratio = Verhältnis'. - Skalen im Sinn von Meßniveaus sind unbedingt von Meßinstrumenten wie der Thurstone-, Likert- oder Guttman-Skala zu unterscheiden!

Rangskala bereits implizite Messungen vor. Durch ordinale Messung entstandene Zahlen dürfen wie nominalskalierte Zahlen nicht einmal den Grundrechnungsarten unterworfen werden; bei ihnen sind alle Transformationen zulässig, welche ihre Reihenfolge unverändert lassen.

c. Intervallskala

Auf diesem Niveau wird gemessen, wenn über den Informationsgehalt ordinalskalierter Zahlen hinaus auch noch Differenzen ('Intervalle') numerisch abgebildet werden. Hier ist Multiplikation und Subtraktion ebenso zulässig wie die Division von Differenzen (nicht der einzelnen Zahlen selbst!). Ferner sind alle Transformationen der Meßwerte erlaubt, bei denen die Proportionen zwischen den Differenzen unverändert bleiben. Bei einem Meßwert x, der in den Wert x' transformiert wird, sind das alle mathematische Operationen folgender Art: $x' = b + ax$.

d. Verhältnisskala (Ratioskala)

Messungen auf Ratioskalenniveau liegen vor, wenn über den Informationsgehalt der Intervallskala hinaus auch Proportionen einzelner Wirklichkeitsmerkmale durch Zahlen ausgedrückt werden. Mit ratioskalierten Meßwerten dürfen alle verfügbaren mathematischen Operationen durchgeführt werden, wenn manchmal auch um den Preis, daß die rechnerischen Ergebnisse zwar nicht empirisch sinnlos, doch schwer zu interpretieren sind. Es sind hier nur noch solche Transformationen der Meßwerte zulässig, bei denen die Proportionen zwischen den einzelnen Meßwerten unverändert bleiben. Für einen zu transformierenden Meßwert x ist dies die Operation: $x' = a \cdot x$.

> Diese Unterscheidung von vier Meßniveaus ist zwar äußerst plausibel, keineswegs aber die einzige Gliederungsmöglichkeit. Indessen ist sie für sozialwissenschaftliche Zwecke am besten geeignet. Freilich muß sie bisweilen um einen Skalentyp ergänzt werden, der zwischen Ordinal- und Intervallskala anzusiedeln ist: um die 'ordered metric scale'. Auf ihr wird gemessen, wenn es nicht nur möglich ist, Rangplätze durch Zahlen auszudrücken, sondern wenn überdies Aussagen folgender Art zu formulieren sind: 'Der Abstand zwischen A und B ist größer als der Abstand zwischen B und C'. In diesem Fall verfügt man über mehr Informationen als bei einer bloßen Rangskala; dennoch kann man nur relative, keine absoluten Aussagen über die Größe der Abstände treffen, also nicht auf dem Niveau der Intervallskala messen. Die mathematischen Möglichkeiten dieser Skala können hier nicht behandelt werden.

Offensichtlich bilden diese Meßniveaus eine klare Rangordnung: es werden immer komplexere Relationen numerisch erfaßt, und das Arsenal zulässiger Rechenoperationen erweitert sich ständig. Dabei 'enthält' jede höherrangige

Skala alle Leistungen, die auf den niederrangigen Skalen verfügbar sind. Offensichtlich bestimmen die Rechenoperationen und Zahlentransformationen, die auf den einzelnen Meßniveaus zulässig sind, welche statistischen Modelle zur Datenanalyse herangezogen werden können. Deshalb ist es für einen Sozialwissenschaftler wichtig, statistische Modelle nicht 'als solche', sondern als 'Modelle zur Analyse nominal-, ordinal-, intervall- und ratioskalierter Daten' zu kennen.

Diese vier Meßniveaus werden in zwei Gruppen zusammengefaßt: Nominal- und Ordinalskala gelten als 'topologische Skalen', Intervall- und Ratioskala als 'metrische Skalen'. Diese Einteilung ist wohlbegründet. Wie schon gezeigt wurde, führt nämlich die Alltagssprache dank ihrer klassifikatorischen und komparativen Begriffe immer schon implizite Messungen auf topologischem Niveau durch; sie verzichtet lediglich darauf, Zahlen statt Begriffe zu verwenden. Die metrischen Begriffe der Alltagssprache hingegen, welche Messungen auf beiden metrischen Skalenniveaus versprachlichen, setzen die Nutzung von Zahlen stets voraus. So zeigt sich in der Alltagssprache bereits, daß es keinen Bruch zwischen 'Beschreiben' und 'Messen' gibt, sondern lediglich eine andere Schwerpunktsetzung im Gebrauch von Begriffen und Zahlen. Die logische Struktur der Abbildung eines empirischen Relativs auf ein verbales oder numerisches Relativ ist stets gleich. Die oft vertretene Auffassung, Begriffs- und Zahlenverwendung stellten Gegensätze dar, ist darum falsch; sie sollte ebenso aufgegeben werden wie die ihr entsprechende Gegenüberstellung von 'verbal-qualitativer' und 'numerisch-quantitativer' Forschung.

Es kann schwerlich bezweifelt werden, daß Messungen auf Nominal- und Rangskalenniveau für die sozialwissenschaftliche Forschung ungleich wichtiger sind als Messungen mit metrischen Skalen. Sozialwissenschaftliche Forschungsgegenstände sind nämlich nur selten so beschaffen, daß es möglich wäre, Intervalle oder Proportionen zu bestimmen und numerisch abzubilden. Gleiches und Ungleiches zu unterscheiden sowie, wo sinnvoll, Rangordnungen festzustellen, ist jedoch immer möglich - und wird von der Alltagssprache jener Menschen auch laufend geleistet, die durch ihr Handeln die Gegenstände der sozialwissenschaftlichen Forschung ja erst hervorbringen. Im Gegensatz zur mathematisch-statistischen Forschung und Lehre, die mit Vorliebe solche statistischen Modelle behandelt, die für die Analyse intervall- und ratioskalierter Daten geeignet sind, müssen Sozialwissenschaftler ihr Interesse darum auf solche statistische Modelle konzentrieren, die bei der Analyse nominal- und ordinalskalierter Daten verwendet werden können. Solche Modelle gibt es in großer Zahl. Entgegen der verbreiteten Meinung, Naturwissenschaftler könnten (und müßten) messen und statistische Modelle nutzen, während die

Sozialwissenschaftler dies alles weder könnten noch daraus irgendwelche Vorteile zu ziehen vermöchten, ist deswegen festzustellen: (nominale und ordinale) Messungen sind im Bereich sozialwissenschaftlicher Forschung grundsätzlich möglich; die Nutzung statistischer Modelle für nominal- und ordinalskalierte Daten ist in der Regel sehr hilfreich.

Sicher gibt es auch intervall- und ratioskalierte Daten von sozialwissenschaftlicher Relevanz. Geldsummen, Zeitbudgets, Produktionsziffern usw. werden oft genannt. Ferner liefern manche sozialwissenschaftliche Meßinstrumente - etwa: die Likert-Skalierung - metrische Daten. Doch einerseits kann oft mit guten Gründen bezweifelt werden, daß - beispielsweise - im sozialwissenschaftlichen Sinn intervallskalierte Daten vorliegen: hat eine Einkommenssteigerung von 100,- DM bei einem Monatseinkommen von 1.000,- DM dieselbe soziale Bedeutung wie bei einem Monatseinkommen von 10.000,- DM? Andererseits lassen sich oft zwar manifeste Variablen intervall- oder ratioskaliert messen. Doch meist dienen solche manifesten Variablen nur als Indikatoren für latente Variablen. Zum Verhältnis zwischen (metrisch gemessener) manifester Variable und latenter Variable läßt sich aber bestenfalls feststellen, daß die Ausprägung auch der latenten Variablen groß (oder klein) ist, wenn die Werte der manifesten Variablen groß (oder klein) sind. Also lassen sich bezüglich der eigentlich interessierenden latenten Variablen nur Rangordnungen feststellen; es kommt lediglich eine ordinale Messung der latenten Variablen zustande. Die metrische Messung der manifesten Variablen spiegelt dann eine Präzision vor, die gar nicht gegeben ist.

Nun sind zweifellos metrisch skalierte Daten informationshaltiger und 'präziser' als topologisch skalierte Daten. Doch es besteht kein Anlaß, die (weitgehende) Beschränkung der Sozialwissenschaften auf Nominal- und Rangskalen als 'unbefriedigend' oder 'hinter den > exakten < Wissenschaften zurückgeblieben' zu empfinden. Soziale Wirklichkeit ist nun einmal so beschaffen, daß mehr als Gleichheit, Verschiedenheit oder Rangunterschiede oft einfach nicht festzustellen ist. Jeglicher metrischen Messung fehlt dann schlechterdings ihr empirischer Referent, während nominale und ordinale Messungen in diesen Fällen größtmögliche Exaktheit verbürgen[*].

---

[*] Die zweifelnde Frage, ob in den Sozialwissenschaften denn soviel 'Präzision' erreichbar sei, 'daß man überhaupt messen könne', erweist sich darum als gegenstandslos: es wird selten mehr Präzision verlangt, als daß Gleiches und Ungleiches unterschieden sowie Rangordnungen festgestellt werden.

Vor diesem Hintergrund ist es die Aufgabe des Sozialwissenschaftlers, aufgrund seiner Kenntnis eines Gegenstandsbereichs und seiner theoretischen Annahmen zu <u>entscheiden</u>, welche Relationen im empirischen Relativ er numerisch abbilden, d.h.: auf welchem Skalenniveau er messen will. Eine solche Entscheidung ist für jeden Forschungsprozeß zentral; sie prägt sowohl die Datenerhebung als auch die Auswertung und Interpretation der Daten. Durch Fehlentscheidungen wie den Verzicht auf Messungen, wo sie nützlich wären, oder die Entscheidung für ein unangemessenes Skalenniveau, können Erkenntnismöglichkeiten vertan oder Forschungsartefakte[*] erzeugt werden. Sowohl die Entscheidung für die Abbildung des empirischen Relativs auf ein numerisches (statt nur auf ein verbales) als auch die Entscheidung für die Messung auf einem bestimmten Skalenniveau ist die <u>Entscheidung für eine bestimmte Perspektive</u> auf soziale Wirklichkeit. Die Vorstellung, Zahlen seien 'objektiver' als Worte, ist darum falsch; Zahlen sind ebenso perspektivisch und selektiv wie Begriffe, doch nicht selten viel nützlicher.

III. »Statistiken« und »Amtliche Statistik«

Sehr oft versteht man unter 'sozialwissenschaftlicher Statistikverwendung' die Benutzung von <u>'Statistiken'</u>, d.h. von Tabellen oder Schaubildern. Obwohl dies tatsächlich eine sehr wichtige Nutzungsmöglichkeit ist, handelt es sich dabei nur um einen ganz kleinen Ausschnitt aus dem, was Statistik leisten kann: um die tabellarische und graphische Darstellung von Häufigkeitsverteilungen.

<u>'Amtliche Statistik'</u> ist der Oberbegriff für die Aufgabe der Statistischen Landesämter, des Statistischen Bundesamtes und der ausländischen Gegenstücke zu diesen Institutionen: Von ihnen werden Daten zu politisch, wirtschaftlich und sozial wichtigen Sachverhalten gesammelt, aufbereitet und für Praxis und Wissenschaft verfügbar gemacht. Vor allem als 'Sozialberichterstattung' liefert die Amtliche Statistik wichtige Entscheidungsgrundlagen für Politik und Verwaltung. Die Daten werden vor allem durch die Berichtspflicht von Institutionen und Unternehmen, durch Volks- und Produktionsstättenzählungen und

---

[*] Unter '(Forschungs-)Artefakten' versteht man Aussagen, bei deren Erzeugung der 'Kontakt zur Wirklichkeit' verloren ging. Ein solches Artefakt läge beispielsweise vor, wenn man die Bürger der deutschen Länder je nach Bundesland mit einer Ziffer versähe (Bayern 1, Baden-Württemberg 2 ...), sie also nominalskaliert messen würde, dann das arithmetische Mittel berechnete und es als numerischen Wert des 'durchschnittlichen Bundesrepublikaners' interpretierte.

durch Stichprobenerhebungen ('Mikrozensus') gewonnen. Veröffentlicht in statistischen Jahrbüchern und Spezialreihen stellen sie der sozialwissenschaftlichen Forschung unentbehrliche Informationsgrundlagen bereit.

Der Zusammenhang zwischen der 'Amtlichen Statistik' und den statistischen Modellen, welche in den Sozialwissenschaften benutzt werden, erschließt sich durch eine historische Betrachtung. Die moderne Statistik hat gewissermaßen drei Wurzeln. Eine stellt die 'Amtliche Statistik' dar: der bis ins Altertum zu verfolgende Versuch von Regierungen, sich die notwendigen Informationen für politische Planungs- und Gestaltungsaufgaben zu beschaffen. Diese 'Verwaltungsstatistik' ging freilich selten über die Sammlung und auf konkrete Zwecke bezogene Benutzung von Daten hinaus; eine tiefergreifende Analyse wurde kaum versucht. Dieser Aufgabe nahm sich die 'Politische Arithmetik' an, die im England des 17. Jahrhunderts entstand und durch mathematische Modelle die verfügbaren Informationen zu verarbeiten suchte. Verbunden mit der Entwicklung der Mathematik, vor allem der mathematischen Wahrscheinlichkeitstheorie, wurden so die Grundlagen der modernen Statistik gelegt. Deren Name geht auf die kameralistische Universitätsstatistik zurück, die an deutschen Universitäten im 18. und frühen 19. Jahrhundert gelehrt wurde: Statistik als eine landeskundliche, historische, vor allem beschreibende Wissenschaft vom Staat. Dieser deutsche Statistikbegriff, aus seiner etymologischen Bindung an den Staatsbegriff gelöst, setzte sich (etwa über den Terminus 'Moralstatistik') international zur Bezeichnung dessen durch, was auch die politischen Arithmetiker betreiben. So überspannt der Statistikbegriff zugleich die amtliche und wissenschaftliche Beschaffung von Informationen über soziale und politische Wirklichkeit sowie die mathematische Verarbeitung dieser Informationen: hinter ihm verbirgt sich ein komplexes Programm der sozialwissenschaftlichen Forschung. Es wäre an der Zeit, die Vorstellung von Statistik aus ihrer mathematisch-technischen Verengung zu befreien und diese Disziplin grundsätzlich in ihren erfahrungswissenschaftlichen und praxisbezogenen Verwendungszusammenhängen wahrzunehmen.

2. Kapitel
Deskriptive Statistik

Die folgende Darstellung beansprucht keineswegs Vollständigkeit. Dennoch soll möglichst umfangreich vorgeführt werden, was alles aus dem Bereich der deskriptiven Statistik bei der Datenauswertung und zielgerichteten Informationsreduktion genutzt werden kann. Im einzelnen werden statistische Modelle zur Erfassung von Häufigkeitsverteilungen, zur graphischen Darstellung von Häufigkeitsverteilungen, zur Beschreibung von Verteilungsform, zentraler Tendenz, Streuung und Konzentration sowie zur Erfassung der Zusammenhänge zwischen zwei und mehr Variablen vorgestellt. Da für die Wahl eines statistischen Modells das Meßniveau der vorliegenden Daten ausschlaggebend ist, dienen die Skalenniveaus als Gliederungsprinzip. Wahrscheinlichkeitstheoretische Voraussetzungen einzelner Modelle werden, wo nötig, nur genannt; der Sinn dieser Verweise erschließt sich nach dem Studium des 3. Kapitels.

I. Modelle zur Erfassung von Häufigkeitsverteilungen

Empirische Aussagen beziehen sich grundsätzlich auf Häufigkeiten. Bei Aussagen über Tatsachen ist dies offensichtlich. Auch Aussagen über Zusammenhänge sind aber nichts anderes als Aussagen über die Häufigkeit des gemeinsamen Auftretens von Ausprägungen mehrerer Variablen. Erklärungen wiederum setzen Aussagen über Tatsachen und Zusammenhänge voraus. Statistische Modelle zur Verdichtung von Informationen über Häufigkeiten sind für die sozialwissenschaftliche Forschung also fundamental.

Folgende Begriffe sind für die Untersuchung von Häufigkeiten wichtig:

a) Variablen erfassen Wirklichkeitsmerkmale. Deren einzelne Merkmalsausprägungen werden - in Abhängigkeit vom Meßniveau - von den Variablenwerten erfaßt und so auf ein numerisches Relativ abgebildet.

b) Bei diskreten Variablen definieren die Variablenwerte Merkmalsklassen (kürzer: 'Klassen'). Alle Untersuchungseinheiten, die eine bestimmte Merkmalsausprägung aufweisen, fallen in diese bestimmte Merkmalsklasse.

c) Bei stetigen Variablen kann man Merkmalsklassen dadurch erzeugen, daß man Variablenwerte, die in ein bestimmtes Intervall fallen, zu einer Gruppe von Werten zusammenfaßt. Alle Untersuchungseinheiten, deren Merkmalsausprägungen Variablenwerte aus diesem Intervall zugeordnet werden, fallen dann in die fragliche Merkmalsklasse. Wo Variablenwerte durch solche Gruppenbildung zu Merkmalsklassen zusammengefaßt werden, spricht man von 'gruppierten Daten'. Gruppierte Daten entstehen auch dann, wenn man bestehende Merkmalsklassen zu größeren Merkmalsklassen zusammenfaßt.

Durch Gruppierung von Daten geht grundsätzlich Information verloren. Solche Informationsreduktion ist freilich genau die durch Gruppierung bewältigte Aufgabe. Insgesamt eröffnen sich hier erhebliche manipulative Möglichkeiten*), die es zu kennen und zu kontrollieren gilt. Grundsätzlich ist zu beachten, daß man durch Gruppierung nicht gerade jene Informationen zum Verschwinden bringen darf, die zur Beantwortung der Forschungsfragen hilfreich wären. Es ist darum anzuraten, Gruppierungen immer erst nach sorgfältiger, an den Forschungsfragen orientierter Durchsicht detailliert erhobener Daten vorzunehmen, also nicht etwa schon in Fragebögen Gruppierungen wie 'Wöchentliches Taschengeld: 0 - 5 DM, 6 - 10 DM, ...' festzulegen.

d) Der Begriff der <u>absoluten Häufigkeit</u> bezieht sich

- entweder auf die Zahl der Merkmalsträger (Untersuchungseinheiten) pro Variable,

- oder auf die Zahl der Merkmalsträger pro Merkmalsklasse bzw. Variablenwert ('<u>Besetzungszahl</u>', '<u>Fallzahl</u>').

e) Der Begriff der <u>relativen Häufigkeit</u> bezieht sich auf das Verhältnis zwischen der Häufigkeit der Merkmalsträger in einer Merkmalsklasse (bzw. pro Variablenwert) und der Gesamthäufigkeit der Merkmalsträger pro Variable. Durch Multiplikation der relativen Häufigkeiten mit '100' erhält man <u>Prozentwerte</u>.

f) Der Begriff der <u>Häufigkeitsverteilung</u> bezieht sich auf die Verteilung der Häufigkeiten über die einzelnen Merkmalsklassen bzw. Variablenwerte. Es kann die Verteilung der absoluten, relativen und prozentualen Häufigkeiten betrachtet werden.

1. Häufigkeitsverteilungen bei nominalskalierten Daten

Hier können absolute, relative und prozentuale Häufigkeiten sowie ihre Verteilungen über die einzelnen Merkmalsklassen festgestellt werden. Merkmalsklassen, die geringe Häufigkeiten aufweisen, können zu einer Klasse wie 'Sonstige' gruppiert werden; ferner bieten sich Gruppierungen nach klassifikatorischen Oberbegriffen an.

---

*) Ein instruktives Beispiel findet sich bei Jürgen Kriz, Statistik in den Sozialwissenschaften, Reinbek 1973, S. 45.

2. Häufigkeitsverteilungen bei ordinalskalierten Daten

Da hier die Merkmalsklassen grundsätzlich in einer Rangordnung stehen, ist es möglich, von 'benachbarten Klassen' zu sprechen. Benachbarte Klassen können zusammengefaßt werden, falls die interessierende Information nicht gerade in den Häufigkeiten benachbarter Klassen besteht. Insgesamt gilt: je weniger Klassen verwendet werden, um so weniger Information enthalten die Daten.

Zusätzlich zu den Auswertungsmöglichkeiten, die schon bei nominalskalierten Daten verfügbar sind, läßt sich hier die Information über die Rangordnung der Merkmalsklassen ausnutzen. Man kann alle Untersuchungseinheiten nach ihren ordinalen Meßwerten aufreihen und dann fragen: welcher Anteil der Untersuchungseinheiten erreicht welchen Grad in der Ausprägung des interessierenden Merkmals (d.h.: welchen Variablenwert)? Der praktische Wert von Antworten auf diese Frage ist am Fall etwa der Einkommensverteilung offensichtlich. Als statistisches Modell dient hier die <u>kumulierte Häufigkeitsverteilung</u>, bei welcher, von der obersten oder untersten Merkmalsklasse beginnend, die relativen oder prozentualen Häufigkeiten summiert werden. Man kann dann jederzeit ablesen, wieviele Prozent der Untersuchungseinheiten etwa die untersten beiden Rangplätze einnehmen.

3. Häufigkeitsverteilungen bei metrisch skalierten Daten

Bei metrisch skalierten Daten lassen sich zusätzlich die Breiten der einzelnen Merkmalsklassen deuten. Folglich kann, über die Möglichkeiten der Ordinalskala hinaus, auch die Breite der einzelnen Klassen zum Gruppierungsgesichtspunkt gemacht werden. Zwei Möglichkeiten bieten sich grundsätzlich an:

a) Man schafft gleich breite Klassen. Das Interesse richtet sich dann auf die Verteilung der (verschiedenen) Häufigkeiten über die gleich breiten Klassen. Derartige Datenzusammenstellungen sind leicht zu interpretieren, da keine Unterschiede in den Klassenbreiten zu berücksichtigen sind.

b) Man gruppiert die Daten so, daß sich pro Klasse etwa gleiche Häufigkeiten ergeben. Dies ist für die Nutzung mancher statistischer Modelle vorteilhaft. Bei der Interpretation ist dann auf die unterschiedlichen Klassenbreiten zu achten, die gleicher Besetzungszahlen wegen entstehen.

Allgemeine Regeln, welche Möglichkeit vorzuziehen ist, gibt es nicht; oft wird man einen Kompromiß schließen. Bei einer Variablen wie 'Wöchentliches Taschengeld' wird man beispielsweise bis zu bestimmten Beträgen, die gesellschaftlich üblich sind, gleiche Klassenbreiten verwenden, bei größeren Beträgen aber (etwa: mehr als 25,- DM) wegen der geringen Fallzahlen die Breiten vergrößern (also z.B.: '25 - 50 DM, 'mehr als 50 DM') Bisweilen ergeben sich die Klassenbreiten auch aufgrund theoretischer Überlegungen, etwa bei der Festsetzung von Altersklassen nach der Annahme allgemein in bestimmten Altersstufen zu durchlaufenden Entwicklungsphasen.

Bei der Datenauswertung sind dieselben statistischen Modelle verfügbar wie bei ordinalskalierten Daten. Allerdings kann bei der Interpretation der kumulierten Häufigkeitsverteilung zusätzlich die Information über Klassenbreiten und Klassenabstände berücksichtigt werden, im Fall ratioskalierter Daten auch noch die Information über die Proportionen zwischen den Merkmalsausprägungen.

II. Modelle zur graphischen Darstellung von Häufigkeitsverteilungen

Häufigkeitsverteilungen lassen sich immer in Tabellenform darstellen. Doch erfahrungsgemäß nimmt man Informationen leichter auf, wenn sie (auch) graphisch präsentiert werden. Besonders nützlich sind graphische Darstellungen für den Vergleich von Häufigkeitsverteilungen verschiedener Variablen und für die Präsentation der gemeinsamen Verteilung zweier Variablen. Mit der Darstellung der gemeinsamen Verteilung von drei Variablen gelangen graphische Möglichkeiten an ihre Grenzen. Insgesamt stehen verschiedene Modelle zur Verfügung. Bei ihrer Verwendung ist grundsätzlich zweierlei zu bedenken:

- Graphische Darstellungen dürfen nicht Informationen vortäuschen, die in den Daten gar nicht vorhanden sind. Vor allem muß auch graphisch das Meßniveau beachtet werden.

- Gerade die graphische Darstellung dient der Informationsreduktion. Es dürfen aber keineswegs, etwa durch die unzulängliche Wahl des Maßstabs, sachlich wichtige Informationen weggefiltert werden.

Beide Problembereiche lassen sich für manipulative Zwecke ausnutzen[*]; entsprechende Täuschungen oder Irrtümer gilt es zu durchschauen und zu vermeiden.

---

[*] Beispiele finden sich bei Kriz, Statistik in den Sozialwissenschaften, a.a.O., S. 52 f.

1. Die graphische Darstellung monovariater (univariater) Häufigkeitsverteilungen

a. Modelle für nominalskalierte Daten

Die zu lösende Aufgabe besteht darin, relative Häufigkeiten zu veranschaulichen. Erstens bieten sich proportional unterteilte Stäbe an:

Abb. 2: Proportional unterteilter Stab

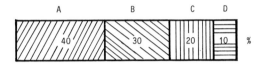

Hier ist die Häufigkeitsverteilung einer nominalskalierten Variablen mit vier Ausprägungen dargestellt. Jeder Stababschnitt gibt durch seine Länge die relative Häufigkeit der auf die jeweilige Variablenausprägung entfallenden Untersuchungseinheiten an. Natürlich darf die Reihenfolge der Stababschnitte ebenso beliebig verändert werden wie die Benennung der Variablenwerte. Eine zweite Darstellungsmöglichkeit ergibt sich, wenn die Stäbe senkrecht nebeneinander oder waagrecht untereinander gesetzt werden. Es entsteht dann ein Histogramm ('Säulendiagramm', 'Stabdiagramm')[*]. Die Höhe bzw. Länge der Säulen/Stäbe kann entweder die absolute oder die relative Häufigkeitsverteilung wiedergeben. Selbstverständlich darf die Reihenfolge der Säulen/Stäbe ebensowenig interpretiert werden wie ihre Breite; deswegen ist zu fordern, daß bei der Verwendung von Säulen diese gleich breit sind.

---

[*] 'Säulen' haben eine Breite, 'Stäbe' sind beim Histogramm einfache Striche.

Die folgende Abbildung zeigt zwei Beispiele:

Abb. 3: Histogramme

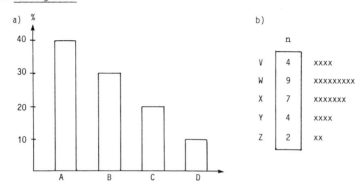

Im Histogramm b) könnte statt der x-Zeichen auch eine einfache Strichliste mit gleichen Abständen zwischen den Strichen benutzt werden; ebenso wäre es möglich, wie im Histogramm a) mit Säulen zu arbeiten oder diese durch Stäbe zu ersetzen.

Drittens lassen sich relative Häufigkeiten durch Flächenproportionen darstellen. Bekannt ist das Kreismodell:

Abb. 4: Flächenprozente eines Kreises

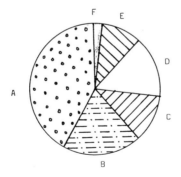

Ferner können unterschiedlich große Figuren zur Darstellung von Häufigkeiten benutzt werden. All diese Möglichkeiten werden innerhalb der Bildstatistik kombiniert und zur möglichst guten optischen Geltung gebracht.

b. Modelle für ordinalskalierte Daten

Hier bieten sich vor allem Histogramme an, bei denen die Reihenfolge der Säulen/Stäbe interpretiert werden kann und nicht verändert werden darf. Deutungen der Breite der Säulen oder ihrer Abstände sind jedoch sinnlos. Auch unterschiedlich große Figuren sind nützlich. Auf proportional unterteilte Stäbe oder Kreisdiagramme sollte verzichtet werden, da sie die Information über die Reihenfolge der Variablenwerte nur ungenügend ausdrücken.

c. Modelle für metrisch skalierte Daten

Bei diskreten Variablen sind am besten Histogramme geeignet. Da metrische Daten vorliegen, können die Breiten der Säulen als Wertebereiche einzelner Merkmalsklassen interpretiert werden; sie dürfen darum nicht willkürlich festgelegt werden. Um einen klareren optischen Eindruck zu erreichen, wird die Information, die in Histogrammen metrisch skalierter Daten enthalten ist, oft noch weiter reduziert. Man bestimmt zu diesem Zweck die Mittelpunkte*) der einzelnen Merkmalsklassen und verbindet sie auf der Höhe, welche die einzelnen Säulen jeweils erreichen. Es entsteht ein Polygonzug:

Abb. 5: Polygonzug

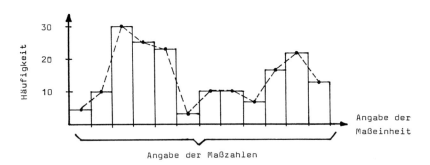

Bei weiterer Informationsreduktion können die Kanten des Polygonzuges zu einer Kurve verschliffen werden. Wichtig ist, daß stets die Gestalt des Polygonzuges erhalten bleibt.

---

*) Bisweilen auch: die Mittelwerte.

Liegt eine stetige Variable vor, so läßt sich ohnehin eine Kurve ziehen:
sie führt gewissermaßen durch die Spitzen jener Stäbe, welche die Häufigkeiten der erhaltenen Meßwerte ausdrücken, während die Verbindungslinien zwischen den prinzipiell möglichen, jedoch nicht gemessenen Werten durch Interpolation erzeugt werden. In einem weiteren Schritt der Informationsreduktion lassen sich solche Kurven dann durch Funktionsgleichungen beschreiben. Grundsätzlich läßt sich jede endliche Kurve durch unendlich viele Gleichungen beschreiben; aus pragmatischen Gründen gilt aber die Regel: es ist stets die einfachste Gleichung zu verwenden, die möglich ist. Beispiele für solche Kurven und Gleichungen zeigt die Abbildung 6.

Abb. 6: <u>Kurven und Gleichungen für die Häufigkeitsverteilungen stetiger metrischer Variablen</u>

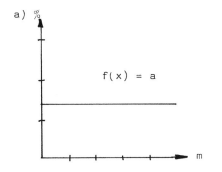
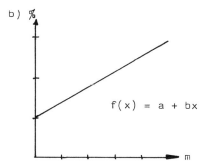
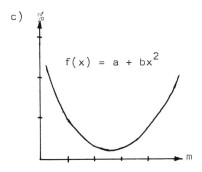
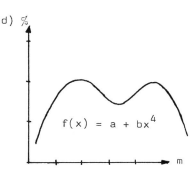

m = Angabe der Maßeinheit der stetigen metrischen Variablen

2. Die graphische Darstellung bivariater Häufigkeitsverteilungen

a. Modelle für nominalskalierte Daten

Das wichtigste Modell für die Darstellung der gemeinsamen Verteilung zweier Variablen ist die Kreuztabelle. Sie hat stets eine der folgenden Formen:

Abb. 7: Quadratische und rechteckige Kreuztabellen

a) 'Quadratische Tafel' b) 'Rechteckige Tafel'

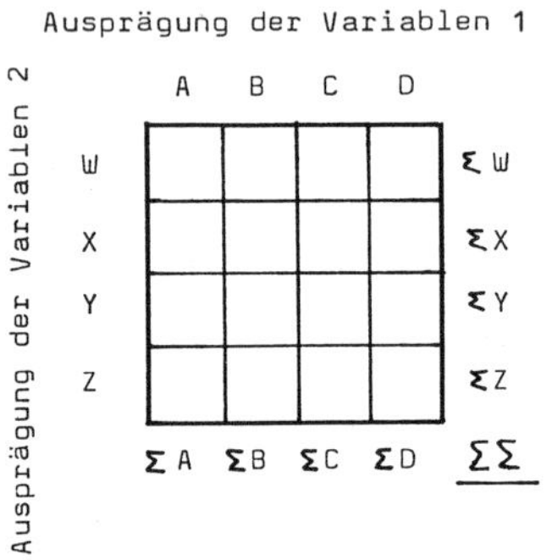

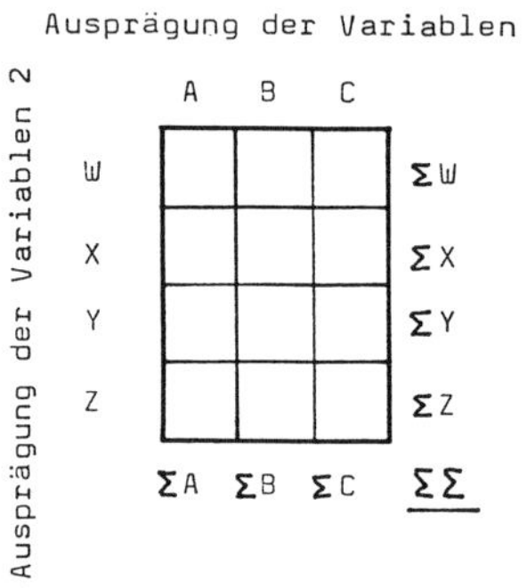

	Ausprägung der Variablen 1						Ausprägung der Variablen 1			
	A	B	C	D			A	B	C	
W					Σ W	W				Σ W
X					Σ X	X				Σ X
Y					Σ Y	Y				Σ Y
Z					Σ Z	Z				Σ Z
Σ A	Σ B	Σ C	Σ D		$\Sigma\Sigma$	Σ A	Σ B	Σ C		$\Sigma\Sigma$

(Ausprägung der Variablen 2 auf der vertikalen Achse)

An den Rändern der Kreuztabelle ('Tafel') werden stets die Ausprägungen der beiden Variablen eingetragen, deren gemeinsame Verteilung betrachtet werden soll. Bei nominalskalierten Daten ist die Reihenfolge der Variablenausprägungen natürlich beliebig; statt 'A - B - C - D' könnte die Reihenfolge ebensogut 'C - A - D - B' sein. Falls beide Variablen dieselbe Anzahl an Ausprägungen haben, entstehen quadratische Tafeln, anderenfalls rechteckige Tafeln. Ob die Variable mit der geringeren Anzahl an Variablenwerten quer (in der 'Kopfleiste') oder senkrecht (in der 'Vorspalte') eingetragen wird, tut nichts zur Sache.

In die Zellen der Kreuztabelle wird eingetragen, wieviele Untersuchungseinheiten eine jeweilige Kombination von Merkmalsausprägungen aufweisen. In der Zelle 'B/X' wäre darum beispielsweise zu notieren, daß sieben Merkmalsträger zugleich bei der Variablen 1 die Ausprägung B und bei der Variablen 2 die Ausprägung X hatten. Falls es zwischen den empirischen Referenten zweier Variablen den Zusammenhang gibt, daß bestimmte Ausprägungen eines Merkmals 1 sehr oft mit bestimmten Ausprägungen eines Merkmals 2 einhergehen, dann muß ein solcher Zusammenhang in der Kreuztabelle offenbar in Form der Häufigkeitsverteilung deutlich werden. Kreuztabellen sind darum ein fundamentales Modell zur Untersuchung von Zusammenhängen.

Die Häufigkeitsangaben können in die Zellen der Kreuztabelle auf verschiedene Weise eingetragen werden. Strichlisten, Punkte oder proportional verschieden große Flächen sind graphische Möglichkeiten. Oft verwendet man aber Zahlen. Das Datenauswertungsprogramm SPSS ('Statistical Package for the Social Sciences') berechnet bei Kreuztabellen pro Zelle vier Zahlen:

- die absolute Fallzahl in der Zelle,

- den auf die jeweilige Zellenreihe (d.h.: waagrecht) bezogenen Prozentsatz der in der Zelle stehenden Fallzahl,

- den auf die jeweilige Zellenspalte (d.h.: senkrecht) bezogenen Prozentsatz der in der Zelle stehenden Fallzahl,

- den auf sämtliche Zellen, d.h.: auf alle Merkmalsträger bezogenen Prozentsatz der in der Zelle stehenden Fallzahl.

Am rechten Rand einer Kreuztabelle finden sich die Summierungen der Fallzahlen der einzelnen Ausprägungen der links eingetragenen Variablen ('Randsummen', 'Marginalsummen'); es entsteht eine absolute und eine prozentuale Häufigkeitsverteilung der 'Vorspaltenvariablen'. Am Fuß der Tabelle stehen Summierungen der Fallzahlen der Ausprägungen der oben eingetragenen Variablen; es entsteht eine absolute und eine prozentuale Häufigkeitsverteilung der 'Kopfleistenvariablen'. Rechts unten findet sich die Anzahl der Untersuchungseinheiten; die Prozentuierungen addieren sich jeweils zu 100 %.

Auf der Auswertung der in Kreuztabellen enthaltenen Informationen ('Tafelanalyse') bauen die später zu behandelnden Modelle für die Erfassung der Zusammenhänge zwischen zwei Variablen auf.

b. Modelle für ordinalskalierte Daten

Auch hier ist die Kreuztabelle das wichtigste Modell. Sie unterscheidet sich nur in einem Punkt von den Tafeln, die bei nominalskalierten Daten verwendet werden: es darf die Reihenfolge der Variablenwerte, also die Ordnung der Zellen, keinesfalls verändert werden.

c. Modelle für metrisch skalierte Daten

Die gemeinsame Verteilung zweier diskreter oder gruppierter metrischer Variablen läßt sich zwar ebenfalls in Form einer Kreuztabelle darstellen; zusätzlich zu den Möglichkeiten, welche die Kreuztabellen ordinalskalierter Variablen bieten, können hier die Breiten bzw. Höhen der Zellen interpretiert werden. Doch dank der höheren Skalenqualität bietet es sich von vornherein an, die Daten in einem Koordinatensystem darzustellen[*]. Jede Untersuchungseinheit bekommt für jede Variable einen Meßwert zugewiesen; Paare von Meßwerten definieren dann Punkte auf einer Fläche. Durch den so erzeugten 'Punktschwarm' kann gegebenenfalls eine Kurve gelegt und durch eine Funktionsgleichung beschrieben werden, welche die Information über die Form dieser Verteilung auf das Wesentliche reduziert:

Abb. 8: Darstellung der gemeinsamen Verteilung zweier metrisch skalierter Variablen

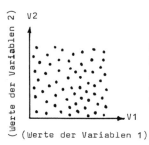

Die in dieser Datenverteilung enthaltene Information über den Zusammenhang beider Variablen läßt sich auf den Satz reduzieren: 'Es besteht kein Zusammenhang'.

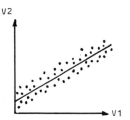

Informationsreduktion
auf die Gleichung:

$f(x) = a + bx$

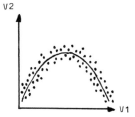

Informationsreduktion
auf die Gleichung:

$f(x) = a - bx^2$

Offensichtlich wird die Form dieser gemeinsamen Verteilung - und folglich auch die Struktur der gegebenenfalls zu formulierenden Funktionsgleichung - durch das Verhältnis bestimmt, in dem die auf beiden Achsen verwendeten Maßeinheiten zueinander stehen. Die Maßeinheiten selbst ergeben sich aus der Beschaffenheit des empirischen Relativs sowie aus den benutzten Meßinstrumenten; die Festsetzung ihrer 'graphischen Ausdehnung' steht aber völlig frei. Allgemein gültige Aussagen über ein sinnvolles Verhältnis der graphischen Ausdehnungen beider Maßeinheiten lassen sich nicht formulieren; eine

---

[*] Ordinalskalierte Daten kann man deswegen nicht in einem Koordinatensystem darstellen, weil dessen Achsen die Angabe von Abständen verlangen. Wie solche Restriktionen in bestimmten Fällen dennoch zu überwinden sind, kann hier nicht behandelt werden.

bewährte Faustregel besagt aber: das Verhältnis der Maßeinheiten soll dem Verhältnis der Standardabweichungen beider Variablen entsprechen[*].

Exkurs: Datentransformationen

Bei der Behandlung der Meßniveaus wurde auf die Transformationen hingewiesen, welchen die Meßwerte unterzogen werden können, ohne daß die Abbildung des empirischen Relativs auf das numerische Relativ unkorrekt wird. Bei ratioskalierten Daten sind als Transformationen alle mathematischen Operationen zulässig. An ihrem Fall soll erläutert werden, welche Möglichkeiten Datentransformationen eröffnen. Sinngemäß ist die Argumentation auf Daten zu übertragen, die nur eingeschränkt transformierbar sind oder bei denen Transformationen keinen Informationswert haben.

Eine Datentransformation liegt vor, wenn statt der ursprünglichen Meßwerte ihre Logarithmen, Wurzeln, Potenzen, Kehrwerte usw. betrachtet werden, wenn man Konstanten zu ihnen addiert bzw. von ihnen subtrahiert, oder wenn mit ihnen Multiplikationen oder Divisionen durchgeführt werden und man nicht mehr die ursprünglichen, sondern die veränderten Werte weiterer Datenanalyse zugrunde legt. Gerade die Betrachtung transformierter statt tatsächlich gemessener Werte begreift man am besten als die Einnahme einer neuen Perspektive auf den in den Daten erfaßten Untersuchungsgegenstand. Diese neue Perspektive einzunehmen lohnt oft aus drei Gründen[**]:

Erstens führen gezielte Transformationen meist zu Verteilungsformen, die sich wesentlich einfacher beschreiben lassen als die ursprünglichen Verteilungsformen der Meßwerte; dies erbringt bei vielen statistischen Modellen Rechenvorteile. Beispielsweise läßt sich eine exponentiell verlaufende Kurve durch Logarithmierung ihrer Werte zu einer Geraden umformen, oder asymmetrische Datenverteilungen erhalten die Form einer Normalverteilung. Zweitens lassen sich nach zweckmäßigen Transformationen bei der Betrachtung der gemeinsamen Verteilung mehrerer Variablen bisweilen wesentlich einfachere Zusammenhänge feststellen als bei den ursprünglichen Meßwerten. Das Ziel besteht meistens darin, einen linearen Zusammenhang zu identifizieren und durch eine einfache Funktionsgleichung zu beschreiben. Auf diese Weise gelangt man zu ansonsten zweifellos übersehenen weiterführenden Fragen wie jener, warum wohl zwischen den logarithmierten oder potenzierten, nicht aber zwischen den ursprünglichen Meßwerten ein so einfacher Zusammenhang bestehe - Fragen, die zu tieferem Einblick in einen Gegenstandsbereich führen können. Drittens hängt die Streuung von Meßwerten um ihr arithmetisches Mittel oft vom absoluten Wert dieses Mittels ab, was bei Vergleichen von Datensätzen mit unterschiedlichen Größenordnungen der Meßwerte sehr unvorteilhaft ist. Transformationen können in solchen Fällen zur Vereinheitlichung der Streuung führen.

---

[*] Zum Modell der Standardabweichung siehe unten S. 55. Vgl. zu dieser Faustregel Ted R. Gurr, Politometrie, dt. Frankfurt, New York 1974, S. 197.

[**] Bei der Darlegung dieser Gründe müssen einige erst später einzuführende Begriffe benutzt werden. Gegebenenfalls sollte man die folgende Passage nach der Lektüre des 3. Kapitels erneut durchgehen.

Die Nutzung solcher Möglichkeiten von Datentransformationen setzt voraus, daß man auf die Vorstellung verzichtet, nur der ursprünglich gewählte Maßstab sei dem interessierenden empirischen Relativ angemessen. Andererseits führt im Einzelfall gerade der Verzicht auf diese Vorstellung oft zu Schwierigkeiten, die grundsätzlich als sinnvoll akzeptierten transformierten Maßeinheiten (etwa: logarithmiertes Monatseinkommen) inhaltlich befriedigend zu interpretieren. Insgesamt verlangt die kompetente Verwendung von Datentransformationen einige Erfahrung bei der Datenanalyse.

3. Die graphische Darstellung der gemeinsamen Häufigkeitsverteilungen von drei Variablen

Selten ist ein Zusammenhang (oder das Nichtvorliegen eines Zusammenhangs) zwischen zwei Variablen von weiteren Einflüssen völlig unabhängig. Im einfachsten Fall lassen sich solche weiteren Einflüsse mit einer einzigen Variablen erfassen ('Drittvariable'); man gelangt dann von der Zwei- zur Dreivariablenanalyse. Zusammenhänge zwischen drei Variablen lassen sich in Form von Häufigkeitsverteilungen graphisch noch darstellen.

a. Modelle für nominalskalierte Daten

Man kann das Modell der Kreuztabelle dadurch um die Betrachtung einer dritten Variablen erweitern, daß man in den Zellen einer derartigen Tafel die Häufigkeitsangaben nach jenen Ausprägungen getrennt einträgt, welche die gemäß zweier Variablen dieser Zelle zugeordneten Untersuchungseinheiten bezüglich einer dritten Variablen aufweisen. Falls die dritte Variable nur dichotom gemessen wurde, bleibt eine solche Kreuztabelle noch gut überschaubar:

Abb. 9: Dreidimensionale Kreuztabelle für eine dichotome Drittvariable

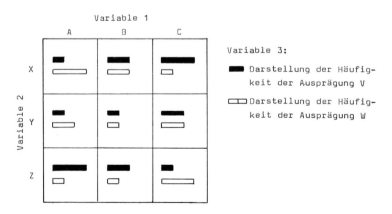

Spätestens bei vier oder mehr Ausprägungen der Drittvariablen werden derartige Darstellungen jedoch unübersichtlich. Dann verwendet man 'partielle Kreuztabellen'. Bei ihnen wird für alle Untersuchungseinheiten, die bezüglich der Drittvariablen eine bestimmte Ausprägung besitzen, eine gesonderte Kreuztabelle der gemeinsamen Verteilung der Variablen 1 und 2 zusammengestellt; es entstehen soviele Kreuztabellen, wie die dritte Variable Ausprägungen hat[*]. Natürlich kann bei nominalskalierten Daten die Reihenfolge solcher partieller Kreuztabellen nicht interpretiert werden.

b. Modelle für ordinalskalierte Daten

Hier sind dieselben Möglichkeiten verfügbar wie im Fall nominalskalierter Daten, wobei freilich die Reihenfolge der Variablenausprägungen und auch der partiellen Kreuztabellen interpretiert werden kann.

c. Modelle für metrisch skalierte Daten

Die Meßwerte dreier metrischer Variablen definieren die Lage einer Untersuchungseinheit in einem dreidimensionalen Koordinationssystem. Folglich entsteht ein räumlicher 'Punktschwarm', dessen Form man gegebenenfalls durch Gleichungen mit zwei Unbekannten beschreiben kann. Entsprechende Graphiken sind, da in der Darstellungsebene auch noch die räumliche Perspektive erzeugt werden muß, schwer zu lesen.

III. Modelle zur Beschreibung von Verteilungsformen

Die Form der Häufigkeitsverteilung einer Variablen oder der gemeinsamen Häufigkeitsverteilung mehrerer Variablen gibt unmittelbar über die Beschaffenheit jenes Wirklichkeitsausschnittes Auskunft, auf den die betrachteten Variablen sich perspektivisch beziehen. Die Untersuchung von Verteilungsformen ist darum eine wichtige sozialwissenschaftliche Forschungsaufgabe. Einige Modelle zur Beschreibung von Verteilungsformen wurden schon implizit behandelt; nun sollen sie systematisch zusammengestellt werden.

---

[*] Analog lassen sich auch noch vierte und weitere Variablen einbeziehen, wobei jede zusätzliche Variable die Zahl der nötigen Kreuztabellen um die Anzahl ihrer Ausprägungen vervielfacht.

1. Modelle zur Beschreibung monovariater Verteilungsformen

a. Modelle für nominalskalierte Daten

Bei nominalskalierten Daten ist die Reihenfolge, in der die einzelnen Merkmalsklassen zusammengestellt werden, beliebig; die Form der Häufigkeitsverteilung aber verändert sich mit dieser Reihenfolge. Darum gibt es nur zwei Möglichkeiten, über die Verteilungsform zusammenfassende Aussagen zu formulieren:

- Man kann die einzelnen Merkmalsklassen nach ihren Besetzungszahlen ordnen. Die entstehende Reihenfolge zwischen fallreichster und fallärmster Klasse macht Häufigkeitsrelationen deutlich; sie darf aber keinesfalls als Rangordnung der Merkmalsausprägungen gedeutet werden.

- Wenn alle Merkmalsklassen gleich häufig besetzt sind, liegt eine 'Gleichverteilung' vor. Mit einem später zu behandelnden Konzept wird eine solche Häufigkeitsverteilung auch als Fall 'maximaler Entropie' bezeichnet.

b. Modelle für ordinalskalierte Daten

Auch ordinalskalierte Daten können eine Gleichverteilung aufweisen. Ist dies nicht gegeben, so lassen sich stets Maxima und Minima in der Besetzungshäufigkeit identifizieren:

Abb. 10: Verteilungsform ordinalskalierter Daten

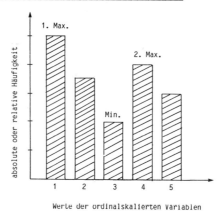

Da die Reihenfolge der Merkmalsklassen interpretiert werden kann, ist auch eine Deutung der Abfolge von Maxima und Minima möglich; anders als bei nominalskalierten Daten entsteht eine wirkliche Verteilungsform. Allerdings kann sie jederzeit dadurch verändert werden, daß die Abstände zwischen den Merkmalsklassen - die bei der Rangskala ja keinen Informationsgehalt besitzen - vergrößert oder verkleinert werden. Außerdem können durch Zusammenfassung benachbarter Klassen Abfolge und Ausprägung der Maxima und Minima verändert werden, was erhebliche manipulatorische Möglichkeiten eröffnet.

c. Modelle für metrisch skalierte Daten

Oben wurde gezeigt, wie die Verteilungsformen von metrischen Variablen durch Gleichungen beschrieben werden können. Hier sollen die bei der verbalen Beschreibung von Verteilungsformen geläufigen Begriffe eingeführt werden:

Abb. 11: Verteilungsformen metrisch skalierter Daten

a) gleichförmige Verteilung

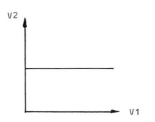

b) eingipfelige (unimodale) Verteilung

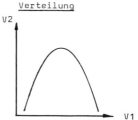

c) zweigipfelige (bimodale) Verteilung

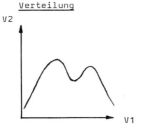

d) U-förmige Verteilung

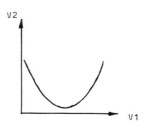

e) J-förmige Verteilung

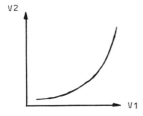

Bei eingipfeligen Verteilungen lassen sich zwei weitere Merkmale der Verteilungsform erfassen: ihre 'Schiefe' ('Skewness') und ihre 'Wölbung' ('Kurtosis'). Maßstab für die Bestimmung von Schiefe und Wölbung ist die Glockenkurve der Gauß'schen Normalverteilung[*]:

Abb. 12: Gauß'sche Glockenkurve

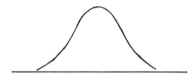

Bei der Untersuchung der Schiefe wird geprüft, ob die vorliegende Verteilungskurve, gemessen an der Gauß'schen Glockenkurve, nach rechts verzogen und folglich rechts steil und links schief ist, oder ob sie nach links verzogen und darum links steil und rechts schief ist. Je nach Sachstand spricht man von 'rechtsschiefer' (= linkssteiler) oder 'linksschiefer' (= rechtssteiler) Verteilung. Bisweilen werden die Bezeichnungen auch genau umgekehrt definiert; am Modell selbst ändert sich dadurch natürlich nichts. Die in der Gestalt und im Grad solcher Schiefe enthaltene Information läßt sich noch weiter verdichten und durch statistische Maßzahlen ausdrücken; nur genannt seien Fishers 'Momentkoeffizient der Schiefe', die Koeffizienten SK_1 und SK_2 von Pearson sowie der p-Quartilskoeffizient.

Abb. 13: Schiefe von Verteilungen

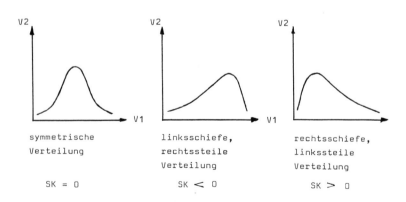

---

[*] Vgl. unten S. 176 ff.

Bei der Untersuchung der Wölbung wird geprüft, ob die vorliegende Verteilungskurve, gemessen an der Gauß'schen Glockenkurve, flacher oder steiler ist. Auch die in der Gestalt und im Grad der Wölbung enthaltene Information läßt sich weiter verdichten und durch statistische Maßzahlen ausdrücken; genannt sei Fishers 'Momentkoeffizient der Wölbung' sowie der p,q-Quartilskoeffizient.

Abb. 14: Wölbung von Verteilungen

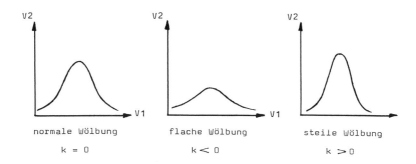

2. Modelle zur Beschreibung bivariater Verteilungsformen

a. Modelle für nominalskalierte Daten

Da die Reihenfolge der Ausprägungen nominalskalierter Variablen jederzeit verändert werden kann, lassen sich irgendwelche Formen einer gemeinsamen Verteilung zweier nominalskalierter Variablen nicht bestimmen.

b. Modelle für ordinalskalierte Daten

Drei Grundformen können unterschieden werden. Sie werden in Kreuztabellen folgendermaßen sichtbar:

Abb. 15: Formen der gemeinsamen Verteilung zweier ordinalskalierter Variablen

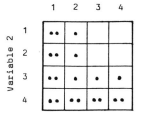

a) 'kein Zusammenhang'

b) 'linearer Zusammenhang'/ 'diagonale Korrelation'

c) 'L-förmiger Zusammenhang'/ 'Eckenkorrelation'

Lineare Zusammenhänge können statt 'von links unten nach rechts oben' natürlich auch 'von links oben nach rechts unten' verlaufen; ebenso kann ein kurvilinearer Zusammenhang statt L-förmig auch T-förmig sein.

Die Rede von 'linearen' und 'kurvilinearen' Zusammenhängen ist, im Grunde genommen, nicht ganz angemessen. Da die Abstände zwischen den Meßwerten auf einer Rangskala nicht interpretierbar sind, kann ein 'linearer' Zusammenhang durch 'Streckung' der Abstände einer Variablen jederzeit zu einem 'kurvilinearen' gemacht werden. Die interessierende Information ist also nicht in den graphischen Begriffen 'linear' und 'kurvilinear' enthalten, sondern in der Beobachtung, daß es 'Muster' im gemeinsamen Auftreten der Werte beider Variablen gibt.

c. Modelle für metrisch skalierte Daten

Oben wurde behandelt, wie die entsprechenden Verteilungsformen graphisch darzustellen sind; hier sollen die bei der verbalen Beschreibung dieser Verteilungsformen benutzten Begriffe eingeführt werden:

Abb. 16: Formen bivariater Zusammenhänge zwischen metrisch skalierten Variablen

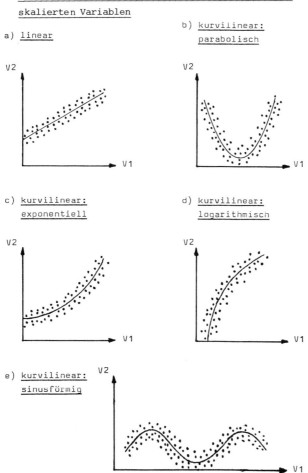

IV. Modelle zur Beschreibung der »zentralen Tendenz«

Bei der Betrachtung monovariater Verteilungsformen achtet man stets auf zweierlei:

- Gibt es Merkmalsklassen oder Variablenwerte, die besonders hohe Fallzahlen aufweisen, bzw.: gibt es innerhalb der Verteilung Bereiche, in denen sich die Daten häufen?

- Gibt es eine klare Verteilungsform, oder entsteht ein diffuses Bild der Verteilung der Untersuchungseinheiten über die einzelnen Merkmalsklassen oder Variablenwerte?

Falls der erstgenannte Sachverhalt gegeben ist, spricht man von einer 'zentralen Tendenz' in der Datenverteilung; den zweitgenannten Sachverhalt erfaßt man durch das Konzept der 'Streuung' (auch: Dispersion'). Die Modelle zur Beschreibung von zentraler Tendenz und Streuung dienen dazu, die in der monovariaten Verteilungsform enthaltene Information noch stärker zu verdichten. Das Maximum an Informationsreduktion ist erreicht, wenn zu 'statistischen Maßzahlen' gelangt wird[*].

1. Modelle für nominalskalierte Daten

Hier ist nur die Frage sinnvoll, welche Merkmalsklasse die größte Fallzahl aufweist. Der Variablenwert dieser Merkmalsklasse heißt 'Modalwert' (auch: 'Modus').

2. Modelle für ordinalskalierte Daten

Auch hier kann natürlich der Modalwert festgestellt werden. Doch zusätzlich läßt sich die Information über die Rangordnung der Merkmalsträger auswerten. Ein dazu geeignetes Modell ist gemäß folgender Überlegung zu entwickeln:

a) Man reiht die Untersuchungseinheiten nach ihren ranggeordneten Merkmalsausprägungen auf.

---

[*] Beziehen sich derartige Maßzahlen (und zwar nicht nur jene für zentrale Tendenz und Streuung) auf Grundgesamtheiten, so nennt man sie 'Parameter'; beziehen sie sich auf Stichproben, so heißen sie im englischsprachigen Schrifttum 'statistics'. Auf deutsch wird diese Bezeichnung oft als 'Statistiken' übersetzt, was leicht zu Verwechslungen mit Statistiken im Sinn tabellarischer Zusammenstellungen führt. Im folgenden wird darum der Ausdruck 'statistische Maßzahl' verwendet.

b) Falls jede Untersuchungseinheit eine andere Merkmalsausprägung aufweist, entsteht eine völlig klare Rangordnung. Man spricht dann von einer 'streng monotonen Rangreihe'. Falls die ordinale Variable nur k Ausprägungen hat und eine Messung an mehr als k Untersuchungseinheiten durchgeführt wird, kann eine streng monotone Rangreihe nicht mehr entstehen; vielmehr müssen gleiche Variablenwerte auf mehrere Untersuchungseinheiten entfallen.

c) Für diese Rangordnung - ob nun streng monoton oder nicht - kann die kumulierte Häufigkeitsverteilung berechnet werden. Die einzelnen Prozentsätze der kumulierten Häufigkeitsverteilung heißen in diesem Zusammenhang 'Quantile'. Einzelne Quantile haben besondere Bezeichnungen:

- Die Quantile bei 1 %, 2 %, ..., 99 % der kumulierten Häufigkeitsverteilung heißen 'Centile', abgekürzt: $C_{1...99}$

- Die Quantile bei 10 %, 20 %, ..., 90 % der kumulierten Häufigkeitsverteilung heißen 'Dezile', abgekürzt: $D_{1...9}$

- Die Quantile bei 25 %, 50 % und 75 % der kumulierten Häufigkeitsverteilung heißen '1. Quartil', '2. Quartil' und '3. Quartil'.

d) Für jedes Quantil kann man feststellen, welcher Variablenwert bei ihm erreicht ist. Als Maß der zentralen Tendenz ordinalskalierter Daten dient nun jener Variablenwert, der beim 2. Quartil, also: bei genau 50 % der kumulierten Häufigkeitsverteilung erreicht ist. Dieser Variablenwert heißt 'Medianwert' (auch: 'Median').

Auf die Details der Medianfeststellung kann hier nicht eingegangen werden. Es sei nur darauf verwiesen, daß bei einer geraden Anzahl von Untersuchungseinheiten es keine Untersuchungseinheit gibt, bei der genau 50 % der kumulierten Häufigkeitsverteilung erreicht werden; dies ist nur bei einer ungeraden Anzahl von Untersuchungseinheiten der Fall. Beispiel: x - x |- x - x bzw. x - x -|x| - x - x. Wenn aber am 2. Quartil keine Untersuchungseinheit aufgefunden werden kann, läßt sich auch nicht ihr Variablenwert, also der Medianwert angeben. Falls nun beide Untersuchungseinheiten, zwischen denen das 2. Quartil liegt, denselben Variablenwert aufweisen, ist offenbar dieser der gesuchte Median. Wenn aber genau am 2. Quartil zum nächsthöheren Variablenwert übergegangen wird, liegt der Median zwischen beiden Variablenwerten, ohne selbst mit einer Zahl benennbar zu sein.

Der Median vermittelt einen guten Eindruck vom 'Schwerpunkt' einer ordinalen Datenreihe und ist ein zentrales Konzept für viele weitere Modelle.

3. Modelle für metrisch skalierte Daten

Selbstverständlich können auch hier Modalwert und Median bestimmt werden. Die auf metrischen Skalen zusätzlich verfügbaren Informationen werden aber am besten durch folgende Modelle genutzt:

a. Arithmetisches Mittel

Es ist ein geeignetes Modell, wenn die Datenverteilung die Struktur einer arithmetischen Reihe hat, was in der Regel der Fall ist. Wenn die Meßwerte jeder Untersuchungseinheit verschieden sind, wird das arithmetische Mittel $\bar{x}$ nach der Formel $\bar{x} = \frac{1}{n} \sum_{i=1}^{n} x_i$ berechnet, wobei x_i die einzelnen Meßwerte bezeichnet. Liegen gruppierte Daten vor, so ist folgende Formel zu verwenden: $\bar{x} = \frac{1}{n} \sum_{i=1}^{k} f_i x_i$. k bezeichnet dabei die Anzahl der Merkmalsklassen, f_i die Häufigkeit der Untersuchungseinheiten x_i innerhalb der jeweiligen Klasse[*]. Bei einer symmetrischen Datenverteilung fallen Modus, Median und arithmetisches Mittel zusammen. Ganz im Gegensatz zum Median wird das arithmetische Mittel durch 'Ausreißer' (d.h.: Meßwerte, die vom Gros der Datenverteilung weitab liegen) stark beeinflußt; 'Ausreißer' sollte man bei der Berechnung des arithmetischen Mittels darum gegebenenfalls ausschliessen. Wegen seiner alltäglichen Selbstverständlichkeit wirkt das arithmetische Mittel oft trivial; es hat jedoch sehr folgenreiche mathematische Eigenschaften und ist ein zentrales Konzept vieler komplexer statistischer Modelle.

b. Geometrisches Mittel

Falls die Datenverteilung die Struktur einer geometrischen Reihe hat, also: falls die Abstände zwischen den einzelnen Meßwerten den Größen der Meßwerte proportional sind, ist das geometrische Mittel $\bar{x}_g$ ein geeignetes Modell zur Informationsreduktion. Es hat folgende Struktur: $\bar{x}_g = \sqrt[n]{\prod_{i=1}^{n} x_i}$.

---

[*] 'f' steht für engl. 'frequency' = Häufigkeit. – Falls ein statistisches Modell bei der Analyse von <u>Stichprobendaten</u> benutzt wird, verwendet man meist andere Symbole, als wenn dieselbe Formel auf Daten der <u>Grundgesamtheit</u> angewendet wird. Statt – wie bei Stichproben – 'x_i', '$\bar{x}$' und 'n' schriebe man hier 'X_i', 'μ' und 'N'. Im folgenden wird, außer wenn ausdrücklich von der Grundgesamtheit die Rede ist, stets die Stichprobennotation benutzt.

c. Weitere Modelle

Für weitere metrische Datenverteilungen stehen für die Erfassung der zentralen Tendenz Modelle wie 'gewogenes arithmetisches Mittel' oder 'harmonisches Mittel' zur Verfügung.

V. Modelle zur Beschreibung der Streuung (Dispersion)

Diese Modelle haben die zur Beantwortung folgender Frage nötige Information zu verdichten: wie stark streuen Daten über die einzelnen Variablenwerte/ Merkmalsklassen bzw. um bestimmte 'zentrale Werte'? Streuungsmaße, die dies leisten, sind für sich selbst in erster Linie bei eingipfeligen Verteilungen aussagekräftig; ansonsten sind sie innerhalb komplexerer Modelle wichtig.

1. Modelle für nominalskalierte Daten

Das Konzept der Streuung kann bei nominalskalierten Daten nur auf die Unterschiede in der Besetzungshäufigkeit der einzelnen Merkmalsklassen bezogen werden. Zwei Extremfälle sind denkbar:

- alle Untersuchungseinheiten konzentrieren sich auf einen einzigen Variablenwert;
- es besteht eine Gleichverteilung über alle Merkmalsklassen.

Es wird darum eine statistische Maßzahl gesucht, die sowohl diese Extremfälle als auch alle Möglichkeiten zwischen ihnen auszudrücken vermag. Eine solche Maßzahl läßt sich aus dem Konzept der Entropie ableiten.

Unter Entropie wird der Grad an Strukturlosigkeit innerhalb einer Menge von Elementen verstanden. Im Fall nominalskalierter Daten liegt ein Maximum an Strukturlosigkeit und folglich an Entropie vor, wenn sich alle Untersuchungseinheiten gleichmäßig über alle Merkmalsklassen verteilen. Ein Minimum an Strukturlosigkeit bzw. Entropie ist gegeben, wenn alle Untersuchungseinheiten in dieselbe Merkmalsklasse fallen.

Die relativen Häufigkeiten in den einzelnen Merkmalsklassen sollen nun mit f_i bezeichnet werden; zu betrachten sind jene k Merkmalsklassen, welche die Ausprägungen einer nominalskalierten Variablen darstellen.·Falls nun unter

lg f ein Logarithmus zur Basis 2 verstanden wird*⁾, dann läßt sich folgende
Maßzahl H der Entropie definieren: $H = \sum_{i=1}^{k} f_i \lg \frac{1}{f_i}$

Diese Maßzahl hat folgende Eigenschaften:

- Konzentrieren sich alle Untersuchungseinheiten auf eine <u>einzige</u> Merkmalsklasse, liegt also ein <u>Minimum</u> an Entropie vor, so gilt: H = O.

- Besteht Gleichverteilung über die k Merkmalsklassen, also ein <u>Maximum</u> an Entropie, so gilt: $H = \frac{1}{k}$.

Da $\frac{1}{k}$ grundsätzlich bekannt ist, läßt sich jeder H-Wert zwischen O und $\frac{1}{k}$ als Maß der Streuung nominalskalierter Daten interpretieren und vor allem für Vergleichszwecke verwenden.

2. Modelle für ordinalskalierte Daten

Modelle zur Beschreibung der Streuung ordinalskalierter Daten lassen sich aus folgender Überlegung ableiten:

- Bei geringer Streuung müssen die bei <u>weit</u> auseinanderliegenden Quantilen (etwa: D_2 und D_8) erreichten Variablenwerte <u>benachbart</u> sein.

- Bei <u>starker</u> Streuung müssen die bei <u>weit</u> auseinanderliegenden Quantilen erreichten Variablenwerte durch etliche Variablenwerte <u>getrennt</u> sein.

- Bezogen auf bestimmte, doch beliebig wählbare Quantile läßt sich also angeben, wieviele Variablenwerte in der <u>Spannweite</u> ('Range') zwischen je zwei Quantilen liegen. Die <u>Anzahl</u> dieser Variablenwerte, bezogen auf anzugebende Quantile und in Abhängigkeit von der Anzahl <u>möglicher</u> Variablenwerte, dient als Maß der Streuung.

---

*) Also jener Exponent, der folgende Gleichung löst: $2^x = f$

Am Beispiel des 1., 2. (= Median) und 3. Quartils kann dieser Zusammenhang folgendermaßen veranschaulicht werden:

Abb. 17: Streuung in ordinalskalierten Daten

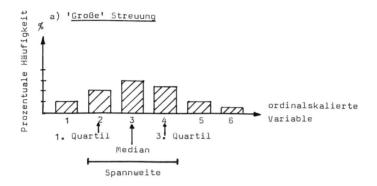
a) 'Große' Streuung

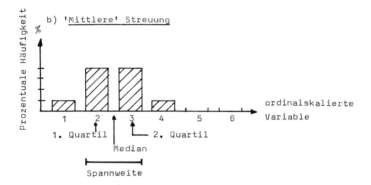
b) 'Mittlere' Streuung

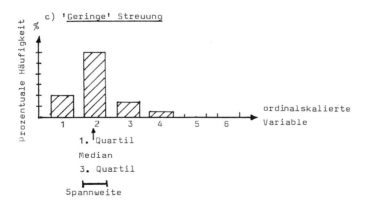
c) 'Geringe' Streuung

Keinesfalls darf der Abstand zwischen den Quantilen oder der numerische Wert der innerhalb der Spannweite befindlichen Variablenwerte interpretiert werden; lediglich ihre Anzahl ist zu deuten. Dies hat Konsequenzen für den Versuch, zwei ordinalskalierte Variablen hinsichtlich ihrer Streuung miteinander zu vergleichen. Ein solcher Vergleich setzt stets voraus, daß beide Variablen gleichviele Ausprägungen haben; unnötig ist, daß diesen Ausprägungen einander entsprechende Zahlen zugewiesen werden. Ferner müssen bei beiden Variablen dieselbe Quantile betrachtet werden. Und auch dann ist eine Aussage wie 'Variable A hat eine geringere Streuung als Variable B' nur gerechtfertigt, wenn

- das kleinere Quantil (etwa: D_3) bei A einen größeren Variablenwert bezeichnet als bei B,

- und zugleich das größere Quantil (etwa: D_6) bei A einen kleineren Variablenwert bezeichnet als bei B.

3. Modelle für metrisch skalierte Daten

a. Mittlerer Quartilsabstand und Kelley - Range

Es lassen sich, wie bei ordinalskalierten Daten, die Spannweiten zwischen Quantilen bestimmen. Doch zusätzlich können hier die Abstände zwischen den von einzelnen Quantilen bezeichneten Variablenwerten interpretiert werden. Das bedeutet, daß man Differenzen bilden und so zu konkreten Maßzahlen gelangen kann. Zwei Streuungsmaße sind hervorzuheben:

- mittlerer Quartilsabstand: $\dfrac{C_{75} - C_{25}}{2}$

- Kelley - Range: $\dfrac{C_{90} - C_{10}}{2}$

b. Die Varianz

Die Varianz ist ein sehr wichtiges statistisches Modell; viele komplexere Modelle bauen auf ihr auf. Der Grundgedanke dieses Modells läßt sich so beschreiben:

- Man berechnet das arithmetische Mittel jener Datenverteilung, für deren Streuung man sich interessiert.

- Nun kann man die Differenzen zwischen den einzelnen Meßwerten x_i und dem arithmetischen Mittel $\bar{x}$ bilden. Ein Teil der Differenzen $(x_i - \bar{x})$ wird positiv sein (bei $x_i > \bar{x}$), ein Teil negativ (bei $x_i < \bar{x}$).

- Bei geringer Streuung werden sich Differenzen mit geringen, bei großer Streuung Differenzen mit großen Absolutbeträgen $|x_i - \bar{x}|$ ergeben. Aus diesem Sachverhalt wird das Streuungsmaß entwickelt.

- Summiert man einfach die Differenzen, so gilt aufgrund der Eigenschaft des arithmetischen Mittels: $\sum_{i=1}^{n} (x_i - \bar{x}) = 0$. Dieses unerwünschte Resultat vermeidet man, wenn die <u>quadrierten</u> Differenzen summiert werden. Die erhaltene 'Summe der Abweichungsquadrate' (SAQ) $= \sum_{i=1}^{n} (x_i - \bar{x})^2$ drückt unmittelbar den Grad der Streuung aus.

- Allerdings ist diese Summe abhängig von der Anzahl der Differenzen, d.h.: von der Anzahl der Meßwerte. Vor allem für Vergleichszwecke ist dies unerwünscht. Um diesen Sachverhalt zu beseitigen, teilt man die Summe der Abweichungsquadrate durch die Fallzahl n. Damit erhält man die Formel für die Varianz[*]: $s^2 = \frac{1}{n} \sum_{i=1}^{n} (x_i - \bar{x})^2$

c. <u>Die Standardabweichung</u>

Die Varianz s^2 drückt das Ausmaß der Streuung nicht in der ursprünglich gemessenen Dimension, sondern in deren Quadrat aus. Um diesen Sachverhalt zu korrigieren, betrachtet man statt der Varianz s^2 deren Quadratwurzel s. Diese heißt 'Standardabweichung' und ist ein empirisch sehr leicht interpretierbares Streuungsmaß[**].

d. <u>Quartils-Dispersionskoeffizient und Variationskoeffizient</u>

Die absolute Größe der Streuung hängt offensichtlich von der absoluten Größe der Meßwerte ab, deren Streuung man betrachtet. Will man nun Streuungen von

---

[*] Bei der Betrachtung der Varianz von Stichproben schreibt man s^2, bei jener von Grundgesamtheiten σ^2. Aus hier nicht zu erläuternden Gründen muß bei Stichproben, von denen aus man auf Grundgesamtheiten schließen will, die SAQ nicht durch n, sondern durch (n - 1) geteilt werden; vgl. S. 188 f.

[**] s ist die Standardabweichung in Stichproben, σ die Standardabweichung in Grundgesamtheiten

Daten vergleichen, deren absolute Meßwerte sich erheblich unterscheiden, muß man auch diesen Sachverhalt korrigieren. Dazu dient

- bei <u>intervallskalierten</u> Daten:

  der Quartils-Dispersionskoeffizient $= \dfrac{c_{75} - c_{25}}{c_{75} + c_{25}}$

- bei <u>ratioskalierten</u> Daten:

  der Variationskoeffizient $= \dfrac{s}{\bar{x}}$

VI. Modelle zur Beschreibung von Konzentration

1. Zum Konzept der Konzentration

Das Konzept der Konzentration grenzt im intuitiven Sprachgebrauch an jenes der Streuung: bei geringer Streuung 'konzentrieren sich die Daten auf wenige Variablenwerte'. Bei <u>ratioskalierten</u> Variablen kann ein demgegenüber präziserer Begriff der Konzentration geprägt werden. Er läßt sich in folgendem Gedankengang entwickeln:

- Das interessierende Merkmal (etwa: Bruttosozialprodukt) wird ratioskaliert an mehreren Untersuchungseinheiten (hier: Staaten) gemessen.

- Es läßt sich nun durch Summierung der von <u>allen</u> Untersuchungseinheiten aufgebrachte <u>Gesamtbetrag dieses Merkmals</u> bestimmen (hier: die Summe des Bruttosozialprodukts der n untersuchten Staaten).

- Ferner läßt sich feststellen, welcher <u>Prozentsatz</u> dieser Gesamtsumme von <u>jeder einzelnen</u> Untersuchungseinheit aufgebracht wird.

- Die Untersuchungseinheiten können sodann nach der Größe ihrer Beiträge zum <u>insgesamt</u> aufgebrachten Merkmalsbetrag geordnet werden.

- Es entsteht eine <u>gemeinsame Verteilung</u> von geordneten Untersuchungseinheiten und insgesamt aufgebrachtem Merkmalsbetrag. Innerhalb dieser Verteilung kann nun gefragt werden: Welcher Prozentsatz der Untersuchungseinheiten bringt welchen Prozentsatz des gesamten Merkmalsbetrags auf?

- Zwei Extremfälle sind denkbar. Erstens kann ein ganz geringer Prozentsatz der Untersuchungseinheiten (fast) 100 % des gesamten Merkmalsbetrags aufbringen. In diesem Fall liegt (fast) <u>völlige Konzentration</u> vor. Zweitens kann es eine genaue Entsprechung zwischen dem jeweils betrachteten Prozentsatz der Untersuchungseinheiten und dem Prozentsatz des von ihnen aufgebrachten Merkmalsbetrags geben. In diesem Fall liegt keine Konzentration vor.

Zur Beschreibung von Konzentration in diesem Sinn können, falls ratioskalierte Daten vorliegen, die nun zu behandelnden Modelle benutzt werden.

2. Modelle für ratioskalierte Daten

a. Der Hirschmann- bzw. Herfindahl-Index

Den Grundgedanken dieses Modells kann man folgendermaßen zusammenfassen:

- Man berechnet für jede Untersuchungseinheit, welchen Anteil sie zur Gesamtsumme des interessierenden Merkmals beisteuert. Es entstehen Brüche, die um so größer sind, einen je größeren Anteil eine Untersuchungseinheit zur Gesamtsumme beisteuert.

- Quadriert man Brüche, so werden große Brüche unterproportional, kleine Brüche aber überproportional kleiner; d.h.: Anteilsunterschiede werden durch Quadrierung noch deutlicher ausgeprägt.

- Addiert man diese quadrierten Brüche, so schlagen deshalb in der Summe die mit größeren Brüchen vertretenen Untersuchungseinheiten, die einen größeren Anteil an der Gesamtsumme des interessierenden Merkmals aufbringen, stärker durch, als die kleineren Brüche jener Untersuchungseinheiten, die einen kleineren Anteil an der Gesamtsumme des interessierenden Merkmals aufbringen.

- Diese Tatsache ist in folgende Überlegungen umzusetzen:

    -- Wenn eine Untersuchungseinheit fast die gesamte Summe des interessierenden Merkmals aufbringt, sich also in ihr die Gesamtsumme fast konzentriert, so wird ihr quadrierter Bruch sich an 1 annähern. Die Brüche, die für die übrigen Untersuchungseinheiten entstehen, werden hingegen sehr klein sein.

    -- Wenn jede Untersuchungseinheit den gleichen Anteil an der Gesamtsumme des interessierenden Merkmals aufbringt, es also keinerlei Konzentration gibt, wird die Summe der quadrierten Brüche, falls es sich um n Untersuchungseinheiten handelt, genau $1/n$ sein[*].

---

[*] Beispiel: wenn von vier Untersuchungseinheiten jede genau 1/4 der Gesamtsumme des interessierenden Merkmals beisteuert, so ist die Summe der quadrierten Brüche $1/16 + 1/16 + 1/16 + 1/16 = 4/16 = 1/4 = 1/n$.

-- Folglich entsteht durch Summierung dieser quadrierten Brüche eine Maßzahl, die maximal 1 und minimal 1/n erreichen kann: $\frac{1}{n} \leq K_H \leq 1$

Diese Maßzahl K_H ist der Hirschmann- bzw. Herfindahl-Index. Er ist im Fall von n Untersuchungseinheiten so zu interpretieren:

- $K_H = 1$: völlige Konzentration, d.h.: <u>eine</u> Untersuchungseinheit bringt die <u>Gesamtsumme</u> des interessierenden Merkmals auf.

- $K_H = \frac{1}{n}$: keine Konzentration, d.h.: <u>jede</u> Untersuchungseinheit bringt <u>denselben</u> Anteil an der Gesamtsumme auf.

K_H-Werte zwischen diesen beiden Extremen geben inhaltlich interpretierbare Grade der Konzentration an; sie sind vor allem für Vergleichswerte nützlich.

b. <u>Lorenz-Kurve und Gini-Index</u>

Der Gini-Index baut auf dem Modell der Lorenz-Kurve auf. Deren Leitidee konkretisiert die eingangs vorgetragenen Überlegungen:

- Man berechnet für jede Untersuchungseinheit (bei gruppierten Daten: für jede Gruppe von Untersuchungseinheiten), welchen Anteil an der gesamten Merkmalssumme sie aufbringt.

- Dann reiht man die (Gruppen von) Untersuchungseinheiten nach der Größe der von ihnen aufgebrachten Anteile auf, wobei mit den Untersuchungseinheiten begonnen wird, welche die kleinsten Anteile aufbringen. Das Ergebnis dieses Arbeitsschrittes läßt sich in ein Diagramm eintragen, das stets folgende Struktur hat:

Abb. 18: <u>Diagramm für Lorenz-Kurve und Gini-Index</u>

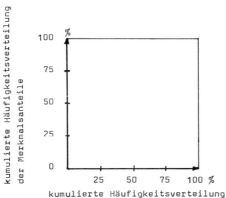

- Sobald die Punkte miteinander verbunden sind, welche jeder Untersuchungseinheit ihren Merkmalsanteil zuweisen, entsteht eine Kurve, die schon optisch folgende Frage beantwortet: Welcher Prozentsatz der Untersuchungseinheiten bringt welchen Prozentsatz der gesamten Merkmalssumme auf? Diese Kurve ist die 'Lorenz-Kurve'.

- Sie kann zwei extreme Formen annehmen. Falls <u>keine</u> Konzentration vorliegt, also die kumulierten Prozentsätze der Untersuchungseinheiten und der Merkmalsbeiträge einander entsprechen, entsteht eine <u>Diagonale</u>. Wenn <u>völlige</u> Konzentration vorliegt, also eine einzige Untersuchungseinheit die gesamte Merkmalssumme aufbringt, wird die Kurve zur <u>Grenzlinie</u> des Diagramms:

Abb. 19: <u>Extremverläufe der Lorenz-Kurve</u>

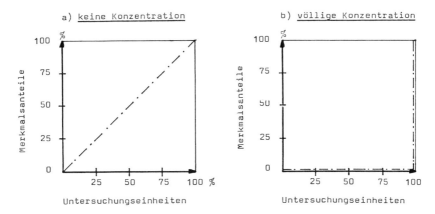

- In der Praxis vorkommende Lorenz-Kurven liegen in der Regel zwischen den beiden Extremen:

Abb. 20: <u>Lorenz-Kurven</u>

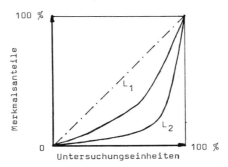

-- Je mehr sich eine Lorenz-Kurve der Diagonalen annähert, um so weniger Konzentration liegt vor.

-- Je mehr sich eine Lorenz-Kurve der Grenzlinie annähert, um so mehr Konzentration liegt vor.

Nun wird ein statistisches Modell gesucht, welches diese optisch verfügbare Information in eine einzige Maßzahl verdichtet. Eine solche Maßzahl ist das 'Konzentrationsmaß von Lorenz-Münzner', das in der Literatur meist <u>'Gini-Index'</u> genannt wird. Sein Grundgedanke kann so dargestellt werden:

- Falls nicht der Extremfall völliger Abwesenheit von Konzentration vorliegt, befindet sich zwischen der Lorenz-Kurve und den Diagonalen stets eine Fläche:

Abb. 21: <u>Fläche unter der Lorenz-Kurve</u>

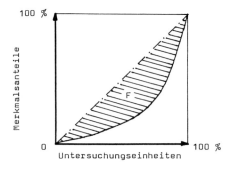

- Die Größe dieser Fläche F ist vom Verlauf der Lorenzkurve abhängig und drückt folglich den Grad vorliegender Konzentration aus:

-- Bei völliger Konzentration erreicht die Fläche F ihre maximale Größe; bei Fehlen von Konzentration verschwindet sie. Da die Gesamtfläche des quadratischen Diagramms '1' beträgt, gilt: $0 \leq F \leq \frac{1}{2}$. Der genaue Wert von F ist durch Integralrechnung zu bestimmen.

-- Um zu vermeiden, daß völlige Konzentration nur durch $F = \frac{1}{2}$ ausgedrückt wird, betrachtet man nun nicht länger F selbst, sondern das Verhältnis zwischen der im Einzelfall entstehenden Fläche F und dem maximalen Wert, den F annehmen <u>kann</u>. F_{max} ist stets $\frac{1}{2}$, so daß gilt:

$$\frac{F}{F_{max}} = 2F.$$

-- Ferner gilt, da sich F zwischen 0 und $\frac{1}{2}$ bewegen kann:

0 ≤ 2 F ≤ 1.

Damit ist eine Maßzahl entwickelt, die durch Werte zwischen 0 und 1 jeglichen Grad an Konzentration ausdrückt. Diese Maßzahl ist der Gini-Index, der vor allem für Vergleichszwecke sehr nützlich ist.[*]

VII. Modelle zur Erfassung des Zusammenhangs zwischen zwei Variablen

Die Untersuchung monovariater Verteilungsformen führt zu Aussagen über Tatsachen. Nun soll gezeigt werden, welche statistischen Modelle bei der Erarbeitung von Aussagen über Zusammenhänge dienlich sind.

In der Regel beginnt man die Analyse damit, die gemeinsame Verteilung von je zwei Variablen zu betrachten; über die Drittvariablenanalyse geht man dann zu multivariaten Untersuchungen über. Grundlage der bivariaten Auswertung ist stets eine Kreuztabelle ('Tafelanalyse', 'Tabellenanalyse'), bei metrisch skalierten Daten häufig auch ein Streudiagramm. Das Erkenntnisziel besteht darin,

- Muster ('patterns') im gemeinsamen Auftreten von Merkmalsausprägungen herauszufinden ('Zusammenhang', 'Assoziation', 'Korrelation'),

- die Form solcher Zusammenhänge festzustellen,

- und auf der Basis solcher Erkenntnisse Aussagen über den interessierenden Gegenstandsbereich zu formulieren bzw. auf ihren Wahrheitsgehalt zu überprüfen.

Bei Aussagen über Zusammenhänge wird in der Regel eine der beiden Variablen als den Zusammenhang bewirkend aufgefaßt; sie heißt 'unabhängige Variable'. Als 'abhängige Variable' bezeichnet man jene, welche die vermutete Wirkung der unabhängigen Variablen erfaßt[**].

---

[*] Bei der Verwendung des Gini-Index ist zu beachten, daß er die Information über die absolute Anzahl von Untersuchungseinheiten nicht verarbeitet. Teilen sich etwa drei Oligopolisten zu je $\frac{1}{3}$ einen Markt, so hat der Gini-Index den Wert '0' und drückt 'keine Konzentration' aus, während faktisch oligopolistische Konzentration vorliegt. Das heißt: der rein numerische Wert dieser Maßzahl muß stets anhand ihrer Ausgangsdaten interpretiert werden.

[**] Bei multivariater Betrachtungsweise kann man natürlich auch das Einwirken mehrerer unabhängiger Variablen auf einer Vielzahl abhängiger Variablen untersuchen.

Welche Variable als abhängig und welche als unabhängig angesehen werden soll, ergibt sich aus den untersuchungsleitenden theoretischen Annahmen.

Ein erster Auswertungsschritt besteht regelmäßig darin, anhand von Kreuztabellen Vergleiche der absoluten und relativen Häufigkeiten in den einzelnen Zellen durchzuführen. Wenn die Fallzahlen nicht zu gering sind, ist es am überschaubarsten, die Prozentsätze zu vergleichen; vor allem die Prozentuierungen über je einzelne Reihen und Spalten der Kreuztabelle sind aufschlußreich. Zweckmäßigerweise betrachtet man für jede Ausprägung der unabhängigen Variablen die prozentuale Häufigkeitsverteilung innerhalb der ihr zugehörigen Reihe (bzw. Spalte) und vergleicht diese Häufigkeitsverteilung über sämtliche Reihen (bzw. Spalten). Falls es ein Muster im gemeinsamen Auftreten von Merkmalsausprägungen gibt, wird es sich bei diesem Vorgehen entdecken lassen. Kann keine der beiden Variablen aus guten theoretischen Gründen als unabhängig aufgefaßt werden, ist dieses Verfahren bezüglich beider Variablen durchzuführen.

Bei diesem Auswertungsschritt wird die in der Kreuztabelle enthaltene Information zu einer Aussage darüber verdichtet, ob zwischen beiden Variablen überhaupt ein Zusammenhang besteht, und, falls sich dies so verhält, von welcher Art und Form er ist. Diese verbal formulierbare Information soll nun noch weiter verdichtet werden, um knappere Ausdrucksweisen und rasche Vergleiche zu ermöglichen. Dazu dienen statistische Maßzahlen ('Zusammenhangsmaße'), die man 'Koeffizienten' nennt. Je nach Meßniveau der Daten, die betrachtet werden, spricht man von Kontingenzkoeffizienten (= nominales Meßniveau), Assoziationskoeffizienten (= ordinales Meßniveau) und Korrelationskoeffizienten (=metrisches Meßniveau). Allerdings ist die Begriffsverwendung in der Literatur durchaus nicht einheitlich; vor allem werden auch Zusammenhänge zwischen nominalskalierten Variablen als 'Korrelationen' bezeichnet. Selbstverständlich stellen all diese Maßzahlen nur je spezielle Weisen dar, die in den Daten verfügbare Information zu erfassen. Es handelt sich bei ihnen um perspektivische Modelle; sie zu errechnen, führt in keiner Weise zu 'größerer Objektivität'.

An diese Modelle sind folgende Forderungen zu stellen:

a) Sie sollen numerisch den Grad eines Zusammenhanges ausdrücken[*]. Was

---

[*] Daß es sich bei den Zahlenwerten der Koeffizienten um echte Messungen handelt, erschließt folgende Überlegung: 'Zusammenhang' ist eine in den Daten faßbar werdende Relation des untersuchten empirischen Relativs; diese Relation wird in Form einer Maßzahl auf ein numerisches Relativ abgebildet.

jeweils als Zusammenhang betrachtet wird, ist bei den einzelnen Modellen verschieden. Doch ganz allgemein läßt sich formulieren:

- Ein 'perfekter Zusammenhang' liegt vor, wenn bestimmte Werte einer Variablen immer mit bestimmten Werten der anderen Variablen verbunden sind. Ein perfekter Zusammenhang soll stets den numerischen Wert m = |1| haben.

- Auf ordinalem und metrischem Meßniveau läßt sich inhaltlich, auf nominalem Meßniveau formal (d.h. bezogen auf eine bestimmte Zellenanordnung innerhalb der Kreuztabelle) von der 'Richtung eines Zusammenhanges' sprechen. Falls die Richtung des Zusammenhangs zu deuten ist, soll ein perfekter 'positiver Zusammenhang' den Wert m = +1 haben und anzeigen, daß kleine Werte der einen Variablen stets gemeinsam mit kleinen Werten der anderen Variablen auftreten (und bei jeweils größeren Werten dies sich ebenso verhält). Ein perfekter 'negativer Zusammenhang' soll den Wert m = -1 haben und ausdrücken, daß kleine Werte der einen Variablen stets mit großen Werten der anderen Variablen verbunden sind.

- Kein Zusammenhang liegt vor, wenn keines dieser Muster zu erkennen ist. Dann soll der Koeffizient den Wert m = 0 haben.

b) Das Zusammenhangsmaß soll je nach Art der gemeinsamen Verteilung zweier Variablen unterschiedliche numerische Werte annehmen, also tatsächlich unterschiedliche Grade des Zusammenhangs ausdrücken.

c) Die Werte, die ein Zusammenhangsmaß annimmt, sollen allein vom Grad des Zusammenhangs abhängen und nicht dadurch manipuliert werden können, daß man Merkmalsklassen zusammenfaßt (also: das Tafelformat verändert), oder mit unterschiedlich großen Fallzahlen arbeitet. Diese Forderung ist deswegen wichtig, weil die Zusammenhangsmaße vor allem für Vergleichszwecke genutzt werden.

d) Die konkreten Zahlenwerte, die das Zusammenhangsmaß im Intervall $-1 \leq m \leq +1$ annehmen kann, sollen inhaltlich klar interpretierbar sein.

Auf die Entwicklung statistischer Modelle, die dies leisten, wurde viel Phantasie verwandt. Dennoch erfüllt noch keines alle Forderungen gleich gut. Je nach Verwendungszweck ist darum der eine oder andere Nachteil in Kauf zu nehmen.

1. Modelle für nominalskalierte Daten

Unter den Kreuztabellen, welche den einzelnen Zusammenhangsmaßen zugrunde liegen, nimmt die 2x2-Tabelle ('Vier-Felder-Tafel') einen besonderen Platz ein. Zum einen können bereits ab dieser äußerst einfachen Form der gemeinsamen Verteilung zweier Variablen Zusammenhangsanalysen vorgenommen werden; zum anderen lassen sich Variablen <u>jedes</u> Meßniveaus durch Dichotomisierung in eine Form bringen, welche die Verwendung von auf Vier-Felder-Tafeln bezogenen Zusammenhangsmaßen erlaubt. Darum wurden relativ viele Zusammenhangsmaße entwickelt, die lediglich eine 2x2-Kreuztabelle voraussetzen.

a. <u>Die Prozentsatzdifferenz d%</u>

d% ist ein geeignetes Modell, falls die Fallzahlen zu zwei dichotomen, nominalskalierten Variablen in folgender Vier-Felder-Tabelle zusammengestellt sind:

Abb. 22: <u>Ausgangstafel zur Berechnung der Prozentsatzdifferenz d%</u>

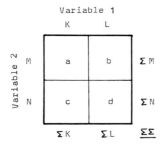

Die Prozentsatzdifferenz d% gibt an, wie groß die Differenz zwischen dem Prozentsatz der Untersuchungseinheiten ist, welche <u>zugleich</u> die Merkmale K und M aufweisen, und dem Prozentsatz jener Untersuchungseinheiten, die <u>zugleich</u> die Merkmale K und N aufweisen. Besteht zwischen den Variablen 1 und 2 ein vollständiger Zusammenhang, so werden 100 % aller Untersuchungseinheiten entweder die Merkmalskombination KM oder die Merkmalskombination KN aufweisen; dann gilt: d% = $\pm$ 100. Besteht kein Zusammenhang, so werden je 50 % der Untersuchungseinheiten die Kombinationen KM und KN aufweisen; dann gilt: d% = 0. Alle drei Fälle zeigt die folgende Abbildung, bei welcher der Einfachheit halber eine Fallzahl von n = 100 zugrunde gelegt wird:

Abb. 23: Extremfälle von d%

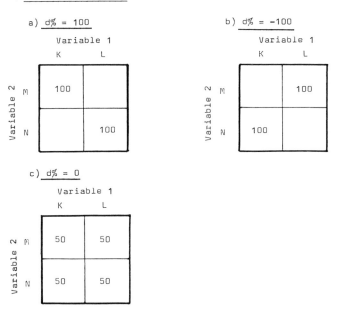

Sowohl die Extremwerte von d% als auch alle Zwischenwerte sind inhaltlich leicht zu interpretieren; außerdem läßt sich die Logik dieses Modells auch Laien rasch erläutern. Seine Benutzung ist bei dichotomen Variablen darum stets in Betracht zu ziehen. Die Prozentsatzdifferenz läßt sich nach folgender Formel berechnen:

$$d\% = 100 \cdot (\frac{a}{a+c} - \frac{b}{b+d})$$

a, b, c, d symbolisieren die Fallzahlen in den entsprechenden Zellen der Vier-Felder-Tafel. Verzichtet man auf die Multiplikation mit '100', so variiert d% wie jeder andere Koeffizient: $-1 \leq d\% \leq +1$; diese Schreibweise ist jedoch unüblich. Das Vorzeichen gibt an, ob der festgestellte Zusammenhang entlang der ad-Diagonalen (+) oder entlang der bc-Diagonalen (-) verläuft. Da die Variablenausprägungen aber jederzeit umgestellt werden dürfen, kann das Vorzeichen nicht inhaltlich, sondern nur in bezug auf eine bestimmte Form der Variablenanordnung interpretiert werden.

b. Von chi^2 abgeleitete Modelle: Phi, T, V und C

Vier weitere Zusammenhangsmaße beruhen auf einem sehr wichtigen statistischen Modell, welches zu einer mit 'chi^2' (χ^2) bezeichneten Maßzahl führt. Zunächst soll darum die Logik dieses Modells ('chi^2-Modell') beschrieben werden:

Man habe für zwei nominalskalierte Variablen R und S mit jeweils beliebig vielen Ausprägungen r_1, r_2, ... und s_1, s_2, ... die Daten erhoben. Die gemeinsame Verteilung beider Variablen stellt man in einer Kreuztabelle dar: in ihren k Zellen stehen die Fallzahlen jener Untersuchungseinheiten, von denen tatsächlich beobachtet wurde, daß sie - beispielsweise - zugleich die Merkmalsausprägung r_1 und die Merkmalsausprägung s_2 aufweisen. Die Häufigkeiten in den einzelnen Zellen nennt man 'beobachtete Häufigkeiten' und schreibt sie 'f_{b_i}', wobei 'f' für 'frequency', 'b' für 'beobachtet' und 'i' als Bezeichnung für die Zellen 1 ... k steht. Diese Kreuztabelle heißt 'Kontingenztabelle'. Ihre Randverteilungen stellen natürlich die monovariaten Häufigkeitsverteilungen der beiden Variablen R und S dar.

Hinter denselben Häufigkeitsverteilungen der Einzelvariablen können sich nun ganz verschiedene Merkmalskombinationen verbergen, wie die folgende Abbildung zeigt:

Abb. 24: Verschiedene Kontingenztabellen bei gleichen Randverteilungen

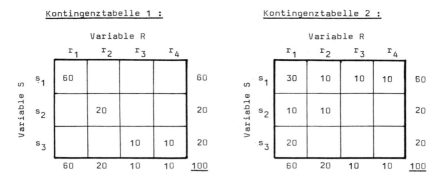

Offenkundig wird in Gestalt dieser bei gleichen Randverteilungen völlig verschiedenen beobachteten Häufigkeiten für die einzelnen Merkmalskombinationen ein jeweils anderer Zusammenhang zwischen beiden Variablen sichtbar. Diesen Sachverhalt nutzt man bei der Konstruktion des chi^2-Modells aus.

Denn es läßt sich - erstens - berechnen, wie sich die Untersuchungseinheiten auf die einzelnen Zellen verteilen würden, wenn zwischen beiden Variablen kein Zusammenhang bestünde: in diesem Fall müßten die Häufigkeiten in den Zellen zu beiden Randverteilungen genau proportional sein. Solche unter der Prämisse, es bestehe zwischen beiden Variablen kein Zusammenhang, berechneten Häufigkeiten nennt man 'erwartete Häufigkeiten' und schreibt sie 'f_{e_i}', wobei 'e' für 'erwartet' steht. Jene Kreuztabelle, in welche die erwarteten Häufigkeiten eingetragen sind, heißt 'Indifferenztabelle'.

Zweitens kann man nun für jede Zelle die tatsächlich beobachtete mit der erwarteten Häufigkeit, insgesamt also die Kontingenztabelle mit der Indifferenztabelle vergleichen. Zu diesem Zweck bildet man für jede Zelle i die Differenz ($f_{b_i} - f_{e_i}$). Besteht zwischen beiden Variablen kein Zusammenhang, so werden die beobachteten Häufigkeiten von den erwarteten Häufigkeiten nur geringfügig abweichen. Die Abweichung zwischen beiden Häufigkeiten wird freilich um so größer werden, ein je stärkerer Zusammenhang zwischen beiden Variablen besteht. Die Gesamtzahl dieser Abweichungen läßt sich offenbar als Summe aller Differenzen ($f_{b_i} - f_{e_i}$) erfassen, die für die k Zellen der Kreuztabelle berechnet wurden. Aus hier nicht zu erläuternden Gründen betrachtet man pro Zelle jedoch nicht die Differenz ($f_{b_i} - f_{e_i}$), sondern folgende Modifikation dieser Differenz:

$$\frac{(f_{b_i} - f_{e_i})^2}{f_{e_i}}$$

Die Summe dieser Differenzen über alle k Zellen stellt die Maßzahl chi^2 dar:

$$\chi^2 = \sum_{i=1}^{k} \frac{(f_{b_i} - f_{e_i})^2}{f_{e_i}}$$

Aus dieser im Jahr 1900 von Karl Pearson entwickelten Maßzahl chi^2 lassen sich folgende Kontingenzkoeffizienten ableiten:

aa. Der Phi-Koeffizient (Φ)

Er kann aus mathematischen Gründen sinnvollerweise nur für Vier-Felder-Tafeln berechnet werden und leitet sich von chi^2 nach folgender Formel her (wobei n die Zahl der Untersuchungseinheiten bezeichnet):

$$\Phi^2 = \frac{\chi^2}{n} \Rightarrow \Phi = \sqrt{\frac{\chi^2}{n}}$$

Als Quadratwurzel hat Phi kein Vorzeichen. Phi kann jedoch auch nach einer Formel berechnet werden, die ihm ein Vorzeichen zuweist; dieses Vorzeichen ist dann ebenso als Aussage über einen 'diagonalen Zusammenhang' zu interpretieren wie das Vorzeichen von d%.

Phi hat freilich eine unangenehme Eigenschaft. Obwohl grundsätzlich gilt: -1 ≤ Phi ≤ +1, erreicht Phi seine maximalen Werte -1 und +1 nur, wenn die Zellenhäufigkeiten der Vier-Felder-Tafel sich auf bestimmte Weise verteilen. Einen berechneten Phi-Koeffizienten kann man deshalb nur dann sinnvoll interpretieren, wenn man zuvor für die gegebene Vier-Felder-Tafel festgestellt hat, welchen Maximal- und Minimalwert Phi hier überhaupt annehmen kann. Mittels dieser beiden Extremwerte läßt sich sodann ein korrigierter Phi-Wert 'Φ_{korr}' bestimmen, der als Aussage über die Stärke des Zusammenhangs zu deuten und Vergleichen zugrunde zu legen ist. Der Wert von Phi ist ferner sehr anfällig gegenüber Veränderungen in den Randverteilungen, selbst wenn die Verhältnisse zwischen den Fallzahlen pro Zelle gewahrt bleiben.

bb. Tschuprows T und Cramérs V

Tschuprow und Cramér versuchten, nominale Zusammenhangsmaße für beliebig große Kreuztabellen zu entwickeln. Ihre Koeffizienten T und V bauen ebenfalls auf χ^2 auf; bei Vier-Felder-Tafeln sind sie mit Phi identisch. Im Gegensatz zu V kann T allerdings nur bei quadratischen Tafeln den Wert 1 erreichen, weswegen dieser Koeffizient nur sehr selten verwendet wird.

cc. Pearsons C

Pearsons C ist der älteste Kontingenzkoeffizient und hängt folgendermaßen mit chi^2 zusammen:

$$C = \sqrt{\frac{\chi^2}{r^2 + n}}$$

C erreicht nie den Wert 1; sein maximaler Wert ist von der Tabellengröße abhängig und kann außerdem nur bei quadratischen Tabellen berechnet werden*). C-Koeffizienten können im Fall rechteckiger Tafeln nur dann miteinander verglichen werden, wenn beide Tafeln dasselbe Format haben; im Fall quadratischer Tafeln läßt sich über die Bestimmung von $\overset{\cdot}{C}_{max}$ ein korrigierter C-Wert ermitteln, der auch Vergleiche über Tafeln verschiedener Größe erlaubt. Mit Phi stimmt C meist nur schlecht überein. <u>Allen</u> von chi^2 abgeleiteten Koeffizienten ist überdies gemeinsam, daß ihre Werte inhaltlich nur schwer zu deuten sind: sie vermitteln einen rein <u>ziffernmäßigen</u> Eindruck von der Stärke eines Zusammenhangs.

c. <u>Yules Koeffizient Q</u>

Der Q-Koeffizient ist ein Modell für Vier-Felder-Tafeln. Seine Logik läßt sich folgendermaßen beschreiben:

Eine Variable X habe die (nominalskalierten) Ausprägungen 0 und 1; dasselbe gilt für die Variable Y.**) Dann sind folgende Merkmalskombinationen möglich:

Abb. 25 : <u>Ausgangstafel zur Berechnung des Q-Koeffizienten von Yule</u>

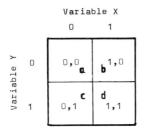

Je nach Grad und Art des Zusammenhangs zwischen X und Y werden sich die Fallzahlen über die vier Zellen gleich verteilen, sich in einer der Diagonalen oder entlang des Randes L- oder ⌐-förmig häufen. Falls a, b, c, d die Fallzahlen in den Zellen bezeichnen, läßt sich Yules Koeffizient, der die Information über solche Zusammenhänge verdichtet, nach folgender

---

*) 3x3-Tabelle: C_{max} = 0,816; 4x4-Tabelle: C_{max} = 0,866; 5x5-Tabelle: C_{max} = 0,894. Angaben nach Hans Benninghaus, Deskriptive Statistik, Stuttgart 1974, S. 113.
**) 0 und 1 haben bei beiden Variablen natürlich verschiedene Bedeutungen.

Formel berechnen:

$$Q = \frac{ad - bc}{ad + bc}$$

Q ist - anders als Phi - gegenüber Veränderungen in den Randverteilungen völlig stabil, solange die Verhältnisse zwischen den Fallzahlen der vier Zellen gewahrt bleiben. Dieser Koeffizient nimmt auch dann schon den Wert ± 1 an, wenn nur eine einzige Zelle ohne Untersuchungseinheit, also: unbesetzt ist. Ungleich Phi, T, V und C drückt Q nicht darum nur 'diagonale', sondern auch L- und ⊣-förmige Zusammenhänge ('Ecken-Korrelation') aus[*]. Mit Phi stimmt Q meist nur schlecht überein.

d. Goodmann/Kruskals λ (Lambda)

Dieser Koeffizient gehört einer Gruppe von statistischen Modellen an, die auf allen Meßniveaus die Information über Zusammenhänge zu verdichten erlauben und eine sehr klare, praxisnützliche Interpretation zulassen. Der Leitgedanke dieser Modelle läßt sich so darstellen:

Zwischen zwei Sachverhalten X und Y besteht offenbar kein Zusammenhang, wenn Y unbeschadet aller Veränderungen des Sachverhalts X unverändert bleibt. Betrachtet man nun zwei Variablen X und Y, welche jene beiden Sachverhalte erfassen, so läßt sich formulieren: Zwischen X und Y besteht genau dann kein Zusammenhang, wenn die Kenntnis der Ausprägungen von X nichts beim Versuch hilft, eine Aussage über die Ausprägungen von Y zu formulieren. Umgekehrt besteht zwischen den Sachverhalten X und Y dann ein perfekter Zusammenhang, wenn jede Veränderung von X eine Veränderung von Y nach sich zieht. Betrachtet man erneut zwei Variablen X und Y, welche jene beiden Sachverhalte erfassen, so läßt sich nun formulieren: Zwischen X und Y besteht genau dann ein perfekter Zusammenhang, wenn allein die Kenntnis der Ausprägungen von X dazu ausreicht, korrekte Aussagen über die Ausprägungen von Y zu formulieren. Aus diesem Leitgedanken kann eine ganze Gruppe statistischer Modelle abgeleitet werden. Sie alle ordnen der Stärke (und gegebenenfalls Richtung) des Zusammenhangs zwischen

---

[*] Diese Eigenschaft teilt Q mit dem ordinalen Zusammenhangsmaß Gamma, dessen Spezialfall für (nominale) Vier-Felder-Tafeln es ist.

zwei Variablen dank folgender Überlegung einen Zahlenwert zu:

- Sollen die konkreten Werte der Variablen Y für eine Menge von Untersuchungseinheiten geschätzt werden, so wird man auch dann oft falsche Variablenwerte y_i für einzelne Untersuchungseinheiten vorhersagen, wenn man die Häufigkeitsverteilung der Werte von Y kennt.

- Steht die Variable Y, deren Werte man für eine Menge von Untersuchungseinheiten schätzen will, aber mit einer Variablen X in Zusammenhang, bezüglich welcher man die Variablenwerte x_i der Untersuchungseinheiten kennt, so kann man dank dieser zusätzlichen Information Vorhersagefehler vermeiden.

- Je stärker der Zusammenhang zwischen zwei Variablen ist, umso mehr wird es möglich sein, die Fehlerquote bei der Vorhersage der Y-Werte zu senken. Zwischen der Stärke des Zusammenhangs und der Quote der Fehlerreduktion besteht also eine proportionale Beziehung. Genau der Prozentsatz der dank eines Zusammenhangs möglichen Reduzierung der Vorhersagefehler kann dann freilich als Maßzahl des Zusammenhanges dienen:

    -- Der Wert '0' besagt: die Kenntnis von X erlaubt 0 % Fehlerreduktion bei der Vorhersage von Y. D.h.: es besteht kein Zusammenhang zwischen X und Y.

    -- Der Wert '1' besagt: die Kenntnis von X erlaubt 100 % Fehlerreduktion bei der Vorhersage von Y. D.h.: es besteht ein perfekter Zusammenhang zwischen X und Y. (Das Vorzeichen des Koeffizienten gibt bei ordinal- und metrisch skalierten Daten überdies die Richtung des Zusammenhangs an.)

    -- Die Interpretation einer Maßzahl zwischen 0 und 1 ist ebenfalls völlig klar: ein Wert etwa von 0,25 besagt, daß die Kenntnis der Werte der Variable X eine um 25 % bessere Vorhersage der Werte der Variablen Y erlaubt, als sie ohne diese Kenntnis der X-Werte möglich wäre.

Der Grundgedanke dieser Modelle besteht also darin, die dank zusätzlicher Information mögliche proportionale Fehlerreduktion bei der Vorhersage von Variablenwerten in eine Maßzahl für die Stärke eines Zusammenhangs umzusetzen. Man spricht darum von 'prädiktiven Assoziationsmaßen'. Angelehnt an die englische Formulierung des Grundgedankens ('proportional reduction in error') nennt man sie 'PRE-Maße'.

Offenbar sind die PRE-Maße 'asymmetrisch': es ist ein Unterschied, ob man die X-Werte auf der Basis der Y-Werte oder aber die Y-Werte auf der Basis der X-Werte vorhersagt. Tatsächlich ergeben sich in der Regel recht unterschiedliche Werte der Koeffizienten. Dies ist sehr nützlich, wenn man Hypothesen über die Wirkungsrichtung des Zusammenhangs zwischen zwei Variablen prüfen will. Denn man wird zunächst stets feststellen, wieviel Prozent Fehlerreduktion bei der Schätzung der Werte der abhängigen Variablen aufgrund der Kenntnis der Werte der unabhängigen Variablen möglich ist, und dann die 'Gegenprobe' machen, indem man von der als 'abhängig' bezeichneten Variablen aus die Werte der als 'unabhängig' angesehenen Variablen vorherzusagen versucht. In der Logik der theoretischen Annahmen, die zur Bezeichnung einer Variablen als einer unabhängigen Variablen' führten, läge es, daß im ersten Fall eine stärkere Fehlerreduktion erzielt würde als im zweiten Fall. Verhält es sich anders, bedarf dieser Befund weiterführender Überlegungen - auf die man ohne die Benutzung eines PRE-Maßes in der Regel nicht verfallen wäre. Falls gewünscht, kann man auch jeweils einen 'symmetrischen' Koeffizienten berechnen, der die Information über die insgesamt (d.h.: 'in beide Richtungen') mögliche Informationsreduktion zusammenfaßt, aber nicht mehr so klar zu interpretieren ist wie die asymmetrischen Koeffizienten.

Für nominalskalierte Daten entwickelte Louis Guttman 1941 den Koeffizienten λ (Lambda) als ein derartiges PRE-Maß; Leo A. Goodman und William H. Kruskal griffen dieses Modell 1954 auf und machten es weiteren Kreisen bekannt. Die mathematische Struktur von λ kann hier nicht beschrieben werden; es genügt die Feststellung, daß λ die oben vorgetragenen Überlegungen in zwei asymmetrische Koeffizienten und eine symmetrische Maßzahl umsetzt, für die jeweils gilt: $0 \leq \lambda \leq 1$.

Ferner sei bemerkt, daß bisweilen λ den Wert '0' auch dann annehmen kann, wenn andere Koeffizienten von '0' klar abweichende Werte aufweisen. In einem solchen Fall wird überdeutlich, daß verschiedene statistische Modelle in der Tat ganz verschiedene Perspektiven auf völlig gleiche Datensätze darstellen und die Wahl eines Koeffizienten der Entscheidung für eine bestimmte Betrachtungsweise entspricht: Während Phi beispielsweise angeben mag, Kontingenz- und Indifferenztabelle unterschieden sich durchaus, besagt λ, daß es dennoch nicht möglich ist, eine Verringerung der Vorhersagefehler zu erzielen. In dieser Überlegung wird ferner klar, daß es völlig unsinnig ist, aus einem Vergleich der Zahlenwerte unterschiedlicher Koeffizienten andere Schlüsse zu ziehen als den, daß sie verschiedene Sachverhalte messen.

2. Modelle für ordinalskalierte Daten

Modelle zur Erfassung des Zusammenhangs zwischen ordinalskalierten Variablen sind für die sozialwissenschaftliche Forschung ganz besonders wichtig. Erstens sind Zusammenhänge, die sich auf ein Mehr oder Weniger in der Ausprägung von Merkmalen beziehen, in der sozialen Wirklichkeit selbst sehr bedeutend. Zweitens ist es bisweilen angemessen, auch intervall- oder ratioskalierte Daten zu manifesten Variablen mit Modellen für ordinalskalierte Daten auszuwerten, da bezüglich der interessierenden latenten Variablen die Modelle für metrische Daten leicht zu bloßen Artefakten führen, die kaum sinnvoll zu interpretieren sind. Größerer inhaltlicher Angemessenheit wegen nimmt man dabei in Kauf, jenen Informationsgehalt bei der Datenanalyse zu 'verschenken', den metrische Skalen der Rangskala voraushaben.

a. Zur Logik ordinaler Zusammenhangsmaße

Die Logik ordinaler Zusammenhangsmaße läßt sich anhand folgender Datenmatrix erläutern:

Abb. 26: Datenmatrix mit zwei ordinalskalierten Variablen mit je drei Variablenwerten

Untersuchungseinheiten	Variable X	Variable Y
a	1	2
b	3	3
c	1	2
d	3	1
e	2	1
f	2	3
g	1	3
h	2	3
i	2	1
j	2	1

Ein perfekter positiver Zusammenhang liegt vor, wenn bei den Untersuchungseinheiten hohe Werte bei X stets gemeinsam mit hohen Werten bei Y auftreten (und für niedrige Werte dasselbe gilt). Ein perfekter negativer Zusammenhang liegt vor, wenn hohe Werte bei X stets gemeinsam mit niedrigen werten bei Y auftreten (und niedrige Werte bei X immer mit hohen Werten bei Y verbunden sind). Kein Zusammenhang liegt vor, wenn keines dieser Muster zu identifizieren ist. Wohlgemerkt wird nichts über die Form dieses Zusammenhangs ausgesagt, schon gar nicht, daß er linear sein müsse.

Um eine Maßzahl zu erhalten, die diese Sachverhalte durch eine Ziffer zwischen +1 und -1 auszudrücken erlaubt, können zwei Arten von Informationen verarbeitet werden.

a) Man kann für jede Untersuchungseinheit feststellen, welchen Rangplatz sie bei den Variablenwerten von X und Y einnimmt, also ob sie jeweils den größten, zweitgrößten ... kleinsten Variablenwert aufweist. Bei einem perfekten positiven Zusammenhang (+1) muß jede Untersuchungseinheit sowohl bei X als auch bei Y denselben Rangplatz einnehmen; bei einem perfekten negativen Zusammenhang (-1) muß die Untersuchungseinheit, die bei X auf Rangplatz 1 steht, bei Y auf dem letzten Rangplatz stehen (und jene, die bei X auf Rangplatz 2 steht, bei Y auf dem vorletzten Rangplatz usw.). Maßzahlen für die Zusammenhänge zwischen 'perfekt positiv' und 'perfekt negativ' lassen sich dann durch eine Betrachtung jener Differenzen ermitteln, die sich bei den Untersuchungseinheiten zwischen ihren Rangplätzen bei X und bei Y finden. Offenbar setzt dieses Modell der Informationsreduktion zwei streng monotone Rangreihen voraus, da ansonsten ja nicht klare Rangplätze zugewiesen und ihre Differenzen festgestellt werden können. Für die oben abgebildete Datenmatrix ist dieses Modell folglich unangemessen. Auf ihm baut der von Spearman 1904 entwickelte Rangkorrelationskoeffizient r_s (auch: Rho, ρ) auf.

b) Man untersucht bei allen Paaren von Untersuchungseinheiten[*], ob die Untersuchungseinheit, die bei X einen höheren Wert hat als die mit ihr gepaarte Untersuchungseinheit, auch bei Y einen höheren Variablenwert als jene aufweist. Ist dies bei allen Paaren von Untersuchungseinheiten der Fall, so sind offenbar höhere X-Werte stets mit höheren Y-Werten verbunden, d.h.: es besteht ein perfekter positiver Zusammenhang. Wenn umgekehrt bei jedem Paar von Untersuchungseinheiten stets die Untersuchungseinheit, die bei X einen höheren Wert besitzt als die andere, bei Y einen niedrigeren Wert aufweist als jene, liegt ein perfekter negativer Zusammenhang vor: höhere X-Werte sind stets mit niedrigeren Y-Werten verbunden. Zusammenhänge zwischen 'perfekt positiv' und 'perfekt negativ' kennzeichnen sich dadurch, daß bei gleichen X-Werten von gepaarten Untersuchungseinheiten bisweilen höhere, bisweilen niedrigere Y-Werte (auch umgekehrt: bei gleichen Y-Werten von gepaarten

---

[*] Also: ab, ac, ..., aj; bc, bd, ..., bj; cd, ce, ..., cj; d ... usw.

Untersuchungseinheiten bisweilen höhere, bisweilen niedrigere X-Werte) auftreten, oder in einzelnen Paaren die X- und/oder Y-Werte ohnehin gleich sind. Für all diese Fälle werden folgende Fachbegriffe verwendet:

- Ein Paar von Untersuchungseinheiten - wie in Abb. 26) a und b -, bei dem die eine Untersuchungseinheit sowohl bei X als auch bei Y einen höheren Variablenwert aufweist als die andere, heißt 'konkordant' (auch: konsistent, positiv, gleichsinnig).

- Ein Paar von Untersuchungseinheiten wie c und d, bei dem die eine Untersuchungseinheit bei X, die andere aber bei Y einen höheren Variablenwert aufweist, heißt 'diskonkordant' (auch: inkonsistent, negativ, gegensinnig).

- Ein Paar von Untersuchungseinheiten wie e und f, bei dem beide Untersuchungseinheiten bei X denselben Wert aufweisen, heißt 'in X verknüpft' (engl.: 'tied').

- Ein Paar von Untersuchungseinheiten wie g und h, bei dem beide Untersuchungseinheiten bei Y denselben Wert aufweisen, heißt 'in Y verknüpft'.

- Ein Paar von Untersuchungseinheiten wie i und j, bei dem beide Untersuchungseinheiten sowohl bei X als auch bei Y denselben Wert haben, heißt 'in X und Y verknüpft'.

Verknüpfungen (engl.: 'ties') treten grundsätzlich dann auf, wenn die ordinalskalierten Daten nicht streng monoton sind, d.h.: wenn es mehr Untersuchungseinheiten als Variablenwerte gibt.

Mittels dieser Begriffe läßt sich formulieren:

- Eine perfekte positive Beziehung liegt vor, wenn es nur konkordante Paare gibt.

- Eine perfekte negative Beziehung liegt vor, wenn es nur diskonkordante Paare gibt.

- Je häufiger sowohl konkordante als auch diskonkordante Paare auftreten und je mehr Verknüpfungen vorliegen, umso schwächer ist der Zusammenhang zwischen beiden Variablen.

Auf diesem Modell bauen die Tau-Koeffizienten von Kendall, der Gamma-Koeffizient von Goodman und Kruskal sowie die d-Koeffizienten von Somers auf. Sie alle verarbeiten die Information über das Verhältnis zwischen konkordanten und diskonkordanten Paaren; sie unterscheiden sich in der Behandlung von Verknüpfungen ('Verbundwerten').

b. Ordinale Zusammenhangsmaße im Überblick

Im folgenden sollen nur die Verwendungszusammenhänge und sozialwissenschaftlich wichtigen Merkmale der einzelnen Koeffizienten behandelt werden; von einer Darstellung, wie ihre mathematische Struktur die oben vorgetragenen Überlegungen umsetzt, wird abgesehen.

aa. Ordinale Interpretation nominaler Zusammenhangsmaße

Die Koeffizienten Phi, Q und C, die für Vier-Felder-Tafeln geeignet sind, können beim Vorliegen ordinalskalierter Daten als Aussagen über Grad und Richtung eines Zusammenhangs interpretiert werden. Q ist ohnehin nur ein Spezialfall von Gamma. Φ ist bei ordinaler Interpretation nach jener Formel zu berechnen, die ein Vorzeichen liefert. C hat grundsätzlich kein Vorzeichen; über dessen Vergabe ist fallweise nach Betrachtung der Kreuztabelle zu entscheiden.

bb. Die Tau-Koeffizienten (auch: τ) von Kendall

Kendall entwickelte drei ordinale Zusammenhangsmaße:

$$Tau_a, \ Tau_b \ und \ Tau_c.$$

- Tau_a

    Dieser Koeffizient kann nur dann den Wert ± 1 erreichen, wenn keine Verknüpfungen auftreten; er ist also, wie Spearmans Rho, nur bei streng monotonen Daten zu verwenden. Allerdings erreicht Tau_a in der Regel nur die Hälfte des Zahlenwertes von Rho (falls nicht eine fast perfekte Beziehung vorliegt), so daß ihm oft Rho vorgezogen wird[*].

---

[*] Zu den problematischen Eigenschaften von Rho, die eine Verwendung von Tau_a nahelegen, siehe unten S. 79.

- Tau_b

  Dieser Koeffizient kann auch dann den Wert ± 1 annehmen, wenn Verknüpfungen auftreten, sofern beide Variablen gleichviele Werte annehmen können, also: eine quadratische Kreuztabelle vorliegt. Sein Wert ist umso kleiner, je mehr Verknüpfungen vorliegen. Tau_b kann ferner als <u>von vornherein symmetrisches</u> PRE-Maß interpretiert werden.

- Tau_c

  Dieser Koeffizient ist für rechteckige Kreuztabellen geeignet und kann auch dann den Wert ± 1 annehmen, wenn Verknüpfungen vorliegen. Benutzt man ihn bei quadratischen Tafeln anstelle von Tau_b, so erreicht er größere Zahlenwerte als Tau_b, ist jedoch schwerer zu interpretieren. Darum sollte er nur bei rechteckigen Tafeln benutzt werden.

cc. <u>Der Gamma-Koeffizient von Goodman und Kruskal (auch: γ)</u>

Dieser Koeffizient ist für beliebige Tafeln zu berechnen; bei Vier-Felder-Tafeln ist er mit dem ordinal interpretierten Q-Koeffizienten identisch. Er berücksichtigt die auftretenden Verknüpfungen nicht und hat darum stets größere Werte als die Tau-Koeffizienten. Wohl aus diesem Grund ist Gamma in der sozialwissenschaftlichen Forschung zum beliebtesten ordinalen Zusammenhangsmaß geworden: große Koeffizientenwerte sind 'attraktiver' als geringe. Selbstverständlich ist diese Vorliebe für Gamma völlig ungerechtfertigt: ein Zusammenhang wird schließlich nicht dadurch stärker, daß man zu seiner Beschreibung ein anderes statistisches Modell wählt. Ferner ist der Wert von Gamma abhängig von der Anzahl der Variablenwerte, welche das Format einer Kreuztabelle bestimmen. Es gilt: je weniger Ausprägungen die beiden betrachteten Variablen haben, umso größere Werte nimmt Gamma an. Da durch Zusammenfassen benachbarter Merkmalsklassen die Zahl jener Variablenwerte bis hin zur Dichotomie und zur Vier-Felder-Tafel verringert werden kann, eröffnen sich hier manipulatorische Möglichkeiten[*].

---

[*] Ein drastisches Beispiel, bei dem durch Gruppierung von Daten ein Gammawert von 0,37 auf 0,93 'geliftet' wird, findet sich bei Hans Benninghaus, Deskriptive Statistik, a.a.O., S. 163 - 167.

Gegenüber publizierten Gamma-Koeffizienten sollte man darum stets kritisch sein und prüfen, ob tatsächlich so viele Merkmalsklassen wie durch Messung möglich in ihre Berechnung eingingen. Ferner ist zu fordern, bei Gamma zur 'Kontrolle' stets auch den geeigneten Tau-Koeffizienten anzugeben.

Allerdings bietet Gamma zwei Vorteile, deretwegen nicht auf ihn verzichtet werden kann. Erstens erlaubt Gamma grundsätzlich eine <u>symmetrische</u> PRE-Interpretation; von den Tau-Koeffizienten leistet dies zur Tau_b für quadratische Tafeln. Zweitens drückt Gamma nicht nur die Stärke <u>diagonaler</u> Zusammenhänge aus, sondern auch solcher, die L- oder ℸ-förmig sind ('Eckenkorrelation').

Abb. 27 : Vergleich von Tau_b und Gamma

a) 'Diagonale Korrelation'   b) 'Eckenkorrelation'

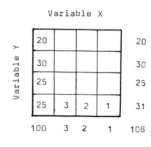

	Variable X			
Variable Y	10		10	
		50	50	
			100	100
	10	50	100	160

$Tau_b = 1$
Gamma = 1

	Variable X				
Variable Y	20			20	
	30			30	
	25				25
	25	3	2	1	31
	100	3	2	1	106

$Tau_b = 0,28$
Gamma = 1

Tabellen aus: Benninghaus, Deskriptive Statistik, a.a.O., S. 156 und 162

Deswegen ist bei der Angabe von Gamma- und Tau-Koeffizienten auch stets mitzuteilen, ob sie einen diagonalen Zusammenhang oder eine Eckenkorrelation beschreiben.

dd. <u>Die d-Koeffizienten von Somers</u>

Somers' d-Koeffizienten sind asymmetrische PRE-Maße und darin den Lambda-Koeffizienten ähnlich: d_{yx} gibt die prozentuale Verringerung des Fehlers bei der Vorhersage von Y-Werten aufgrund der Kenntnis der X-Werte, d_{xy} die prozentuale Verringerung des Fehlers bei der Vorhersage von X-Werten aufgrund der Kenntnis der Y-Werte an. Ferner läßt sich ein symmetrischer d-Koeffizient d_s berechnen, der ebenso schwierig zu interpretieren ist wie der symmetrische τ-Koeffizient.

Die d-Koeffizienten lassen sich für beliebige Kreuztabellen bestimmen; bei einer Vier-Felder-Tafel ist d_{yx} numerisch gleich der Prozentsatzdifferenz d%. Die Werte von d_{yx} sind in der Regel kleiner als die Gamma-Werte; d_s entspricht meist Tau_b bzw. Tau_c. Die d-Koeffizienten sind dann ein geeignetes Modell, wenn angenommen werden kann, die Verknüpfungen ergäben sich nur als Resultat einer unzureichenden Messung, also: 'eigentlich' ließen sich zwei streng monotone Rangreihen identifizieren, wofür lediglich ein geeignetes Meßinstrument gefehlt habe.

ee. Der Rangkorrelationskoeffizient von Spearman (Rho, ρ, r_s)

Die Benutzung dieses Koeffizienten verlangt, daß zunächst den Untersuchungseinheiten bezüglich beider Variablen Rangplätze zugeordnet werden. Falls es Verknüpfungen gibt (also: falls mehr Untersuchungseinheiten als Ausprägungen pro Variable vorliegen), nimmt Rho zu große Werte an. Entweder muß man darum für Rho von vornherein streng monotone Rangreihen fordern oder seine selten benutzten Korrekturformeln heranziehen. Dann ist Rho aber immer noch größer als etwa die Tau-Koeffizienten und vermittelt einen 'geschönten' Eindruck von der Stärke eines Zusammenhangs. Das Hauptproblem von Rho besteht freilich darin, daß die Rangplätze, die den Untersuchungseinheiten zugewiesen wurden, mathematisch so behandelt werden, als lägen zwischen ihnen gleiche Abstände; Rho benutzt ordinalskalierte Daten mithin wie intervallskalierte Daten[*]. Diesen Koeffizienten zu verwenden, setzt also eine besonders zu rechtfertigende Entscheidung über die Mißachtung des Meßniveaus voraus; gegebenenfalls sollte ihm Tau_a vorgezogen werden.

3. Modelle für metrisch skalierte Daten

Diese Modelle bilden einen Schwerpunkt der mathematischen Statistik. In den Sozialwissenschaften sind sie freilich von nachrangiger Bedeutung, da selten metrisch skalierte Daten von substanzieller Relevanz erhoben werden können. Doch auch wenn metrische Daten zu manifesten (Indikator-)Variablen

---

[*] Bei der Auswertung von Intervalldaten entspricht Rho ohnehin dem dafür angebrachten Maßkorrelationskoeffizienten r (der freilich überdies voraussetzt, daß X und Y 'normalverteilt' sind).

vorliegen, sollte grundsätzlich erwogen werden, ob nicht ordinale Zusammenhangsmodelle für eine auf die latenten Variablen bezogene Interpretation aussagekräftiger wären.

a. Der tetrachorische Koeffizient r_{tet}

Man interessiere sich für den Zusammenhang zwischen zwei metrisch gemessenen Variablen, deren monovariate Häufigkeitsverteilungen sich durch das Modell der Normalverteilung beschreiben lassen.[*] Aus inhaltlich sinnvollen Gründen dichotomisiere man beide Variablen, so daß sich die gemeinsame Verteilung beider Variablen in Form einer Vier-Felder-Tabelle darstellen läßt. Stärke und Richtung des Zusammenhangs werden dann durch den tetrachorischen Koeffizienten ausgedrückt:

$$r_{tet} = \cos \frac{180°}{1 + \sqrt{\frac{bc}{ad}}}$$

a, b, c, d sind die Fallzahlen in den vier Zellen; es gilt:

$$-1 \leq r_{tet} \leq +1 \quad [**]$$

b. Das Regressionsmodell ('Regressionsanalyse')

Die Grundidee dieses Modells wurde am Ende des 19. Jahrhunderts von Sir Francis Galton entwickelt. Das Regressionsmodell vereint in seiner modernen Form zwei Überlegungen:

aa) Die Information über die gemeinsame Verteilung zweier metrischer Variablen, die graphisch in einem Streudiagramm dargestellt werden kann, läßt sich bisweilen in einer Linie zusammenfassen, die 'Regressionslinie' heißt. Dies ist immer dann möglich, wenn der 'Punktschwarm' des Streudiagramms eine identifizierbare Gestalt hat, wobei es nichts zur

---

[*] Zum Modell der Normalverteilung siehe S.176 ff.

[**] Die angegebene Formel ist nur eine Näherungsformel, die bei sehr ungleichen Proportionen in den Randsummen (etwa: 10 % : 90 %) falsche Werte liefert und nicht benutzt werden darf. Die exakte Berechnung von r_{tet} ist sehr umständlich, weswegen man sich in der Regel mit der Näherungsformel begnügt.

Sache tut, ob eine lineare oder eine kurvilineare Gestalt vorliegt. Diese Gestalt wird umso klarer sein, je stärker der Zusammenhang zwischen den betrachteten Variablen ist:

Abb. 28 : Streudiagramme und Regressionslinien

a) Schwacher linearer Zusammenhang

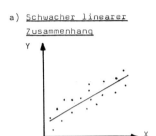

b) Starker linearer Zusammenhang

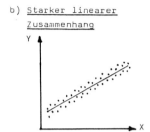

c) Schwacher kurvilinearer Zusammenhang

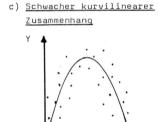

d) Starker kurvilinearer Zusammenhang

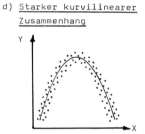

e) Kein Zusammenhang - Keine Regressionslinie

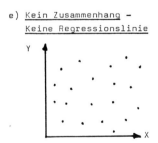

Die in der Regressionslinie ('Regressionsgerade' oder 'Regressionskurve') zusammengefaßte Information kann noch weiter verdichtet werden, wenn man die Regressionslinie durch eine Funktionsgleichung beschreibt. Diese Gleichung ist jedoch stets nur für den Wertebereich definiert, für den Meßwerte von X und Y vorliegen.[*] Prinzipiell kann eine Regressionslinie schon mit einigem Augenmaß korrekt in ein Streudiagramm eingezeichnet werden; die präzisen Parameter und Koeffizienten der sie beschreibenden Funktionsgleichung lassen sich jedoch nur rechnerisch ermitteln.

bb) Gemäß der Logik der PRE-Maße kann formuliert werden: Zwischen den metrisch gemessenen Variablen X und Y besteht genau dann ein (starker) Zusammenhang, wenn die Werte von Y (gut) aufgrund der Kenntnis der Werte von X geschätzt werden können (und umgekehrt). Folglich werden solche Regressionslinien und Gleichungen von Regressionslinien gesucht, welche den X-Werten korrekte Schätzwerte von Y (geschrieben: $\hat{y}$) zuordnen (bzw. den Y-Werten Schätzwerte $\hat{x}$). Falls ein perfekter Zusammenhang besteht, werden alle Punkte des Streudiagramms auf der Regressionslinie liegen[**], d.h. die Schätzung wird fehlerfrei sein.

Abb. 29: <u>Perfekte Zusammenhänge - vollständig erklärte Variation</u>

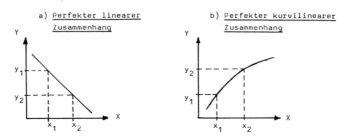

Man verwendet dann folgende Formulierung: '<u>X erklärt die gesamte Variation in Y</u>' (und umgekehrt). Je <u>schwächer</u> der Zusammenhang zwischen beiden Variablen ist, umso häufiger wird die Gleichung der Regressionslinie den X-Werten solche $\hat{y}$ zuweisen, die mit den tatsächlich gemessenen Y-werten <u>nicht</u> übereinstimmen. Die Menge solcher 'Fehler' wird '<u>von X nicht erklärte Variation in Y</u>' genannt (und umgekehrt). Die Maßzahl der von X erklärten Variation in Y (und umgekehrt) kann darum als PRE-Maß des Zusammenhangs von X und Y interpretiert werden.

---

[*] Das heißt praktisch, daß solche Gleichungen <u>nicht</u> (ohne <u>gute</u> theoretische Begründung) zu prognostischen Zwecken benutzt werden dürfen.

[**] Punkte, die <u>nicht</u> auf der Regressionslinie liegen, heißen '<u>Residuen</u>'; sie stellen die 'Fehler' der Schätzung dar.

Selbstverständlich bezieht sich diese Maßzahl immer nur auf die Vorhersage- bzw. Erklärungsleistung jener Gleichung, welche die speziell gewählte Regressionslinie beschreibt. Das heißt: Es handelt sich nicht um eine Vorhersage von Y auf der Basis von X 'schlechthin', sondern um eine Vorhersage innerhalb eines speziellen Regressionsmodells. Am häufigsten werden, da rechnerisch einfacher, lineare Regressionsmodelle verwendet[*]; bei kurvilinearen Regressionsmodellen ist zu entscheiden, welche Kurvengleichung (Parabel, exponentielle oder logarithmische Kurve usw.) zugrunde gelegt werden soll. Wird bei der Datenauswertung dann tatsächlich ein Regressionsmodell benutzt, so führt man eine 'Regressionsanalyse' durch.

Offensichtlich können Regressionsmodelle keineswegs schematisch herangezogen werden. Die folgende Abbildung zeigt einige Probleme, die vor der Entscheidung für eine Regressionsanalyse zu lösen sind:

Abb. 30: Regressionsanalytisch 'schwierige' Streudiagramme

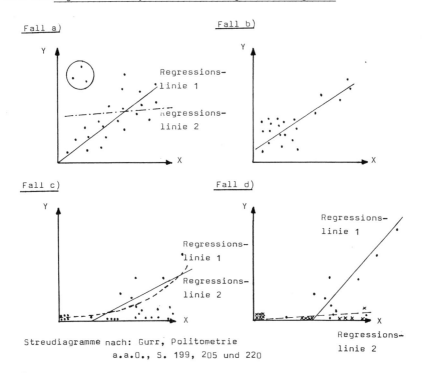

Streudiagramme nach: Gurr, Politometrie
a.a.O., S. 199, 205 und 220

---

[*] Datentransformationen werden oft nur zu dem Zweck durchgeführt, ein einfaches lineares statt eines komplizierten kurvilinearen Regressionsmodells verwenden zu können.

Im <u>Fall a</u> würde die schematische Benutzung eines linearen Regressionsmodells zur Berechnung der Regressionslinie 2 führen. Ein Blick auf das Streudiagramm zeigt freilich, daß diese Linie die Information über die gemeinsame Verteilung von X und Y nur äußerst schlecht wiedergibt. Offenbar verzerren die drei umrandeten 'Ausreißer' das Bild. Diese drei Untersuchungseinheiten müßte man als Sonderfälle näher betrachten; bei allen anderen Untersuchungseinheiten aber besteht ein recht klarer Zusammenhang zwischen X und Y, der am besten durch die Regressionslinie 1 ausgedrückt wird.

Im <u>Fall b</u> ist die Regressionslinie völlig ungeeignet, die Information über die gemeinsame Verteilung von X und Y angemessen zu verdichten. Offenbar werden hier <u>zwei Gruppen</u> von Untersuchungseinheiten sichtbar: eine Gruppe, bei der kein Zusammenhang zwischen X und Y besteht, und eine, bei der er sich sehr wohl findet. Durch Augenschein wird hier der Einfluß einer dritten, noch unbekannten Variablen erkannt, während die schematische Berechnung der Regressionsgeraden zu einer irreführenden Informationsverdichtung (also: zu einem <u>Artefakt</u>) geführt hätte. Hier gilt es, durch nähere Betrachtung der Untersuchungseinheiten herauszufinden, worin sich die beiden Gruppen unterscheiden (also: worin jene dritte Variable besteht).

Im <u>Fall c</u> mag sowohl eine Regressionsgerade als auch eine exponentielle Kurve herangezogen werden: keine ist aber der Verteilungsform angemessen. Es ist zu vermuten, daß zwei Gruppen[*] von Untersuchungseinheiten vorliegen. In der empirischen Studie, der dieses Streudiagramm entnommen ist, gelang es tatsächlich, beide Gruppen durch nähere Analyse der Untersuchungseinheiten zu unterscheiden. Betrachtet man nun - wie im <u>Fall d</u> - beide Gruppen für sich, so zeigt sich ein klares Bild: für jede Teilgruppe läßt sich eine Regressionsgerade angeben, welche die Information über die Verteilungsform gut ausdrückt.

Eine Inspektion des Streudiagramms ist also <u>unverzichtbar</u>, wenn die Verwendung eines Regressionsmodells erwogen wird. Ferner müssen zwei weitere Voraussetzungen gegeben sein, die hier nur genannt, aber nicht begründet werden können:

- Die monovariaten Häufigkeitsverteilungen beider Variablen müssen durch das Modell der Normalverteilung beschrieben werden können (übliche Ausdrucksweise: X und Y 'müssen normalverteilt sein')[**].

- Die gemeinsame Verteilung beider Variablen muß die Forderung der Homoscedastizität erfüllen. Das heißt: die Punkte des Streudiagramms müssen gleichmäßig um die jeweilige Regressionslinie streuen.

---

[*] Je nach Verteilungsform mag man auch drei und mehr Gruppen unterscheiden.

[**] Von dieser Forderung kann unter Umständen dann abgegangen werden, wenn <u>kein</u> Schluß auf eine Grundgesamtheit gezogen werden soll.

Abb. 31: Homoscedastizität und Heteroscedastizität

a) Homoscedastizität   b) Heteroscedastizität

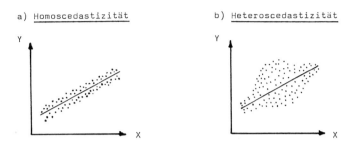

Gemeinsame Verteilungen sozialwissenschaftlicher Variablen, wenn überhaupt auf metrischem Skalenniveau gemessen werden kann, erfüllen diese Forderungen nur selten. Wenn dies dennoch der Fall sein sollte, können Regressionslinien gemäß folgendem Grundgedanken berechnet werden:[*]

Es ist eine Gerade zu finden, welche die in einem Punktschwarm enthaltene Information möglichst getreu wiedergibt ('best-fit-Linie'). Dies ist genau dann der Fall, wenn die Abstände zwischen der Geraden und den einzelnen Punkten so klein wie möglich sind:

Abb. 32: Grundidee der Regressionsrechnung: Minimierung von Abständen

a) 'schlecht angepaßte   b) 'gut angepaßte
   Regressionsgerade'   Regressionsgerade'

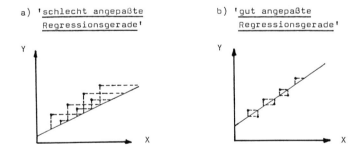

---

[*] Der Einfachheit halber wird er nur am Beispiel eines linearen Regressionsmodells dargelegt; die Argumentation bei kurvilinearen Regressionsmodellen ist analog.

Durch Differentialrechnung lassen sich bei vorliegenden Meßwerten für X und Y Parameter und Koeffizienten ermitteln, dank derer Gleichungen für Geraden entstehen, bei welchen die Abstände zwischen der Geraden und den einzelnen Punkten der gemeinsamen Verteilung von X und Y minimiert werden. Weil die Differentialrechnung verlangt, daß die Quadrate der Abstände zwischen den Punkten und der Geraden betrachtet werden, heißt dieses Berechnungsmodell 'Methode der kleinsten Quadrate'.

Offensichtlich lassen sich aber sowohl die vertikalen als auch die horizontalen Abstände zwischen der Regressionsgeraden und den Punkten der gemeinsamen Verteilung von X und Y auf ein Minimum bringen. Deswegen entstehen regelmäßig zwei Regressionsgeraden, von denen die eine zur Schätzung der Y-Werte auf der Basis bekannter X-Werte, die andere zur Schätzung der X-Werte auf der Basis bekannter Y-Werte verwendet werden kann. Diese Geraden werden durch folgende Gleichungen beschrieben:

$$\hat{y} = a + r_{yx} \cdot x$$

$$\hat{x} = b + r_{xy} \cdot y$$

$\hat{y}$ und $\hat{x}$ sind die mittels der bekannten X- und Y-Werte geschätzten Y- bzw. X-Werte; a und b geben die Y-Achsen-Abschnitte der Regressionsgeraden an. r_{yx} und r_{xy} legen die Steigung der Regressionsgeraden fest; sie heißen 'Regressionskoeffizienten'.

Beide Regressionsgeraden stimmen nur dann überein, wenn ein perfekter Zusammenhang zwischen X und Y besteht; dann gilt: $r_{yx} = r_{xy}$. Falls aufgrund der im Streudiagramm identifizierten Stärke des Zusammenhangs zwischen X und Y überhaupt eine Regressionsanalyse angemessen ist, unterscheiden sich r_{yx} und r_{xy} freilich meist nicht so stark, daß es sinnlos wäre, die in beiden Linien verdichtete Information auf eine einzige Linie zu reduzieren. An genau diese 'mittlere Linie' wird gedacht, wenn ohne nähere Spezifizierung von der 'Regressionsgeraden' die Rede ist. Sie stellt in der Tat das 'Mittel' der Linien zur Schätzung von $\hat{y}$ und $\hat{x}$ dar, denn ihre Steigung r ergibt sich als geometrisches Mittel der beiden Regressionskoeffizienten:

$$r = \sqrt{r_{yx} \cdot r_{xy}}$$

Bei perfekten Zusammenhängen nimmt r offensichtlich den Wert ± 1 an. Das Vorzeichen kennzeichnet den Verlauf der Geraden:

Abb. 33: Die Bedeutung des Vorzeichnes von r

a) r = +1   b) r = -1

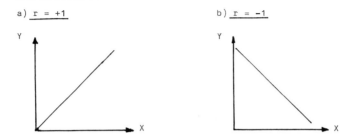

Das Regressionsmodell eröffnet so viele Auswertungsmöglichkeiten, daß seine oft gegebene Unangemessenheit für sozialwissenschaftliche Daten nur bedauert werden kann. Vor allem lassen sich aus ihm zwei Maßzahlen zur Beschreibung des Zusammenhangs zwischen zwei metrisch skalierten Variablen ableiten.

c. Determinationskoeffizient r^2 und Maßkorrelationskoeffizient r ('Produkt-Moment-Korrelation')

Das Regressionsmodell hat eine äußerst reichhaltige mathematische Struktur und besitzt viele Querverbindungen zwischen seinen einzelnen Konzepten, die ihrerseits weitreichende Perspektiven eröffnen. r^2 und r können hier darum nur in ihren intuitiv eingängigsten Ableitungszusammenhängen gedeutet werden. Ausdrücklich sei betont, daß beide Zusammenhangsmaße sich auf ein lineares Regressionsmodell beziehen und die Linearität eines Zusammenhangs zwischen X und Y deshalb keineswegs 'ausdrücken', sondern als - durch Betrachtung des Streudiagramms zu kontrollierende - Grundannahme voraussetzen.

aa. Der Determinationskoeffizient r^2

Der Determinationskoeffizient läßt sich aus dem Regressionsmodell unter anderem folgendermaßen ableiten:

$$r^2 = r_{yx} \cdot r_{xy}.$$

Er schwankt zwischen 0 und 1.

r^2 ist ein symmetrisches PRE-Maß und besitzt eine klare Interpretation. Ein Wert von r^2 = 0,64 besagt: 64 % der Variation in Y können durch X geklärt werden, und ebenso können 64 % der Variation in X durch Y geklärt werden. r^2 drückt also innerhalb einer PRE-Interpretation unmittelbar die Stärke eines Zusammenhangs aus. Insofern formuliert werden kann: 'X determiniert zu a% Y', wird der Name dieses Koeffizienten intuitiv plausibel.
Sein Gegenstück ist der 'Koeffizient der Nichtdetermination' = $1 - r^2$.
Im obigen Beispiel hat er den Wert 1 - 0,64 = 0,36 und besagt: 36 % der Variation kann weder durch X noch durch Y erklärt werden. Folglich ist der Koeffizient der Nichtdetermination ein Maß für die Stärke des Einflusses nicht betrachteter Variablen.

bb. Der Maßkorrelationskoeffizient r [*]

r kann einerseits als Quadratwurzel von r^2, andererseits (da gilt: $r = \sqrt{r_{yx} \cdot r_{xy}}$) als Steigung der Regressionsgeraden aufgefaßt werden. Folglich ist r ein ganz anderes Maß des Zusammenhangs zwischen X und Y als r^2. Während r^2 in einer inhaltlich klaren Interpretation als PRE-Maß die Stärke des Zusammenhangs ausdrückt, informiert r als Steigung der Regressionsgeraden über den Grad, in dem die Y-Werte bei gegebener Zunahme der X-Werte zunehmen oder abnehmen (und umgekehrt: über den Grad, in dem die X-Werte bei gegebener Zunahme der Y-Werte zunehmen oder abnehmen).

Die Angabe von r-Werten täuscht den Leser oft über die Stärke eines Zusammenhanges, wenn nicht die verschiedenen Aussageinhalte von r und r^2 beachtet, sondern nur die reinen Zahlenwerte betrachtet werden. Denn r ist (außer bei r = 0 und r = |1|) stets größer als r^2:

Abb. 34: r, r^2 und der Koeffizient der Nichtdetermination

r	r^2	Koeffizient der Nichtdetermination
0,3	0,09	0,91
0,4	0,16	0,84
0,5	0,25	0,75
0,6	0,36	0,64
0,7	0,49	0,51
0,8	0,64	0,36
0,9	0,81	0,19

---

[*] Auch: 'Maßkorrelationskoeffizient von Bravais-Pearson'. Falls für X und Y die Annahme der Normalverteilung nicht gerechtfertigt ist, sollte statt des Maßkorrelationskoeffizienten r der Rangkorrelationskoeffizient Rho verwendet werden.

Auch bei einem 'ansehnlichen' Wert wie etwa r= 0,7 bleibt also <u>über die</u>
Hälfte der Variation zwischen X und Y unerklärt, worauf eine unkommentierte Angabe von r keineswegs aufmerksam macht. Wo r-Angaben schlichtweg
als Aussagen über die Stärke eines Zusammenhangs interpretiert werden, ist
folglich Mißtrauen angebracht.

r kann aus einer weiteren Formel abgeleitet werden, die ebenfalls aufschlußreich ist:

$$r = \frac{\Sigma (x_i - \bar{x})(y_i - \bar{y})}{\sqrt{\Sigma (x_i - \bar{x})^2} \cdot \sqrt{\Sigma (y_i - \bar{y})^2}} \quad \text{mit jeweils } i = 1 \ldots n$$

Divisionen des Zählers und des Nenners durch die Fallzahlen heben sich in
dieser Formel aus mathematischen Gründen auf. Denkt man sie hinzu, so stehen
im Nenner offensichtlich die Standardabweichungen für die beiden Variablen
X und Y (also: s_x und s_y). Der Ausdruck im Zähler lautet in ausführlicher
Schreibweise:

$$s_{xy} = \frac{1}{n} \sum_{i=1}^{n} (x_i - \bar{x})(y_i - \bar{y}) \quad {}^{*)}$$

Diese Formel ist jener der Varianz offenbar sehr ähnlich; sie definiert
ein Maß für die <u>gemeinsame</u> Streuung <u>zweier</u> metrisch skalierter Variablen.
Dieses Maß heißt <u>'Kovarianz'</u> und ist ebenfalls zentrales Konzept komplexer statistischer Modelle. Die Formel von r läßt sich dann vereinfacht
so schreiben:

$$r = \frac{s_{xy}}{s_x \cdot s_y}$$

Aus dieser Schreibweise wird deutlich, daß r ein Maß für das Verhältnis
zwischen der gemeinsamen Streuung von X und Y und dem Produkt der Standardabweichungen von X und Y ist. [**]

---

*) Bei der Berechnung für Stichproben, von denen auf eine Grundgesamtheit geschlossen werden soll, ist statt durch n durch (n-1) zu teilen.

**) An dieser Stelle mag intuitiv eine Begründung für die auf S. 39 formulierte Faustregel erkennbar werden.

4. Modelle für den Zusammenhang zwischen einer topologisch skalierten und einer metrisch skalierten Variablen

Bislang wurden nur solche bivariaten Modelle behandelt, bei denen beide Variablen dasselbe Meßniveau aufweisen. Mitunter betrachtet man aber die gemeinsame Verteilung von zwei Variablen mit verschiedenem Meßniveau - etwa den Zusammenhang zwischen Geschlechtszugehörigkeit und Monatslohn. Falls die eine Variable topologisch skaliert und die andere mindestens intervallskaliert ist, stehen folgende Modelle zur Verfügung:

a. Punktbiserialer und biserialer Korrelationskoeffizient (r_{pbis}, r_{bis})

r_{pbis} ist dann ein geeignetes Modell, wenn die Variable X intervallskaliert gemessen wurde und 'normalverteilt' ist; die Variable Y muß lediglich dichotom sein. Der biseriale Koeffizient r_{bis} ist hingegen dann zu verwenden, wenn - bei gleichen Anforderungen an X - die Variable Y zwar nur dichotom gemessen wurde, prinzipiell aber intervallskalierbar meßbar und dann 'normalverteilt' wäre; r_{bis} setzt also gewichtige theoretische Annahmen voraus. Das Vorzeichen beider Koeffizienten ist davon abhängig, wie die beiden Ausprägungen von Y angeordnet werden; über seine sachliche Bedeutung ist also nur nach Betrachtung der Kreuztabelle zu entscheiden.*)

b. Pearsons Eta^2 und Eta (η^2, η)

Eta^2 und Eta lassen sich für beliebige Tafeln berechnen. Vorausgesetzt wird, daß X intervallskaliert und 'normalverteilt' ist; Y muß nur nominalskaliert sein. 1905 erstmals von Karl Pearson publiziert, ist Eta^2 ein PRE-Maß für welches gilt: $0 \leq \eta^2 \leq 1$. Im Gegensatz etwa zu r^2 ist Eta^2 freilich ein asymmetrisches PRE-Maß, weswegen in Form von Subskripten anzugeben ist, bezüglich welcher Richtung der Schätzung die proportionale Fehlerverringerung betrachtet wird. Eta$^2_{yx}$ = 0,61 besagt dann: die Kenntnis der X-Werte verringert die Fehler bei der Vorhersage von Y um 61 %; analog ist ein Wert zu interpretieren wie Eta$^2_{xy}$ = 0,42. Der Ausdruck 1 - Eta$^2_{yx}$ bzw. 1 - Eta$^2_{xy}$ ist wie der Koeffizient der Nichtdetermination zu deuten: bei Eta$^2_{yx}$ = 0,61 und Eta$^2_{xy}$ = 0,42 können 39 % der Variation in Y nicht durch X und 58 % der Variation in X nicht durch Y erklärt werden und sind weiteren, nicht berücksichtigten Variablen zuzurechnen.

---

*) Beide Koeffizienten haben ihre Namen 'bi-serial' von der Form ihrer Kreuztabelle: die dichotomen Ausprägungen von Y konstituieren zwei Reihen von Meßwerten, die von den Ausprägungen von X unterteilt werden.

Eta^2 hat die unangenehme Eigenschaft, in seinem Wert von der Anzahl der Merkmalsklassen abzuhängen: je größer das Tafelformat ist, um so größer wird der Koeffizient. Entsprechend unterschätzt Eta^2 bei zu wenig Merkmalsklassen einen vorliegenden Zusammenhang.

Die Quadratwurzel von Eta^2 ist wie r im Verhältnis zu r^2 zu interpretieren. Eta ist jedoch ungleich r ein vorzeichenloser Koeffizient, da die Merkmalsklassen der nominalskalierten Variablen Y beliebig vertauscht werden können. Ist Y freilich ordinalskaliert, so läßt sich aufgrund einer Betrachtung der Kreuztabelle dem Koeffizienten ein Vorzeichen zuweisen. Im Gegensatz zu r ist Eta auch zur Beschreibung kurvilinearer Zusammenhänge geeignet. Auf die gemeinsame Verteilung zweier metrisch skalierter, 'normalverteilter' Variablen angewendet, kann Eta darum benutzt werden, um auch rechnerisch (und nicht nur durch Betrachtung des Streudiagramms) das Vorliegen einer kurvilinearen Beziehung zu entdecken. Man berechnet zu diesem Zweck sowohl den r- als auch den Eta-Wert. Ist Eta viel größer als r, so liegt eine kurvilineare Beziehung vor. r ist dann als ungeeignetes Modell ausgewiesen.

c. Das Modell der Streuungszerlegung (Varianzanalyse)

Im Kern ein einfaches Modell benutzend, stellt die Varianzanalyse insgesamt einen äußerst komplexen statistischen Analyse-Ansatz dar. Sie soll darum an anderer Stelle erläutert werden. Im hier betrachteten Fall ihrer bivariaten Anwendung setzt sie voraus, daß die Variable X intervallskaliert ist und noch einige weitere Forderungen erfüllt; die Variable Y muß lediglich dichotom sein.[*)]

---

*) Ausführlicher zur Streuungszerlegung und Varianzanalyse siehe S.124 ff und S. 131 ff.

VIII. Modelle zur Beschreibung des Zusammenhangs zwischen drei Variablen

1. Aufgaben und Grundgedanken der Drittvariablenanalyse

Bisweilen finden sich bei bivariaten Analysen Zusammenhänge, die in den Daten zwar zweifellos bestehen*), jedoch keine sinnvolle Interpretation zuzulassen scheinen. Die zwei meistbenutzten Beispiele dürften folgende sein:

- Man stellt einen starken Zusammenhang zwischen der Anzahl der Störche fest, die in bestimmten Gegenden leben, und den dortigen Geburtenhäufigkeiten. Ist dies entweder ein Beweis dafür, daß der Storch die Kinder eher in die Umgebung seiner Nistplätze bringt, oder dafür, daß die Verwendung statistischer Modelle zu unsinnigen Ergebnissen führt?

- Man stellt einen starken Zusammenhang fest zwischen der Anzahl der Feuerwehrleute, die einen Brand bekämpfen, und dem eingetretenen Brandschaden. Ist daraus zu folgern, daß die Abschaffung von Feuerwehren eine Verringerung von Brandschäden bewirkte?

Beide Zusammenhänge widersprechen bewährten Annahmen. Wenn es aber keinen Grund gibt, an der Validität der Messung und an der Repräsentativität der Stichprobe**) zu zweifeln, muß ein Weg gefunden werden, die Ursache dieses Widerspruchs aufzuklären. Bei beiden Beispielen ist dies einfach: es wurde eine ausschlaggebende dritte Variable nicht in die Analyse einbezogen.

Storchenbeispiel: Störche nisten in ländlichen Gegenden. Dort besteht ein anderes generatives Verhalten als in Städten; folglich finden sich größere Geburtenhäufigkeiten. Man hat also festgestellt, daß zwei Merkmale ländlicher Gegenden häufig gemeinsam auftreten, und das überrascht ja keineswegs. Der entdeckte Zusammenhang läßt sich also sehr wohl sinnvoll interpretieren, wenn man die Variable 'Gegend' mit ihren Ausprägungen 'ländlich' und 'städtisch' berücksichtigt.***)

Feuerwehrbeispiel: Bei Großbränden werden in der Regel viele Feuerwehrleute eingesetzt, und bei ihnen entstehen auch die größten Brandschäden. Hier hat man also festgestellt, daß zwei Merkmale von Großbränden häufig gemeinsam auftreten, und dies besagt alles andere, als daß 'man mit der Statistik jeden Unsinn beweisen kann'. Der scheinbar unsinnige Zusammenhang ist folglich sinnvoll bis zur Trivialität, falls die Variable 'Größe des Brandes' in die Analyse einbezogen wird.

---

*) und, falls die Daten in einer Zufallsstichprobe erhoben wurden, auch in der Grundgesamtheit vorliegen!

**) Hierzu siehe S. 164 ff.

***) Die Erklärung bezieht sich auf Zeiten, bevor sowohl die Störche ausblieben als auch sich das generative Verhalten in ländlichen Gebieten dem in städtischen anglich. Seit diesen Veränderungen wird man auch jenen Zusammenhang nicht mehr feststellen können.

Die Lehre aus diesen Beispielen läßt sich im Ratschlag zusammenfassen, keiner bivariaten Kreuztabelle und keinem bivariaten Zusammenhangsmaß zu trauen, bis in einer für den praktischen Zweck der jeweiligen Argumentation und Hypothesenprüfung ausreichenden Weise geklärt ist, ob Fehlinterpretationen aufgrund der Nichtberücksichtigung wichtiger Drittvariablen auszuschließen sind. Welche Drittvariablen auf einen irreführenden Einfluß zu überprüfen sind, kann nur aus den forschungsleitenden Theorien und Hypothesen abgeleitet werden. Natürlich lassen sich derartige Überprüfungen nur dann durchführen, wenn für die zu kontrollierenden Drittvariablen auch valide Daten erhoben wurden. So wird deutlich, daß die Konzeptualisierungsphase des Forschungsprozesses, in der die Frage nach den zu kontrollierenden Drittvariablen beantwortet werden muß, tatsächlich für die Qualität der Forschungsarbeit entscheidend ist.

Wurden tatsächlich alle zu kontrollierenden Drittvariablen berücksichtigt und Daten für sie erhoben, sind im Anschluß an bivariate Zusammenhangsanalysen Drittvariablenanalysen durchzuführen. Sie nennt man auch 'Partialassoziations-' bzw. 'Partialkorrelationsanalysen'; die zu kontrollierenden Drittvariablen heißen 'Kontrollvariablen' bzw. 'Testvariablen'.

Der Leitgedanke der Drittvariablenanalyse setzt die Unterscheidung von 'Korrelation' *) und 'Kausalität' voraus. 'Korrelation' bezeichnet eine bestimmte Form der gemeinsamen Häufigkeitsverteilung zweier Variablen, 'Kausalität' eine bestimmte theoretische 'Deutung' dieser Form: ein Zusammenhang zwischen X und Y heißt dann ein 'kausaler Zusammenhang', wenn innerhalb der forschungsleitend benutzten Theorie der empirische Referent von X als ursächlich für die Beschaffenheit des empirischen Referenten von Y aufgefaßt werden kann. Aussagen über ursächliche Zusammenhänge sind wichtig, um Wissen über Erklärungsmöglichkeiten zu erarbeiten; Aussagen über Korrelationen, also über Formen von Zusammenhängen, interessieren als Mittel zu diesem Zweck. Dreierlei muß gegeben sein, um die mit den Tatsachen übereinstimmende Aussage formulieren zu können, zwischen X und Y bestehe ein ursächlicher Zusammenhang:

- Innerhalb einer bewährten Theorie muß X als ursächlich für Y gedeutet werden können.

---

*) Unter Korrelation sollen hier alle Arten von statistisch erfaßten Zusammenhängen zwischen zwei Variablen verstanden werden; der Begriff bezieht sich im folgenden also nicht nur auf ordinales oder metrisches Meßniveau.

- Es muß in den Daten eine Korrelation zwischen X und Y aufzufinden sein.

- Die Korrelation zwischen X und Y muß auch dann bestehen bleiben, wenn der Einfluß jener Drittvariablen kontrolliert wird, die ihrerseits mit X und/oder Y korrelieren.

Ziel der Drittvariablenanalyse ist es, unter den in den Daten auffindbaren Korrelationen jene zu identifizieren, die als kausale Zusammenhänge gedeutet werden können. *) Zu diesem Zweck sind die folgenden möglichen Konstellationen zwischen zwei bivariat betrachteten Variablen X und Y und einer Drittvariablen t zu unterscheiden:

a) Scheinkorrelation

Scheinkorrelationen waren die im Storchen- und Feuerwehrbeispiel behandelten Zusammenhänge. Der Begriff ist freilich irreführend, da die Korrelation hier ja nicht scheinbar, sondern wirklich besteht; es fehlt nur eben die Möglichkeit, diese Korrelation als Kausalzusammenhang zu deuten. Eine Scheinkorrelation hat folgende Struktur:

Abb. 35: Scheinkorrelation

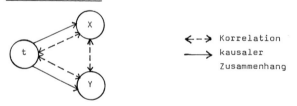

← - → Korrelation
⟶ kausaler Zusammenhang

Verschwindet die Korrelation zwischen X und Y nach Einführung von t, so formuliert man: 't erklärt die Scheinkorrelation zwischen X und Y'.

b) Scheinbare Non-Korrelation

Eine scheinbare Non-Korrelation liegt vor, wenn der vermutete Kausalzusammenhang zwischen X und Y bivariat nicht festzustellen ist, sich jedoch dann finden läßt, wenn man den Einfluß einer Drittvariablen ('Störvariable') kontrolliert.

---

*) Ideal wäre es, zum Zeck der Prüfung kausaler Hypothesen über experimentell gewonnene Daten zu verfügen. Dies ist bei sozialwissenschaftlicher Forschung freilich selten möglich - und für die meisten praktischen Forschungszwecke auch gar nicht nötig.

Beispiel: Man wird einen kausalen Zusammenhang zwischen dem Betätigen des Zündschlüssels und dem Anspringen eines Automobils erwarten. Bei 100 Fahrzeugen sei je ein Startversuch unternommen worden; nur 50 Fahrzeuge seien angesprungen. Es liegt zweifellos eine Non-Korrelation vor, die im Widerspruch zu allen bewährten Annahmen steht. Widerspruch und Non-Korrelation erweisen sich freilich als nur scheinbar, wenn die Kontrolle folgender Drittvariablen zeigt: nur 50 Fahrzeuge besaßen intakte Batterien.

Eine scheinbare Non-Korrelation hat folgende Struktur:

Abb. 36: Scheinbare Non-Korrelation

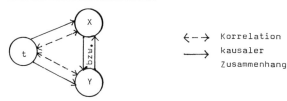

$\leftarrow - \rightarrow$ Korrelation
$\longrightarrow$ kausaler Zusammenhang

Findet sich nach der Einführung von t eine Korrelation zwischen X und Y, die zuvor nicht bestand, so formuliert man: 't erklärt die Non-Korrelation zwischen X und Y'. Durch welche Drittvariable(n) eine solche Erklärung geleistet werden kann, muß sich aus den forschungsleitenden Annahmen ergeben; sie entsprechend 'auf den Punkt' zu bringen, erfordert bisweilen Phantasie.

c) Intervention

Eine Intervention liegt vor, wenn X und Y zwar korrelieren, aber in keinem kausalen Zusammenhang stehen. Der kausale Zusammenhang wird vielmehr von der Drittvariablen erzeugt und besteht nur bezüglich ihrer:

Abb. 37: Intervention

$\leftarrow - \rightarrow$ Korrelation
$\longrightarrow$ kausaler Zusammenhang

Da t zwischen X und Y, deren Korrelation erzeugend, 'interveniert', wird t hier auch 'intervenierende Variable' genannt. Ebenso kann man formulieren: 't interpretiert die Beziehung zwischen X und Y'. Mit statistischen Modellen läßt sich der Fall der Intervention, wie unten gezeigt wird, nicht vom Fall der Scheinkorrelation unterscheiden; dies ist lediglich durch theoretische Deutung der Variablen und ihrer Korrelationen möglich.

d) Multikausaler Zusammenhang

Ein monokausaler Zusammenhang liegt vor, wenn die Ausprägungen eines Wirklichkeitsmerkmals nur von den Ausprägungen eines anderen Wirklichkeitsmerkmals bestimmt werden. Sind mehrere Wirklichkeitsmerkmale (im einfachsten Fall: zwei) als ursächlich anzunehmen, so liegt ein multikausaler Zusammenhang vor. Auf einen multikausalen Zusammenhang kann man also bereits bei der Einführung einer Drittvariablen stoßen; für Kausalzusammenhänge mit mehr als drei Variablen gilt eine analoge Argumentation. Die folgende Abbildung zeigt die Struktur eines einfachen multikausalen Zusammenhangs:

Abb. 38: Multikausaler Zusammenhang (am Beispiel von zwei Ursachen-Variablen)

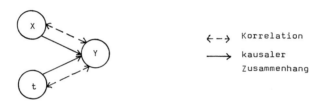

Von Multikausalität kann nur dann gesprochen werden, wenn die empirischen Referenten von X und t voneinander unabhängig auf den empirischen Referenten von Y einwirken; in diesem Fall kann sich keine Korrelation zwischen den Variablen X und t zeigen. Ist dies nicht so, dann muß es entweder gelingen, die Korrelation zwischen X und t als Scheinkorrelation nachzuweisen, oder man muß die Modellvorstellung der Multikausalität als unangemessen zurückweisen. Die multikausale Wirkung von X und t auf Y kann additiv oder nicht-additiv sein. Additivität liegt vor, wenn sowohl X als auch t für sich allein in einem kausalen Zusammenhang mit Y stehen. Üben jedoch X und t nur bei gemeinsamem Auftreten eine Wirkung auf Y aus, so besteht ein nicht-additiver Kausalzusammenhang.

c) Bestätigung

Falls durch die Einführung der Drittvariablen weder eine Scheinkorrelation noch eine Intervention nachgewiesen werden kann, gilt: bezüglich dieser Kontrollvariablen darf die Korrelation zwischen X und Y kausal interpretiert werden. Keineswegs kann auf diese Weise ein kausaler Zusammenhang zwischen X und Y als insgesamt nachgewiesen gelten, da ja nicht alle Drittvariablen kontrolliert werden, welche die Korrelation zwischen X und Y als Scheinkorrelation oder Intervention ausweisen könnten. Wurden aber alle Drittvariablen kontrolliert, die innerhalb der forschungsleitenden Annahmen als Testvariablen in Frage kommen konnten *), so ist der kausale Zusammenhang in über jeden vernünftigen Zweifel hinausreichender Weise nachgewiesen. Spitzt man die Frage darauf zu, ob der Zusammenhang zwischen X und Y monokausal sei, läßt sich analog argumentieren: allenfalls bezüglich der kontrollierten Testvariablen kann ausgeschlossen werden, X wirke mit ihnen gemeinsam multikausal.

2. Modelle der Drittvariablenanalyse

Die gebräuchlichsten Modelle der Drittvariablenanalyse geben an, wie stark der Zusammenhang zwischen zwei Variablen X und Y ist, wenn man die jeweilige Korrelation von X oder Y mit der Drittvariablen konstant hält, also 'herausrechnet'. Während man einen Koeffizienten, der den Zusammenhang zwischen X und Y ausdrückt, als r_{XY} schreibt (analog: r_{Xt}, r_{Yt}), notiert man für partielle Koeffizienten: $r_{XY \cdot t}$ bzw. $r_{XY/t}$ **). Partielle Korrelationskoeffizienten entstehen einerseits für jede der n Ausprägungen von t, bezüglich welcher der Zusammenhang zwischen X und Y gemessen wird; man schreibt sie dann: r_{XY/t_i} (mit i = 1...n). Andererseits läßt sich oft ein summarischer partieller Korrelationskoeffizient für alle t_i mit i = 1...n bestimmen, der insgesamt den unter Ausschluß der Einflüsse von t bestehenden Zusammenhang zwischen X und Y ausdrückt; diesen Koeffizienten schreibt man $r_{XY/t}$. Die mathematischen Grundlagen der Berechnung solcher Koeffizienten können hier nicht behandelt werden; statt dessen soll gezeigt werden, wie errechnete Werte partieller Koeffizienten bei der Drittvariablenanalyse zu interpretieren sind:

- Eine Scheinkorrelation liegt vor, wenn gilt: $r_{XY} \neq 0$ und zugleich für alle t_i mit i = 1...n: $r_{XY/t_i} \approx 0$.
- Eine scheinbare Non-Korrelation liegt vor, wenn gilt: $r_{XY} \approx 0$ und zugleich für alle t_i mit i = 1...n: $|r_{XY/t_i}| \neq 0$.
- Eine Intervention liegt vor, wenn gilt: $r_{XY} \neq 0$ und zugleich für alle t_i mit i = 1...n: $r_{XY/t_i} \approx 0$. Dies sind die selben Bedingungen wie für

---

*) bei dieser Formulierung wird vorausgesetzt, daß die forschungsleitenden Annahmen ausreichend komplex und gut bewährt sind.

**) Der Übersichtlichkeit wegen wird der fragliche Koeffizient im folgenden stets mit r bezeichnet, ohne daß die Argumentation selbst auf den so notierten partiellen Maßkorrelationskoeffizienten verengt wird.

die Identifizierung einer Scheinkorrelation. Anhand des Modells der Partialkorrelationsanalyse ist eine Intervention also nicht von einer Scheinkorrelation zu unterscheiden.

- Multikausalität muß auf zwei verschiedene Weisen bestimmt werden, je nachdem, welcher der folgenden Fälle vorliegt:
  -- r_{XY/t_i} und r_{Xt} können mit demselben Koeffizienten gemessen werden, da gleiche Meßniveaus und Tafeln vorliegen. Dann besteht Multikausalität wenn gilt: $r_{Xt} \approx 0$ und zugleich für mindestens <u>ein</u> t_i:
  $|r_{XY/t_i}| > |r_{XY}|$.
  Dieser größere Koeffizientenwert für mindestens einen Variablenwert von t muß signifikant sein *).

  -- r_{XY/t_i} und r_{Xt} können <u>nicht</u> mit demselben Koeffizienten gemessen werden, da verschiedene Meßniveaus oder Tafeln vorliegen. Dann kann der oben benutzte Vergleich zwischen den Koeffizientenwerten von r_{XY/t_i} und r_{XY} natürlich <u>nicht</u> durchgeführt werden. Multikausalität wird hier dann angenommen, wenn gilt: $r_{Xt} \approx 0$ und zugleich für mindestens zwei t_i:
  $|r_{XY/t_i}| > |r_{XY}|$.
  Die größeren Koeffizientenwerte für mindestens zwei Variablenwerte von t müssen signifikant sein.

- Eine Korrelation zwischen X und Y gilt dann als kausaler Zusammenhang <u>bestätigt</u>, wenn gilt: $r_{XY} \neq 0$ und zugleich für alle t_i mit i = 1...n:
  $|r_{XY/t_i}| \neq 0$ <u>und</u> $|r_{XY/t_i}| \leq |r_{XY}|$.
  Im Idealfall sollten alle partiellen Korrelationskoeffizienten dem bivariaten Korrelationskoeffizienten r_{XY} gleich sein.

a) <u>Modelle für nominalskalierte Daten</u>

Am gebräuchlichsten ist es, partielle Kreuztabellen für alle n Ausprägungen der Drittvariablen t zu betrachten, das für jede partielle Tafel geeignete Zusammenhangsmaß zu berechnen und dann die oben beschriebenen Vergleiche durchzuführen.

b) <u>Modelle für ordinalskalierte Daten</u>

Einerseits kann so vorgegangen werden wie beim Vorliegen nominalskalierter Daten. Andererseits lassen sich summarische Tau- und Gamma-Koeffizienten für alle n Ausprägungen der Kontrollvariablen t berechnen; mittels ihrer können die notwendigen Vergleiche vorgenommen werden.

---

*) Zum Konzept der Signifikanz siehe S. 215 und insgesamt S. 205 ff.

c) Modelle für metrisch skalierte Daten

Es lassen sich erstens partielle Maßkorrelationskoeffizienten berechnen ('multiple Korrelationsanalyse'), mit denen wie im ordinalen Fall verfahren werden kann. Zweitens ist das Regressionsmodell zu erweitern ('multiple Regressionsanalyse'): indem versucht wird, die Werte einer 'Zielvariablen' X aufgrund der Kenntnis von zwei (statt einer) Vorhersagevariablen ('Predictorvariablen') zu schätzen, kann das Wirken einer Drittvariablen (d.h.: einer zweiten Predictorvariablen) festgestellt werden. Statt - wie im 'zweidimensionalen Fall' - eines 'Punktschwarms' wird dabei eine 'Punktwolke' betrachtet, die man, falls die Voraussetzungen für die Anwendung des Regressionsmodells gegeben sind, statt durch eine Regressionslinie durch eine Regressionsebene (und ihre Gleichung) beschreiben kann. Zeigt sich, daß eingeführte Drittvariablen zur Verbesserung der Schätzung der Zielvariablen führen, so ist ein Einfluß dieser Drittvariablen nachgewiesen, der gemäß den obigen Überlegungen zu interpretieren ist.

d) Modelle für Zusammenhänge zwischen nominal- und intervallskalierten Daten

Erstens können gleichartige bivariate Zusammenhangsmaße für die Beziehungen zwischen je zwei der drei Variablen verglichen werden. Zweitens bieten sich auf das Vorliegen von nur drei Variablen eingeschränkte Versionen zweier multivariater Modelle an. Läßt sich eine der drei Variablen als unabhängige betrachten und ist sie nominalskaliert, während die beiden anderen Variablen intervallskaliert und als abhängig zu betrachten sind, kann die 'zweifache Varianzanalyse' benutzt werden. Wird eine nominalskalierte Variable als abhängig betrachtet, während zwei intervallskalierte Variablen als unabhängig gelten können, benutzt man die Diskriminanzanalyse *).

IX. Multivariate Modelle

Die multivariaten Modelle sind die umfassendsten Modelle, die zur angestrebten Reduktion der in der Datenmatrix enthaltenen Information benutzt werden können. Sie erlauben es, die Zusammenhänge zwischen vielen Variablen zu betrachten und sind zur Erarbeitung und Überprüfung komplexer Aussagen geeignet. In der Regel sind sie von vornherein so konzipiert, daß sie auch Schlüsse von Stichproben auf Grundgesamtheiten ermöglichen; sie verlassen also den Bereich reiner Deskriptivstatistik. Die multivariaten Modelle sind mathematisch, trotz klarer und einfacher Leitgedanken, meist sehr kompliziert. Im folgenden können jene Leitgedanken sowie die Fragestellungen, für die sie Antwortmöglichkeiten eröffnen, nur beschrieben werden. Dennoch ist es sowohl für eine sachgerechte Benutzung dieser Modelle als

---

*) Siehe S. 121 ff.

auch für eine kompetente Interpretation der mit ihrer Hilfe erarbeiteten Ergebnisse nötig, wenigstens die Grundzüge ihrer mathematischen Struktur kennenzulernen. Gerade die multivariaten Modelle führen nämlich leicht zu Artefakten, da ihre Anwendungsvoraussetzungen oft kompliziert sind und die Verarbeitung des Datenmaterials sich einem rein intuitiven Begreifen entzieht. Der Rechenaufwand, der mit ihrer Benutzung fast immer einhergeht, dürfte die individuelle Leistungsfähigkeit eines jeden Sozialwissenschaftlers übersteigen; ohne auf EDV-Anlagen zurückzugreifen, kann man sich ihrer kaum bedienen. Sie gehören darum auch erst seit den letzten Jahrzehnten, als Computer und entsprechende 'Programmpakete' verfügbar wurden, zum intellektuellen Werkzeug sozialwissenschaftlicher Forschung. Ihre Verbesserung sowie die Neuentwicklung von Modellen, die speziell auf die Bedürfnisse empirisch arbeitender Sozialwissenschaftler zugeschnitten sind, ist in vollem Gang.

1. Modelle für nominalskalierte Daten

Grundsätzlich kann der Gedanke der Drittvariablenanalyse auf die Betrachtung der Zusammenhänge zwischen vier und mehr Variablen übertragen werden. Doch die vielen partiellen Kreuztabellen, die dann entstehen ('mehrdimensionale Kreuztabellen'), werden schnell unübersichtlich; außerdem sinken bei vielfältigen Aufbrechungen die Fallzahlen in den Zellen der Tafeln rasch so stark ab, daß die berechneten Zusammenhangsmaße keine Aussagekraft mehr haben. Allerdings gibt es einige ziemlich gut ausgebaute Modelle, die - an der Logik des Regressionsmodells orientiert - auch innerhalb dieses Ansatzes eine effiziente Informationsreduktion erlauben (etwa GSK-Ansatz, Goodman-Ansatz) *).
Ein weiteres Modell ist die Cluster-Analyse. Sie leistet gute Dienste, wenn man folgende Frage beantworten will: Lassen sich unter interessierenden Personen, Gegenständen, Sachverhalten usw. Gruppen (= Cluster) von Merkmalsträgern identifizieren, die einander in bestimmten Merkmalskombinationen ähnlich sind und sich von anderen Gruppen deutlich unterscheiden? Durch Beantwortung dieser Frage läßt sich offenbar eine Hypothese folgender Art auf ihre Übereinstimmung mit den Tatsachen prüfen: 'Die interessierenden Personen, Gegenstände, Sachverhalte usw. zerfallen in X Typen, die sich durch folgende Merkmalskombinationen beschreiben lassen: ...'.

---

*) Zu beiden Ansätzen siehe: Manfred Küchler, Multivariate Analyseverfahren, Stuttgart 1979, S. 154-255.

Um jene Frage zu beantworten bzw. diese Hypothese zu prüfen, wird man an (einer Stichprobe von) n Untersuchungseinheiten über alle k Merkmale Daten erheben, bezüglich welcher man Ähnlichkeit oder Verschiedenheit, also: Ansatzpunkte für eine Typenbildung erwartet. Möglicherweise lassen sich für die k Variablen metrische Messungen durchführen. Im einfachsten Fall stellt man fest, ob bei den n Untersuchungseinheiten jedes einzelne der k Merkmale vorliegt oder fehlt; man erhält dann für k Variablen dichotome Werte ('Binärvariable', 'Dummy-Variable'). Durch eine Clusteranalyse wird anhand folgender Leitidee ermittelt, welche Gruppen sich unter den n Untersuchungseinheiten unterscheiden lassen:

a) Man vergleicht jede Untersuchungseinheit mit jeder anderen bezüglich des Vorliegens (und der Kombinationen) der k Merkmale auf ihre Ähnlichkeit. Die Information über solche Ähnlichkeiten wird auf 'Ähnlichkeitskoeffizienten' verschiedener Art reduziert; liegen metrisch skalierte Daten vor, so lassen sich auch Maßzahlen für die 'Distanzen' zwischen den einzelnen Untersuchungseinheiten ermitteln.

b) Die in Form von Ähnlichkeitskoeffizienten (oder Distanzangaben) vorliegende Information wird mittels geeigneter Algorithmen in Aussagen über Gruppen von Untersuchungseinheiten umgesetzt. Stellt man diese Aussagen graphisch dar, so entsteht ein 'Dendrogramm'('Baumdiagramm'), das jede einzelne Untersuchungseinheit einer Gruppe von ihr ähnlichen Untersuchungseinheiten zuweist und die gebildeten Gruppen nach dem Grad ihrer Ähnlichkeit zusammenstellt.

Abb. 39: <u>Dendrogramm einer Clusteranalyse</u>

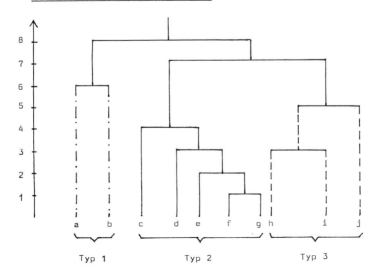

Aus einem Dendrogramm wie diesem kann man ersehen, daß sich die 10 Untersuchungseinheiten aufgrund ihrer hinsichtlich der k Merkmale betrachteten Ähnlichkeit in drei vom Forscher zu identifizierende Typen gliedern lassen. Ferner sieht man, auf welcher 'Stufe der Ähnlichkeit' jede Untersuchungseinheit per Algorithmus einer Gruppe zugewiesen wurde. Da man die Merkmale der so gegliederten Untersuchungseinheiten kennt, lassen sich Gruppeneinteilung, Ähnlichkeitsstufen und gebildete Typen interpretieren und der Beantwortung der Forschungsfrage bzw. der Hypothesenprüfung zugrunde legen.

Die praktische Anwendung dieser Grundgedanken verlangt dem Forscher eine Vielzahl weitreichender Entscheidungen ab, in denen sichtbar wird, daß natürlich auch die Clusteranalyse ein perspektivisches Modell ist. Durch Bestimmung der einzubeziehenden Variablen wird die auswertbare Information selektiert, und durch die Wahl der Ähnlichkeitsmaße und des zur Gruppenbildung verwendeten Algorithmus wird unmittelbar das Ergebnis beeinflußt. Oft wird man auch mit unterschiedlichen Ähnlichkeitsmaßen, Algorithmen und Gruppenzahlen, bis zu denen die Aufteilung fortschreiten soll, solange 'experimentieren', bis man sinnvoll zu interpretierende Ergebnisse erhält. Dies eröffnet Manipulationsmöglichkeiten, die nur bei Offenlegung der Gründe, die zu den getroffenen Entscheidungen führten, kontrolliert werden können. Außerdem sollte stets mitgeteilt werden, ob geprüft wurde, wie stabil die Ergebnisse bei Veränderungen von Ähnlichkeitsmaßen, Algorithmen, Gruppenzahlen und einbezogenen Variablen sind.

2. Modelle für ordinalskalierte Daten

Erstens läßt sich auch hier der Grundgedanke der Drittvariablenanalyse verallgemeinern. Zweitens kann die Clusteranalyse benutzt werden, falls man durch die dichotom gemessenen Merkmale der Untersuchungseinheiten Rangunterschiede in der Ausprägung der einzelnen Merkmale erfaßt. Liegen ordinalskalierte Variablen mit mehreren Ausprägungen (polytome Variablen) vor, so kann geprüft werden, ob die Voraussetzung für eine 'Skalentransformation' gegeben ist: 'Normalverteilung der Häufigkeiten über die einzelnen Rangplätze'. In diesem Fall kann erwogen werden, die ordinalskalierten Daten wie intervallskalierte Daten zu behandeln und für metrische Daten geeignete Modelle zu verwenden. Die Ergebnisse müssen dann aber mit besonderer Vorsicht interpretiert werden, da leicht Artefakte entstehen.

3. Modelle für metrisch skalierte Daten

a. Individual- und Aggregatdaten

Metrische Messungen sind in den Sozialwissenschaften zwar selten möglich; metrisch skaliert sind freilich immer Häufigkeitsangaben. Betrachtet man darum nicht länger die Untersuchungseinheiten ('Individuen') selbst auf ihre Merkmalsausprägungen, sondern Gruppen von Untersuchungseinheiten ('Aggregate') daraufhin, wie die Häufigkeiten für bestimmte Merkmalsausprägungen verteilt sind, so stehen metrisch skalierte Daten auch dann zur Verfügung, wenn die Merkmale nur auf Nominal- oder Ordinalskalenniveau gemessen werden. Daten, die an individuellen Untersuchungseinheiten erhoben wurden, nennt man 'Individualdaten'; Daten, bei denen die in Individualdaten enthaltene Information für Gruppen von Untersuchungseinheiten, also: für Aggregate zusammengefaßt wird, heißen 'Aggregatdaten'. Für Soziologie und Politikwissenschaft nützliche Aggregatdaten entstehen vor allem dann, wenn Gebietseinheiten oder Organisationen auf interessierende Merkmale der in ihnen lebenden oder handelnden Personen untersucht und diese Merkmale dann in Häufigkeiten pro Gebietseinheit oder Organisation ausgedrückt werden. Aggregierung stellt folglich einen Schritt der Informationreduktion dar: die Information über die Untersuchungseinheiten wird verdichtet zur Information über die Zusammensetzung von Aggregaten, die sich stets auf dem Niveau der Ratioskala ausdrücken läßt.

Bei der Analyse von Aggregatdaten ('Aggregatdatenanalyse')können darum viele statistische Modelle verwendet werden, die bei der Analyse von Individualdaten für deren Meßniveau nicht angemessen sind. Dies gilt bereits für mono- und bivariate Modelle; besonders wichtig für sozialwissenschaftliche Aggregatdatenanalysen sind aber die multivariaten Modelle. Denn gerade Aggregate sind regelmäßig komplex strukturierte Wirklichkeitsausschnitte; Aussagen über die Tatsachen und Zusammenhänge, die ihre Beschaffenheit ausmachen, müssen komplizierte Variablenkonstellationen in Betracht ziehen, weswegen in erster Linie multivariate Modelle angemessen sind. Im Unterschied zur sozialwissenschaftlichen 'Mikro-Analyse', die Merkmale von und Strukturen zwischen Individuen betrachtet, meist über topologische Daten verfügt und mit ihnen angemessenen Modellen auskommt, spielen multivariate Modelle für metrische Daten innerhalb der sozialwissenschaftlichen 'Makro-Analyse' eine wichtige Rolle. Freilich macht sich jener Informationsverlust bemerkbar, der bei der Zusammenfassung von Individualdaten zu Aggregatdaten entsteht: aggregatdatenanalytisch gewonnene Ergebnisse beziehen sich immer nur auf Eigenschaften von Aggregaten, nie aber auf die Eigenschaften jener Individuen, aus welchen die Aggregate bestehen.

Beispiel: Wenn festgestellt wurde, daß in einem Wahlkreis einerseits 50 % der wahlberechtigten Personen Arbeiter sind und andererseits der SPD-Stimmenanteil ebenfalls bei 50 % liegt, kann hieraus nicht geschlossen werden:

'Die Arbeiter dieses Wahlkreises wählen SPD' *).

Ein Schluß von Aggregatmerkmalen auf Individualmerkmale ist darum ein Fehlschluß; er wird 'Gruppenfehlschluß'oder 'ökologischer Fehlschluß' genannt. Er führt deswegen in die Irre, weil er die Informationsreduktion ignoriert, die beim Übergang von Individual- zu Aggregatdaten entsteht, und diese fehlende Information gleichsam durch eine 'logische Deduktion' zu ersetzen versucht. Dies kann keineswegs gelingen: über die Beschaffenheit der Wirklichkeit informiert nur eine ausreichende Datenbasis, nie die Logik, allenfalls angemessene wahrscheinlichkeitstheoretische Modellbildung.
Während individualdatenanalytisch gewonnene Ergebnisse jederzeit zu Aggregatdaten verdichtet werden können, ist der umgekehrte Weg daher nicht möglich. Der Vorzug der Aggregatdatenanalyse, auf einem höheren Meßniveau arbeiten zu können, läßt sich deshalb nicht in 'bessere' Aussagen über individuelle Untersuchungseinheiten ummünzen, als sie auf topologischem Meßniveau erarbeitet werden können. Indessen sind für die sozialwissenschaftliche Forschung sowohl informationsreiche Aussagen über jene Personen wichtig, die durch ihr Handeln soziale Wirklichkeit und folglich die empirischen Referenten von Aggregaten hervorbringen und gestalten, als auch Aussagen über jene Aggregate selbst, welche die Bedingungen beschreiben, in denen die untersuchten Personen leben und handeln. Mikro-Analyse (anhand von Individualdaten) und Makro-Analyse (anhand von Aggregatdaten) sind also zwei Aspekte der einheitlichen sozialwissenschaftlichen Forschungsaufgabe. Metrisch-multivariate und topologisch mono- bzw. biveriate Modelle müssen deshalb innerhalb von Mehr-Ebenen-Ansätzen für je besondere Fragestellungen verwendet und ihre Ergebnisse müssen in ausreichend komplexer Theoriebildung aufeinander bezogen werden. In diesem Zusammenhang sind metrisch-multivariate Modelle für die sozialwissenschaftliche Forschung von großer Bedeutung.

b. Metrisch-multivariate Modelle im Überblick

aa. Multiple Korrelationsanalyse

Der Grundgedanke der Drittvariablenanalyse läßt sich auch bei metrischen Daten ('multiple Korrelationsanalyse') verallgemeinern. Die dabei be-

---

*) Diese Aussage könnte nur dann getroffen werden, wenn die Arbeiter über ihre Wahlentscheidung befragt worden wären und man dabei festgestellt hätte, daß alle SPD wählten. In diesem Fall hätte man aber eine Individualdatenanalyse durchgeführt.

rechneten partiellen Korrelationskoeffizienten geben die Zusammenhänge zwischen je zwei Variablen unter Ausschluß des Einwirkens aller anderen Variablen an. In dieser Form vorliegende Informationen über die Struktur komplexer Zusammenhänge sind freilich schwer überschaubar.

bb. Multiple Regressionsanalyse

Bei der Behandlung des bivariaten Maßkorrelationskoeffizienten r wurde gezeigt, daß er sich aus dem Regressionsmodell ableiten läßt. Ebenso kann die multiple Korrelationsanalyse als Zweig der multiplen Regressionsanalyse aufgefaßt werden, die eine Verallgemeinerung der bivariaten Regressionsanalyse darstellt: ihr geht es darum, die Ausprägungen eines (metrisch gemessenen) Wirklichkeitsmerkmals aufgrund der Kenntnis vieler anderer (metrisch gemessener) Wirklichkeitsmerkmale zu schätzen. Der Grad, in dem dies möglich ist, drückt die Stärke der Zusammenhänge zwischen einer 'Zielvariablen' und vielen 'Predictorvariablen' aus; das benutzte Regressionsmodell sowie die berechneten (partiellen) Regressionskoeffizienten geben Form und Richtung der Zusammenhänge an. Im einzelnen läßt sich der Grundgedanke der multiplen Regressionsanalyse so zusammenfassen:

- Zwischen zwei Variablen besteht dann ein perfekter Zusammenhang, wenn die Kenntnis der Werte der Predictorvariablen genügt, um fehlerfrei die Werte der Zielvariablen zu schätzen.

- Besteht zwischen zwei Variablen kein perfekter Zusammenhang, so wirken offensichtlich auf die Ausprägungen der Zielvariablen auch andere Variablen ein als die eine, bislang betrachtete Predictorvariable.

- Gelingt es, diese zusätzlichen Variablen zu identifizieren und der Schätzung zugrunde zu legen, so wird die Menge der Schätzfehler reduziert, d. h.: die Variation in der Zielvariablen 'wird durch die Predictorvariablen' erklärt. Die Abweichungen der tatsächlichen Werte der Zielvariablen von den geschätzten Werten heißen 'Residuen'.

- Gelingt eine vollständige 'Erklärung' dieser Art, also: gibt es keine Residuen, so kann angenommen werden, man habe alle auf die Zielvariable einwirkenden Predictorvariablen identifiziert und in die Analyse einbezogen. Praktisch wird dies nie der Fall sein; es kann nur darum gehen, die Schätzfehler möglichst stark zu verringern.

- Es ist die Aufgabe theoretischer Forschung, Hypothesen über derartige Variablenzusammenhänge zu entwickeln und die zu untersuchenden Variablen ausfindig zu machen. Aufgabe empirischer Forschung

ist es, die für die zu betrachtenden Variablen notwendigen Daten
zu erheben. Die Aufgabe des hier gesuchten statistischen Modells
besteht darin, solche Rechenmöglichkeiten *) verfügbar zu machen,
dank welcher festgestellt werden kann, ob und in welchem Grad welche betrachtete Variable zu dieser Reduktion von Schätzfehlern beiträgt. Aus einem solchen Ergebnis kann die Struktur des untersuchten Wirklichkeitsausschnittes erschlossen werden, was eine Überprüfung der Forschungshypothesen erlaubt.

Die multiple Regressionsanalyse ist das für diesen Zweck gesuchte statistische Modell. Es ist mit Sorgfalt und Vorsicht zu benutzen: die Aussagekraft der Ergebnisse hängt völlig davon ab, daß tatsächlich alle wichtigen Predictorvariablen erhoben und einbezogen wurden; sämtliche Variablen müssen intervallskaliert und (vor allem, wenn Schlüsse auf eine Grundgesamtheit gezogen werden sollen) 'normalverteilt' sein; die Predictorvariablen müssen voneinander unabhängig auf die Zielvariable einwirken (Problem der 'Multikollinearität')**); wird ein lineares Regressionsmodell verwendet, so muß die Modellannahme der Linearität aller Zusammenhänge von vornherein mit den Tatsachen übereinstimmen. Wo diese Voraussetzungen verletzt sind, entstehen leicht Artefakte.

cc. Pfadanalyse ('kausale Modellierung')

Die Pfadanalyse ist eine besondere Ausformung des Regressionsmodells. An ihr läßt sich besonders anschaulich der sozialwissenschaftliche Zweck komplexer statistischer Modelle verdeutlichen:

Man interessiere sich für einen komplizierten Wirklichkeitsausschnitt, in dem viele Sachverhalte in vielfältiger Weise aufeinander einwirken. Man habe die Absicht, eine der folgenden Forschungsaufgaben zu bewältigen:

- Beschreibung des komplexen Zusammenwirkens;

- Erklärung eines Sachverhalts, der aus diesem komplexen Zusammenwirken entsteht;

- Erarbeitung einer Prognose über ein mögliches Ergebnis des Zusammenwirkens jener vielfältigen Sachverhalte.

---

*) d. h.: Möglichkeiten zur Verarbeitung der erhobenen Daten.
**) Siehe dazu S. 143 f.

Offenbar muß in einem ersten Arbeitsschritt durch theoretische Forschung
geklärt werden,
- durch welche und wieviele Variablen sich jener komplizierte Wirklichkeitsausschnitt erfassen läßt;
- welche Beziehungen zwischen jenen Variablen bestehen, vor allem: in welchen Richtungen und in welchem Grad sie aufeinander einwirken.

Ein 'traditionell' arbeitender Sozialwissenschaftler würde nun all seine Kenntnisse mobilisieren, sich auch neue Kenntnisse aneignen, und zweifellos die in diesem Arbeitsschritt zu lösende Aufgabe bewältigen. Meist freilich gäbe er sich damit zufrieden und gestände allenfalls zu, ein anderer Sozialwissenschaftler könne zu einem anderen Ergebnis gelangen, worüber er mit diesem zu diskutieren bereit sei. Es ist leicht zu sehen, daß die zentrale Aufgabe wissenschaftlicher Forschung hier durchaus unbewältigt bleibt: nämlich zu prüfen, ob die Aussagen, zu denen man gelangt ist, wirklich mit den Tatsachen übereinstimmen. Auf eine solche Überprüfung kann nur dort verzichtet werden, wo das Ergebnis trivalerweise klar ist; doch für solche Trivialitäten braucht man einen Sozialwissenschaftler ja gerade nicht. Im hier verwendeten Beispiel ist deshalb davon auszugehen, daß nicht bekannt ist, ob das Resultat der theoretischen Überlegungen wirklich mit den Tatsachen übereinstimmt.

Darum ist ein zweiter Arbeitsschritt nötig: in empirischer Forschung müssen valide Daten zu jenen Variablen erhoben werden, die man zur Beschreibung des interessierenden Wirklichkeitsausschnittes benutzte. In einem dritten Arbeitsschritt ist zu klären, ob die im ersten Arbeitsschritt formulierten Aussagen mit den in Form der Daten erhobenen Tatsachen übereinstimmen; hierbei helfen statistische Modelle. Falls vielfältige Zusammenhänge zwischen vielen Variablen betrachtet werden sollen, bietet sich die Pfadanalyse an. Mit ihrer Hilfe können präzis jene Hypothesen geprüft werden, die das Ergebnis des ersten Arbeitsschrittes darstellen. Um sie streng prüfen zu können, müssen sie selbstverständlich zunächst präzis formuliert werden; Klarheit ist unverzichtbar *). Um komplexe Sachverhalte klar und überschaubar darzustellen, bietet es sich an, sich mit einer bloß verbalen Beschreibung nicht zu begnügen, sondern sie graphisch in einem 'Pfeildiagramm' auszudrücken. Da ein Pfeildiagramm kausale Zusammenhänge abbildet, heißt es auch 'kausales Modell', und weil man innerhalb eines kausalen Modells 'Pfade kausaler Zusammenhänge' identifizieren und untersuchen kann, heißt dieser ganze Ansatz 'Pfadanalyse'; das Pfeildiagramm

---

*) Daß - absichtlich oder unbemerkt - Hypothesen immer dann unpräzis formuliert werden, wenn man im Fall ihrer Überprüfung unbedingt Recht behalten will, dürfte jedermann bekannt sein. Dergleichen 'Immunisierungen' bringen die Forschung freilich keineswegs voran; das Gegenteil ist der Fall. Deswegen sind gerade jene statistischen Modelle besonders nützlich, die, wie die Pfadanalyse, dem Forscher eine unmißverständliche Formulierung seiner Aussagen abverlangen.

nennt man auch 'Pfadmodell'.

Im Pfadmodell stellen X_1, X_2, ..., X_i die zur Hypothesenformulierung benutzten Variablen, die Pfeile die vermuteten Wirkungszusammenhänge, die Vorzeichen, mit denen die Pfeile versehen sind, die Richtung der Wirkungszusammenhänge dar *). Hat man auch schon Vorstellungen vom Grad des Einwirkens einer Variablen auf die andere, so lassen sich die Angaben hierüber in Form von '<u>Pfadkoeffizienten</u>' (mit dem Wertebereich $-1 \leq b \leq +1$) eintragen.

Derartige Pfeildiagramme können von recht unterschiedlicher Form sein. Wird angenommen, daß alle Wirkungen nur in jeweils einer Richtung bestehen, also: daß es keine Rückwirkungen gibt, so liegt ein <u>rekursives</u> Modell vor (andernfalls ein '<u>nichtrekursives Modell</u>'). Wird angenommen, alle Wirkungszusammenhänge ließen sich als <u>lineare</u> Zusammenhänge beschreiben, liegt ein <u>lineares</u> Modell vor (andernfalls ein '<u>nichtlineares Modell</u>'). Werden innerhalb des Pfeildiagramms unterschiedliche 'Blöcke' von Variablen unterschieden, die zunächst einmal <u>unter sich</u> zusammenwirken und dann erst in den Wirkungen <u>zwischen</u> den Blöcken betrachtet werden müssen, so liegt ein 'Blockmodell' vor, das seinerseits rekursiv oder nichtrekursiv, linear oder nichtlinear sein kann. Abbildung 40 **) (S. 109) zeigt einige Möglichkeiten.

---

*) Ein positives Vorzeichen besagt: Y_1 wirkt vergrößernd, verstärkend .... auf X_2 ein; ein negatives Vorzeichen besagt: Y_1 wirkt verkleinernd, vermindernd ... auf X_2 ein.
**) Pfeildiagramme z. T. nach Karl-Dieter Opp, Peter Schmidt, Einführung in die Mehrvariablenanalyse, Reinbek 1976, S. 29 und 274.

Abb. 40: <u>Pfeildiagramme für die Pfadanalyse ('kausale Modelle', 'Pfad-
modelle')</u>

a) <u>nichtrekursiv</u>   b) <u>rekursiv</u>

c) <u>rekursives Blockmodell mit drei
   (z.T. nichtrekursiven) Blöcken:</u>

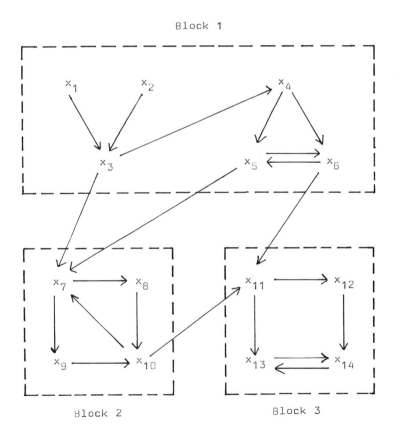

Jeder Versuch, solche Zusammenhänge verbal zu beschreiben, macht drastisch deutlich, um wieviel übersichtlicher ihre Abbildung im Pfeildiagramm ist. Derartige Klarheit hat eine wichtige Konsequenz: unplausible, unvollständige widersprüchliche Annahmen können leicht entdeckt und korrigiert werden. Eine zwar schwieriger überschaubare, doch noch präzisere Darstellungsweise wird erreicht, wenn man jene Zusammenhänge durch Gleichungen ('Strukturgleichungen') beschreibt *), denn in diesen kann zudem angegeben werden, ob man einen linearen oder einen nichtlinearen Zusammenhang vermutet. Man formuliert stets für jede Variable, die von auch nur einer anderen Variablen beeinflußt wird, eine Gleichung. Für den in Abb. 40 dargestellten Fall b) ergeben sich folgende Gleichungen (wobei der Einfachheit halber angenommen wird, alle Zusammenhänge seien linear):

$$X_3 = b_{31} X_1 + a_3$$
$$X_4 = - b_{43} X_3 + b_{42} X_2 + a_4$$
$$X_5 = b_{54} X_4 + a_5$$
$$X_6 = -b_{61} X_1 + b_{64} X_4 + b_{65} X_5 + a_6$$

Die Koeffizienten 'b' - im Pfeildiagramm als Pfadkoeffizienten einzutragen - sind mit Subskripten so gekennzeichnet, daß stets klar ist, bezüglich welchen Pfeils ein Koeffizient Richtung und Stärke des Zusammenhangs ausdrückt. Den Koeffizienten '$-b_{43}$' liest man etwa so: 'Zwischen der Variablen X_4 und der Variablen X_3 besteht ein negativer Zusammenhang von der Stärke b'. 'a' bezeichnet jeweils eine Konstante, die durch das Subskript einer speziellen Variablen zugewiesen wird. Diese Strukturgleichungen haben offensichtlich die Form von Gleichungen, wie sie bei der Regressionsanalyse verwendet werden. Tatsächlich werden die Koeffizienten und Parameter der Strukturgleichungen der Pfadanalyse regressionsanalytisch ermittelt. Die aus den Daten berechneten Pfadkoeffizienten geben durch Vorzeichen und Größe an, in welcher Richtung ein Zusammenhang welcher Stärke zwischen den einzelnen Variablen tatsächlich besteht. Durch Vergleich mit den anfangs hypothetisch angenommenen Pfadkoeffizienten läßt sich dann die Richtigkeit der forschungsleitenden Hypothesen prüfen; empirisch bestätigte Aussagen über Art und Grad komplexer Zusammenhänge können so erarbeitet werden.

Keinesfalls dürfen jene Aussagen aber so interpretiert werden, als sei 'pfadanalytisch bewiesen', der fragliche Wirklichkeitsbereich sei so strukturiert, wie ihn das kausale Modell darstellt. Das Pfadmodell ist nämlich - erstens - ein Ergebnis vieler Entscheidungen des Forschers: Welche

---

*) Ferner ist eine Darstellung in Matrizenform möglich.

Variablen und wieviele werden einbezogen? Welche Zusammenhänge werden betrachtet? Welcher Art ist das Modell? Zweitens können sich alternative Modelle bisweilen gleich gut bewähren, weswegen durchaus anzuraten ist, mit verschiedenen Modellen zu 'experimentieren', falls die Forschungshypothesen nicht bestimmte Modell-Möglichkeiten als von vornherein mit den Tatsachen nicht in Übereinstimmung ausschließen. Insgesamt ist auch die Erarbeitung und Interpretation pfadanalytischer Ergebnisse ein hermeneutischer Prozeß: je mehr an Vorwissen verfügbar ist, um so umfassender kann das kausale Modell angelegt und das Resultat seiner Benutzung gedeutet werden, das seinerseits das Vorwissen zu interpretieren und zu verbessern erlaubt.

Da die Pfadanalyse ein regressionsanalytisches Modell ist, muß sie mit derselben Sorgfalt und Vorsicht wie die Regressionsanalyse benutzt werden. Ferner sei bemerkt, daß zwar im engeren Sinn vom Modell der Pfadanalyse nur dann zu sprechen ist, wenn die untersuchten Variablen auf Intervallskalenniveau gemessen wurden. Ihr Grundgedanke läßt sich jedoch auf topologische Variablen verallgemeinern. Dann gelangt man zu jenen multivariaten Modellen, die oben als 'Verallgemeinerungen des Grundgedankens der Drittvariablenanalyse' bezeichnet wurden.

dd. Clusteranalyse

Beim Vorliegen metrisch skalierter Daten können andere Ähnlichkeitsbestimmungen durchgeführt werden als bei der Clusteranalyse von Nominaldaten; Idee und Nutzungsmöglichkeiten des Modells bleiben jedoch gleich.

ee. Faktorenanalyse

Man interessiere sich für die Zusammenhänge zwischen einer Vielzahl von Sachverhalten. Insbesondere vermute man, daß jene Sachverhalte nicht alle voneinander unabhängig sind, sondern von einigen (wenigen) gemeinsamen Faktoren bedingt werden. Über irgendwie präzisierbare Vermutungen zur Beschaffenheit dieser Faktoren verfüge man nicht; die Forschungshypothese besage nur, daß es derartige Faktoren geben könne. Falls jene Sachverhalte intervallskaliert gemessen wurden, läßt sich die Frage, ob es solche Faktoren gibt, dank des Modells der Faktorenanalyse beantworten.

Beispiel: Von Einstellungen zu politischen, wirtschaftlichen, technischen, gesellschaftlichen, kulturellen und religiösen Sachverhalten, deren Intensität man an n Personen intervallskaliert erhoben hat, wird vermutet, daß sie gewissermaßen die 'Oberfläche' verschiedener 'Persönlichkeitstypen' darstellen. Welcher Art diese 'Persönlichkeitstypen' wären, so sie überhaupt identifiziert werden könnten, wisse man nicht. Eben deshalb verwendet man ein statistisches Modell, das eine Antwort auf die Frage nach der Richtigkeit jener Vermutung ermöglicht.

Wenn ein Faktor auf viele Variablen wirkt, muß sich dies darin äußern, daß die Ausprägungen dieser Variablen in ähnlicher Weise beeinflußt werden. Je stärker ein Faktor wirkt, um so größer wird deren Ähnlichkeit sein. Die Ähnlichkeit in den (von einem Faktor beeinflußten) Ausprägungen von Variablen wird sich ihrerseits in starken Korrelationen zwischen diesen Variablen ausdrücken. Die Informationsbasis der Faktorenanalyse ist darum eine Zusammenstellung aller bivariaten Korrelationskoeffizienten jener Variablen, die in die Faktorenanalyse einbezogen werden sollen ('Korrelationsmatrix'). Da die Faktoren, deren Auswirkungen sich in der Korrelationsmatrix identifizieren lassen müßten, zunächst nur hypothetisch vermutet werden, benötigt man mathematische Modelle, die durch Verarbeitung der in der Korrelationsmatrix enthaltenen Information zeigen, ob und in welchem Ausmaß die festgestellten Korrelationen durch solche Faktoren 'erklärt werden können'. Da die bivariaten Korrelationen nur den Informationsgehalt der tatsächlich erhobenen Variablenwerte verdichten, kann das 'Fundamentaltheorem' der Faktorenanalyse so formuliert werden: Jeder gemessene Variablenwert läßt sich als lineare Kombination mehrerer unabhängiger, hypothetischer Faktoren beschreiben - womit der eingangs beschriebene Grundgedanke mathematisch reformuliert ist.

Zugleich werden freilich zwei Einschränkungen vorgenommen. Das faktorenanalytische Modell setzt einerseits voraus, daß die erhobenen Variablenwerte sich als lineare Kombinationen hypothetischer, ihnen zugrunde liegender Faktoren ergeben. Ob diese Annahme gerechtfertigt ist, kann nicht geprüft, sondern allenfalls als plausibel vorausgesetzt und - bei Vorliegen einleuchtender Ergebnisse - als 'bewährt' gerechtfertigt werden. Andererseits wird angenommen, die zu identifizierenden Faktoren wirkten voneinander unabhängig. Für dieses Postulat gilt dasselbe wie für die Linearitäts-Annahme. Allerdings können Faktorenanalysen auch mit 'abhängigen Faktoren' durchgeführt werden, was sowohl zu mathematischen Komplizierungen und Interpretationsproblemen führt als auch bislang nicht sehr befriedigende Ergebnisse erbracht hat.

Jene hypothetischen Faktoren anhand der Informationsmenge der Korrelationsmatrix (als theoretische Konstrukte!) zu identifizieren, heißt: 'Extraktion von Faktoren' ('ein Faktor wird extrahiert'). Den Grad, in dem eine Variable durch einen so identifizierten Faktor 'geprägt' wird, gibt man durch eine faktorenanalytisch berechnete Maßzahl an, die 'Faktorladung' ('Ladungszahl') heißt ('die Variable A lädt auf dem 1. Faktor mit a = ...'), zwischen -1 und +1 schwankt und als Korrelationskoeffizient zwischen einem

Faktor und einer Variablen zu interpretieren ist.*) Das Quadrat dieser
Maßzahl ('Ladungsquadrat') ist analog dem Determinationskoeffizienten r^2
zu interpretieren: läßt sich die gesamte Streuung in den Ausprägungen einer
Variablen durch das Zusammenwirken von k Faktoren erklären, so ist die
Summe dieser k Ladungsquadrate gleich 1. Die Streuung in den Ausprägungen
jeweils einer Variablen, die durch alle identifizierten Faktoren erklärt
werden kann, wird durch eine Maßzahl bezeichnet, die 'Kommunalität' genannt wird. Eine Kommunalität von 0,92 bezüglich der Variablen B besagt bei
etwa zwei extrahierten Faktoren: 92 % der Streuung in B werden durch diese
beiden Faktoren erklärt. Natürlich ist auch von Interesse, wie stark jeder
extrahierte Faktor allein auf alle betrachteten Variablen einwirkt. Die
Maßzahl, die dies ausdrückt, heißt 'Eigenwert' (des fraglichen Faktors)
und ergibt sich als Summe der Ladungsquadrate, welche die Einwirkung
dieses Faktors auf die untersuchten Variablen im einzelnen ausdrücken.
Beispielsweise seien acht Faktoren extrahiert worden: **)

Faktor	Eigenwert	Prozentsatz der vom fraglichen Faktor erklärten Streuung in den untersuchten Variablen	Kumulierte Häufigkeitsverteilung der erklärten Streuung
1	5,46	54,6	54,6
2	2,10	20,6	75,2
3	1,49	14,9	90,1
4	0,68	6,8	96,9
5	0,19	1,9	98,8
6	0,07	0,7	99,5
7	0,03	0,3	99,8
8	0,01	0,1	100

Bei diesem Beispiel ist offensichtlich, daß der 1. Faktor die weitaus
größte Erklärungskraft besitzt; nach dem 3. Faktor noch weitere zu extrahieren, erbringt keine besondere Verbesserung der Möglichkeit, die in den
erhobenen Daten faßbaren Sachverhalte auf 'ihnen zugrunde liegenden Faktoren
zurückzuführen'. Wieviele Faktoren zu extrahieren sind, bleibt der Entscheidung des Forschers überlassen. Grundsätzlich hofft man, mit möglichst
wenigen Faktoren auszukommen. Einerseits wäre damit ein Optimum an Infor-

---

*) Negative Faktorladungen geben einen 'verkleinernden', positive Faktor-
ladungen einen 'vergrößernden' Einfluß des identifizierten Faktors auf
die fragliche Variable an.
**) Zusammenstellung nach einem Beispiel in: Chr. Schuchard-Ficher u.a.,
Multivariate Analysemethoden, 2., verb. Aufl. Berlin u.a. 1982, S. 252.

mationsreduktion geleistet; andererseits könnte man komplexe Sachverhalte dann durch wesentlich einfachere erklären. Dennoch kann die Zahl der extrahierten Faktoren sinnvollerweise nur soweit reduziert werden, daß die 'Oberflächenstruktur' der erhobenen Sachverhalte (im statistischen Modell: die Streuung in den erhobenen Variablen) noch in ausreichendem Maß erklärt werden kann. Für die Entscheidung, wann das Extraktionsverfahren abzubrechen ist, gibt es einige nützliche Kriterien. Eines besagt, daß ab 95 % erklärter Streuung auf die Extraktion weiterer Faktoren verzichtet werden kann. Ein anderes verlangt, es müßten soviele Faktoren extrahiert werden, wie es Faktoren mit Eigenwerten größer als 1 gibt ('Kaiser-Kriterium').

Noch an einer weiteren Stelle bedarf die Faktorenanalyse der subjektiven Entscheidung des Forschers. Da die zu extrahierenden Faktoren ja rein mathematische Konstrukte sind, die durch den Akt der Extraktion überhaupt erst entstehen *), steht keineswegs einfach fest, welcher Anteil der Streuung einer jeden Variablen durch identifizierbare Faktoren überhaupt erklärt werden könnte. Es ist genau umgekehrt:erst durch eine Schätzung der möglichen Erklärungsleistung der Faktoren wird festgelegt, wieviele Faktoren bis zu einem bestimmten Anteil erklärter Streuung zu extrahieren sind. Wird etwa für die Variable A die Kommunalität auf 0,85 geschätzt, so ist damit vorab entschieden, daß der Forscher glauben will, 85 % ihrer Streuung ließen sich durch 'zugrunde liegende Faktoren' erklären. Indessen können auch die Kommunalitäten nicht beliebig geschätzt werden, da ja Daten über die tatsächliche Beschaffenheit der Wirklichkeit (und folglich über die tatsächliche Reduzierbarkeit ihrer 'Oberflächenstruktur' auf eine 'Tiefenstruktur' von Faktoren) vorliegen. Darum ergeben sich aus der Korrelationsmatrix stets Ober- und Untergrenzen für mögliche Kommunalitäten; doch innerhalb dieser Grenzen müssen sie durch verschiedene Verfahren geschätzt werden, die nicht selten zu unterschiedlichen Ergebnissen führen (Problem der 'Kommunalitätenschätzung').

Wie - auf der Grundlage der geschätzten Kommunalitäten - Faktoren konkret extrahiert werden, kann hier nicht behandelt werden; wichtiger ist, welche Schlüsse aus dem Ergebnis solcher Berechnungen zu ziehen sind. Grundsätz-

---

*)Natürlich können sie aber nur dann bei der Verwendung der Faktorenanalyse entstehen, wenn die Korrelationsmatrix, also das erhobene Datenmaterial und folglich der betrachtete Wirklichkeitsausschnitt entsprechend beschaffen ist! Obwohl Faktoren Konstrukte sind, können sie also keineswegs beliebig konstruiert werden; der 'Kontakt zur Wirklichkeit' bleibt bei sachgemäßer Modellverwendung erhalten.

lich sind die extrahierten Faktoren ja rein abstrakte, mathematische Konstrukte; sie inhaltlich zu deuten, ist erst die Leistung des Sozialwissenschaftlers. Allerdings ist er auch hier nicht frei: zwar nimmt er durch Kommunalitätenschätzung und Festsetzung der Zahl der zu extrahierenden Faktoren Einfluß auf das Ergebnis; doch innerhalb dieses Spielraums wird dann nur (perspektivisch) abgebildet, was in den Daten - und folglich im untersuchten Wirklichkeitsausschnitt - tatsächlich vorhanden ist. Dennoch ist die Deutung extrahierter Faktoren selten ganz unproblematisch. Der Einfachheit halber sollen diese Interpretationsprobleme an einem Beispiel dargestellt werden, bei dem die Extraktion von zwei Faktoren ausreichte, um die Streuung in den untersuchten Variablen zu erklären. Es sollen sich folgende Ladungsquadrate ergeben haben *):

Variable	Faktor 1	Faktor 2
A	0,94	0,00
B	0,1	0,00
C	0,98	0,02
D	0,95	0,00
E	0,04	0,87
F	0,03	0,89

In diesem Fall hat offensichtlich der Faktor 1 'viel mit den Variablen A, B, C, D zu tun', der Faktor 2 aber mit den Variablen E und F. Man betrachtet nun die so identifizierten Variablengruppen selbst und versucht interpretativ zu erschließen, was den gruppierten Variablen wohl gemeinsam wäre. Daß diese Variablen (innerhalb des durch Kommunalitätenschätzung und Wahl der Faktorenzahl genutzten Spielraums) miteinander etwas zu tun haben, steht außer Zweifel; doch was sie verbindet, ergibt sich nie aus dem statistischen Modell der Faktorenanalyse, sondern ausschließlich aus der Interpretationskompetenz des Forschers. An die Kenntnisse des Forschers werden bei der Faktoreninterpretation hohe Anforderungen gestellt, da kurzschlüssige Deutungen unmittelbar zu Artefakten führen. Hilfreich ist es, wenn einige Variablen auf je einem der extrahierten Faktoren sehr hoch laden und die anderen Variablen so ungleich auf den einzelnen Faktoren laden, daß sie je einem Faktor gut zuzuordnen sind. Die hoch ladenden Variablen bezeichnet man dann als 'Markiervariablen'; ihre inhaltliche Bedeutung kann die Interpretation des Faktors anleiten. Konkret wird so vorgegangen, daß man zur Markiervariablen und den anderen Variablen, die einem Faktor wegen ihrer Ladungszahlen zuzuordnen sind, einen Oberbegriff sucht, der den empirischen Referenten all dieser Variablen samt der durch die Markier-

---

*) Das Beispiel wird übernommen von Schuchard-Ficher u.a., Multivariate Analysemethoden, a.a.O., S. 238.

variable gegebenen Akzentuierung möglichst gut erfaßt. In der Regel werden dies alltagssprachliche Begriffe sein, bei deren Wahl man jedoch allzu unscharfe Begriffe unbedingt meiden sollte. Insgesamt hängt die Faktoreninterpretation völlig vom theoretischen Bezugsrahmen des Forschers, also: von seiner Perspektive auf den untersuchten Wirklichkeitsausschnitt ab; Deutungen von Faktoren können zwar gut begründet und plausibel sein, zwingen sich aber keineswegs auf. Dies macht die Ergebnisse von Faktorenanalysen schwer vergleichbar. Falls viele Variablen auf mehreren Faktoren gleich hoch laden, ist eine Faktoreninterpretation ohnehin nicht mehr möglich - was freilich selbst ein wichtiges Ergebnis ist.

Zugleich erleichtert wie auch bisweilen erschwert wird die Faktoreninterpretation durch folgende wichtige mathematische Eigenschaft des faktorenanalytischen Modells: man kann Faktoren und Variablen, das Verhältnis der Faktoren untereinander sowie das Verhältnis zwischen Variablen und Faktoren durch Achsensysteme und Punkte in Achsensystemen darstellen. Die Faktoren stellen die Achsen, die Variablen die Punkte dar. Bei n Faktoren ergeben sich n Achsen in einem n-dimensionalen Raum. Die Achsen unabhängiger Faktoren stehen jeweils senkrecht aufeinander; die Punkte, welche die einzelnen Variablen bezeichnen, stehen zu den als Achsen dargestellten Faktoren räumlich in genau dem Verhältnis, in dem sie von ihnen erklärt werden. Zu diesem Zweck werden die Punkte der einzelnen Variablen durch auf die Faktoren-Achsen bezogene Koordinaten festgelegt. Diese 'Koordinaten' heißen 'Faktorwerte'. Sie sind streng von den 'Faktorladungen' ('Ladungszahlen') zu unterscheiden: letztere sind Korrelationskoeffizienten zwischen Variablen und Faktoren, Faktorwerte aber Koordinaten. Diese Koordinaten werden in der Regel durch multiple Regressionsanalysen geschätzt, wobei verschiedene Schätzverfahren in der Regel zu variierenden Ergebnissen führen. Überschaubar sind freilich nur zwei- und dreidimensionale Achsensysteme, also 'Lösungen der Faktorenanalyse', bei der nur zwei oder drei Faktoren extrahiert werden mußten. In der Abb. 41 werden der Übersichtlichkeit halber nur zweidimensionale Lösungen betrachtet.

Abb. 41: Zweidimensionale Lösungen einer Faktorenanalyse

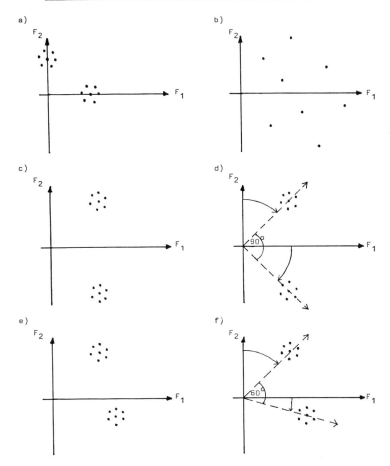

Im Fall a) laden alle Variablen entweder auf dem einen oder dem anderen Faktor hoch; es ist das oben behandelte Interpretationsverfahren möglich.
Im Fall b) wird durch eine zweidimensionale Lösung die Streuung in den Variablen keinesfalls erklärt.

Möglicherweise wurde das Extraktionsverfahren unter Verletzung der Kriterien zu früh abgebrochen: vielleicht ergibt zwar die zweidimensionale Lösung kein klares Bild, wohl aber z. B. eine vierdimensionale Lösung. Wurde in diesem Fall vermutet, die Beschaffenheit des untersuchten Wirklichkeitsausschnittes lasse sich durch 'Rekurs auf zwei Prinzipien' erklären, so ist diese Annahme faktorenanalytisch klar widerlegt. Natürlich kann es auch so sein, daß auch mehrdimensionale Lösungen kein klares Bild ergeben. Dann ist zu schließen, daß den untersuchten Sachverhalten keine gemeinsamen Faktoren zugrunde liegen. Bei beiden Beispielen wird klar, daß auch 'faktorenanalytische Nicht-Ergebnisse' sehr wohl substanziell wichtige Ergebnisse sein können - vor allem, wenn sie vorher formulierte Vermutungen widerlegen.

Besonders wichtig sind die Fälle c) und d). Bei c) zeigt sich, daß sehr wohl eine zweidimensionale Lösung angemessen ist, doch keiner der extrahierten Faktoren stark mit den Variablen zusammenhängt. Glücklicherweise läßt sich mathematisch zeigen, daß die Aussagekraft einer Faktorenanalyse unverändert bleibt, wenn man das als ihr Ergebnis entstehende Achsensystem zwar beliebig dreht ('Rotation'), doch den Ort des Vorsprungs (in dem die Achsen senkrecht aufeinander stehen) unverändert läßt. Durch Rotation des Achsensystems wird darum ohne Verzerrung der Ergebnisse der Fall c) in den Fall d) überführt, der genau wie der Fall a) zu interpretieren ist. Natürlich ändern sich bei einer Rotation die Ladungszahlen und Eigenwerte, worin ja genau der beabsichtigte Effekt besteht.*) Es ist eine Grundannahme der Faktorenanalyse, daß jene Faktoren, auf welche die in der Korrelationsmatrix enthaltene Information reduziert wird, voneinander unabhängig sind. Mathematisch drückt sich dies so aus, daß die Achsen, welche die Faktoren darstellen, senkrecht aufeinander stehen. Bei der Rotation von c) auf d) wurde darum das rechtwinklige Achsensystem einfach in seinem Ursprung gedreht. Liegen freilich Punktwolken vor wie in Abb. e), so kann durch eine rechtwinklige Drehung ('orthogonale Rotation') nicht erreicht werden, daß beide Achsen durch die Punktwolken verlaufen; nur eine solche Drehung führt zu diesem Effekt, bei welcher zugleich der rechte Winkel des rotierten Achsensystems verändert wird ('schiefwinklige Rotation', 'oblique Rotation'). Dabei wird offensichtlich die Grundannahme der Faktorenanalyse aufgegeben, die Faktoren wären voneinander unabhängig. Folglich steht man vor der Frage, wie diese abhängigen Faktoren nun ihrerseits zusammenhängen. Zu diesem Zweck können die Korrelationen zwischen den Faktoren einer weiteren Faktorenanalyse unterzogen werden, als deren Ergebnis man 'Faktoren zweiter Ordnung' erhält. Diese sind freilich schwer zu interpretieren.

Je nach Art der Sachverhalte, deren Zusammenhänge man faktorenanalytisch feststellen möchte, unterscheidet man drei 'Techniken' der Faktorenanalyse:

a) Interessiert man sich für die Zusammenhänge zwischen Merkmalen von Untersuchungseinheiten, so wird man jene Merkmale an recht vielen Untersuchungseinheiten erheben und die entsprechenden Variablen einer Faktorenanalyse unterziehen. In diesem Fall verwendet man die 'R-Technik'; in der Korrelationsmatrix befinden sich die Korrelationskoeffizienten zu den Zusammenhängen zwischen den einzelnen Merkmalen.

b) Interessiert man sich für die Zusammenhänge zwischen Untersuchungseinheiten, an denen bestimmte Merkmale betrachtet werden (also: für Typen von Untersuchungseinheiten), so wird man recht viele Merkmale an den Untersuchungseinheiten erheben. Ferner werden die Untersuchungseinheiten als

---

*) Selbstverständlich kann auch eine Rotation nur dann befriedigende Ergebnisse bringen, wenn keine 'Variablenverteilung' wie im Fall b) vorliegt.

Variablen aufgefaßt, die bezüglich der einzelnen Merkmale bestimmte Werte annehmen können. Diese Variablen (also: die Untersuchungseinheiten) werden sodann korreliert; die berechneten Korrelationskoeffizienten stehen in der Korrelationsmatrix. Bei diesem Vorgehen verwendet man die 'Q-Technik'.

c) Außerdem kann man sich dafür interessieren, ob Zusammenhänge zwischen Merkmalen oder Untersuchungseinheiten zwischen zwei Zeitpunkten stabil bleiben. Man korreliert dann die Meßwerte zweier Zeitpunkte für jedes Merkmal oder jede Untersuchungseinheit und trägt diese Korrelationskoeffizienten in die Korrelationsmatrix ein. Bei solchem Vorgehen verwendet man die 'P-Technik'.

Aus mathematischen Gründen kann die Faktorenanalyse stets dann genutzt werden, wenn in der Korrelationsmatrix die Werte von bivariaten Koeffizienten stehen, die sich als Spezialfälle des Maßkorrelationskoeffizienten r nachweisen lassen. Dies sind vor allem Rho, Phi, r_{tet} und die biserialen Koeffizienten. Inhaltlich ist aber keineswegs alles mathematisch Mögliche sinnvoll. r selbst setzt einen hohen Informationsgehalt der Messung voraus – Intervallskalierung und Normalverteilung – und bringt ihn auch in die Faktorenanalyse ein, die schließlich nichts anderes leistet, als diese Informationen zu verdichten. Die anderen Koeffizienten enthalten aber allesamt wesentlich weniger Information; diese dann auch noch zu reduzieren, führt zu Ergebnissen, die kaum mehr interpretiert werden können. Versucht man dennoch Deutungen der rein mathematischen Konstrukte, erzeugt man meist Artefakte. Darum ist zu forden, daß lediglich intervallskalierte und 'normalverteilte' Daten einer Faktorenanalyse unterzogen werden.

Doch auch wenn die Faktorenanalyse korrekt verwendet wird, belastet sie den Forscher mit einigen Problemen. Noch das geringste ist, daß sie manchmal zu völlig sinnlosen Interpretationen einlädt. Etwa glaubt man, 'tiefliegende Wirklichkeitsmerkmale entdeckt' zu haben. Tatsächlich hat man nur die vorliegenden Daten in einer ziemlich auflösungskräftigen Perspektive betrachtet und das in dieser Perspektive Sichtbare nach oft unzulänglichen theoretischen Annahmen interpretiert. Oder man meint, 'voneinander unabhängige Wirkkräfte' identifiziert zu haben. In Wirklichkeit ist die Unabhängigkeit identifizierter Faktoren die grundlegende Annahme des Modells der Faktorenanalyse, kann nie aber als ihr Ergebnis gedeutet werden. *)
In beiden Fällen zeigt sich, daß faktorenanalytische Ergebnisse nur

---

*) Kriz, Statistik in den Sozialwissenschaften, a.a.O., S. 261, formuliert mit trefflicher Ironie: "Dem Stolz mancher 'Forscher', in ihren Daten 'unabhängige Faktoren entdeckt' zu haben, kann man nur als eigene Forschungsleistung entgegenhalten, man habe soeben herausgefunden, daß es einige Quadrate mit rechten Ecken gibt".

Problematisches zur 'Entdeckung' von Sachverhalten und zur Verifikation *)
von Annahmen, wohl aber viel zur <u>Falsifikation</u> - und bei gescheiterter
Falsifikation: zur <u>Bekräftigung</u> - von Hypothesen leisten können: daß Sachverhalte <u>nicht</u> auf Faktoren zurückgeführt werden können, deren Existenz
man behauptete, <u>ist</u> ein wichtiges Forschungsergebnis.

Die grundsätzlich nicht restlos bewältigbaren Probleme der Faktorenanalyse
lassen sich so zusammenfassen:

- Wenn nicht Daten zu <u>allen</u> Variablen (auf Intervallskalenniveau!) erhoben werden, die zur (perspektivischen) Beschreibung eines Wirklichkeitsbereichs wichtig sind, liegt von Anfang an eine verzerrte Informationsbasis für die Analyse zugrunde liegender Faktoren vor. Faktorenanalysen setzen darum voraus, daß dieses Modell der Datenauswertung im Forschungsplan bereits vorgesehen ist und die Konzeptualisierung der Studie auf eine Faktorenanalyse hin vorgenommen wird.

- Grundsätzlich sind an vier Stellen der Modellbenutzung <u>Entscheidungen</u> des Forschers nötig, die das Ergebnis der Faktorenanalyse beeinflussen: Kommunalitätenschätzung, Festsetzung der Zahl der zu extrahierenden Faktoren, Wahl der Rotation, Schätzung der Faktorenwerte.

- Die Deutung der Ergebnisse, die ja völlig abstrakte, rein mathematische Aussagen sind, hängt <u>ausschließlich</u> von der Interpretationskompetenz des Forschers ab, dessen hermeneutisches Vorgehen nur in dem Umfang kontrollierbar ist, in dem er seine Daten und Erwägungen offenlegt. Sowohl theoretische Annahmen bei der Interpretation als auch errechnete 'Faktormuster' sind darum dem Leser einer Publikation mitzuteilen, damit er sich ein eigenes Urteil bilden und gegebenenfalls Artefakte entdecken kann. Ferner gerät derlei Interpretation und Kontrolle ohnehin dort an ihre Grenzen, wo vier und mehr (unabhängige) Faktoren zu interpretieren sind: in mehr als drei Dimensionen läßt sich meist nicht mehr in anschaulicher, intersubjektiv nachvollziehbarer Weise denken.

---

*) Der Verifikationsbegriff ist hier nur intuitiv, nicht aber im Kontext
der Verifikations-/Falsifikationsdebatte zu verstehen.

4. Modelle für Zusammenhänge zwischen nominal- und metrisch skalierten Variablen

Diese Modelle lassen sich in erster Lienie danach unterscheiden, ob die nominalskalierten Variablen als unabhängige oder als abhängige Variablen betrachtet werden: abhängig sind die nominalskalierten Variablen bei der Diskriminanzanalyse, unabhängig bei der Kontrastgruppen- und Varianzanalyse. Auf die Möglichkeit, ordinalskalierte Variablen unter Informationsverlust wie nominalskalierte Daten oder, falls möglich, durch 'Skalentransformation' wie intervallskalierte Daten zu behandeln, sei hier nur verwiesen.

a) Diskriminanzanalyse

Dieses Modell kann benutzt werden, man man n Gruppen von Untersuchungseinheiten daraufhin betrachten will, in welchen Merkmalen sie einander ähnlich oder unähnlich sind. Diese Merkmale müssen mindestens intervallskaliert gemessen werden und 'normalverteilt' sein; die n Gruppen stellen die n Ausprägungen einer nominalskalierten Variablen dar. Es wird vermutet, daß die Zugehörigkeit der Untersuchungseinheiten zu den einzelnen Gruppen durch verschiedene Ausprägungen (und Kombinationen von Ausprägungen) bei den metrisch gemessenen Merkmalen verursacht wird. Die nominalskalierte Variable gilt darum als abhängig, die metrisch skalierten Variablen gelten als unabhängig.

Offenbar wird hier der Grundgedanke der Faktorenanalyse bei teilweise niedrigerem Meßniveau, doch andererseits präziseren Ausgangshypothesen verfolgt: es soll festgestellt werden, ob sich 'tieferliegende' Ursachen für eine bereits festgestellte Gliederung von Untersuchungseinheiten identifizieren lassen. Ferner soll herausgefunden werden, in welchem Grad und in welcher Richtung einzelne Merkmale die Gruppenzugehörigkeit bewirken. Außerdem können diskriminanzanalytisch solche Ergebnisse näher untersucht werden, die bei einer Clusteranalyse entstehen. Eine Gruppeneinteilung wird durch die Nutzung der Clusteranalyse nämlich erzeugt; durch Betrachtung des Dendrogramms können diese Gruppen interpretiert werden. Falls eine clusteranalytisch erzeugte Gruppenbildung sodann einer Diskriminanzanalyse zugrunde gelegt wird, läßt sich einerseits die Interpretation dieser Gruppen, andererseits die inhaltliche Stimmigkeit jener Gruppenbildung selbst überprüfen.

Wenn nur zwei Gruppen einer Diskriminanzanalyse zugrunde gelegt werden (also: die abhängige nominalskalierte Variable dichotom ist), spricht man von einer 'einfachen Diskriminanzanalyse'. Liegen mehr als zwei Gruppen vor (also: ist die abhängige nominalskalierte Variable polytom), wird eine 'multiple Diskriminanzanalyse' durchgeführt.

Der Grundgedanke des mathematischen Modells besteht darin, all jene Informationen, welche die (metrischen) Variablen liefern und in denen sich die Unterschiede der n Gruppen erkennen lassen, zunächst zu Größen zu verdichten, welche 'Diskriminanzwerte' heißen. Sodann wird in Form von 'Diskriminanzfunktionen' beschrieben, wie sich die n Gruppen am besten trennen lassen. In einer 'Klassifikationsmatrix' wird schließlich dargestellt, wie gut es dank der erarbeiteten Diskriminanzfunktion tatsächlich gelingt, aufgrund der Kenntnis der Merkmalsausprägungen die Gruppenzugehörigkeit der Untersuchungseinheiten zu schätzen. Gelingt dies nur schlecht, so haben die unabhängigen Variablen offenbar wenig mit den abhängigen zu tun; gelingt dies (sehr) gut, so ist eine Antwort auf die Forschungsfrage gefunden.

Die Ergebnisse lassen sich am besten darstellen, wenn die Information über die Ursachen der Gruppenzugehörigkeit in Form von drei oder - im Optimalfall - zwei Diskriminanzfunktionen verdichtet werden kann, da es dann möglich ist, die einzelnen Gruppen in einem zwei- oder dreidimensionalen Koordinatensystem abzubilden; jede Achse 'entspricht' dabei einer Diskriminanzfunktion. Wie im Fall der Faktorenanalyse wird die Deutung der zwei oder drei Achsen und der Ergebnisse insgesamt in einem hermeneutischen Prozeß erarbeitet. Ihm liegt meistens eine Darstellung der Ergebnisse zugrunde, wie sie die Abb. 42 zeigt: *)

Abb. 42: Ergebnisse einer Diskriminanzanalyse (graphische Darstellung)

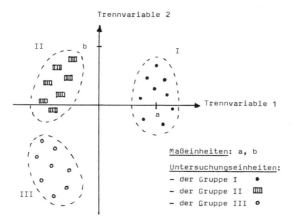

*) Aus: Schuchard-Ficher, Multivariate Analysemethoden, a.a.O., S. 204.

Die beiden Achsen ergeben sich aus der Verwendung des Modells und sind, wie die Faktoren der Faktorenanalyse, rein mathematische Konstrukte. Die Lage der Untersuchungseinheiten in Bezug auf diese Achsen läßt sich innerhalb des diskriminanzanalytischen Modells berechnen. Kann festgestellt werden, daß sich dabei die Untersuchungseinheiten gemäß jenen Gruppen gegliedert wiederfinden, die der Diskriminanzanalyse zugrunde lagen, so ist die Hypothese bekräftigt, die unabhängigen Variablen erzeugten jene Gruppeneinteilung; andernfalls muß diese Hypothese als widerlegt gelten. Im oben dargestellten Beispiel kann die Hypothese als nicht widerlegt, folglich als bekräftigt gelten. Nun ist freilich die substanzielle Bedeutung jener Gruppen stets bekannt, da sich ja die forschungsleitenden Hypothesen auf sie beziehen; ferner kennt man die gruppenspezifischen Werte der unabhängigen Variablen. Vor dem Hintergrund dieser Informationen läßt sich die Lage der einzelnen Gruppen zu den Achsen des Koordinatensystems deuten, woraus eine Interpretation der Achsen selbst abgeleitet werden kann. Gelingt dies, so ist es möglich, die Achsen des Koordinatensystems insgesamt als 'Trennvariablen' aufzufassen, wobei diese Interpretation mit denselben Problemen behaftet ist wie die Interpretation der Faktorenachsen bei der Faktorenanalyse. Bezüglich dieser Trennvariablen lassen sich dann ihrerseits die einzelnen Gruppen besser interpretieren, als es ohne die Identifikation der Trennvariablen möglich gewesen wäre.

Im hier konstruierten Beispiel gelang es, eine Vielzahl von Variablen, die unterschiedliche Eigenschaften der drei Gruppen von Untersuchungseinheiten erfaßten, auf nur zwei Trennvariablen zu reduzieren. Es zeigt sich, daß alle Elemente der Gruppe I das von der Trennvariablen 1 erfaßte Merkmal in großem Ausmaß besitzen und überwiegend auch halbwegs hohe Werte beim Trennungsmerkmal 2 aufweisen. Die Elemente der Gruppen II und III haben allesamt negative Werte beim Trennungsmerkmal 1, die Elemente der Gruppe III ebenfalls beim Trennungsmerkmal 2, während die Elemente der Gruppe II bezüglich des Trennungsmerkmals 2 der Gruppe I ähnlich sind. Da im Einzelfall stets die Gruppen und die (hermeneutisch erschlossenen) Trennungsmerkmale bekannt sind, läßt sich ein solches Schaubild im Licht der forschungsleitenden Theorie(n) gut interpretieren.

Zum Artefaktproblem ist bei der Diskriminanzanalyse ebenso zu argumentieren wie im Fall der Faktorenanalyse; vor allem wird auch hier von einem linearen Zusammenwirken der einzelnen Merkmale ausgegangen. Allerdings ist die Diskriminanzanalyse gegenüber einzelnen Verletzungen ihrer Anwendungsvoraussetzungen relativ robust. Zu diesen Voraussetzungen gehört neben Intervallskalierung und 'Normalverteilung' der unabhängigen Variablen *) vor allem, daß die unabhängigen Variablen untereinander allenfalls schwach korrelieren dürfen.

b) <u>Kontrastgruppenanalyse</u> ('tree analysis', 'automatische Interaktionsanalyse')

Die Kontrastgruppenanalyse erlaubt eine Untersuchung der Zusammenhänge zwischen mehreren dichotomen, nominalskalierten unabhängigen Variablen und <u>einer</u> metrisch skalierten abhängigen Variablen. Ihr Zentralmodell ist das der '<u>Streuungszerlegung</u>', das im Rahmen der Varianzanalyse verallgemeinert wird. Hier soll es in seinen Grundzügen beschrieben werden:

Betrachtet wird die Häufigkeitsverteilung einer mindestens intervallskalierten Variablen. Drei mögliche, sich deutlich unterscheidende Formen der Häufigkeitsverteilung zeigt die Abb. 43:

Abb. 43: <u>Mögliche Häufigkeitsverteilungen einer metrisch skalierten Variablen A</u>

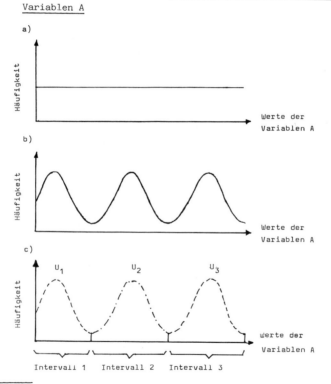

---

*) Statt ihrer können unter Umständen auch nominalskalierte Binärvariablen verwendet werden.

Im Fall a) liegt Gleichverteilung vor. Im Fall b) ist dies keineswegs der Fall. Vielmehr scheint es so zu sein, als gäbe es drei Gruppen von Untersuchungseinheiten, die sich in der Ausprägung jenes Merkmals, das von der Variablen A erfaßt wird, erheblich unterscheiden. Mit U_1, U_2 und U_3 benannt, lassen sich diese drei Gruppen als die drei Ausprägungen einer (zumindest nominalskalierten) Variablen U auffassen. Die auffällige Form der Häufigkeitsverteilung von A läßt sich dann so erklären: es werden die Auswirkungen einer <u>nicht berücksichtigten zweiten Variablen</u> sichtbar. Im Fall c) wird deutlich, wie man sich die Verteilung der Häufigkeiten auf die drei Ausprägungen von U vorstellen <u>könnte</u>. Die gemeinsame Häufigkeitsverteilung von A und U sähe dann so aus:

Abb. 44: <u>Gemeinsame Häufigkeitsverteilung einer nominalskalierten und einer metrisch skalierten Variablen</u>

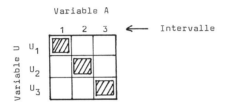

In diesem Fall kann man formulieren: die gesamte Streuung (in den Ausprägungen) von A läßt sich durch (die Ausprägungen von) U erklären; es besteht ein perfekter Zusammenhang zwischen beiden Variablen. 'Erklären' darf im Kontext der Streuungsanalyse allerdings nie inhaltlich, sondern nur als Fachbegriff mit folgender Bedeutung verstanden werden: es läßt sich zeigen, daß die Streuung in den Ausprägungen von A dann verschwindet, wenn man die Variable A in ihrer gemeinsamen Häufigkeitsverteilung mit einer (oder mehreren) anderen Variablen betrachtet. Ein solches rein <u>formales</u> Ergebnis läßt sich jedoch unschwer in Bezug auf eine konkrete Fragestellung <u>interpretieren</u>: wenn eine (unabhängige) Variable die Streuung in einer anderen (abhängigen) Variablen erklären kann, muß ihr empirischer Referent in einem engen Zusammenhang mit dem empirischen Referenten der anderen Variablen stehen.

Um den Gedanken der Streuungszerlegung weiter darzustellen, sind folgende Begriffe nötig:

- Die Streuung, die in der Verteilung der Variablen A insgesamt vorliegt, heißt 'Gesamtstreuung'. Gemäß dem Modell der Varianz soll sie ausgedrückt werden durch die Summe der quadrierten Abweichungen aller A-Werte vom arithmetischen Mittel $\bar{x}_t$ der Häufigkeitsverteilung von A. Diese Gesamtstreuung wird geschrieben als SAQ_t, wobei 'SAQ' für 'Summe der Abweichungsquadrate' und 't' für 'total' steht.

- Auch für jede einzelne Gruppe läßt sich ihr arithmetisches Mittel berechnen ($\bar{x}_1$, $\bar{x}_2$, $\bar{x}_3$...) sowie die Streuung, die innerhalb dieser Gruppe besteht. Sie wird gemäß dem Modell der Varianz ausgedrückt durch die Summe der quadrierten Abweichungen der Meßwerte in einer Gruppe vom arithmetischen Mittel dieser Gruppe. Es entstehen SAQ_1, SAQ_2, SAQ_3 .... Diese Streuungen können addiert werden; die entstehende Summe heißt 'Streuung i n den Gruppen' und wird SAQ_i geschrieben ('interne Streuung').

- Schließlich läßt sich auch berechnen, wie stark die Gruppenmittelwerte $\bar{x}_1$, $\bar{x}_2$, $\bar{x}_3$,... um den Gesamtmittelwert $\bar{x}_t$ streuen. Dies wird durch die Summe der quadrierten Abweichungen der Gruppenmittelwerte vom Gesamtmittelwert ausgedrückt, heißt 'Streuung z w i s c h e n den Gruppen' und wird SAQ_z geschrieben ('externe Streuung').

Es läßt sich nun mathematisch zeigen: Die Gesamtstreuung ist gleich der S u m m e der der Streuung i n den Gruppen und der Streuung z w i - s c h e n den Gruppen, kurz: $SAQ_t = SAQ_i + SAQ_z$.

Auf diese Weise läßt sich die Gesamtstreuung in zwei 'Teilstreuungen' zerlegen, wofür geeignete Rechenformeln bereitstehen. Das Ergebnis ihrer Anwendung ist eine je konkrete Streuungszerlegung.

Die Gesamtstreuung der abhängigen Variablen wird nun offensichtlich genau dann von der unabhängigen Variablen vollständig erklärt, wenn es innerhalb jeder Gruppe, die einer Ausprägung der unabhängigen Variablen entspricht, keine Streuung gibt, sich freilich diese Gruppen selbst völlig unterscheiden, so daß die Gesamtstreuung ausschließlich auf die Streuung zwischen den Gruppen zurückzuführen ist.

Die Abbildung auf der folgenden Seite zeigt diesen Fall und sein Gegenteil:

Abb. 45: Extremfälle bei der Erklärung von Streuung in einer metrisch skalierten Variablen A durch Einführung einer nominalskalierten Variablen U

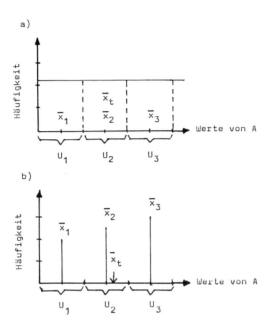

Im Fall a) besteht sowohl innerhalb jeder Gruppe als auch insgesamt Gleichverteilung; die Streuung in den Gruppen ist genau halb so groß wie die Gesamtstreuung. Die Gruppenbildung trägt darum nichts dazu bei, die Gesamtstreuung zu erklären; A und U hängen offenkundig nicht zusammen. Ganz anders verhält es sich im Fall b). Die Gesamtstreuung um $\bar{x}_t$ ist zweifellos erheblich, während in den drei Gruppen keinerlei Streuung vorliegt. Die Gesamtstreuung kann darum auf die Streuung zwischen den Gruppen zurückgeführt werden; A und U hängen perfekt zusammen.

Dieser Extremfall wird auch durch folgende Formulierung beschrieben: die Gruppen sind in sich völlig homogen und untereinander völlig heterogen. Ob eine derartige Gruppenbildung durch die Einführung nur einer (nominalskalierten) unabhängigen Variablen oder durch die Einführung mehrerer (nominalskalierter) unabhängiger Variablen erreicht wird, ist für die Logik des Modells der Streuungszerlegung belanglos; allenfalls die mathematische Struktur und die Rechenarbeit wird erheblich komplizierter.

Der Extremfall völlig homogener Gruppen, also: der vollständigen Erklärung der Gesamtstreuung durch die (Ausprägungen der) unabhängigen Variablen, wird in der sozialwissenschaftlichen Praxis so gut wie nie erreicht. Dieser Extremfall setzt nämlich voraus, daß zweierlei <u>zugleich</u> gegeben ist. Erstens müßte der empirische Referent der abhängigen Variablen von den empirischen Referenten der unabhängigen Variablen <u>vollständig determiniert</u> sein, was für Sachverhalte der sozialen Wirklichkeit schwer vorstellbar ist. Zweitens müßten, wenn dieser Fall gegeben wäre, <u>alle</u> Sachverhalte durch geeignete Variablen erfaßt und valide auf Nominalskalenniveau gemessen worden sein, die auf den empirischen Referenten der abhängigen Variablen determinierend wirken. Es ist nicht anzunehmen, daß sich dies erreichen läßt. Folglich wird - aus beiden Gründen - <u>immer</u> ein Teil der Streuung in der abhängigen Variablen unerklärt bleiben ('unerklärte Streuung', 'Zufallsstreuung'). Deswegen läßt sich formulieren:

<u>Gesamtstreuung = erklärte Streuung + unerklärte Streuung.</u>

Das Ziel aller auf der Steuungszerlegung aufbauenden Modelle besteht darin, den Anteil der unerklärten Streuung so weit wie möglich zu senken. Die <u>erklärte</u> Streuung ist nun aber die Streuung <u>zwischen</u> den Gruppen, die <u>unerklärte</u> jene <u>in</u> den Gruppen. Darum kann versucht werden, bei der Einführung mehrerer nominalskalierter unabhängiger Variablen schrittweise die Streuung <u>in</u> den entstehenden Gruppen nach folgendem Verfahren zu reduzieren:

- Man macht unter den in die Untersuchung einbezogenen unabhängigen Variablen jene ausfindig, die zunächst am besten dafür sorgt, daß die Streuung <u>zwischen</u> den entstehenden Gruppen maximiert und jene <u>in</u> den Gruppen minimiert wird,

- identifiziert für jede entstandene Gruppe jene weitere unabhängige Variable, die sie so in Untergruppen aufspaltet, daß die Streuung <u>zwischen</u> den Untergruppen maximiert und jene <u>in</u> den Untergruppen minimiert wird,

- und setzt dieses Vorgehen solange fort, bis einer der folgenden Gründe zum Abbruch führt:
  -- Alle erhobenen unabhängigen Variablen wurden berücksichtigt.
  -- Die Anzahl der Untersuchungseinheiten in der aufzuspaltenden Gruppe ist zu gering.
  -- Es wurde in den Teilgruppen bereits ein Maximum an Homogenität erreicht.
  -- Es läßt sich auch bei weiterer Gruppenbildung kein ausreichend großer Anteil der Gesamtstreuung mehr auf Streuung zwischen solchen Gruppen zurückführen.

-- Die Anzahl der entstehenden Gruppen überschreitet einen festgesetzten Wert.

Genau dies ist der Grundgedanke der Kontrastgruppenanalyse. Dieses Modell verlangt, daß die unabhängigen Variablen dichotom sind, da jeweils zwei Gruppen mit möglichst großer Homogenität einander gegenübergestellt ('kontrastiert') werden sollen. Bei polytomen nominalskalierten Variablen muß darum zunächst eine sinnvolle Dichotomisierung vorgenommen werden, als deren Kriterium der Grad dient, in dem durch Dichotomisierung die Streuung zwischen den entstehenden Gruppen gesteigert und in ihnen verringert werden kann. Der Name 'Kontrastgruppenanalyse' ergibt sich also aus der Logik dieses Aufspaltungsvorgangs. Der Name 'tree analysis' wiederum bezieht sich auf das Dendrogramm ('Baumdiagramm'), das als Ergebnis einer derartigen Datenanalyse entsteht (vgl. Abb. 46).

Im Dendrogramm findet sich in einem Kästchen oben (bei waagrechter Darstellung: meist links) die abhängige Variable mit ihrer Fallzahl, dem arithmetischen Mittel und der Summe der Abweichungsquadrate dargestellt. In den einzelnen 'Ästen' wird dann angegeben, welche der dichotomen unabhängigen Variablen zu einer optimalen Streuungszerlegung mit möglichst homogenen Einzelgruppen führt. An der 'Verzweigungsstelle' wird eingetragen, wie groß die durch Gruppenbildung entstandene SAQ_z sowie der von ihr erklärte Prozentsatz der Gesamtstreuung ist. In den beiden Kästchen der zur Streuungszerlegung benutzten dichotomen Variablen wird deren Bezeichnung, ihr jeweiliger Variablenwert, die Fallzahl in der erzeugten Gruppe, ihr arithmetisches Mittel sowie die SAQ_i dieser Gruppe eingetragen. Beide SAQ_i summieren sich mit der SAQ_z zur Gesamtstreuung der abhängigen Variablen. Jede der so entstandenen Gruppen wird bis zum Abbruch des Verfahrens auf gleiche Weise weiter aufgespalten; die SAQ_i der Untergruppen summieren sich mit ihrer SAQ_z zu SAQ_i der von ihnen aufgespaltenen übergeordneten Gruppe.

Die Folge, in der die einzelnen Variablen zur Erzeugung von Kontrastgruppen herangezogen werden, hängt ganz von ihrer Erklärungsleistung ab und gibt Aufschluß über die Zusammenhänge zwischen der abhängigen und den unabhängigen Variablen. Es ist nützlich, wenn in solchen Dendrogrammen auch die 'nächstbesten Lösungen' der Streuungszerlegung angegeben werden, da der 'Baum' bei nur geringfügigen Vorzügen der 'besten Lösung' in plausibler Weise auch recht anders aussehen könnte; diese Zusatzinformation bewahrt dann von Fehlinterpretationen. Interessant sind asymmetrisch ausgeprägte Äste sowie verschiedene Reihenfolgen der unabhängigen Variablen in den einzelnen Ästen. Beides dient als Indikator für Wirkungszusammenhänge ('Interaktionen') zwischen den einzelnen Variablen *). Über die Art dieser Zu-

---

*) Da die Baumdiagramme, in denen jene Interaktionen sichtbar werden, von Rechenanlagen 'automatisch' erzeugt werden, heißt dieses Modell auch 'Automatische Interaktionsanalyse'.

Abb. 46: Dendrogramm einer Kontrastgruppenanalyse

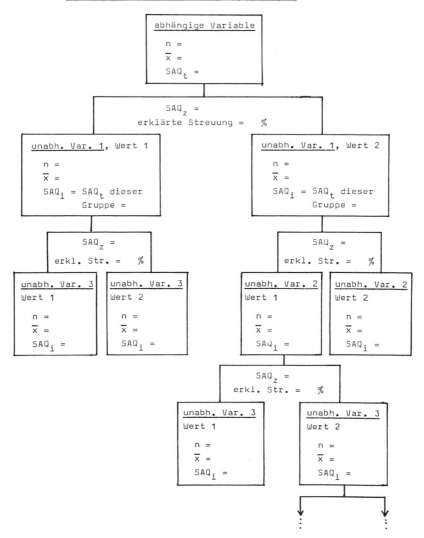

sammenhänge müssen bei der Kontrastgruppenanalyse (ungleich etwa der Faktoren- und Diskriminanzanalyse) keine bestimmten Annahmen vorausgesetzt werden. Freilich zwingt die Forderung, die unabhängigen Variablen müßten dichotom sein, oft zum Verzicht auf durchaus erhobene Informationen. Will man solche Einschränkungen der Kontrastgruppenanalyse nicht in Kauf nehmen, so kann man sich der Varianzanalyse bedienen.

c) Varianzanalyse

Die Varianzanalyse verallgemeinert das oben beschriebene Modell der Streuungszerlegung und eröffnet überdies die Möglichkeit, von den untersuchten Stichprobendaten auf jene Grundgesamtheit zu schließen, aus der sie erhoben wurden *). Ungleich der Kontrastgruppenanalyse geht es der Varianzanalyse freilich nicht um eine Aufspaltung der Untersuchungseinheiten in Kontrastgruppen, deren Zusammenhänge in Form eines Dendrogramms dargestellt werden können, sondern um eine Klärung der Frage, ob und in welchem Grad welche Anteile in der Streuung abhängiger Variablen durch welche (Ausprägungen von) unabhängigen Variablen erklärt werden können. Insofern viele statistische Modelle (vor allem: die Regressionsanalyse und ihre Ableitungen) die Idee verfolgen, Streuung durch Rekurs auf bestimmte Predictor-Variablen zu erklären, ist der Grundgedanke der Varianzanalyse ein Leitmotiv deskriptiv-statistischer Modelle schlechthin.

Während die Kontrastgruppenanalyse nur die Zusammenhänge zwischen beliebig vielen unabhängigen dichotomen Variablen und einer metrisch skalierten abhängigen Variablen erfassen kann, entfallen bei der Varianzanalyse alle derartigen Restriktionen: sie kann mit beliebig vielen polytomen, nominalskalierten unabhängigen und beliebig vielen intervallskalierten abhängigen Variablen arbeiten; lediglich der gewaltige Rechenaufwand setzt ihr praktische Grenzen. Die Anwendungsmöglichkeiten der Varianzanalyse lassen sich so zusammenstellen:

	Anzahl der unabhängigen, nominalskalierten Variablen	Anzahl der abhängigen, intervallskalierten Variablen	Synonyme Bezeichnungen des varianzanalytischen Modells
A	1	1	einfache / Ein-Weg- / einfaktorielle Varianzanalyse
A	2	1	zweifache / Zwei-Weg- / zweifaktorielle Varianzanalyse
A	mehr als zwei	1	mehrfache / Mehr-Weg- / mehrfaktorielle Varianzanalyse
B	1 und mehr	mehr als 1	multiple Varianzanalyse

---

*) Da Streuung durch das (hier etwas modifizierte) Konzept der Varianz erfaßt wird, nennt man dieses gesamte, auf der Streuungszerlegung aufbauende Modell 'Varianzanalyse'.

Offensichtlich können zwei Gruppen varianzanalytischer Modelle unterschieden werden: eine, bei welcher nur eine abhängige Variable betrachtet wird, und eine, bei der mehrere abhängige Variablen untersucht werden. Bezüglich der unabhängigen Variablen sind bei der multiplen Varianzanalyse dieselben Kombinationen möglich wie bei den nicht multiplen varianzanalytischen Modellen. Allerdings hat die multiple Varianzanalyse noch keine große praktische Bedeutung gewonnen, da ihr Rechenaufwand einfach zu groß ist *) und manche Ergebnisse nur schwer zu interpretieren sind. Die einfache Varianzanalyse ist selbstverständlich ein bivariates Modell, die zweifache ein Modell der Drittvariablenanalyse; erst mehrfache und multiple Varianzanalyse lassen sich als multivariate Modelle im engeren Sinn bezeichnen.

Der Grundgedanke der Varianzanalyse wird im folgenden am Beispiel der einfachen Varianzanalyse umrissen und dann auf die anderen Varianten dieses Modells verallgemeinert. s_i^2 soll dabei stets die durch das Konzept der Varianz erfaßte Streuung in den Gruppen, s_z^2 die Streuung zwischen den Gruppen bezeichnen. Durch die einfache Varianzanalyse wird geprüft, ob die der Streuungszerlegung zugrunde liegende Hypothese stimmen kann: 'Die Streuung in der abhängigen Variablen A geht auf die unabhängige Gruppierungsvariable U zurück'. Tatsächlich wird sich nur selten eine Häufigkeitsverteilung wie in den Abb. 43 und 44 ergeben, bei der schon optisch klar ist, ob zwischen der unabhängigen und der abhängigen Variablen ein Zusammenhang besteht. Einen Weg, diese Hypothese zu prüfen, weist folgende Überlegung:

- Das Verhältnis zwischen der Streuung zwischen den Gruppen und der Sreuung in den Gruppen gibt an, in welchem Ausmaß die zur Gruppenbildung eingeführte unabhängige Variable die Streuung in der abhängigen Variablen erklären kann: die s_i^2 bezeichnet die von der Variablen U nicht erklärte Streuung, während s_z^2 genau die von U erklärte Streuung ausdrückt.

- Wird von U ein ebenso großer Teil der Gesamtstreuung erklärt wie nicht erklärt, so macht es offenbar keinen Unterschied, ob U einbezogen wird oder nicht; zwischen A und U besteht dann kein Zusammenhang. Dies ist bei der Gleichverteilung der Fall. s_z^2 ist dann gleich s_i^2; das in einem Bruch ausgedrückte Verhältnis zwischen beiden Varianzen nimmt den Wert 1 an. (Falls $s_z^2 = s_i^2$, dann: $s_z^2 : s_i^2 = 1$).

- Wenn U etwas zur Erklärung der Streuung von A beiträgt, dann werden die von den Ausprägungen von U erzeugten Gruppen in sich immer homo-

---

*) Das entsprechende Statistik-Programm ist beispielsweise in SPSS nur in der CDC-Version und folglich an vielen Rechenzentren eben nicht verfügbar.

gener, untereinander aber immer heterogener werden. Das heißt: s_i^2 nimmt immer mehr ab, während s_z^2 immer mehr zunimmt. Ein je stärkerer Zusammenhang zwischen A und U besteht, um so mehr wird gelten: $s_z^2 > s_i^2$, und das Verhältnis beider Streuungen, also: der Bruch $s_z^2 : s_i^2$, wird um so größer, je besser die Streuung in A durch U erklärt werden kann. Dies ist unmittelbar plausibel: je größer der Wert des Bruches $s_z^2 : s_i^2$ ist, um so stärker überwiegt die erklärte Streuung die nicht erklärte Streuung. Im Grenzfall wird s_i^2 zu Null, womit der zuvor unendlich groß gewordene Bruch nicht mehr definiert ist.

- Soll die Hypothese geprüft werden, daß U die Streuung in A tatsächlich erklären kann, muß also eine Entscheidung darüber getroffen werden, bis zu welchem Wert des Bruches $s_z^2 : s_i^2$ man diese Hypothese ablehnen bzw. ab welchem Wert man sie als richtig akzeptieren will. Die Logik einer solchen Art der Hypothesenprüfung wird bei der Behandlung von Wahrscheinlichkeitsverteilungen und Signifikanztests beschrieben *).

- Um die für diese Hypothesenprüfung nützlichen Modelle verwenden zu können, ist freilich eine Modifikation der Formel der Varianz nötig. Die s_i^2 etwa ist üblicherweise nach folgender Formel zu berechnen:
$s_i^2 = \frac{1}{n} \sum_{i=1}^{n} (x_i - \bar{x})^2$, wobei der Übersicht halber jene Subskripte weggelassen wurden, welche s_i^2 als die Streuung in der 1., 2.,... Gruppe ausweisen; n ist jeweils die Anzahl der in einer Gruppe befindlichen Untersuchungseinheiten. Soll s_i^2 zur Prüfung der oben formulierten Hypothese benutzt werden, ist die Summe der Abweichungsquadrate nicht mehr durch das n der fraglichen Gruppe, sondern durch (n - 1) zu teilen **). Die dividierte Summe der Abweichungsquadrate heißt in diesem Fall nicht länger Varianz, sondern 'Mittlere Quadratsumme' (MQ), hier also: MQ_i. Analog wird aus s_z^2 folgender Ausdruck:
$MQ_z = \frac{1}{m-1} \sum_{i=1}^{m} (\bar{x}_i - \bar{x}_t)^2$, wobei m die Anzahl der Gruppen und (m - 1) die hier einschlägige Zahl der Freiheitsgrade angibt.

- Statt des Bruches $s_z^2 : s_i^2$ ist darum folgender Bruch zu betrachten, dessen Wert die Größe F darstellt: $MQ_z : MQ_i = F$. Bei hinreichend

---

*) Siehe S. 187 f, 243 und 244 ff.

**) (n - 1) ist dann nicht länger als Anzahl von Untersuchungseinheiten, sondern als Anzahl von 'Freiheitsgraden' zu interpretieren. Zu diesem Konzept siehe S. 188 f.

großen F-Werten wird die Hypothese akzeptiert, U erkläre die Streuung in A.*)

Mit der Feststellung des F-Werts und der Entscheidung darüber, ob die Hypothese, U erkläre die Streuung in A, akzeptiert oder verworfen werden soll, ist die eigentliche Varianzanalyse auch schon abgeschlossen. Jedoch interessiert dann immer noch die Frage, ob alle Ausprägungen von U <u>gleichermaßen</u> zur Erklärung der Streuung in A beitragen, oder ob einzelne Gruppen besonders große Erklärungsleistungen erbringen. Diese Frage kann durch 'Zusatzrechnungen' zur Varianzanalyse beantwortet werden, die - wie schon die anhand des F-Werts getroffene varianzanalytische Grundentscheidung - die logische Struktur eines Signifikanztests haben **). Was die Ergebnisse der eigentlichen Varianzanalyse und ihrer 'Zusatzrechnungen' <u>inhaltlich</u> besagen, ergibt sich - wie bei allen anderen statistischen Modellen auch - nur kraft einer <u>Interpretation</u> dieser Ergebnisse seitens des Forschers.

Zwei- und mehrfache Varianzanalyse haben dieselbe Struktur wie die einfache Varianzanalyse. Da bei ihnen jedoch nicht allein die jeweils eigenständige Wirkung je einer unabhängigen Variablen auf die abhängige Variable ('<u>Haupteffekt</u>') betrachtet wird, erhält man etwa bei einer dreifachen Varianzanalyse grundsätzlich ein informationsreicheres Ergebnis, als wenn man statt dessen nur drei einfache Varianzanalysen durchgeführt hätte. Denn insgesamt erhält man bei zwei- und mehrfachen Varianzanalysen Aussagen darüber, in welchem Ausmaß die Gesamtvarianz der abhängigen Variablen sowohl durch die einzelnen Haupteffekte (also: die <u>eigenständigen</u> Wirkungen der unabhängigen Variablen) als auch durch die einzelnen <u>Interaktionseffekte</u> (also: die <u>kombinierten</u> Wirkungen der unabhängigen Variablen) erklärt werden kann. Durch 'Zusatzrechnungen' wie die 'multiple Klassifikationsanalyse' kann man auch hier weiterführende Fragen beantworten. Bei mehr als zwei unabhängigen Variablen (also: ab der dreifachen Varianzanalyse) erhöht sich die Anzahl der zu betrachtenden Interaktionseffekte so sprunghaft, daß sich Interpretationsschwierigkeiten ergeben. Ähnliches gilt für alle Varianten der multiplen Varianzanalyse.

---

*) Was Kriterien für 'hinreichende Größe' sind, wird im Abschnitt über die Logik des Signifikanztests behandelt.
**) Zu den bei der Varianzanalyse benutzten Signifikanztests siehe S. 244 ff.

Eine Varianzanalyse kann durchgeführt werden, wenn die folgenden Voraussetzungen gegeben sind: Messung der abhängigen Variablen auf Intervallskalenniveau; 'Normalverteilung' der von ihnen erfaßten Merkmalsausprägungen in der Grundgesamtheit; etwa gleiche Fallzahlen und Varianzen in allen Untersuchungsgruppen; Übereinstimmung folgender Modellvorstellung mit den Tatsachen: die Gesamtstreuung setzt sich additiv aus allen festgestellten Einzelstreuungen zusammen. Wie das Linearitätspostulat bei Faktoren- und Diskriminanzanalyse handelt es sich bei der Additivitätsannahme um eine Voraussetzung, keinesfalls aber um ein 'Ergebnis' der Varianzanalyse. Das Vorliegen der einzelnen Voraussetzungen kann durch die Datenerhebung gesichert sowie durch geeignete Tests überprüft werden; gegenüber manchen Verletzungen dieser Voraussetzungen ist die Varianzanalyse robust.

X. Modelle zur Analyse von Prozessen (Zeitreihenanalyse)

Die bislang behandelten Modelle erlauben es, Zusammenhänge zwischen solchen Merkmalen von Untersuchungseinheiten zu analysieren, über die in einer bestimmten, in der Regel kurzen Zeitspanne Daten erhoben wurden *). Merkmale und Zusammenhänge werden auf diese Weise synchron betrachtet, d.h. so, wie sie zu einer gegebenen Zeit bestehen. Nun sind aber Veränderungen, ist Wandel ein sehr wichtiges Kennzeichen sozialer Wirklichkeit. Einerseits interessiert, wie sich einzelne Merkmale im Lauf der Zeit verändern. Andererseits will man wissen, ob und wie sich Zusammenhänge zwischen Wirklichkeitsmerkmalen wandeln – eine Frage, deren Beantwortung Ergebnisse zur erstgenannten Untersuchungsaufgabe voraussetzt. Es sind also Studien nötig, bei denen Merkmale und Zusammenhänge über längere Fristen hin betrachtet werden. Solche Analysen nennt man 'diachrone Studien'; die Daten, die dabei ausgewertet werden, heißen 'Zeitreihendaten'.

1. Zeitreihen nominal-, ordinal- und metrisch skalierter Variablen

Eine 'Zeitreihe' entsteht dadurch, daß man

- Häufigkeiten bestimmter Werte einer Variablen, diese Werte selbst oder statistische Maßzahlen, welche die Information über eine bestimmte Variable verdichten, für eine Serie von Zeitpunkten bestimmt,
- diese Häufigkeiten, Werte oder Maßzahlen so in ein Diagramm einträgt, daß auf der waagrechten Achse (Abszisse, 'Zeitachse') die Zeitpunkte

---

*) Eine Ausnahme stellt lediglich die P-Technik der Faktorenanalyse dar; vgl. S. 119.

der einzelnen Messungen, auf der senkrechten Achse (Ordinate, 'Variablenachse')die Häufigkeiten bzw. statistischen Maßzahlen angegeben werden,

- und die einzelnen Angaben, die sich als <u>Punkte</u> im Diagramm ergeben, durch die eine Linie verbindet.

Abb.47 zeigt ein Beispiel:

Abb. 47: <u>Struktur einer Zeitreihe</u>

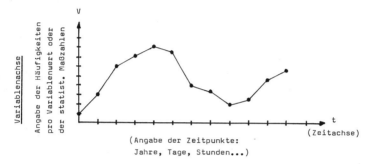

Die Benutzung eines Koordinatensystems setzt voraus, daß auf beiden Achsen die Abstände zwischen den einzelnen Punkten inhaltlich interpretiert werden können, also intervallskalierte Daten vorliegen. Für die <u>Zeitachse</u> ist das immer gesichert, solange gleiche Zeiteinheiten und gleiche Abstände zwischen ihnen verwendet werden. Bekannt sind Jahreslisten: 1971 - 1973 - 1975 - 1977 - 1979 - ... . Liegen für einen Zeitpunkt keine Daten vor, so muß der ihm auf der Zeitachse entsprechende Ort zwar unbesetzt bleiben, darf jedoch nicht 'übersprungen' werden. Unzulässig wäre also eine Reihe wie '1971 - 1975 - 1977 - 1979'; korrekt muß sie lauten: '1971 - ... - 1975 - 1977 - 1979'. Auf der <u>Variablenachse</u> lassen sich intervallskalierte Daten von vornherein eintragen, wenn die betrachtete Variable auf metrischem Skalenniveau gemessen oder zu einer statistischen Maßzahl mit metrischen Niveau verdichtet wurde. Beispielsweise kann man das Bruttosozialprodukt eines Staates oder die - mit dem Gini-Index gemessene - Konzentration der Einkommensverteilung über verschiedene Erhebungszeitpunkte hin betrachten. Allerdings sind metrische Messungen in den Sozialwissenschaften selten möglich. Dennoch lassen sich auch für nominal- und ordinalskalierte Variablen Zeitreihendaten sehr einfach erzeugen:

- Man geht von der Analyse von Individualdaten auf die Analyse von Aggregatdaten über. Dann betrachtet man - analog zum Datenmaterial vieler multivariater Modelle - die zeitliche Entwicklung der Häufigkeiten für einzelne Variablenwerte bzw. Merkmalsklassen, wobei die Häufigkeitszahlen natürlich ratioskaliert sind.

- Bei ordinalskalierten Variablen bietet sich eine weitere Möglichkeit an. Man nimmt eine offenzulegende und bei jeder Interpretation zu berücksichtigende Verletzung des Meßniveaus in Kauf und benutzt die Variablenachse, um Rangplätze darzustellen. Da deren Abstände keine Deutung zulassen, besteht das plausibelste Verfahren darin, die Rangplätze graphisch durch jeweils gleiche Intervalle zu trennen. Zulässig ist dieses Vorgehen freilich nur dann, wenn die ordinalskalierte Variable bei jeder Messung gleichviele Werte annehmen konnte, also gleichviele Rangplätze aufwies.

Abb.48 zeigt zwei Beispiele:

Abb.48: Zeitreihen für nominal- und ordinalskalierte Daten

a) Veränderungen der Häufigkeiten in den Merkmalsklassen einer nominal- oder ordinalskalierten Variablen V

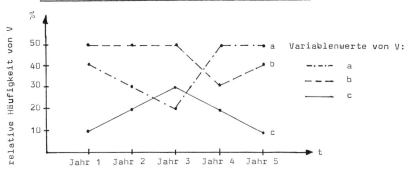

b) Veränderungen des Medianwerts einer ordinalskalierten Variablen

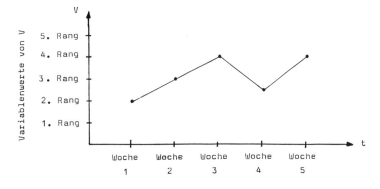

Die Punkte im Diagramm, welche die Häufigkeiten, Variablenwerte oder statistischen Maßzahlen darstellen, sind in der Regel durch Strecken (d.h.: geradlinig) zu verbinden; es entsteht ein Polygonzug. Falls angenommen werden kann, zwischen zwei Zeitpunkten verändere sich das auf der Variablenachse erfaßte Merkmal gleichförmig, kann dieser Polygonzug zu einer Kurve verschliffen werden. Diese Annahme einer gleichförmigen Merkmalsveränderung zwischen zwei Zeitpunkten ist um so problematischer, je weiter die Zeitpunkte auseinander liegen, da man in diesem Fall für längere Zeiträume nicht weiß, wie sich das fragliche Merkmal wirklich verändert hat. Je weniger man über die tatsächliche Form der Veränderung weiß, um so plausibler ist es, die Punkte der Zeitreihe nur durch Strecken zu verbinden, da Kurven einen Informationsgehalt vortäuschen, über den man ja nicht verfügt.

Der entstande Polygonzug oder die erzeugte Kurve kann grundsätzlich gemäß dem Regressions-Modell durch eine Regressionslinie approximiert und knapp durch deren Funktionsgleichung beschrieben werden. Derartige Gleichungen stellen den Ausgangspunkt der zeitreihenanalytischen Modelle dar.

Falls in die Bestimmung eines Polygonzuges oder einer Kurve die Häufigkeiten, Werte oder statistischen Maßzahlen ('Meßwerte') viele Zeitpunkte eingehen, wird in der Regel die Gestalt des Polygonzuges oder der Kurve durch vielfältige Schwankungen überlagert. Solche Zeitreihenlinien können dadurch 'geglättet' werden, daß man das Modell des 'gleitenden Mittels' benutzt. Dabei werden, beim ersten Zeitpunkt beginnend, die Meßwerte der nächsten zwei, drei oder mehr Zeitpunkte mit dem des ersten Zeitpunkts in der Weise zusammengefaßt, daß man das arithmetische Mittel berechnet und dieses in das Diagramm einträgt. Für jeden folgenden Zeitpunkt wird ebenso verfahren. Die Verwendung des gleitenden Mittels führt zu einer Informationsreduktion, dank welcher die Gestalt der Zeitreihe deutlicher wird. Indessen entsteht in zwei Fällen die Gefahr einer Fehlinterpretation des geglätteten Kurvenverlaufs. Erstens: es werden zwischen Meßzeitpunkten Intervalle zusammengefaßt, die verschiedene Bedeutung haben. Dies ist dann der Fall, wenn in bestimmten Intervallen sich ein betrachteter Prozeß beschleunigt, in anderen Intervallen sich verlangsamt, beide Intervalle aber zusammengefaßt werden. Zweitens darf das Glättungsverfahren nicht verwendet werden, wenn die interessierende Information gerade in den Schwankungen der Meßwerte besteht. Außerdem verschärft das Glättungsverfahren das später noch zu erwähnende Problem der 'Autokorrelation'.

An Zeitreihen interessieren stets drei Sachverhalte:

- Was ist die Gestalt der Zeitreihe? Was läßt sich ihr über Richtung und Geschwindigkeit des betrachteten Prozesses entnehmen?

- Lassen sich aus dieser Zeitreihe (im Vergleich mit anderen Zeitreihen) Aussagen über Wirklichkeitsmerkmale gewinnen, welche mit der Richtung und Geschwindigkeit des betrachteten Prozesses im Zusammenhang stehen und kausal zu deuten sind?

– Können komplexe Wandlungsprozesse durch Aufspaltung in mehrere, verschiedene, miteinander kausal zusammenhängende Zeitreihen erklärt werden, und lassen sich aus solchen Erklärungen Prognosen ableiten?

Offenbar führt die Zeitreihenanalyse unmittelbar zu multiveriaten Betrachtungsweisen, bei denen die Werte der Variablen 'Zeit' dazu dienen, Beziehungen zwischen einer (oder mehreren) im Zeitverlauf betrachteten Variablen und anderen (korrelierenden oder intervenierenden) Variablen herzustellen, um auf diese Weise komplexe Aussagen über vielschichtige Prozesse zu erarbeiten oder den Wahrheitsgehalt von auf sie bezogenen Hypothesen zu prüfen. Wie die meisten multivariaten Modelle verbindet auch die Zeitreihenanalyse deskriptiv-statistische mit inferenzstatistischen Überlegungen: vorliegende Zeitreihen werden stets als Stichproben aus dem Gesamtzusammenhang eines interessierenden Wandlungsprozesses aufgefaßt.

2. Fragestellungen, Probleme und Modelle der Zeitreihenanalyse

Die Zeitreihenanalyse arbeitet mit folgenden Grundannahmen:

a) In der Gestalt einer Zeitreihe läßt sich immer mindestens eine der folgenden Erscheinungen ('Komponenten einer Zeitreihe'):feststellen Trend, Zyklus ('Konjunktur'), saisonale Schwankungen, Zufallsschwankungen ('irreguläre Komponente'). Die Abbildung auf der nächsten Seite zeigt mögliche Gestalten solcher Zeitreihenkomponenten (Abb. 49).

b) Jede dieser Komponenten einer Zeitreihe ist unabhängig von den anderen, wird durch eigenständige Prozesse im empirischen Referenten erzeugt und kann für sich selbst analysiert werden.

c) Die gesamte Zeitreihe kann als Ergebnis des Zusammenwirkens all jener Prozesse aufgefaßt werden, welche die einzelnen Komponenten der Zeitreihe hervorbringen *).

---

*) Für die Geschichtswissenschaft hat Fernand Braudel diesen zeitreihenanalytischen Grundgedanken fruchtbar gemacht und so die nicht formale, sondern inhaltliche Bedeutung jenes Modells aufgezeigt. Bei der Untersuchung historischer Prozesse unterschied er drei 'réalités chronologiques': dem zeitreihenanalytischen Trend entspricht die'longue durée', die Jahrhunderte überspannende Tendenz einer Entwicklung; Zyklen mittlerer Dauer bezeichnet Braudel als 'conjonctures', 'saisonale' Schwankungen und Zufallsschwankungen als 'temps court'. Es kommt nach Braudel darauf an,

Abb. 49: **Trend, Zyklus, saisonale Schwankungen und Zufallsschwankungen in Zeitreihen**

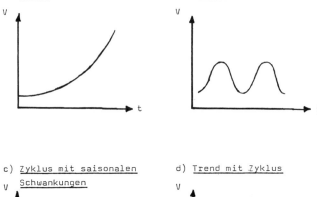

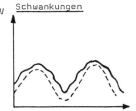

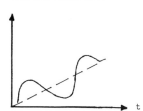

---

*)(Fortsetzung von Seite 138) durch analytische Trennung und daran anschließende Untersuchung der Zusammenhänge dieser drei Komponenten die komplexe Struktur sozialer und politischer Wandlungsprozesse zu erforschen. Siehe Fernand Braudel, Geschichte und Sozialwissenschaften – Die 'longue durée', in: Hans-Ulrich Wehler, Hrsg., Geschichte und Soziologie, Köln 1976, S. 180-215.

Zwar sind diese Annahmen im Einzelfall oft unrealistisch, vor allem die Annahme der Unabhängigkeit der einzelnen Komponenten; sie eignen sich jedoch als Ausgangspunkt von Untersuchungen, deren Ziel dann angemessenere und komplexere Aussagen als die anfänglichen Annahmen sind. Das soziologische und politikwissenschaftliche Interesse richtet sich dabei besonders auf die Untersuchung von Trends und kurzfristigen, zufälligen Schwankungen. In Trends werden langdauernde Prozesse und durch gestaltende Eingriffe nicht leicht zu beeinflußende Sachverhalte faßbar; aus ihnen sind am ehesten Prognosen abzuleiten, die Planungsgrundlagen liefern können. Kurzfristige, zufällige Schwankungen hingegen bilden die 'Oberfläche' sozialer und politischer Wirklichkeit; sie erzeugen jene Probleme, die aktuell zu bewältigen sind, und erlauben eine Analyse rasch wirkender Sachverhalte. Aussagen hierüber sind vor allem für eine praxisnützliche, anwendungsorientierte Sozialforschung wichtig. Das wirtschaftswissenschaftliche Forschungsinteresse freilich konzentriert sich aus guten Gründen auf das Studium von Zyklen und Konjunkturen. Deren soziologisches und politikwissenschaftliches Gegenstück, nämlich soziale und politische Zyklen, die soviel an Regelmäßigkeiten aufweisen,daß über sie formulierte Aussagen zum Verständnis grundlegender Prozesse oder aktueller Probleme beitrügen, findet sich jedoch - falls überhaupt identifizierbar - äußerst selten: soziales und politisches Geschehen ist meist zu störanfällig, als daß es 'zyklische Stabilität' gewinnen könnte. Darum unterscheidet sich das soziologische und politikwissenschaftliche Interesse an Zeitreihenanalysen durchaus von jenem der Wirtschaftswissenschaftler, auf deren Verwendungszwecke allerdings die meisten verfügbaren Modelle zugeschnitten sind.

Diese Modelle der Zeitreihenanalyse sind mathematisch äußerst kompliziert; sie beruhen auf der Theorie stochastischer Prozesse *), die ihrerseits ein komplexer Forschungsbereich innerhalb der mathematischen Wahrscheinlichkeitstheorie ist. Zeitreihenanalytische Modelle dienen dazu,

- vorliegende Zeitreihen in ihre Komponenten zu zerlegen;
- einzelne Zeitreihenkomponenten unter Konstanthaltung der Einflüsse anderer Komponenten zu analysieren('Eliminierung von Komponenten');
- unterschiedliche Komponenten und Zeitreihen aufeinander zu beziehen und so kausale Aussagen zu erarbeiten oder zu prüfen.

---

*) Intuitiv läßt sich formulieren, daß stochastische Prozesse solche Vorgänge sind, bei denen mehrere unabhängige zufallsgesteuerte Prozesse im Zeitverlauf zusammenwirken.

Welche Komponenten in einer gegebenen Zeitreihe zu unterscheiden sind und welche Meßwerte man welchen Komponenten zuzuordnen hat, kann einerseits aus theoretischen, 'von außen herangetragenen' Annahmen abgeleitet werden. Andererseits stehen sogenannte 'innere Methoden' zur Verfügung, die eine derartige Zeitreihenzerlegung gemäß identifizierter Gestaltkomponenten formal-rechnerisch vornehmen; freilich sind ihre Ergebnisse oft schwer zu interpretieren. Um die verfügbaren Modelle überhaupt verwenden zu können, sind außerdem oft Transformationen der erhobenen oder verfügbaren Daten nötig.

Grundsätzlich müssen bei jeder Zeitreihenanalyse fünf Probleme bewältigt werden. Schon vorweg sei bemerkt, daß es mathematisch extrem schwierig ist, sie alle zugleich zu lösen. In der Regel gelingt dies bei einem; die anderen bleiben offen. Die Ergebnisse von Zeitreihenanalysen sind darum nur mit großer Sorgfalt und Vorsicht zu deuten *). Diese Probleme lassen sich so zusammenfassen:

a) Es können nie alle Beziehungen zwischen den Variablen, die bei der Erzeugung einer Zeitreihe zusammenwirken, zugleich präzis erfaßt werden.

b) In der Regel sind die verfügbaren Zeitreihendaten unvollständig, fehlerhaft und von systematischen Verzerrungen nicht frei. Solche Fehler pflanzen sich dann in den komplizierten zeitreihenanalytischen Berechnungen fort und führen leicht zu Forschungsartefakten.

c) Zeitreihenanalytische Modelle sind aus mathematisch-statistischen Gründen in der Regel für lange Zeitreihen angemessen; praktisch stehen meist aber nur kurze Zeitreihen zur Verfügung. Jene Modelle dennoch auf sie anzuwenden, erzeugt erhebliche mathematische Probleme.

d) Viele statistische Modelle setzen voraus, daß die von ihnen zu verarbeitenden Meßwerte voneinander unabhängig sind. Das heißt: es darf nicht so sein, daß die Ausprägung eines Wirklichkeitsmerkmals, die man bei einer Messung zum Zeitpunkt t_1 beobachtet, die Ausprägung desselben Wirklichkeitsmerkmals beeinflußt, die man zum späteren Zeitpunkt t_2 beobachtet.

---

*) Um Mißverständnisse zu vermeiden sei betont, daß ein Verzicht auf Zeitreihenanalysen natürlich kein Ausweg aus diesem Dilemma sein kann: die zeitreihenanalytisch zu beantwortenden Fragen sind wichtig - und es führt genau der Versuch, mit den Tatsachen übereinstimmende Antworten zu erarbeiten und sich nicht mit Common-Sense-Impressionen zu begnügen, in dieses Dilemma.

Beeinflussen die zu messenden Merkmalsausprägungen einander nicht, so liegen 'unabhängige Beobachtungen' vor. Dies ist offenbar eine ganz andere durch Messung erzeugte Informationsbasis als sie dann vorliegt, wenn die zum Zeitpunkt t_2 gemessene Ausprägung eines Wirklichkeitsmerkmals von der zum Zeitpunkt t_1 gemessenenen Ausprägung desselben Wirklichkeitsmerkmals abhängt. In diesem Fall liegen 'abhängige Beobachtungen' vor; man spricht von einer 'Autokorrelation' *) der fraglichen Variablen. Bei Zeitreihendaten findet sich freilich sehr oft Autokorrelation, da meist anzunehmen ist, der empirische Referent der betrachteten Zeitreihe sei so beschaffen, daß nachfolgende Merkmalsausprägungen von den vorhergehenden Merkmalsausprägungen bestimmt werden. Verhält sich dies so, dann muß diese veränderte Informationsbasis von den benutzten statistischen Modellen berücksichtigt werden, was sie erheblich kompliziert. Offensichtlich werden Autokorrelationseffekte um so stärker, je näher die Meßzeitpunkte aneinander liegen; die Verwendung des 'gleitenden Mittels' vergrößert also diese Effekte, da in diesem Fall aufeinander folgende Meßzeitpunkte sogar noch zusammengefaßt werden.

e) Ein Ziel der Zeitreihenanalyse besteht darin, für jenen Prozeß Erklärungen zu erarbeiten, bezüglich dessen man Zeitreihendaten auswertet. Zu diesem Zweck werden verschiedene Zeitreihen oder Komponenten von Zeitreihen, also: verschiedene Zeitreihenvariablen aufeinander bezogen. Kann festgestellt werden, daß die forschungsleitenden oder auch im Verlauf des Forschungsprozesses ausgearbeiteten Hypothesen über die Art der Beziehungen zwischen jenen Zeitreihenvariablen mit den im Datenmaterial faßbaren Tatsachen übereinstimmen, so sind Erklärungsmöglichkeiten gefunden. Solche Analysen benötigen statistische Modelle, die verschiedene Arten von Beziehungen zwischen Zeitreihenvaiablen zu erfassen erlauben. Ein wichtiger Beziehungstyp, da nicht selten vorzufinden, inhaltlich gut zu deuten und auch mathematisch leicht zu erfassen, ist jener der linearen Beziehung zwischen verschiedenen Variablen. Man wolle nun etwa den Verlauf der Zeitreihe für die Variable U durch Analyse ihres Zusammenhangs mit den Variablen X, Y und Z erklären. Falls lineare Beziehungen zwischen U und jenen drei Variablen bestehen sowie X, Y, Z voneinander unabhängig wirken, ist dies dank geeigneter linearer Modelle gut möglich. Doch es kann auch sein, daß X, Y und Z untereinander in linearen Beziehungen stehen, also nicht voneinander unabhängig auf U einwirken. Genau diesen Sachverhalt bezeichnet der Begriff der 'Multikollinearität'. Aus mathematischen Gründen läßt sich beim Vorliegen von Multikollinearität nicht mehr genau bestimmen, in

---

*) von griech. 'autós' = selbst: die Werte einer Variablen korrelieren mit den anderen Werten derselben Variablen. D.h.: die Variable 'korreliert mit sich selbst'.

welchem Ausmaß U von X, Y und Z jeweils beeinflußt wird, d.h.: Aussagen über Erklärungen können nur noch mit erheblichem Fehlerrisiko formuliert werden. Ferner ist das Ausmaß von Multikollinearität in den zur Erklärung herangezogenen Variablen nur schwer zu schätzen. In der Regel ist nur bekannt, daß 'in den Variablen X, Y und Z ein gemeinsamer Faktor auf U einwirkt', ohne daß dieser Faktor selbst durch eine Variable mit angebbarem empirischen Referenten erfaßt werden könnte. Es entsteht ein Dilemma: entweder wird Multikollinearität in Kauf genommen und akzeptiert, daß die erarbeiteten Aussagen auf schwer kontrollierbare Weise verzerrt sind, oder man verzichtet auf die Analyse der Beziehung zwischen U und einigen dieser multikollinearen Variablen, was schwer zu rechtfertigende Manipulationsspielräume eröffnet.Dieses Problem der Multikollinearität teilen zeitreihenanalytische Modelle mit allen linearen statistischen Modellen, bei denen mehrere unabhängige Variablen betrachtet werden; gewissermaßen handelt es sich hier um ein Standardproblem aller multiplen Regressionsmodelle, zu denen auch jene der Zeitreihenanalyse gehören.

Die Ergebnisse von Zeitreihenanalysen sind stets im Kontext dieser Probleme zu interpretieren. Um jene Ergebnisse zu erarbeiten, stehen im wesentlichen Modelle folgender Art zur Verfügung:

- Modelle, die Indikatoren für das Vorliegen von Multikollinearität liefern;

- Modelle, die das Vorliegen von Autokorrelation prüfen;

- Modelle, die das Vorliegen von Zusammenhängen zwischen (autokorrelierten) Zeitreihen prüfen;

- Modelle, welche die Identifikation und Beschreibung von Trends sowie die Kontrolle von Hypothesen über das Vorliegen von Trends erlauben;

- Modelle, welche die Identifikation und Beschreibung von Zyklen und Schwankungen erlauben (Periodogramm-Analyse bei periodischen Zyklen oder Schwankungen, ansonsten Spektralanalyse);

- Modelle, welche die Analyse von Schwankungen um Zeitreihenkomponenten ermöglichen (Residualanalyse).

Die mathematischen Strukturen dieser Modelle sind zu kompliziert, als daß sie hier behandelt werden könnten. Vielmehr sollen Möglichkeiten aufgezeigt werden, drei sozialwissenschaftlich besonders wichtige Fragen zeitreihenanalytisch zu klären:

a) Was verursacht identifizierte Trends?

Wenn über die als ursächlich vermuteten Sachverhalte Daten erhoben wurden, kann man prüfen, ob und wie sich die Werte der sie erfassenden Variablen vor dem Auftreten des interessierenden Trends veränderten. Hierzu sind Annahmen darüber nötig, mit welcher Verzögerung Veränderungen in den als ursächlich vermuteten Variablen X, Y, Z den Trend versucht haben könnten. In der Regel wird man mit verschiedenen Zeitdifferenzen zwischen dem festgestellten Trendbeginn und den hierzu in Beziehung gesetzten Variablen arbeiten und, nach Inspektion der Ergebnisse, eine dieser 'Wirkungsfristen' weiteren Interpretationen als die plausibelste zugrunde legen. Konkret betrachtet man den Zusammenhang zwischen dem Wert der Zeitreihenvariablen U zum Zeitpunkt t und den Werten der Erklärungsvariablen X, Y, Z zu den Zeitpunkten t - 1, t - 2, ..., t - n, wobei 1, 2, ... , n die auf der Zeitachse benutzten Intervalle bezeichnen.

b) Warum ändern sich Trends?

Man geht im Prinzip ebenso vor und untersucht, wie sich die Werte der herangezogenen Erklärungsvariablen in verschiedenen Zeitintervallen vor und nach der Trendumkehrung veränderten. Die Untersuchung von Zeitpunkten, die nach der Trendumkehrung liegen, ist deswegen wichtig, weil auch vorgestellte und antizipierte Sachverhalte beim die soziale Wirklichkeit hervorbringenden sozialen Handeln im Weg einer 'self-fulfilling/-destroying prophecy' eine Trendumkehr bewirken können.

c) Was verursacht die Schwankungen um die Trends?

Da solche Schwankungen gewissermaßen die 'Oberflächenstruktur' sozialer und politischer Wirklichkeit ausmachen, ist ihre Analyse von besonderem soziologischen und politikwissenschaftlichen Interesse. In einem ersten Arbeitsschritt ist die eigene Gestalt der Schwankungen so herauszuarbeiten, daß sie nicht von der Form des Trends überlagert wird. Für eine solche 'Enttrendung' von Zeitreihendaten stehen geeignete Modelle bereit. Sie führen zu einer Darstellung der Verteilung von Residuen:

Abb. 50 (auf Seite 145)

Die enttrendete Darstellung der Residuen erlaubt schon optisch ein besseres Verständnis der Schwankungen um den Trend. Zur Untersuchung der Ursachen (der Veränderungen) der Schwankungen können die oben beschriebenen Modelle verwendet werden.

Abb. 50: Trend und enttrendete Residuen

a) Schwankungen im Trend

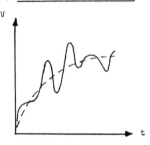

b) enttrendete Schwankungen (Residuen)

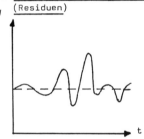

——— Meßwerte
---- Trend

3. Kapitel
Wahrscheinlichkeitstheoretische Grundlagen der schließenden Statistik

Die Modelle der deskriptiven Statistik verdichten die in der Datenmatrix verfügbare Information. Freilich interessieren die erhobenen Daten meist nur als Mittel zum Zweck: man will mittels ihrer über die Grundgesamtheit eines Wirklichkeitsausschnitts Aufschluß gewinnen. Darum muß ein Weg gefunden werden, von Auswahlen, die man tatsächlich untersucht, auf Grundgesamtheiten, die man nicht untersucht[*), so zu schließen, daß diese Schlußfolgerungen zu Aussagen führen, die mit den in der Grundgesamtheit bestehenden Tatsachen übereinstimmen. Dies ist alles andere als eine triviale Aufgabe. Jene Zweige der Mathematik und Logik, die diesen Weg gangbar machen, gehören zu den kompliziertesten Wissenschaftsgebieten.

> Zwei Alternativen zum Schluß von Auswahlen auf Grundgesamtheiten sind denkbar. Erstens könnte man Aussagen über Auswahlen einfach so behandeln, als träfen sie mehr oder minder auch auf Grundgesamtheiten zu. So verfährt der gesunde Menschenverstand in oft erfolgreicher Weise, wobei es dem Glauben jedes einzelnen anheim gestellt bleibt, an Auswahlen bewahrheitete Aussagen auch in bezug auf Grundgesamtheiten für richtig zu halten. Streitfälle müssen bei Bedarf dann durch Rekurs auf Autoritäten oder willkürlich entschieden werden. Sowohl dieses Vorgehen bei Streitfällen als auch die Absicht, einfach so zu tun, als wisse man mehr als man weiß, dürfte jedoch für Menschen mit einiger intellektueller Redlichkeit wenig anziehend sein. Zweitens könnte man fordern, auf Aussagen über Grundgesamtheiten solange zu verzichten, bis man eben tatsächlich die fragliche Grundgesamtheit untersucht hat. Doch Aussagen über nicht untersuchte Grundgesamtheiten benötigt man für viele praktische Zwecke ganz dringend: Haftpflichtversicherungen müssen noch nicht eingetretene Schadensfälle ihren Kalkulationen zugrunde legen, und eine Glühbirnenfabrik kann die Leuchtdauer ihrer Erzeugnisse schlechterdings nicht in der Weise feststellen, daß sie alle Glühbirnen bis zum Erlöschen brennen läßt, bevor sie ihre Produkte in den Handel bringt. Außerdem ist es auch gar nicht notwendig, auf Schlüsse von Auswahlen auf Grundgesamtheiten zu verzichten, wie die erfolgreiche Alltagspraxis zeigt, bei der dies dauernd geschieht.

Der Aufgabe, in befriedigender Weise von Aussagen über Auswahlen zu Aussagen über Grundgesamtheiten zu gelangen, kann man sich also nicht entziehen, und beim Versuch, sie zu bewältigen, läßt sich ohnehin an erfolgreiche Praktiken des Alltagsdenkens anknüpfen. Tatsächlich ist der Grundgedanke solchen Schließens auch für den Common Sense plausibel: Da man die (genaue) Beschaffenheit der interessierenden Grundgesamtheit nicht, doch jene der

---

[*) Ausführlicher müßte formuliert werden: es geht um einen Schluß auf die Beschaffenheit von Grundgesamtheiten, die man nicht vollständig, sondern nur in Form von aus ihnen gezogenen Auswahlen untersucht.

erhobenen Daten (d.h.: der Auswahl) in jedem Fall kennt, muß man von diesem Informationsstand aus zu Annahmen darüber gelangen, wie wahrscheinlich es ist, daß die Beschaffenheit der Grundgesamtheit jener der erhobenen Auswahl ähnlich oder unähnlich ist. Aufgrund solcher Annahmen können dann anhand der Datenmatrix Aussagen über die Grundgesamtheit formuliert werden, die ihrerseits in weiteren Studien auf ihren Wahrheitsgehalt überprüft werden können. Bei der Konkretisierung dieses Grundgedankens sind offensichtlich zwei Gruppen von Fragen zu beantworten:

a) Was soll 'Wahrscheinlichkeit' genau meinen? Wie kann man 'Wahrscheinlichkeiten' bestimmen und mit ihnen in nachvollziehbarer und wechselseitig überprüfbarer Weise umgehen?

b) Muß man an Auswahlen bestimmte Anforderungen stellen, um von ihnen solche Aussagen über Grundgesamtheiten ableiten zu können, die mit den in einer Grundgesamtheit bestehenden Tatsachen übereinstimmen? Welche Anforderungen sind dies? Wie können sie praktisch erfüllt werden?

Die Antworten auf die erste Gruppe solcher Fragen formuliert die Wahrscheinlichkeitstheorie. Ihre in diesem Zusammenhang wichtigsten Aussagen finden sich in diesem Kapitel dargestellt, ebenso die Antworten auf die ersten beiden Fragen der zweiten Gruppe. Wie die an Auswahlen zu stellenden Anforderungen praktisch umgesetzt werden, stellt den Gegenstand der Stichprobentheorie dar und ist im Rahmen der sozialwissenschaftlichen Methodenlehre zu behandeln. Obwohl selbst von geringer sozialwissenschaftlicher Relevanz, bilden wahrscheinlichkeitstheoretische Überlegungen das Fundament der schließenden Statistik, die ihrerseits von allergrößter sozialwissenschaftlicher Bedeutung ist. Nur wenn dieses Fundament in seinen Grundzügen bekannt ist, lassen sich die Eigentümlichkeiten, Vorzüge und Probleme statistischen Schließens begreifen.

> Erfahrungsgemäß bleiben manche wahrscheinlichkeitstheoretischen Aussagen trotz etlicher intellektueller Bemühungen über längere Zeit hin schwer verständlich. Doch sollte sich herausstellen, daß die Benutzung wahrscheinlichkeitstheoretischer Modelle regelmäßig zu mit den Tatsachen übereinstimmenden Schlüssen auf Grundgesamtheiten führt, müßte sich durchaus ein praktisches Vertrauen auch zu solchen Denk- und Arbeitsmitteln einstellen, deren Logik und Stimmigkeit man (zunächst) ihrer Kompliziertheit wegen nicht begreift. Ein derartiger 'Vertrauensvorschuß' sollte die Akzeptanz für (noch) Unverstandenes fördern, und keinesfalls sollten Verständnisschwierigkeiten zu Berührungsängsten geraten. In der Tat können 'Skeptiker', die ihre Probleme intellektuellen Nachvollziehens für Probleme dessen halten, was sie nachvollziehen wollen, ihr Mißtrauen gegenüber den wahrscheinlichkeitstheoretischen Grundlagen der

schließenden Statistik an jedem Wahlabend auf seine Berechtigung prüfen: vor Millionen von Fernsehzuschauern erweist sich von Wahl zu Wahl, daß der Schluß von wenigen ausgewählten Stimmbezirken auf die Grundgesamtheit aller Wähler mit nur geringen Fehlerquoten stets zu mit den Tatsachen übereinstimmenden Aussagen führt.

I. Das Konzept der Wahrscheinlichkeit

1. Alltagsweltliche und wissenschaftliche Wahrscheinlichkeitsaussagen

Wie Wissenschaft insgesamt baut auch die Wahrscheinlichkeitstheorie auf dem praktisch bewährten Alltagsdenken auf, benutzt es und setzt es dort, wo seine Grenzen erreicht werden, mit anderen, besseren Mitteln fort. Von Wahrscheinlichkeit redet aber schon die Alltagssprache mit klassifikatorischen und komparativen Begriffen:

- <u>Klassifikatorische Begriffe für Wahrscheinlichkeit</u> werden in Sätzen wie dem folgenden verwendet: 'X ist wahrscheinlich, Y ist unwahrscheinlich'. Da die Benutzung klassifikatorischer Begriffe einer Messung auf Nominalskalenniveau gleichkommt, kann formuliert werden: im Alltagsdenken werden Messungen von Wahrscheinlichkeit durchgeführt, die zu nominalskalierten Wahrscheinlichkeitsangaben führen.

- <u>Komparative Begriffe für Wahrscheinlichkeit</u> werden in Sätzen wie dem folgenden verwendet: ' X ist wahrscheinlicher als Y, Z wahrscheinlicher als X'. Da die Benutzung komparativer Begriffe einer Messung auf Ordinalskalenniveau gleichkommt, kann formuliert werden: im Alltagsdenken werden Messungen von Wahrscheinlichkeit durchgeführt, die zu ordinalskalierten Wahrscheinlichkeitsangaben führen.

Topologische Wahrscheinlichkeitsangaben gehören darum wie topologische Messungen insgesamt zum Grundbestand alltagsweltlicher Kompetenz. Auch hier werden freilich informationsreichere Aussagen angestrebt. Das Ziel besteht darin, Wahrscheinlichkeit mit metrischen Begriffen ausdrücken zu können:

- <u>Intervallskalierte Wahrscheinlichkeitsangaben</u> würden in Sätzen wie dem folgenden formuliert: 'X ist um genau so viel wahrscheinlicher als Y, als Z wahrscheinlicher als X ist'.

- <u>Ratioskalierte Wahrscheinlichkeitsangaben</u> würden in Sätzen wie dem folgenden formuliert: 'X ist doppelt so wahrscheinlich wie Y'.

Es ist das Verdienst der Wahrscheinlichkeitstheorie, zusätzlich zur schon verfügbaren klassifikatorischen und komparativen Darstellungsweise von

Wahrscheinlichkeit die Möglichkeit erschlossen zu haben, Wahrscheinlichkeit auch ratioskaliert ausdrücken zu können. Durch solche Verwendung metrischer Wahrscheinlichkeitsbegriffe setzt Wissenschaft das alltagsweltliche Reden über Wahrscheinlichkeit folglich mit besseren Mitteln fort.

Die wissenschaftlichen Bezeichnungen für Grade von Wahrscheinlichkeit sind äußerst einfach:

- Unmöglichen Ereignissen ('völlig unwahrscheinlichen Ereignissen') wird der Zahlenwert '0' zugeordnet.

- Sicheren Ereignissen wird der Zahlenwert '1' zugeordnet.

- Wahrscheinlichen Ereignissen werden Zahlenwerte zwischen '0' und '1', also: Brüche zugeordnet. Je kleiner die Wahrscheinlichkeit eines Ereignisses ist, umso kleiner ist der ihm zugewiesene Bruch. Da diese Zahlen auf Ratioskalenniveau zugewiesen werden, gilt z. B.: ein Ereignis E mit der Wahrscheinlichkeit p = 0,3 ist genau halb so wahrscheinlich wie ein Ereignis F mit der Wahrscheinlichkeit p = 0,6[*].

Auf diese Zahlen können viele Rechenoperationen sinnvoll angewendet werden; durch eine Reihe von wahrscheinlichkeitstheoretischen Theoremen wird die inhaltliche Bedeutung der einzelnen Rechenoperationen beschrieben. Diese Art, Wahrscheinlichkeit zu messen, ist valide, wie durch Experimente jederzeit gezeigt werden kann. Auf welche Weise diese valide Messung von Wahrscheinlichkeit gelingt, soll unten dargestellt werden. Zunächst ist jedoch genauer zu betrachten, wie alltagsweltliche und wissenschaftliche Wahrscheinlichkeitsaussagen zusammenhängen.

Alltagsweltliche Feststellungen von Wahrscheinlichkeit nennt man oft 'subjektive Wahrscheinlichkeiten', während die metrisch ausgedrückten wissenschaftlichen Feststellungen von Wahrscheinlichkeit als 'objektive Wahrscheinlichkeiten' bezeichnet werden. Diese Unterscheidung ist einerseits nützlich, da sie den größeren Informationsgehalt metrischer Wahrscheinlichkeitsaussagen vom geringeren Informationsgehalt alltagsweltlicher Wahrscheinlichkeitsfeststellungen abhebt. Andererseits führen die bei dieser Unterscheidung verwendeten Begriffe in die Irre: zu Unrecht wird der Eindruck erweckt, es stelle das metrische Wahrscheinlichkeitskonzept etwas

---

[*] 'p' steht für lat. 'probabilitas' = Wahrscheinlichkeit. Es ist auch folgende Schreibweise üblich: P(E) = 0,3 bzw. P(F) = 0,6.

anderes als nur eine bestimmte Perspektive auf Wirklichkeit dar, und als verharrten alltagsweltliche Wahrscheinlichkeitsfeststellungen im Bereich des Beliebigen. Dies ist keineswegs der Fall: für die meisten praktischen Probleme des Alltagslebens reichen die subjektiven Wahrscheinlichkeiten, mit denen jeder kompetente Erwachsene mühelos umzugehen versteht, völlig aus und bewähren sich dabei bestens, während metrische Wahrscheinlichkeitsangaben für das Alltagsleben weitgehend überflüssig sind. Darum ist es zwar sehr sinnvoll, ohne jeden abwertenden Tonfall von (alltagsweltlichen) subjektiven Wahrscheinlichkeiten zu sprechen; doch die wissenschaftliche Weiterführung subjektiver Wahrscheinlichkeitsaussagen mit anderen Mitteln sollte man nicht 'objektive', sondern nur metrische Wahrscheinlichkeitsaussagen nennen.

2. Subjektive Wahrscheinlichkeitsaussagen

Subjektive Wahrscheinlichkeitsaussagen sind von größter praktischer Bedeutung. Ihr Nutzen hängt unmittelbar von der Sachkompetenz dessen ab, der sie äußert. Die Befragung von Experten über alle möglichen Sachverhalte, Probleme, Entwicklungen und Gestaltungsaufgaben ist das bekannteste Verfahren, subjektive Wahrscheinlichkeiten zu nutzen. Solcher Rückgriff auf subjektive Wahrscheinlichkeiten wird verfeinert und effektiviert im sogenannten 'Delphi-Verfahren'[*]:

- Ausgewählten Experten werden von einem Forscher oder von einer an ihren Kenntnissen interessierten Person Fragen vorgelegt oder Vorhersagen abverlangt. Dies geschieht durch Fragebogen, Briefe u. ä., bei deren Beantwortung die Experten ihre kompetenten subjektiven Wahrscheinlichkeiten einzubringen haben.

- Die eingehenden Antworten werden vom Forscher bzw. Befragenden gesichtet, in geeigneter Weise anonymisiert und vervielfältigt sowie den Experten wieder zugesandt, so daß jeder von ihnen sich mit den subjektiven Wahrscheinlichkeiten all seiner Kollegen auseinandersetzen kann.

- Im Schutz der Anonymität und folglich frei von sozialem oder psychischem Druck nehmen die Experten zu den Antworten ihrer Kollegen Stellung, korrigieren und erweitern gegebenenfalls ihre eigenen Vorstel-

---

[*] Der Name leitet sich von der altgriechischen Sitte her, vor wichtigen Entscheidungen den Gott Apollon in seinem Heiligtum zu Delphi über eine Priesterin um Auskunft und Ratschläge anzugehen.

lungen und gelangen so zu verbesserten subjektiven Wahrscheinlichkeitsaussagen.

- Den Ertrag dieser zweiten Befragung sichtet der Forscher oder Befragende erneut; möglicherweise führt er dann weitere 'Denkrunden' durch. Das Gesamtergebnis wird schließlich zusammengefaßt und jenen Planungen zugrunde gelegt, für die man sich dieser kooperativen Feststellung des Wahrscheinlichen bedienen wollte.

Hauptanwendungsgebiete des Delphi-Verfahrens sind die Vorbereitungsarbeiten für Netzpläne von Großprojekten aller Art oder Verfahren ökonomischer Risikoanalyse, bei denen die subjektiven Wahrscheinlichkeiten geeigneter Experten etwa in Bezug auf die Entwicklung von Preisen, Kosten, Absatz, Gewinnen, Zinsen usw. miteinander gekoppelt und in unternehmerische Entscheidungen umgesetzt werden.

Auch innerhalb wissenschaftlicher Forschung spielt der Rekurs auf subjektive Wahrscheinlichkeiten eine sehr wichtige Rolle. Nur durch subjektive Wahrscheinlichkeitsschätzungen können so wichtige Fragen wie die folgenden beantwortet werden: Welche Forschungsfragen sind weiterführend? Welche Hypothesen werden wohl stimmen, welche nicht? Welche Konzepte erschließen den Gegenstandsbereich am besten? Wo werden sich die interessantesten Ergebnisse finden lassen? Welche Methode ist die günstigste?

Schließlich beruht der klassische Ansatz der Wahrscheinlichkeitstheorie selbst auf der Nutzung subjektiver Wahrscheinlichkeiten. Seine Grundgedanken lassen sich so zusammenfassen:

- Man interessiere sich dafür, mit welcher Wahrscheinlichkeit in einem Wirklichkeitsausschnitt bestimmte Sachverhalte oder Ereignisse auftreten.

- Man verfüge bereits über Vorkenntnisse oder wenigstens über irgendwelche Annahmen zur Wahrscheinlichkeit des Auftretens dieser Sachverhalte oder Ereignisse. Offensichtlich handelt es sich dabei um subjektive Wahrscheinlichkeiten (die ferner durch Experten-Befragung oder Delphi-Verfahren so sorgfältig wie möglich festgestellt werden können). Diese Wahrscheinlichkeiten heißen 'a priori - Wahrscheinlichkeiten'; sie stellen die Gesamtmenge dessen dar, was vor einem auf die Gewinnung zusätzlicher Informationen ausgerichteten Forschungsprozeß über einen Wirklichkeitsausschnitt bekannt ist.

- Man erhebe nun Daten über die interessierenden Sachverhalte oder Ereignisse. Da man an der Wahrscheinlichkeit ihres Auftretens interessiert ist, stelle man fest, ob und wie oft sie auftreten.

- Diese zusätzlich gewonnenen Informationen werden nun dazu genutzt, die Vorkenntnisse, die man schon hatte, zu verbessern. Konkret versucht man, anhand der tatsächlich aufgetretenen Sachverhalte oder Ereignisse jene subjektiven Wahrscheinlichkeiten zu korrigieren, von denen man anfangs ausging. Man benötigt dazu eine (mathematische) Möglichkeit, die a priori - Wahrscheinlichkeiten und die neu gewonnenen Informationen aufeinander zu beziehen und in 'korrigierte Wahrscheinlichkeiten' umzumünzen. Diese 'korrigierten Wahrscheinlichkeiten' heißen 'a posteriori - Wahrscheinlichkeiten'.

- Natürlich können die a posteriori - Wahrscheinlichkeiten, falls der fragliche Wirklichkeitsausschnitt noch detaillierter untersucht werden soll, ihrerseits wieder als a priori - Wahrscheinlichkeiten behandelt und dank neu erhobener Informationen in noch besser mit den Tatsachen übereinstimmende a posteriori - Wahrscheinlichkeiten umgesetzt werden. Offensichtlich stellt dieser schrittweise Prozeß der Korrektur und Verbesserung von Annahmen über die Beschaffenheit von Wirklichkeitsausschnitten genau die übliche Vorgehensweise wissenschaftlicher Forschung dar. Dieser wahrscheinlichkeitstheoretische Ansatz entspricht also genau der Logik wissenschaftlicher Forschung.

Der Begründer dieses 'klassischen Ansatzes' der Wahrscheinlichkeitstheorie, der englische Geistliche Thomas Bayes (1702 - 1761), formulierte jene mathematische Möglichkeit, aus a priori - Wahrscheinlichkeiten und neu erhobenen Informationen verbesserte a posteriori - Wahrscheinlichkeiten zu gewinnen, in Gestalt eines grundlegenden wahrscheinlichkeitstheoretischen Satzes ('Bayes-Theorem')[*)]. Dieser ganze Ansatz heißt heute 'Bayes-Ansatz' und hat den großen Vorzug, alltagspraktisch bewährte subjektive Wahrscheinlichkeiten unmittelbar für die metrisch-wissenschaftliche Betrachtung von Wahrscheinlichkeit nutzbar zu machen. Der Bayes-Ansatz schlägt somit die Brücke zwischen alltagsweltlichen und wissenschaftlichen Wahrscheinlichkeitsaussagen.

---

*) Da sich der Sinn der Bayes-Formel ohne nähere Kenntnis der wahrscheinlichkeitstheoretischen Notationsweise und der Wahrscheinlichkeitsrechnung nicht erschließt, wird von der Wiedergabe dieser Formel abgesehen; sie läßt sich in der angegebenen Literatur leicht auffinden.

Allerdings vollzog sich die Entwicklung der modernen Wahrscheinlichkeitstheorie am Bayes-Ansatz vorbei. Vor allem die bahnbrechenden Leistungen von Fisher, Neyman, Pearson und anderen in den ersten Jahrzehnten des 20. Jahrhunderts führten zu einer Ausgestaltung der Wahrscheinlichkeitstheorie, die mit dem Bayes-Ansatz und den für ihn wichtigen subjektiven Wahrscheinlichkeiten wenig zu tun hatte[*]. Ganz im Gegenteil verstand sich die moderne Wahrscheinlichkeitstheorie als Ansatz zur Erfassung objektiver Wahrscheinlichkeit und baute dabei auf der unten darzustellenden 'Häufigkeitskonzeption der Wahrscheinlichkeit' auf ('frequentistische Wahrscheinlichkeitskonzeption'). Die Häufigkeitskonzeption der Wahrscheinlichkeit erwies sich als äußerst fruchtbar, erlaubte die Entwicklung der meisten heute genutzten Modelle statistischen Schließens und wurde zum 'Standard-Ansatz' der mathematischen Statistik. Gleichwohl weist sie erhebliche logische Probleme auf und führt vor allem dann zu Schwierigkeiten, wenn Aussagen über die Wahrscheinlichkeit von konkreten Einzelereignissen getroffen werden sollen.

Mit der Revision des 'objektiven' Standard-Ansatzes ging eine Renaissance des Bayes-Ansatzes einher[**]. Es zeigte sich, daß die meisten frequentistischen Modelle innerhalb des umfassenderen Bayes-Ansatzes Gegenstücke haben. Während inzwischen die Erschließung des Bayes-Ansatzes für immer weitere Bereiche anwendungsorientierter Sozialforschung in vollem Gang ist, wurde eine Synthese aus 'klassischem Ansatz' der Wahrscheinlichkeitstheorie und modernem Standard-Ansatz noch nicht in Lehrbuchform umgesetzt; vor allem die mathematische Statistik setzt meist ohne weitere Diskussion den Häufigkeitsansatz einfach voraus und befaßt sich dann fallweise mit nützlichen Bayes-Modellen. Hier soll, nach diesen grundsätzlichen Ausführungen, jedoch ebenfalls der heute üblichen Darstellungsweise der Wahrscheinlichkeitstheorie gefolgt werden, zumal die Häufigkeitskonzeption der Wahrscheinlichkeit nicht nur äußerst nützlich, sondern auch intuitiv leicht verständlich ist und ihre Probleme erst in Zusammenhängen zeigt, die bei einer elementaren Erörterung nur gestreift werden müssen.

---

[*] In Form von Konzepten wie 'Konfidenzintervall' und 'Signifikanzniveau' werden die alltagspraktisch (und darum: forschungspraktisch!) bewährten subjektiven Wahrscheinlichkeiten dennoch, wenn auch etwas verkleidet, in diesen Ansatz integriert.

[**] 1958 wurde Bayes' grundlegende Arbeit 'An essay towards solving a problem in the doctrine of chances' in der Zeitschrift Biometrika neu abgedruckt.

3. Die Häufigkeitskonzeption der Wahrscheinlichkeit

Jede Aussage über die Wahrscheinlichkeit von Sachverhalten oder Ereignissen in einem Wirklichkeitsausschnitt verlangt, daß man zunächst über Annahmen darüber verfügt, was in diesem Gegenstandsbereich überhaupt auftreten kann. Diese - perspektivischen! - theoretischen Annahmen liegen offenbar jeder Feststellung subjektiver Wahrscheinlichkeiten bereits voraus. Falls jene theoretischen Annahmen falsch sind oder ihre Perspektive nicht mit jener übereinstimmt, innerhalb welcher die auftretenden Sachverhalte oder Ereignisse betrachtet werden sollen, können selbstverständlich auch die aus jenen Annahmen abgeleiteten wahrscheinlichkeitstheoretischen Aussagen nicht mit den Tatsachen übereinstimmen. Die Wahrscheinlichkeitstheorie kann darum substanzielle, mit den Tatsachen übereinstimmende Theorien lediglich konkretisieren und dergestalt überprüfbar machen, nie aber ersetzen.

Um die Logik wahrscheinlichkeitstheoretischer Überlegungen zu erläutern, sind folgende Fachbegriffe nötig:

- Die Vornahme von Handlungen, bei denen die von einer gegenstandsspezifischen Theorie erfaßten Sachverhalte festgestellt werden oder die von ihr für möglich gehaltenen Ereignisse auftreten können, heißt 'Zufallsexperiment'.

- Wesentlich für ein Zufallsexperiment ist, daß die bei seiner Vornahme festgestellten Sachverhalte ohne irgendeine Manipulation, also: rein zufällig festgestellt werden, bzw. die bei ihm auftretenden Ereignisse ohne irgendeine Manipulation, also: rein zufällig auftreten. Ein solcher rein zufällig festgestellter Sachverhalt oder ein rein zufällig auftretendes Ereignis innerhalb eines Zufallsexperiments heißt 'zufälliges Ereignis'.

- Jede Vornahme einer Handlung, bei der innerhalb eines Zufallsexperiments ein von der forschungsleitenden Theorie für möglich gehaltenes zufälliges Ereignis auftritt (oder nicht auftritt) heißt: 'Durchführung eines Zufallsexperiments'.

- Jener Begriff, der dasjenige erfaßt, was von der forschungsleitenden Theorie bei der Durchführung eines Zufallsexperiments für möglich gehalten wird, heißt 'Zufallsvariable'. Wenn von der forschungsleitenden Theorie nur bestimmte, voneinander klar unterscheidbare zufällige Ereignisse für möglich gehalten werden, liegt eine 'diskrete Zufallsvariable' vor; wenn kontinuierlich ineinander übergehende zufällige Ereignisse für möglich gehalten werden, liegt eine 'stetige Zufalls-

variable' vor. Die Unterscheidung von diskreten und stetigen Zufalls-
variablen entspricht völlig der Unterscheidung von diskreten und ste-
tigen Variablen. Die Begriffe 'Variable' und 'Zufallsvariable' markie-
ren zwei verschiedene Perspektiven auf denselben Sachverhalt: von
Variablen spricht man, wenn von der begrifflichen Erfassung eines
Wirklichkeitsausschnitts im Rahmen der Methodenlehre und deskriptiven
Statistik die Rede ist, von Zufallsvariablen, wenn man den Variablen-
Begriff im Kontext der Wahrscheinlichkeitstheorie und schließenden
Statistik verwendet. Das heißt: in der Definition der verwendeten
(Zufalls-)Variablen konkretisiert sich die forschungsleitende Theorie
des betrachteten Wirklichkeitsausschnittes.

a. Grundzüge der Häufigkeitskonzeption der Wahrscheinlichkeit

Es wird im folgenden stets vorausgesetzt, daß die forschungsleitende Theorie, welche die benutzten Zufallsvariablen zu definieren erlaubt, mit den
Tatsachen übereinstimmt.

Beispiele:

- Zufallsexperiment 1: Es soll mit einem gewöhnlichen Würfel gewürfelt
  werden. Die forschungsleitende Theorie besagt: es kann im Anschluß an
  einen Wurf eine Zahl zwischen 1 und 6 obenauf liegen; es gibt keinen
  Grund zur Annahme, eine Seite des Würfels sei beschwert, so daß keine
  Zahl bevorzugt obenauf liegen wird; der Würfel wird nicht auf einer
  seiner Kanten stehenbleiben. Es wird eine diskrete Zufallsvariable
  namens 'Augenzahl pro Wurf' definiert; sie hat die Ausprägungen '1, 2,
  3, 4, 5, 6'.
- Zufallsexperiment 2: Es soll eine Münze geworfen werden. Die forschungsleitende Theorie besagt: es kann im Anschluß an einen Wurf 'Zahl' oder
  'Wappen' obenauf liegen; es gibt keinen Grund zur Annahme, eine Seite
  der Münze sei beschwert, so daß keine Seite bevorzugt obenauf liegen
  wird; die Münze wird nicht auf ihrem Rand stehenbleiben. Es wird eine
  diskrete Zufallsvariable mit den Ausprägungen 'Wappen, Zahl' definiert.
- Zufallsexperiment 3: Es sollen aus einer Urne voller Kugeln einzelne
  Kugeln oder Gruppen von Kugeln gezogen werden. Die forschungsleitende
  Theorie besagt: in der Urne befinden sich Kugeln gleicher Größe, Schwe-
  re und Oberflächenbeschaffenheit, die gut durchmischt sind; jede Kugel
  hat eine von c Farben; es gibt n_1 Kugeln der Farbe 1, n_2 Kugeln der
  Farbe 2, ... , n_c Kugeln der Farbe c; es werden die Kugeln 'blind'
  (etwa: mit verbundenen Augen) gezogen, so daß keine Kugel oder Kugelfarbe bevorzugt wird; die gezogenen Kugeln werden nach jeder Ziehung
  wieder zurückgelegt und dann neu durchmischt ('mit Zurücklegen') bzw.:
  die gezogenen Kugeln werden nicht zurückgelegt ('ohne Zurücklegen').
  In diesem zweiten Fall beeinflußt das Ergebnis einer jeden Ziehung
  natürlich das Ergebnis jeder folgenden Ziehung. Es wird eine diskrete
  Zufallsvariable namens 'Kugelfarben pro Zug' definiert, deren mögliche Werte von der Zahl der Kugelfarben, der Kugelzahl pro Kugelfarbe,
  der Anzahl jeweils gezogener Kugeln und davon abhängen, ob mit oder
  ohne Zurücklegen gezogen wird.

Nachdem die Zufallsvariable definiert ist, wird das fragliche Zufallsexperiment n-mal durchgeführt. Im Beispiel: n-mal wird gewürfelt, die Münze geworfen, eine Kugel oder eine Gruppe von Kugeln gezogen. Bei diesen n Durchführungen des Zufallsexperiments werden die von der Zufallsvariablen erfaßten zufälligen Ereignisse auftreten und sich rein zufällig auf die Ausprägungen der Zufallsvariablen verteilen. Es läßt sich - erstens - die absolute Häufigkeit der einzelnen zufälligen Ereignisse pro Ausprägung der Zufallsvariablen feststellen. Zweitens läßt sich die relative Häufigkeit der einzelnen zufälligen Ereignisse pro Ausprägung der Zufallsvariablen feststellen: in welchem Bruchteil der n Durchführungen des Zufallsexperiments traten zufällige Ereignisse mit dem Wert K_1 der Zufallsvariablen auf?

Beispiel: Wie oft ergab sich bei 17 Würfen mit einem Würfel eine '4'? Welcher Bruchteil der 17 Würfe ist dies?

An dieser Stelle schließt sich die zentrale Überlegung der Häufigkeitskonzeption der Wahrscheinlichkeit an:

- Würde man das fragliche Zufallsexperiment unendlich oft durchführen, so ergäbe sich eine relative Häufigkeitsverteilung der auftretenden zufälligen Ereignisse, die genau der Beschaffenheit des im Zufallsexperiment untersuchten Wirklichkeitsausschnittes entspricht - denn andernfalls würden sich, bei unendlich vielen Wiederholungen des Zufallsexperiments, ja nicht gerade die tatsächlich erhaltenen relativen Häufigkeiten ergeben.

- Nun bestimmt aber nichts anderes als die Beschaffenheit des untersuchten Wirklichkeitsausschnittes den Ausgang von Zufallsexperimenten. Indessen werden bei endlich vielen Durchführungen des Zufallsexperiments die relativen Häufigkeiten der zufälligen Ereignisse, da sie ja rein zufällig auftreten, durchaus von den relativen Häufigkeiten abweichen, welche die Beschaffenheit des untersuchten Wirklichkeitsbereichs ausmachen.

- Dennoch werden sich, da ja nur die Beschaffenheit des untersuchten Wirklichkeitsausschnittes den Ausgang von Zufallsexperimenten bestimmt, auch bei endlich vielen Durchführungen des Zufallsexperiments die relativen Häufigkeiten der zufälligen Ereignisse jener Verteilung der relativen Häufigkeiten annähern, die sich bei unendlich vielen Durchführungen des Zufallsexperiments ergäbe. Diese Annäherung wird um so enger werden, je öfter das Zufallsexperiment durchgeführt wird. (Genau diese Überlegung verbirgt sich hinter der Rede vom 'Gesetz der großen Zahlen').

- Da nur die Beschaffenheit des untersuchten Wirklichkeitsausschnittes den Ausgang konkreter Zufallsexperimente bestimmt und auch bei endlich vielen Durchführungen eines Zufallsexperiments dank des 'Gesetzes der großen Zahlen' gewährleistet ist, daß sich die relative Häufigkeitsverteilung der zufälligen Ereignisse jener relativen Häufigkeitsverteilung annähert, die sich bei unendlich vielen Durchführungen des Zufallsexperiments ergäbe, bietet es sich an, als <u>Wahrscheinlichkeit</u> für das Auftreten eines bestimmten zufälligen Ereignisses innerhalb eines untersuchten Wirklichkeitsausschnittes zu verstehen: <u>die relative Häufigkeit, mit der es bei unendlich vielen Durchführungen des fraglichen Zufallsexperiments auftreten würde.</u> 'Wahrscheinlichkeiten' zufälliger Ereignisse sind also <u>relative Häufigkeiten</u> (bei unendlich vielen Durchführungen eines Zufallsexperiments); die relative Häufigkeitsverteilung bei endlich vielen Durchführungen eines Zufallsexperiments nähert sich der <u>Wahrscheinlichkeitsverteilung</u> des fraglichen Merkmals an.

Diese Konzeption von Wahrscheinlichkeit hat viele Vorzüge. <u>Erstens</u> sind Wahrscheinlichkeitsaussagen <u>gut zu interpretieren</u>. p = 0,50 für ein zufälliges Ereignis A besagt: 'Bei unendlich vielen Durchführungen dieses Zufallsexperiments wird das Ereignis A in der Hälfte aller Fälle auftreten; für <u>praktische</u> Zwecke kann man damit rechnen, daß in etwa jedem zweiten Fall das Ereignis A auftritt - wenn man den Vorgang nur entsprechend oft wiederholt'. <u>Zweitens</u> sind derartige Wahrscheinlichkeitsaussagen leicht <u>empirisch</u> auf ihre Übereinstimmung mit den Tatsachen <u>nachzuprüfen</u>, da sich die tatsächlich beobachteten Häufigkeiten den vermuteten Wahrscheinlichkeiten annähern müssen (und, wenn dies nicht der Fall sein sollte, stets geschlossen werden kann: entweder liegt ein Fehler bei der Bestimmung der Wahrscheinlichkeit vor - oder es stimmt die der Berechnung der Wahrscheinlichkeit zugrunde gelegte Theorie nicht).[*] <u>Drittens</u> lassen sich innerhalb dieser Wahrscheinlichkeitskonzeption die Wahrscheinlichkeiten konkreter zufälliger Ereignisse mehr oder weniger leicht <u>berechnen</u>. Das heißt: statt auf subjektive Einschätzungen des Wahrscheinlichen greift man auf eine (perspektivische) <u>Theorie des tatsächlich Möglichen</u> zurück und leitet aus ihr <u>Berechnungen des Wahrscheinlichen</u> ab.[**]

---

[*] Dieser zweite Gedanke ist für die Logik der Signifikanztests zentral; siehe S. 206 ff.

[**] Aus diesem Rückgriff auf eine mit den Tatsachen übereinstimmende Theorie des untersuchten Gegenstandsbereichs leitet dieser Ansatz seinen Anspruch ab, 'objektive' Wahrscheinlichkeitsaussagen zu liefern.

Die Grundgedanken der Berechnung von Wahrscheinlichkeiten sind einfach:

- Was auch bei unendlich vielen Durchführungen eines Zufallsexperiments nicht auftritt, ist offenbar wegen der Struktur des betrachteten Wirklichkeitsausschnitts nicht möglich und hat die relative Häufigkeit '0'. So gilt tatsächlich: Die Wahrscheinlichkeit des unmöglichen Ereignisses ist gleich '0'.

- Was bei unendlich vielen Durchführungen eines Zufallsexperiments immer auftritt, ist offenbar der Beschaffenheit des betrachteten Wirklichkeitsausschnitts wegen sicher und hat die relative Häufigkeit '1'. Das heißt: das sichere Ereignis hat tatsächlich die Wahrscheinlichkeit '1'.

- Was bei unendlich vielen Durchführungen eines Zufallsexperiments nur endlich oft auftritt, hat offenkundig eine relative Häufigkeit, die kleiner als '1' und größer als '0' ist. Die relative Häufigkeit wird dabei natürlich um so größer sein, je häufiger dieses Ereignis tatsächlich aufgetreten ist. Folglich wird der Wahrscheinlichkeit dieses Ereignisses ein Bruch zugeordnet, der mit wachsender Wahrscheinlichkeit sich '1', mit sinkender Wahrscheinlichkeit sich '0' nähert.

Alles hängt nun davon ab, daß stets ein geeigneter mathematischer Ausdruck gefunden werden kann, der auf der Grundlage einer definierten, diskreten Zufallsvariablen jedem einzelnen zufälligen Ereignis (also: jeder Ausprägung der Zufallsvariablen) in Übereinstimmung mit den Tatsachen einen ratioskalierten Wahrscheinlichkeitswert p mit $0 \leq p \leq 1$ zuordnet. Die Aufgabe, einen solchen Ausdruck zu finden, besteht aus zwei Teilen. Erstens muß festgestellt werden, welche und wieviele Ausprägungen die Zufallsvariable überhaupt annehmen kann. Zweitens muß eine Formel konstruiert werden, in welcher n, die Anzahl der Durchführungen eines Zufallsexperiments, so 'eingebaut' ist, daß ein Anwachsen von n 'über alle Grenzen', also: ein Grenzübergang[*], einen Wert $0 \leq p \leq 1$ liefert. Diese zweite Teilaufgabe ist mit geeigneten mathematischen Kenntnissen stets leicht zu lösen. Die erste Teilaufgabe ist freilich schwieriger: auch wenn alle Einzelheiten eines Zufallsexperiments von der forschungsleitenden Theorie klar beschrieben werden, ist es oft gar nicht leicht, die daraus entspringenden Möglichkeiten rein zufälliger Ereignisse festzustellen. Aussagen darüber, was bei vorgegebenen Anfangsbedingungen 'sich alles ereignen kann', liefert eine Teildisziplin der Arithmetik: die Kombinatorik.

---

[*] der so notiert wird: $\lim\limits_{n \to \infty} \ldots = \ldots$

b. Zur Rolle der Kombinatorik in der Wahrscheinlichkeitstheorie

Ein sehr einfacher Fall liegt vor, wenn etwa nur bestimmt werden soll, was sich beim Würfeln mit einem normalen Würfel alles ereignen kann: es können die Zahlen 1 bis 6 auftreten; sie werden bei unendlich vielen Durchführungen dieses Zufallsexperiments die relative Häufigkeit von je $\frac{1}{6}$ aufweisen; die Wahrscheinlichkeit für jedes der sechs möglichen zufälligen Ereignisse beträgt je $\frac{1}{6}$. Während in derartigen Fällen kombinatorische Bemühungen überflüssig sind, kann beim Urnen-Beispiel[*] keineswegs mehr auf sie verzichtet werden. Zwar läßt sich seine 'Ausgangslage' - also: die forschungsleitende Theorie - einfach beschreiben; doch die Konsequenzen dafür, welche Kugelkombinationen nun wirklich rein zufällig gezogen werden können, sind schon bald nicht mehr ohne besondere mathematische Hilfsmittel zu überblicken. Folglich kann auch nicht mehr ohne weiteres die Wahrscheinlichkeit für einzelne zufällige Ereignisse (also: für konkrete Kombinationen gezogener Kugeln) berechnet werden.

An drei Beispielen sei dies demonstriert:

- In einer Urne befinden sich 120 blaue, 50 rote und 30 grüne Kugeln. Das Zufallsexperiment besteht darin, jeweils drei Kugeln zu ziehen. Wie groß ist nun die Wahrscheinlichkeit dafür, daß bei einer Ziehung mindestens (oder: genau; oder: höchstens) 1 (oder: 2; oder: 3) blaue (oder: rote; oder: grüne) Kugel(n) gezogen wird (werden)?

- Es befindet sich dieselbe Anzahl von Kugeln im selben Mischungsverhältnis in der Urne. Wie groß ist die Wahrscheinlichkeit dafür, daß bei x Durchführungen desselben Zufallsexperiments genau y blaue (oder: rote; oder: grüne) Kugeln gezogen werden - einerseits bei einer Ziehung mit, andererseits bei einer Ziehung ohne Zurücklegen?

- Bei n Ziehungen von je zwei Kugeln aus einer Urne mit blauen, roten und grünen Kugeln habe man insgesamt a blaue, b rote und c grüne Kugeln gezogen; die gezogenen Kugeln seien jeweils (nicht) zurückgelegt worden. Wie kann man aus diesem Ergebnis von n Durchführungen des Zufallsexperiments schätzen, welches das Mischungsverhältnis zwischen den Kugeln in der Urne ist?

Bei den ersten zwei Beispielen läßt sich das, was überhaupt alles vorkommen kann, intuitiv nicht mehr vollständig feststellen; die Wahrscheinlichkeiten, nach denen gefragt ist, können ohne weitere Hilfsmittel erst recht nicht mehr ermittelt werden. Im dritten Beispiel setzt der verlangte Schluß von der Auswahl der gezogenen Kugeln auf die Grundgesamtheit des Urneninhalts Aussagen über die Wahrscheinlichkeit der einzelnen Ereignisse bereits voraus, die ihrerseits intuitiv keineswegs mehr formuliert werden können.

---

[*] Siehe oben S. 156.

Offenbar sind metrische Aussagen über Wahrscheinlichkeiten ohne die Benutzung kombinatorischer Modelle nur in sehr trivialen Fällen möglich. Deswegen sollten die wichtigsten kombinatorischen Modelle bekannt sein. Obwohl keineswegs selbst von sozialwissenschaftlicher Relevanz, wird an ihnen besonders gut sichtbar, welch weitverzweigter Grundlagen die sozialwissenschaftliche Forschung bei einer scheinbar so simplen Aufgabe wie jener bedarf, über soziale Wirklichkeit mit den Tatsachen übereinstimmende Aussagen zu erarbeiten. Drei wichtige kombinatorische Modelle sind hervorzuheben:

aa. Permutationen

Das Modell der Permutation erlaubt es, folgende Frage zu beantworten: 'Wieviele verschiedene Anordnungen kann man aus N Elementen bilden?' Es ergibt sich

- falls alle Elemente verschieden sind:
  $1 \cdot 2 \cdot 3 \cdot \ldots \cdot N = N!$

- falls nicht alle Elemente verschieden sind, sondern es innerhalb der N Elemente p Gruppen zu je k gleichen Elementen gibt:

$$\frac{N!}{k_1! \cdot k_2! \cdot \ldots \cdot k_p!} = \frac{N!}{\prod_{i=1}^{p} k_i!}$$

bb. Variationen

Das Modell der Variation erlaubt es, folgende Frage zu beantworten: 'Wieviele verschiedene Anordnungen zu je K Elementen kann man aus N Arten von Elementen bilden?' (Natürlich muß gelten: K < N). Es ergibt sich:

- falls sich gleichartige Elemente wiederholen dürfen: N^K
- falls sich gleichartige Elemente nicht wiederholen dürfen: $\frac{N!}{(N-K)!}$

cc. Kombinationen

Das Modell der Kombination erlaubt es, folgende Frage zu beantworten: 'Wieviele verschiedene Zusammenstellungen zu je k Elementen kann man aus N Elementen bilden, wenn es auf die Anordnung der Elemente nicht ankommt?'

Es ergibt sich:

$$\binom{N}{k} \stackrel{\text{def.}}{=} \frac{N \cdot (N-1) \cdot (N-2) \cdot \ldots \cdot (N-k+1)}{k!} =$$

$$= \frac{N!}{k! \cdot (N-k)!} = \binom{N}{N-k}$$

Dank dieser kombinatorischen Modelle ist es grundsätzlich möglich, auch in sehr komplizierten Fällen solche Ausdrücke für Grenzübergänge zu formulieren, die beliebigen zufälligen Ereignissen ihre Wahrscheinlichkeiten zuordnen.

c. Theoreme der Wahrscheinlichkeitsrechnung

Durch die kombinatorische Bestimmung möglicher Ergebnisse von Zufallsexperimenten und den Grenzübergang auf den Fall unendlich vieler Durchführungen eines Zufallsexperiments werden einzelnen zufälligen Ereignissen ihre Wahrscheinlichkeiten zugewiesen. Für sozialwissenschaftliche Aussagen, die stets von einiger Komplexität sind, ist es freilich wichtig, nicht nur Informationen über die Wahrscheinlichkeiten einzelner zufälliger Ereignisse, sondern auch über die Wahrscheinlichkeiten von Kombinationen verschiedener zufälliger Ereignisse zu erhalten. Dies wird durch die Wahrscheinlichkeitsrechnung ermöglicht. Ihre Theoreme erlauben die Formulierung beliebig komplexer Aussagen über die Wahrscheinlichkeiten gemeinsam auftretender zufälliger Ereignisse. Hier können freilich nur die grundlegenden Theoreme ohne alle Ableitungen und Beweise kurz vorgestellt werden:

aa) Wenn P(A) die Wahrscheinlichkeit dafür ist, daß das zufällige Ereignis A auftritt, so ist die Wahrscheinlichkeit dafür, daß A nicht auftritt:
$P(\bar{A}) = 1 - P(A)$

bb) Schließen zwei zufällige Ereignisse A und B einander aus, so ist die Wahrscheinlichkeit dafür, daß A oder B (nicht: A und B!) auftritt:
P(A oder B) = P(A) + P(B). Dieser Satz heißt 'Additionstheorem'.

cc) Sind bei einem Zufallsexperiment die einander ausschließenden zufälligen Ereignisse A, B, C, D mit den Wahrscheinlichkeiten P(A), P(B), P(C), P(D) möglich, so besteht das sichere Ereignis (gemäß Additionstheorem) darin, daß A oder B oder C oder D auftritt:
P(A) + P(B) + P(C) + P(D) = 1.

dd) Es sei der Fall betrachtet, daß zwei einander ausschließende zufällige Ereignisse gemeinsam auftreten.

Die scheinbare Paradoxie dieser Formulierung verflüchtigt sich, wenn man folgendes Beispiel betrachtet und von ihm ausgehend den Gedanken verallgemeinert:

- Beim Würfeln schließen einander die beiden zufälligen Ereignisse 'Augenzahl 1' und 'Augenzahl 4' zweifellos aus.
- Würfelt man nun mit zwei Würfeln, so ist die Frage sinnvoll: Wie wahrscheinlich ist es, daß der eine Würfel eine '1', der andere eine '4' aufweist, also: daß jene beiden einander ausschließenden zufälligen Ereignisse gemeinsam auftreten?

Die Wahrscheinlichkeit dafür, daß zwei einander ausschließende zufällige Ereignisse A und B gemeinsam auftreten, wird vom 'Multiplikationstheorem' angegeben: $P(AB) = P(A) \cdot P(B)$

ee) Es sei der Fall betrachtet, daß zwei einander nicht ausschließende zufällige Ereignisse gemeinsam auftreten.

Beispiel:

- Zufälliges Ereignis A: 'Auftreten einer geraden Augenzahl beim Würfeln'.
- Zufälliges Ereignis B: 'Auftreten einer Augenzahl kleiner oder gleich 4 beim Würfeln'.

Auch hier ist folgende Frage sinnvoll: Wie wahrscheinlich ist es, daß A gemeinsam mit B auftritt? Da die beiden Ereignisse einander nicht ausschließen, liegen andere Wahrscheinlichkeiten des gemeinsamen Auftretens vor als im oben betrachteten Fall des Multiplikationstheorems. Man formuliert: 'Es interessiert die Wahrscheinlichkeit für das Auftreten von B unter der Bedingung, daß zugleich auch A auftritt' (oder umgekehrt). Gemäß dieser Formulierung spricht man von 'bedingten Wahrscheinlichkeiten'. Diese Wahrscheinlichkeit von B unter der Bedingung, daß auch A auftritt, ist:

$$P(B|A) = \frac{P(AB)}{P(A)}$$

Selbstverständlich muß die Wahrscheinlichkeit von A größer als 0 sein, da sonst die Rede von einer 'durch A bedingten Wahrscheinlichkeit von B' sinnlos ist. Ferner sei betont, daß innerhalb dieses Theorems das 'bedingende zufällige Ereignis' keineswegs kausal interpretiert werden darf: das Modell der bedingten Wahrscheinlichkeit bezieht sich allein auf die Häufigkeit (und damit Wahrscheinlichkeit) des gemeinsamen Auftretens von A und B.

Grundsätzlich muß bei der Nutzung der Wahrscheinlichkeitsrechnung bedacht werden, daß sich ihre Aussagen nie auf tatsächlich auftretende Einzelereignisse oder Kombinationen von zufälligen Ereignissen beziehen. Vielmehr ist zu unterscheiden zwischen der berechneten Wahrscheinlichkeit, die als relative Häufigkeit bei unendlich vielen Durchführungen des fraglichen Zufallsexperiments aufgefaßt wird, und der Tatsache, daß sich die relativen Häufigkeiten konkret beobachteter zufälliger Ereignisse bei zunehmender Zahl der Durchführungen des Zufallsexperiments jenen relativen Häufigkeiten annähern, die (bei unendlich vielen Durchführungen des Zufallsexperiments) als Wahrscheinlichkeiten gedeutet werden. Da für ein Einzelereignis das Modell einer 'relativen Häufigkeit' jedoch sinnlos ist, lassen sich Wahrscheinlichkeitsangaben für Einzelereignisse nur als 'Mittel zum Zweck' der Wahrscheinlichkeitsrechnung, nicht aber als inhaltliche Aussagen über ein konkretes Ereignis interpretieren.

II. Wahrscheinlichkeitstheoretische Anforderungen an Auswahlen

Die oben vorgetragenen Überlegungen gingen von der Frage aus, wie von Auswahlen so auf eine Grundgesamtheit geschlossen werden kann, daß die an der Auswahl erarbeiteten Aussagen auch mit den Tatsachen der Grundgesamtheit übereinstimmen. Es wurde rasch klar, daß solche Schlüsse lediglich zu Wahrscheinlichkeitsaussagen über die Beschaffenheit der Grundgesamtheit führen können. Darum wurde gezeigt, wie man zu (metrischen) Wahrscheinlichkeitsaussagen gelangt, die tatsächlich mit der Beschaffenheit ihrer empirischen Referenten übereinstimmen. Nun ist zu erörtern, wie Auswahlen beschaffen sein müssen, damit sie jene angestrebten, mit den Tatsachen übereinstimmenden wahrscheinlichkeitstheoretischen Schlüsse auf die Grundgesamtheit erlauben. Die Antwort ergibt sich aus der Möglichkeit, jede r e i n z u f ä l l i g e Auswahl einer Untersuchungseinheit (bzw.: Durchführung einer Messung an einer Untersuchungseinheit) als Durchführung eines Zufallsexperiments aufzufassen. Warum dies möglich ist, zeigt folgender Gedankengang:

a) Jede Untersuchungseinheit wird jenes Merkmal (bzw.: jene Merkmale), das an den Elementen der Grundgesamtheit interessiert, in einem bestimmten Grad aufweisen (im Grenzfall: nicht aufweisen).

b) Die zufällige Auswahl einer Untersuchungseinheit mit einer bestimmten Ausprägung des fraglichen Merkmals (bzw.: die Messung des fraglichen Merkmals an zufällig genau jener Untersuchungseinheit) kann darum als zufälliges Ereignis verstanden werden. Interpretiert in bezug auf die interessierende Merkmalsausprägung läßt sich formulieren: rein zufällig wird eine bestimmte Merkmalsausprägung beobachtet.

c) Die bei der Formulierung forschungsleitender Hypothesen benutzten Variablen legen fest, welche Merkmale mit welchen Ausprägungen an den Untersuchungseinheiten erfaßt werden sollen. Wählt man die Untersuchungseinheiten nun rein zufällig aus (bzw: sind die Beobachtungen/Messungen bestimmter Merkmalsausprägungen rein zufällig), so fungieren jene Variablen als Zufallsvariablen: sie geben an, welche zufälligen Ereignisse zu beobachten sind.

d) Folglich liegt ein Zufallsexperiment vor. Die in seinem Rahmen möglichen zufälligen Ereignisse sind die zufälligen Beobachtungen bestimmter Merkmalsausprägungen an den Untersuchungseinheiten; sie werden von der forschungsleitenden Theorie (perspektivisch) definiert. Läßt freilich die forschungsleitende Theorie Wirklichkeitsmerkmale außer acht, welche das als zufällig erachtete Auftreten der tatsächlich beobachteten Ereignisse dahingehend prägen, daß sie nicht rein zufällig auftreten, so werden natürlich jene Schlußfolgerungen falsch sein, die sich an die beobachteten Ereignisse unter der Prämisse knüpfen, es handele sich bei ihnen um zufällige Ereignisse im Sinn eines Zufallsexperiments.

Läßt sich das Auswählen mehrerer Untersuchungseinheiten (bzw.: die Durchführung mehrerer Beobachtungen an Untersuchungseinheiten) tatsächlich als mehrmalige Durchführung eines Zufallsexperiments ('Zufallsauswahl') auffassen, so wird folgende, weiterführende Interpretation möglich:

a) Die in einer Zufallsauswahl erhaltene Verteilung der relativen Häufigkeiten der einzelnen Merkmalsausprägungen (d.h.: der Variablenwerte) kann als tatsächlich beobachtete Verteilung der relativen Häufigkeiten zufälliger Ereignisse bei einem Zufallsexperiment gedeutet werden.

b) In diesem Fall kann davon ausgegangen werden, daß sich bei genügend oftmaliger Durchführung dieses Zufallsexperiments (d.h.: bei genügend vielen Beobachtungen von Merkmalen der Untersuchungseinheiten) die in der Auswahl erhaltene relative Häufigkeitsverteilung der beobachteten Merkmalsausprägungen/Variablenwerte jener relativen Häufigkeitsverteilung annähert, die in der Grundgesamtheit besteht, diese kennzeichnet und den eigentlich interessierenden Forschungsgegenstand bildet ('Gesetz der großen Zahlen').

c) Insgesamt kann der Umfang der Auswahl (d.h.: die Anzahl der ausgewählten Untersuchungseinheiten bzw. der an ihnen durchgeführten Beobachtungen/ Messungen) als Anzahl der Durchführungen eines Zufallsexperiments aufgefaßt werden. Es gilt: je größer der Umfang einer Zufallsauswahl ist, um so stärker nähern sich die in ihr erhaltenen Häufigkeitsverteilungen den in der Grundgesamtheit interessierenden Häufigkeitsverteilungen an. Dabei gibt es jeweils bestimmte Grenzen, ab welchen der Zugewinn in der 'Annäherung an die Beschaffenheit der Grundgesamtheit' geringer ist als der praktisch-forschungstechnische Nachteil, der mit einer Vergrößerung des Auswahlumfangs einhergeht.[*]

    Dieser Zusammenhang zwischen dem Umfang einer Zufallsauswahl und dem einer Grundgesamtheit kann folgendermaßen verdeutlicht werden:

    Die Grundgesamtheit kann unendlich groß sein. Dies wäre der Fall, wenn etwa bei allen Menschen der Zusammenhang zwischen Religiosität und Identitätssicherung untersucht werden soll.[**] Hier läßt sich die Beschaffenheit der Grundgesamtheit prinzipiell nur durch Ausnutzung des oben beschriebenen Sachverhalts ermitteln. Die fragliche Grundgesamtheit kann aber auch nur endlich groß sein, so daß prinzipiell zwar eine Vollerhebung möglich ist, aus pragmatischen Gründen jedoch auf sie verzichtet wird. In diesem Fall kann das 'Gesetz der großen Zahlen' so veranschaulicht werden:

    Wählte man nur eine einzige Untersuchungseinheit aus und stellte ihre interessierende Merkmalsausprägung fest, so ließe sich daraus sicher kein Schluß auf die Häufigkeitsverteilung der fraglichen

---

[*] Dieser Nachteil ergibt sich aus folgenden Sachverhalten: höherer Personal-, Zeit- und Finanzaufwand für die Untersuchung größerer Auswahlen; sachliche Fehler, die bei großen Datenmengen leichter entstehen und eher unbemerkt bleiben als bei kleinen Datenmengen.

[**] Betrachtungen von unendlichen Grundgesamtheiten wie dieser führen rasch zu 'rein akademischen Diskussionen'. Beispielsweise wird die Erde in einigen Milliarden Jahren von der zum 'roten Riesen' anschwellenden Sonne zerstört werden; setzt man nicht eine Auswanderung der Menschheit auf einen Planeten außerhalb des von unserer Sonne abhängigen Weltraums voraus, ist die Grundgesamtheit aller Menschen folglich endlich. Da die Aussagen der Sozialwissenschaften sich aber stets auf Menschen beziehen, kann formuliert werden: sozialwissenschaftliche Aussagen ohne eingeschränkten Raum/ Zeit-Bezug ('Allaussagen') sind nicht möglich. Doch offenbar ist diese Feststellung durchaus ohne großen praktischen Wert: Aussagen, die sich auf einen empirischen Referenten von so großer zeitlicher Ausdehnung erstrecken, werden im Ernst ohnehin nicht angestrebt, und die Forderung nach Formulierung sozialwissenschaftlicher Allaussagen hat eher die Funktion, zur Erarbeitung informationsreicher und - dank guter Falsifizierbarkeit bei mangelndem Wahrheitsgehalt - leicht überprüfbarer Aussagen aufzurufen. Die Rede von 'endlichen' oder 'unendlichen' Grundgesamtheiten (und entsprechend von 'raum-zeitlich begrenzten Aussagen' oder 'raum-zeitlich nichtbegrenzten Allaussagen' als Ziel sozialwissenschaftlicher Forschung) sollte darum nur in bezug auf konkrete Fragestellungen ernstgenommen werden.

Merkmalsausprägungen in der Grundgesamtheit ziehen; untersuchte man aber alle Elemente der Grundgesamtheit, so wüßte man über die Häufigkeitsverteilungen der interessierenden Merkmale in der Grundgesamtheit vollständig Bescheid. Diese Beschaffenheit der Grundgesamtheit bestimmt freilich - wie am obigen Urnenbeispiel deutlich wurde - die Wahrscheinlichkeiten für die zufällige Beobachtung der einzelnen Merkmalsausprägungen. Je mehr Untersuchungseinheiten man zufällig auswählt (bzw.: je mehr Beobachtungen ihrer Merkmale man rein zufällig durchführt), um so mehr werden sich darum die dabei festgestellten Häufigkeitsverteilungen der interessierenden Merkmalsausprägungen jenen annähern, die in der Grundgesamtheit tatsächlich vorliegen - bis bei einer Vollerhebung Identität zwischen den Häufigkeitsverteilungen in 'Auswahl' und Grundgesamtheit erreicht ist. Der Fall einer unendlichen Grundgesamtheit kann nun als Grenzfall eines recht großen Unterschieds zwischen dem Umfang einer Auswahl und der Grundgesamtheit aufgefaßt und folglich gemäß dieser Veranschaulichung interpretiert werden.

Aufgrund dieser Sachverhalte ist es prinzipiell möglich, von Zufallsauswahlen mit den Tatsachen übereinstimmende wahrscheinlichkeitstheoretische Schlüsse auf die Beschaffenheit von Grundgesamtheiten abzuleiten. Dargestellt wurde dies bislang zwar nur für Schlüsse von Häufigkeitsverteilungen in Auswahlen auf Häufigkeitsverteilungen in Grundgesamtheiten. Da im Kapitel über 'Deskriptive Statistik' aber gezeigt wurde, daß die Betrachtung von Zusammenhängen stets von der Betrachtung gemeinsamer Häufigkeitsverteilungen ausgeht, ist klar, daß grundsätzlich auch von in Auswahlen festgellten Zusammenhängen auf die in der Grundgesamtheit bestehenden Zusammenhänge geschlossen werden kann. Dies ist stets dann möglich, wenn für ein bestimmtes, Informationen der Auswahl verdichtendes Modell der deskriptiven Statistik ein paralleles Modell der schließenden Statistik verfügbar ist, das einen Schluß von der (verdichteten) Information als Datenmatrix auf die Beschaffenheit der Grundgesamtheit erlaubt. Solche Modelle stehen in großem Umfang bereit.

Doch zwei Fragen bleiben einstweilen offen und werden erst unten beantwortet:

- Wie kann man feststellen, mit welcher Wahrscheinlichkeit (oder: innerhalb welcher zu vermutenden Schwankungsbereiche) ein in der Zufallsauswahl identifizierter Sachverhalt auch in der Grundgesamtheit vorliegt?

- Wie werden solche wahrscheinlichkeitstheoretischen Schlüsse von Zufallsauswahlen auf Grundgesamtheiten konkret gezogen?

Bevor die Antworten hierauf im Abschnitt über 'Wahrscheinlichkeitsverteilungen' und im Kapitel über 'Schließende Statistik' dargestellt werden, ist die Bedingung aller Möglichkeiten eines Schlusses von Auswahlen auf Grundgesamtheiten abschließend zu behandeln: die Forderung, daß tatsächlich eine Zufallsauswahl ('Wahrscheinlichkeitsauswahl', 'Zufallsstichprobe', 'Wahrscheinlichkeitsstichprobe', 'Random Sample', 'Probability Sample') vorliegt.

Die gesamte Argumentation baute darauf auf, daß es möglich sei, Auswahlen von Untersuchungseinheiten oder Durchführungen von Beobachtungen/Messungen an Untersuchungseinheiten als zufällige Ereignisse zu interpretieren. Deswegen hängt alles davon ab, daß tatsächliche Auswahlen von Untersuchungseinheiten oder Beobachtungen/Messungen so durchgeführt werden, daß diese Interpretation gerechtfertigt ist. Dies ist dann gegeben, wenn folgende Forderungen erfüllt sind:

a) Jede Untersuchungseinheit muß von vornherein die gleiche Chance haben, ausgewählt (bzw.: beobachtet/gemessen) zu werden.

b) Die konkrete Auswahl oder Beobachtung/Messung darf nicht willkürlich, sondern muß nach einem solchen Plan vorgenommen werden, der jene Chancengleichheit bis zum Akt der tatsächlichen Messung hin garantiert.

c) Viele Modelle der schließenden Statistik setzen ferner voraus, daß folgende Forderung erfüllt ist: Es darf die Auswahl einer Untersuchungseinheit oder die Durchführung einer Beobachtung/Messung nicht die Auswahl weiterer Untersuchungseinheiten oder die Durchführung weiterer Beobachtungen/Messungen beeinflussen. Man spricht hier von der Forderung nach 'Unabhängigkeit' der einzelnen Auswahlen bzw. Messungen.[*]

---

[*] Diese Forderung nach Unabhängigkeit entspricht der Sachlage beim Urnenbeispiel 'mit Zurücklegen'. Tatsächlich werden die meisten Auswahlen jedoch 'ohne Zurücklegen' durchgeführt, so daß durch die Wahl einer Untersuchungseinheit regelmäßig die Chance einer anderen Untersuchungseinheit steigt, ihrerseits ausgewählt zu werden; für die am Schluß übrigbleibende Untersuchungseinheit würde diese Chance zum sicheren Ereignis. Doch für praktische Zwecke wird diese Verletzung der Forderung nach Unabhängigkeit erst dann relevant, wenn der Umfang der Auswahl ein Fünftel des Umfangs der Grundgesamtheit erreicht.

Diesen Forderungen bei der Datenerhebung gerecht zu werden, ist oft recht schwierig. Ein eigener Zweig methodologischer Forschung beschäftigt sich mit diesen Problemen: die Stichprobentheorie. In der Praxis müssen oft Kompromisse geschlossen und unbeseitigbare Fehler in Kauf genommen werden, was beides in Rechnung zu stellen ist, wenn Schlüsse von Zufallsauswahlen auf Grundgesamtheiten in bezug auf substanzielle Fragestellungen zu interpretieren sind. In für praktische Zwecke ausreichender Weise lassen sich freilich diese Probleme dann bewältigen, wenn man mit Sorgfalt jene Auswahlverfahren benutzt, die von der Stichprobentheorie erarbeitet worden sind. Ihre konkrete Ausgestaltung kann nur im Zusammenhang der einzelnen Forschungsmethoden behandelt werden, bei denen Untersuchungseinheiten ausgewählt und Beobachtungen/Messungen durchgeführt werden; hier können sie nur genannt werden: einfache und systematische Zufallsstichprobe, geschichtete Wahrscheinlichkeitsauswahl, mehrstufige Zufallsauswahlen ('Klumpen-Verfahren', 'Flächenstichprobe', 'Zeitstichprobe'). Für jede Datenerhebung ist ein detaillierter, auf diese Auswahlverfahren bezogener Auswahlplan zu erstellen und so genau wie möglich durchzuführen. Gelingt es, präzis gemäß einem fehlerfreien Auswahlplan die beabsichtigte Anzahl an Untersuchungseinheiten auszuwählen oder die beabsichtigte Anzahl an Beobachtungen/Messungen durchzuführen, so liegt eine 'unverzerrte Stichprobe' vor. Praktisch ist dieses Ziel recht selten zu erreichen; meist wird mindestens eine der oben formulierten Forderungen verletzt. In solchen Fällen verfügt man über 'verzerrte Stichproben' und muß im Rahmen des Möglichen versuchen, Art und Grad dieser Verzerrung ('Stichprobenfehler') festzustellen und bei allen Interpretationen zu berücksichtigen. Eine wenig verzerrte (im Idealfall: unverzerrte) Zufallsstichprobe ist - innerhalb der auswahlleitenden Forschungsperspektive - ein 'verkleinertes Abbild der Grundgesamtheit' und wird 'repräsentative Stichprobe' genannt; ein zu einer repräsentativen Stichprobe führender Auswahlvorgang heißt 'Repräsentativerhebung'.*)

> Dieser Begriff darf keinesfalls mit dem der 'Quoten-Auswahl' ('Quoten-Stichprobe', 'Quota Sample') verwechselt werden. Bei diesem Auswahlverfahren nimmt man an, daß einige leicht feststellbare Merkmale von Untersuchungseinheiten (etwa: Geschlecht, Alter, Beruf, Konfession, Größe des Wohnorts usw.) mit den Ausprägungen der eigentlich interessierenden Merkmale eng zusammenhängen. Vor dem Hintergrund der (mehr oder minder überprüften) Vermutung, diese Annahme sei gerechtfertigt, gelangt man auf folgende Weise zu einem 'verkleinerten Abbild der Grundgesamtheit': man ermittelt die relativen Häufigkeitsverteilungen jener leicht festzustellenden Merkmale der Untersuchungseinheiten in der Grundgesamtheit ('Quoten') und stellt seine Auswahl dann so zusammen, daß sich in ihr

---

*) D.h.: Es besteht kein Gegensatz zwischen einer Zufalls- und einer Repräsentativstichprobe; beide sind vielmehr identisch.

dieselben relativen Häufigkeiten der 'Quotierungsmerkmale' wiederfinden wie in der Grundgesamtheit; von dieser Auswahl nimmt man dann an, sie sei nicht nur bezüglich der Quotierungsmerkmale, sondern auch bezüglich der eigentlich interessierenden Merkmale repräsentativ für die Grundgesamtheit. Eine solche 'Quotenauswahl' bietet einige Vorteile; vor allem ist sie (angeblich) billiger und oft schneller durchzuführen als eine Zufallsauswahl. Andererseits werfen Quoten-Stichproben etliche Probleme auf. Erstens beziehen sich die Quotenangaben nur auf das Aggregat der Auswahl, nicht aber auf die Untersuchungseinheiten selbst, an denen dann die interessierenden Merkmale erhoben werden (vgl. S.104). Beispielsweise ist es möglich, daß in einer Quotenstichprobe mit 50 % Katholikenanteil und 50 % Arbeiteranteil sich kein einziger katholischer Arbeiter befindet - obwohl bezüglich der Grundgesamtheit die Merkmale von katholischen Arbeitern interessieren und die an der Quoten-Stichprobe erarbeiteten Aussagen so interpretiert werden sollen, als bezögen sie sich tatsächlich auf die katholischen Arbeiter der Grundgesamtheit. Zweitens läßt sich der Stichprobenfehler einer Quoten-Stichprobe grundsätzlich nicht bestimmen; Verzerrungen oder Fehler beim konkreten Auswahlvorgang können darum nicht kontrolliert oder korrigiert werden. Drittens ist beim Vorliegen einer Quotenstichprobe jene grundlegende Voraussetzung eben nicht gegeben, welche überhaupt erst die Verwendung der Modelle der schließenden Statistik erlaubt: die Möglichkeit, den Auswahlvorgang als Zufallsexperiment zu deuten. Dennoch hat sich gezeigt, daß praktisch die Quoten-Stichprobe dann genutzt werden kann, wenn nur Trenderhebungen mit eher groben Schätzungen von relativen Häufigkeiten angestrebt werden; auch Durchschnitte und Proportionen sind oft recht genau. Für komplexere Aufgabenstellungen oder gar die Überprüfung theoretischer Aussagen sind Quoten-Stichproben jedoch unangemessen und Wahrscheinlichkeitsaussagen zu verwenden.

III. Wahrscheinlichkeitsverteilungen und ihr sozialwissenschaftlicher Nutzen

1. Aufgaben und Arten von Wahrscheinlichkeitsverteilungen

Folgende Frage ist zu beantworten: 'Wie kann man feststellen, mit welcher Wahrscheinlichkeit (oder: innerhalb welcher zu vermutenden Schwankungsbereiche) ein in der Zufallsauswahl identifizierter Sachverhalt auch in der Grundgesamtheit besteht?' - Den Gedankengang, der die Antwort liefert, kann man knapp so zusammenfassen:

a) Man benötigt theoretische Annahmen darüber, wie die interessierenden Wirklichkeitsmerkmale überhaupt beschaffen sind und sich in der Grundgesamtheit verteilen.

b) Unter der Prämisse, diese Annahmen seien richtig, läßt sich ermitteln, welche Häufigkeitsverteilungen sich für die fraglichen Merkmale in einer Zufallsstichprobe ergeben müßten. Diese Angaben über die in einer Zufallsstichprobe zu erwartenden Häufigkeitsverteilungen leiten sich natürlich von wahrscheinlichkeitstheoretischen Überlegungen her, bei denen die bei einer Zufallsstichprobe erhobenen Merkmalsausprägungen als zufällige Ereignisse gedeutet werden. Diese hypothetischen Angaben über die zu erwartenden Häufigkeiten sind folglich Beschreibungen von Wahrscheinlichkeitsverteilungen. Jene statistischen Modelle, die diese Beschreibungen liefern, heißen auch selbst 'Wahrscheinlichkeitsverteilungen'.

c) Die in der Stichprobe tatsächlich identifizierten Sachverhalte können nun mit jenen hypothetischen Angaben verglichen werden, die beschreiben, was in der Stichprobe zu erwarten ist, falls die theoretischen Annahmen über die Merkmalsausprägungen in der Grundgesamtheit stimmen.

d) Dank der mathematischen Eigenschaften von Wahrscheinlichkeitsverteilungen liefern solche Vergleiche Zahlen, die Aussagen über den Grad der Wahrscheinlichkeit einer Übereinstimmung zwischen den in einer Stichprobe identifizierten Sachverhalten und den theoretischen Annahmen über die Grundgesamtheit darstellen. Ebenfalls dank ihrer mathematischen Eigenschaften lassen sich bei einer bestimmten Gruppe von Wahrscheinlichkeitsverteilungen die beim Vergleich erhaltenen Zahlen auch als Aussagen über Schwankungsbereiche interpretieren.

e) Als Ergebnis dieses Vergleichs können entweder die theoretischen Annahmen über die Beschaffenheit der Grundgesamtheit als falsch zurückgewiesen werden oder als bestätigt gelten. Nur wenn die theoretischen Annahmen über die Beschaffenheit der Grundgesamtheit als bestätigt gelten können, ist es möglich, anhand von Modellen, die genau jene Annahmen als korrekt voraussetzen, von Auswahlen auf die Beschaffenheit der Grundgesamtheit zu schließen. Diese Art eines statistischen Schlusses heißt 'statistischer Repräsentationsschluß'; falls von Auswahlen aus geschlossen wird, ob die vorausgesetzten Annahmen über die Beschaffenheit der Grundgesamtheit stimmen, zieht man einen 'statistischen Inklusionsschluß'.

In den Punkten a) und e) wird deutlich, daß die Benutzung statistischer Modelle genau der allgemeinen Logik wissenschaftlicher Forschung folgt: Annahmen über die Beschaffenheit der Wirklichkeit werden im Anschluß an die Sammlung und Sichtung geeigneter Informationen überprüft; bewähren sie sich, kann man auf ihnen weiterführende Schlüsse aufbauen; bewähren sie sich nicht, so werden sie durch korrigierte Annahmen solange ersetzt, bis man zu solchen Annahmen gelangt, die sich bewähren und weiterführende Schlüsse ermöglichen. Aus den Punkten b), c) und d) wird ersichtlich, welchen Stellenwert Wahrscheinlichkeitsverteilungen dabei haben: sie sind das Werkzeug aller statistischen Schlüsse. Diese Rolle kann folgendermaßen näher erläutert werden:

Wahrscheinlichkeitsverteilungen sind gewissermaßen 'in Zahlenform verdichtete Theorien über die Beschaffenheit eines Gegenstandsbereichs': sie formulieren Aussagen über Häufigkeiten des Auftretens zufälliger Ereignisse und ergeben sich durch Betrachtung jener relativen Häufigkeiten der interessierenden zufälligen Ereignisse, die sich bei unendlich vielen Wiederholungen des fraglichen Zufallsexperiments ergeben würden - falls eben die hier in Zahlenform verdichtete Theorie der Beschaffenheit des Gegenstandsbereichs stimmt. Unter der Prämisse, dies sei der Fall, dienen sie zum Vergleich mit den tatsächlich aufgetretenen Häufigkeiten in der Zufallsstichprobe. Stimmt diese Prämisse nicht, ist mit den benutzten Wahrscheinlichkeiten so zu verfahren, wie oben in Punkt e) beschrieben wurde.

Theoretisch lassen sich unendlich viele Wahrscheinlichkeitsverteilungen als Modelle der Beschaffenheit sozialwissenschaftlich interessanter Gegenstandsbereiche erarbeiten; praktisch kommt man mit recht wenigen Wahrscheinlichkeitsverteilungen aus, da sich ihre Verwendungszusammenhänge auf wenige Klassen von Fällen reduzieren lassen. Welcher Fall vorliegt, ergibt sich aus der Antwort auf folgende Fragen:

- Betrachtet man einander ausschließende zufällige Ereignisse, die gleich wahrscheinlich sind?

- Betrachtet man (wieviele?) einander ausschließende zufällige Ereignisse, die unterschiedliche (welche?) Wahrscheinlichkeiten haben?

- Wird bei der Durchführung des fraglichen Zufallsexperiments die Wahrscheinlichkeit für das Auftreten weiterer zufälliger Ereignisse verändert (Fall 'ohne Zurücklegen') oder nicht verändert (Fall 'mit Zurücklegen')?

- Betrachtet man die Wahrscheinlichkeiten des Auftretens einzelner zufälliger Ereignisse, also solcher, die durch eine diskrete Zufallsvariable erfaßt werden, oder die Wahrscheinlichkeit, mit der die von einer stetigen Zufallsvariablen beschriebenen zufälligen Ereignisse in ein bestimmtes Intervall fallen?

Im folgenden sollen nur einige der gebräuchlichsten Wahrscheinlichkeitsverteilungen für diese Klassen von Fällen vorgestellt werden. Um einen Eindruck von ihren mathematischen Strukturen zu vermitteln, werden ihre Formeln mitgeteilt und jeweils mit einer Legende versehen. Ihre Benutzung wird später bei der Darstellung von Modellen der schließenden Statistik exemplarisch behandelt.

2. Die Gleichverteilung

Die Gleichverteilung ist dann ein angemessenes wahrscheinlichkeitstheoretisches Modell, wenn <u>aufgrund einer bewährten Theorie eines Gegenstandsbereichs</u> anzunehmen ist, <u>jedes auftretende zufällige Ereignis sei gleich wahrscheinlich</u>. Bei k möglichen zufälligen Ereignissen A ist dann die Wahrscheinlichkeit des Auftretens eines einzelnen zufälligen Ereignisses A:

$$P(A) = \frac{1}{k}$$

3. Die ‚Familie der Binomialverteilung'

a. Die Binomialverteilung ('Bernoulli-Verteilung')

Die Binomialverteilung, nach ihrem 'Erfinder' auch Bernoulli-Verteilung genannt,[*)] ist dann ein angemessenes wahrscheinlichkeitstheoretisches Modell zur Beschreibung eines Gegenstandsbereichs, wenn folgende Lage gegeben ist:

- Zwei einander ausschließende zufällige Ereignisse A und B seien möglich.

- Die Wahrscheinlichkeit des Auftretens von A, also: P(A), ist beliebig. Ebenso beliebig, doch von P(A) bestimmt, ist die Wahrscheinlichkeit des Auftretens von B, da ja gilt: P(A) + P(B) = 1, und folglich: P(B) = 1 - (P(A)

- Das betrachtete Zufallsexperiment wird 'mit Zurücklegen' durchgeführt. Anders formuliert: die Durchführung des Zufallsexperiments hat keine Auswirkungen auf die Verteilung der Wahrscheinlichkeiten zufälliger Ereignisse bei folgenden Durchführungen des Zufallsexperiments.

---

*) Der Name 'Binomialverteilung' leitet sich von den Binomialkoeffizienten her (etwa: $\binom{N}{k}$), die in den Gleichungen dieser Wahrscheinlichkeitsverteilung verwendet werden. Da die hier vorgestellten Modelle inhaltlich und mathematisch zusammenhängen, kann man von einer 'Familie' sprechen.

In folgendem Beispiel liegt ein angemessener Anwendungsfall für die Binomialverteilung vor: Kugeln werden mit 'Zurücklegen' aus einer in beliebigem Mischungsverhältnis mit schwarzen und weißen Kugeln gefüllten Urne gezogen. Es ist die Frage zu beantworten: 'Mit welcher Wahrscheinlichkeit erhält man beim Ziehen von N Kugeln k schwarze (bzw. weiße) Kugeln?', d.h.: gefragt wird nach P(k). Die Binomialverteilung wird nach dieser Formel berechnet:

$$P(k) = \binom{N}{k} \cdot \Pi^k \cdot (1 - \Pi)^{N-k}$$

Begriffsklärung:

- N: Anzahl der Durchführungen des fraglichen Zufallsexperiments
- k: Häufigkeit, mit der in N Durchführungen des Zufallsexperiments A auftritt
- A: das in seiner Wahrscheinlichkeit interessierende zufällige Ereignis
- Π: P(A)
- P(B) = 1 - Π

Wenn das Zufallsexperiment darin besteht, aus einer Urne mit 70 weißen und 30 schwarzen Kugeln je eine Kugel zu ziehen, so läßt sich für zehn Durchführungen dieses Zufallsexperiments gemäß der Binomialverteilung folgende Verteilung der Wahrscheinlichkeiten für das Ziehen von 0, 1, 2, ..., 10 schwarzen Kugeln berechnen:

Abb. 51: Binomialverteilung für N = 10 und Π = 0,3 [*]

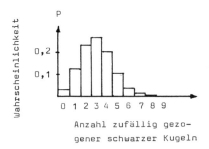

Selbstverständlich kann das Urnen-Beispiel mit zwei zu ziehenden Kugeln auf alle Fälle verallgemeinert werden, bei denen dichotome Variablen vorliegen.

---

[*] Abb. aus: Kriz, Statistik in den Sozialwissenschaften, a.a.O., S. 92.

b. Die Poisson-Verteilung

Die Poisson-Verteilung hat dieselben Anwendungsvoraussetzungen und Nutzungsmöglichkeiten wie die Binomialverteilung. Sie ist dieser jedoch vorzuziehen, wenn P(A) sehr klein und N, also: die Zahl der Durchführungen des fraglichen Zufallsexperiments, sehr groß ist. Sie wird nach folgender Formel berechnet:

$$P(k) = \frac{a^k}{k!} \cdot e^{-a}$$

Begriffsklärung:

- N: Anzahl der Durchführungen des fraglichen Zufallsexperiments
- e: Eulersche Zahl 2,72
- a: Grenzwert von $N \cdot P(A)$ bei $N \to \infty$
- k: Häufigkeit, mit der in N Durchführungen des Zufallsexperiments A auftritt.

c. Die hypergeometrische Verteilung

Die hypergeometrische Verteilung hat mit einer einzigen, wichtigen Ausnahme dieselben Anwendungsvoraussetzungen und ohnehin dieselben Nutzungsmöglichkeiten wie die Binomial-Verteilung. Der Unterschied besteht darin, daß sie ein angemessenes wahrscheinlichkeitstheoretisches Modell dann ist, wenn das fragliche Zufallsexperiment 'ohne Zurücklegen' durchgeführt wird, d.h.: wenn jede Durchführung des Zufallsexperiments die Wahrscheinlichkeiten der bei folgenden Durchführungen auftretenden zufälligen Ereignisse beeinflußt. Sie wird nach folgender Formel berechnet: $P(k) = \dfrac{\binom{K}{k} \cdot \binom{N-K}{n-k}}{\binom{N}{n}}$

Begriffsklärung (bezogen auf das Beispiel des Ziehens von Kugeln):

- N: Anzahl der Kugeln insgesamt
- n: Anzahl der gezogenen Kugeln
- K: Anzahl insgesamt der Kugeln mit der Farbe A
- k: Anzahl der gezogenen Kugeln mit der Farbe A

Anhand der wahrscheinlichkeitstheoretischen Modelle der Gleichverteilung und der 'Familie der Binomialverteilung' lassen sich die Wahrscheinlichkeitsverteilungen von zufälligen Ereignissen berechnen, die von diskreten Zufallsvariablen erfaßt werden; diese Modelle heißen darum 'diskrete Wahrscheinlichkeitsverteilungen'. Nun sollen wahrscheinlichkeitstheoretische Modelle betrachtet werden, derer man bedarf, wenn die interessierenden Wirklichkeitsmerkmale durch stetige Variablen beschrieben werden und follich auch stetige Zufallsvariablen zugrunde zu legen sind. Diese Modelle heißen 'stetige Wahrscheinlichkeitsverteilungen'. Stetige (Zufalls-)Variablen können jeden beliebigen Wert annehmen. In jedem beliebigen Wertintervall liegen darum unendlich viele Werte (bzw.: unendlich viele von den stetigen Zufallsvariablen erfaßte zufällige Ereignisse).

Innerhalb der Häufigkeitskonzeption der Wahrscheinlichkeit hat dies zur - völlig plausiblen - Konsequenz, daß konkreten, einzeln auftretenden zufälligen Ereignissen bei stetigen Häufigkeitsverteilungen die Wahrscheinlichkeit '0' zugewiesen wird, was intuitiv allerdings paradox ist. Dieses eingangs schon gestreifte Problem der Häufigkeitskonzeption, nämlich bei der Formulierung von Aussagen über konkrete Einzelereignisse modellbedingte Schwierigkeiten zu haben, braucht hier nicht näher behandelt zu werden; es genügt festzustellen, daß stetige Wahrscheinlichkeitsverteilungen von anderer mathematischer Struktur sein und andere Interpretationen verlangen müssen als diskrete Häufigkeitsverteilungen.

4. Die Normalverteilung

Die von Gauß zu Beginn des 19. Jh. entwickelte und 1809 erstmals publizierte Normalverteilung[*] ist das zentrale Modell für stetige Wahrscheinlichkeitsverteilungen. Es sollen zunächst ihre mathematische Struktur und ihre Eigenschaften beschrieben werden; dann sind ihre Verwendungsbedingungen zu behandeln.

a. Struktur und Eigenschaften

Die Normalverteilung wird durch eine Funktionsgleichung beschrieben, die jedem Wert einer stetigen, intervallskalierten Zufallsvariablen (also: der theoretisch interessierenden Variablen) einen Funktionswert f(x) zuweist:

$$f(x) = \frac{1}{s \cdot \sqrt{2\pi}} \cdot e^{\left(-\frac{1}{2}\right) \cdot \left(\frac{x - \bar{x}}{s}\right)^2}$$

---

[*] Ihres ursprünglichen Problemzusammenhangs wegen heißt sie auch 'Gauß'sches Fehlerverteilungsgesetz'.

Begriffsklärung[*)]

- $\bar{x}$: Arithmetisches Mittel der betrachteten stetigen Zufallsvariablen
- s: Standardabweichung der betrachteten stetigen Zufallsvariablen
- e: Eulersche Zahl 2,72
- π: Kreiszahl 3,14

Falls gilt: $\bar{x} = 1$ und $s = 0$, so liegt die 'Standardnormalverteilung' vor. Sie hat folgende Form ('Glockenkurve'):

Abb. 52: Kurve der Standardnormalverteilung

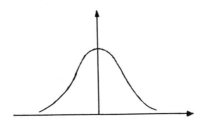

Wesentlich für die Interpretation der Normalverteilung ist die Feststellung, daß der dem zufälligen Ereignis x_i zugeordnete Funktionswert $f(x_i)$ keineswegs angibt, wie wahrscheinlich das Auftreten von x_i ist. Vielmehr wird durch die Gleichung der Normalverteilung dem zufälligen Ereignis x_i eine Maßzahl zugeordnet, die 'Wahrscheinlichkeitsdichte' heißt. Das Konzept der Wahrscheinlichkeitsdichte läßt sich intuitiv so verstehen: Wenn aufgrund der Beschaffenheit eines Wirklichkeitsschnitts x_i sehr wahrscheinlich ist, werden auch zufällige Ereignisse, die x_i ähnlich sind, sehr oft auftreten. Dicht in der Umgebung von x_i werden dann auch viele andere zufällige Ereignisse mit großen relativen Häufigkeiten liegen. Die Wahrscheinlichkeit, bei einem Zufallsexperiment ein zufälliges Ereignis zu beobachten, dessen Variablenwert in der Nähe des sehr wahrscheinlichen Ereignisses x_i liegt, ist also wesentlich größer als die Wahrscheinlichkeit dafür, ein zufälliges Ereignis zu beobachten, dessen Variablenwert von x_i weitab liegt; in dessen Umgebung werden wiederum die Variablenwerte anderer zufälliger Ereignisse geringe Häufigkeiten aufweisen. Das Konzept der Wahrscheinlichkeitsdichte

---

[*)] Wird die bezüglich einer Grundgesamtheit angenommene Normalverteilung betrachtet, ist statt $\bar{x}$ 'μ' und statt s 'σ' zu schreiben.

erfaßt genau diesen Zusammenhang: die ihm entsprechenden Maßzahlen ('Wahrscheinlichkeitsdichten') geben an, wie groß die Wahrscheinlichkeit dafür ist, in der Umgebung des Variablenwerts (des zufälligen Ereignisses) x_i auch andere Variablenwerte, also: andere zufällige Ereignisse beobachten zu können.

Mit dieser Zuordnung von Wahrscheinlichkeitsdichten zu zufälligen Ereignissen hängt eine zweite, ungemein folgenreiche Eigenschaft der Normalverteilung zusammen: die Flächen zwischen der Kurve und einzelnen Intervallen auf der Abszisse geben grundsätzlich an, wie groß die Wahrscheinlichkeit dafür ist, daß ein bestimmtes zufälliges Ereignis in ein bestimmtes Intervall fällt. Diese Eigenschaft, die für viele Repräsentations- und Inklusionsschlüsse des wahrscheinlichkeitstheoretischen Standard-Ansatzes grundlegend ist, läßt sich folgendermaßen plausibel machen:

Die Kurve der Normalverteilung ist glockenförmig und bezüglich ihres Scheitelpunkts symmetrisch; sie nähert sich beiderseits asymptotisch der Abszisse an, d.h.: kommt ihr immer näher, ohne sie gleichwohl je zu berühren. Im Scheitelpunkt ist die Wahrscheinlichkeitsdichte am größten; nach beiden Seiten hin nehmen die Wahrscheinlichkeitsdichten ab. Genau unter dem Scheitelpunkt liegt das arithmetische Mittel der betrachteten stetigen Variablen; da die Kurve symmetrisch ist, fällt es mit Modalwert und Median zusammen. Die Kurve gibt folglich an: der Mittelwert hat die größte Wahrscheinlichkeitsdichte; in seiner Umgebung werden die meisten zufälligen Ereignisse auftreten; je weiter sich die Variablenwerte vom Mittelwert entfernen, um so seltener werden sie sein. Dem entspricht genau die Verteilung der Fläche unter der Kurve: im Bereich des Scheitelpunkts liegen große, an den Enden der Kurve sehr geringe Flächenanteile.

Die Gesamtfläche zwischen Kurve und Abszisse beträgt stets '1', was inhaltlich so zu deuten ist: das sicher Ereignis besteht darin, daß die Zufallsvariable irgendeinen Wert annimmt, also: irgendein zufälliges Ereignis auftritt. Nun lassen sich unter der Kurve natürlich Teilflächen zwischen beliebigen Variablenwerten betrachten:

Abb.53: Teilflächen unter der Kurve der Standardnormalverteilung

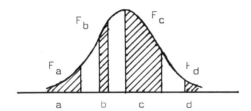

Jede dieser Teilflächen hat den Wert eines Bruches, der genau die Wahrscheinlichkeit dafür angibt, daß ein zufälliges Ereignis in eines der Intervalle a, b, c, d unter der Kurve fällt. Die Größe dieser Wahrscheinlichkeit hängt offensichtlich sowohl von der Breite des Intervalls als auch von seiner Lage unter der Kurve ab. Beides ist plausibel: je breiter ein Intervall ist, um so mehr mögliche Werte der Zufallsvariablen haben die Chance, in dieses Intervall zu fallen; und je größer die Wahrscheinlichkeitsdichten einzelner zufälliger Ereignisse sind, um so größer ist die Wahrscheinlichkeit dafür, daß zufällige Ereignisse auch in ein enges Intervall um sie fallen. Das unmögliche Ereignis mit der Wahrscheinlichkeit '0' ist offenbar dann gegeben, wenn das betrachtete Intervall bei der Betrachtung nur eines Variablenwerts verschwindet und folglich die Fläche unter der Kurve auf '0' schrumpft; dann wird nur noch die Wahrscheinlichkeitsdichte eines einzelnen Ereignisses x_i betrachtet.

Bezüglich der Fläche unter der Kurve und darum der Wahrscheinlichkeit, mit der sich ein Wert der Zufallsvariablen in einem bestimmten Intervall befindet, läßt sich grundsätzlich sagen:

- Im Intervall von einer Standardabweichung oberhalb und unterhalb des arithmetischen Mittels liegen ca. 68 % der Fläche; d.h.: mit einer Wahrscheinlichkeit von 68 % (oder: p = 0,68) kann man davon ausgehen, rein zufällig werde ein bei einem Zufallsexperiment auftretender Variablenwert im Schwankungsbereich $\bar{x} \pm s$ liegen (falls bei diesem Zufallsexperiment die Normalverteilung ein angemessenes wahrscheinlichkeitstheoretisches Modell ist!).

- Im Intervall von <u>zwei</u> Standardabweichungen oberhalb und unterhalb des arithmetischen Mittels liegen ca. 95 % der Fläche. Wahrscheinlichkeitstheoretisch ist dieser Sachverhalt analog zu interpretieren.

Sowohl diese Interpretierbarkeit von Flächen unter der Kurve als auch die Deutung der Funktionswerte $f(x_i)$ als Wahrscheinlichkeitsdichten der x_i eröffnet ein breites Spektrum an Möglichkeiten für die Konstruktion von Modellen der schließenden Statistik. Die <u>Grundgedanken</u> solcher Modellkonstruktionen lassen sich folgendermaßen zusammenfassen:

aa) Es interessieren aus theoretischen Gründen zwei bestimmte Werte, die eine betrachtete Variable annehmen kann ('kritische Werte'). Bezüglich dieser kritischen Werte interessiere nun ferner:

- Wieviele Prozent der Untersuchungseinheiten werden im Intervall zwischen den kritischen Werten liegen?

- Wieviele Prozent der Untersuchungseinheiten werden Werte aufweisen, die größer sind als der größte kritische Wert?

- Wieviele Prozent der Untersuchungseinheiten werden Werte aufweisen, die kleiner sind als der kleinste kritische Wert?

Offensichtlich lassen sich all diese Fragen in Fragen nach der Lage dieser Werte unter der Kurve, folglich nach der Größe der Fläche über den betrachteten Intervallen und somit nach der Wahrscheinlichkeit des Auftretens von Werten in bestimmten Intervallen umformulieren:

- Wie wahrscheinlich ist es, daß ein Wert ins Intervall zwischen den kritischen Werten fällt?

- Wie wahrscheinlich ist es, daß ein Wert größer (kleiner) ist als der größte (kleinste) kritische Wert?

Fragen dieser Art können anhand von Modellen, welche die Eigenschaften der Normalverteilung ausnutzen, beantwortet werden.

bb) Es sei der Mittelwert der Häufigkeitsverteilung einer Variablen bekannt. Es interessiere nun,

- wieviele Prozent der Werte der Zufallsvariablen in einem bestimmten Intervall um den Mittelwert liegen;
- in welchem Intervall um den Mittelwert mit der Wahrscheinlichkeit p = ... welcher Prozentsatz der zufälligen Ereignisse zu erwarten ist.

Auch Fragen dieser Art können anhand von Modellen, welche die Eigenschaften der Normalverteilung ausnutzen, beantwortet werden.

cc) Man interessiere sich für zufällige Ereignisse, deren Auftreten mit besonders großer Wahrscheinlichkeit erwartet werden kann. Dazu müssen ihre Wahrscheinlichkeitsdichten ermittelt werden, wozu ebenfalls Modelle dienen, welche die Eigenschaften der Normalverteilung ausnutzen.

Diese Nutzungsmöglichkeiten der Normalverteilung werden dank einer weiteren Eigenschaft der Normalverteilung noch wertvoller: die Gleichung der Normalverteilung definiert nicht nur eine einzige Funktion, sondern eine ganze Schar von Funktionen, die alle dieselben, oben beschriebenen Eigenschaften haben. Die Betrachtung der Funktionsgleichung zeigt nämlich, daß sie mit $\bar{x}$ und s zwei Parameter enthält, die von Variable zu Variable verschieden sind und folglich ganz verschiedene Variationen derselben Kurvengestalt erzeugen. Dabei regelt s die Steil- oder Flachheit der Kurve, während $\bar{x}$ den Platz des Scheitelpunkts der Kurve über der Abszisse festlegt. (Die 'Standardnormalverteilung' hat dabei die Parameter $\bar{x}$ = o und s = 1).

Abb. 54 zeigt die Kurven verschiedener Normalverteilungen:

Abb. 54: <u>Kurven verschiedener Normalverteilungen</u>

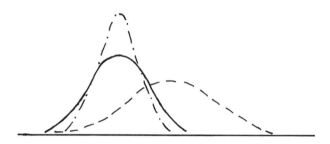

Jede dieser Kurven hat die Struktur einer Normalverteilung; verschieden sind lediglich $\bar{x}$ und s. Darum läßt sich eine Normalverteilung durch die Angabe dieser beiden Parameter <u>vollständig beschreiben</u>. Durch bloße Veränderungen von Mittelwert und Standardabweichung können all diese Kurven natürlich ineinander transformiert werden. Besonders wichtig ist jene Transformation, durch welche eine beliebige Normalverteilung in die Standardnormalverteilung überführt wird (<u>'Standardisierung'</u>). Bei ihr wird einfach von jedem x-Wert der zu transformierenden Variablen ihr arithmetisches Mittel $\bar{x}$ abgezogen und diese Differenz durch die Standardabweichung s geteilt. Nach dem dabei entstehenden Wert 'z' heißt diese Transformation 'z-Transformation':

$$z = \frac{x - \bar{x}}{s}.$$

Der große Nutzen der z-Transformation besteht darin, daß man grundsätzlich nur die Werte der Standardnormalverteilung kennen muß, um für jede beliebige (durch ihre Parameter $\bar{x}$ und s vollständig gekennzeichnete) Normalverteilung all jene statistischen Modelle nutzen zu können, deren Grundlage eben das Modell der Normalverteilung ist.

b. Verwendungsbedingungen der Normalverteilung

Die Verwendung des Modells der Normalverteilung zur Beschreibung der Beschaffenheit vorliegender Häufigkeitsverteilungen setzt voraus, daß die jeweils betrachtete Häufigkeitsverteilung eine Gestalt hat, der irgendeine Kurve aus der Schar der Normalverteilung entspricht; vor allem muß eine in Frage kommende Häufigkeitsverteilung symmetrisch sein. Um sich der so vielfältigen Nutzungsmöglichkeiten von auf der Normalverteilung beruhenden Modellen bedienen zu können, wird oft versucht, durch Datentransformationen[*] eine derartige Verteilungsform zu erzeugen. In diesem Fall beziehen sich alle anhand solcher Modelle erarbeiteten Aussagen freilich auf die transformierten Daten, was die Interpretation meist schwierig macht.

Man benötigt Wahrscheinlichkeitsverteilungen allerdings oft als (hypothetische!) Theorien der Beschaffenheit von Gegenstandsbereichen, zu denen noch keine Daten vorliegen. Für die 'Familie der Binomialverteilung' ist leicht zu sehen, wann diese Modelle als Theorien der Beschaffenheit eines Gegenstandsbereichs angemessen sind: wenn zwei einander ausschließende zufällige Ereignisse mit komplementären Wahrscheinlichkeiten betrachtet werden, also: wenn sich das Interesse auf dichotome Variablen richtet.[**] Die Normalverteilung ist, aufgrund der Logik des Gauß'schen 'Fehlerverteilungsgesetzes', hingegen dann ein angemessenes Modell zur (hypothetischen!) Beschreibung der Beschaffenheit eines Wirklichkeitsmerkmals, wenn folgende Annahmen als in Übereinstimmung mit den Tatsachen angesehen werden können:

- Sehr viele zufällige Faktoren wirken unabhängig voneinander und additiv auf das fragliche Merkmal ein.

- Der Einfluß jedes einzelnen dieser Faktoren ist, für sich genommen, vernachlässigbar gering.

- Verstärkende ('positive') Einflüsse der wirkenden Faktoren sind ebenso wahrscheinlich wie abschwächende ('negative') Einflüsse auf das fragliche Merkmal.

Bei nicht wenigen sozialwissenschaftlich interessierenden Wirklichkeitsmerkmalen ist durchaus zu vermuten, daß diese Annahmen mit den Tatsachen überein-

---

[*] Vgl. S. 39 f.
[**] Für trichotome Variablen stehen analoge Modelle bereit.

stimmen. In all diesen Fällen kann das Modell der Normalverteilung mit <u>gutem Grund</u> als (hypothetische) Beschreibung der zu erwartenden Häufigkeitsverteilung zufälliger Ereignisse benutzt werden.

Wegen seiner <u>mathematischen Beschaffenheit</u> setzt dieses Modell freilich intervallskalierte Daten voraus. Metrische Messungen sozialwissenschaftlich interessanter Wirklichkeitsmerkmale sind aber selten möglich. Dennoch ist aus drei Gründen die Normalverteilung auch für sozialwissenschaftliche Zwecke äußerst nützlich:

aa) Bisweilen wird ein Merkmal nur dichotom oder ordinalskaliert gemessen, von dem vermutet werden darf, daß die oben angeführten Grundannahmen des Gauß'schen Fehlerverteilungsgesetzes die Entstehungsbedingungen seiner Ausprägungen korrekt beschreiben. Einerseits können dann Modelle der deskriptiven Statistik zu seiner Untersuchung verwendet werden, die auch diese Information zu verarbeiten erlauben. Andererseits können in diesem Fall ordinalskalierte Daten durch 'Skalentransformation' wie intervallskalierte Daten behandelt werden, wenn <u>zugleich</u> auch die Gestalt ihrer Häufigkeitsverteilung durch die Kurve einer Normalverteilung approximiert werden kann. Allerdings sind die Ergebnisse dann sehr vorsichtig zu interpretieren, da hier erhöhte Gefahr der Erzeugung von Artefakten besteht.

bb) Bei topologisch gemessenen Variablen interessieren stets die Häufigkeiten in den einzelnen Merkmalsklassen, die ihrerseits natürlich ratioskaliert sind. Soll von solchen in Stichproben ermittelten Häufigkeiten auf die in einer Grundgesamtheit bestehenden Häufigkeiten geschlossen werden, so stehen dafür verschiedene Modelle der schließenden Statistik bereit. Ihnen ist gemeinsam, daß sie in ihrer mathematischen Struktur oft mit der Normalverteilung zusammenhängen und folglich ihre Nutzungsmöglichkeiten erschließen.

cc) Die Maßzahlen der deskriptiven Statistik sowie die Prüfgrößen von Signifikanztests[*)] verdichten auf konkrete Fragestellungen bezogen die in einer Stichprobe enthaltene Information. Soll anhand dieser Stichprobenkennwerte auf die Beschaffenheit der Grundgesamtheit geschlossen werden, so sind dafür <u>Wahrscheinlichkeitsverteilungen dieser Stichprobenkennwerte</u>

---

*) Dazu siehe S. 207 ff.

nötig. Diese Wahrscheinlichkeitsverteilungen sind sehr oft Ableitungen oder Spezialfälle der Normalverteilung, und zwar auch dann, wenn die Stichprobenkennwerte Informationen über nur topologisch gemessene Variablen verdichten. Zwei dieser Spezialfälle, nämlich die Wahrscheinlichkeitsverteilungen für die Maßzahlen chi^2 und F, werden im folgenden Abschnitt behandelt.

Wenn die Voraussetzungen für die Benutzung der Normalverteilung gegeben sind, spricht man in der Regel davon, das fragliche Wirklichkeitsmerkmal oder die entsprechende Variable sei 'normalverteilt'. Diese Ausdrucksweise darf nur als sprachliches Kürzel betrachtet werden. Korrekt ist allein die folgende Formulierung: 'Das Wirklichkeitsmerkmal X (bzw. die Variable Y) ist von solcher Beschaffenheit und Verteilungsform, daß die Annahme gerechtfertigt ist, das Modell der Normalverteilung wäre ein geeignetes Modell, diese Verteilungsform zu beschreiben und aus ihr weitere Schlüsse zu ziehen'. Keinesfalls darf die Tatsache, daß das Modell der Normalverteilung anwendbar ist, einfach zu einer Eigenschaft des fraglichen Wirklichkeitsausschnittes uminterpretiert werden; auch jedes bestens anwendbare Modell stellt ja nur eine perspektivische Abbildung von Wirklichkeit, nie jedoch die 'objektive Erfassung einer ihrer Eigenschaften' dar. Gerade das Modell der Normalverteilung, das inzwischen auch dem Alltagsdenken recht geläufig ist, führt jedoch besonders leicht zu diesem Fehlschluß. Zwar läßt sich aus sprachlichen Gründen auf jene abgekürzte, mißverständliche Redeweise nicht verzichten; bei ihrer Verwendung muß aber stets der reine Modellcharakter statistischer Konzepte mitgedacht werden.[*)]

5. Die ‚Familie der Normalverteilung'

Die äußerst vielschichtige mathematische Struktur der Normalverteilung integriert viele weitere wahrscheinlichkeitstheoretische Modelle. Der Übersichtlichkeit wegen können sie, wie im Fall der Binomialverteilung, zu einer 'Familie' zusammengefaßt werden.[**)] Die drei meistbenutzten sollen kurz vorgestellt werden.

a. Die t-Verteilung ('Student-Verteilung')

1908 wurde vom englischen Statistiker W. S. Gosset in einem unter dem Pseudonym 'Student' publizierten Aufsatz gezeigt, daß die oben beschriebenen Nutzungsmöglichkeiten der Normalverteilung bei Fallzahlen von $n < 30$.

[*)] Analog ist bezüglich aller anderen Wahrscheinlichkeitsverteilungen zu argumentieren (etwa: X ist 'binomial-, poisson-, chi^2-, F-, ...$\frac{2}{z}$-verteilt).

[**)] Eigentlich zählt auch die Binomialverteilung zu dieser Familie, da auch sie bei $n \to \infty$ sich der Normalverteilung als ihrer 'Grenzverteilung' annähert.

also: bei kleinen Stichproben, nur unter Inkaufnahme von Fehlern verfügbar sind. Zugleich zeigte Gosset, daß diese Fehler beseitigt werden können, wenn man bei kleinen Stichprobenumfängen statt der Normalverteilung die Wahrscheinlichkeitsverteilung einer von ihm entwickelten Größe t benutzt, welche dieselben Eigenschaften wie die Normalverteilung besitzt. Ab einer Fallzahl von n = 30 können die Unterschiede zwischen der t-Verteilung und der Normalverteilung praktisch vernachlässigt werden; für n → ∞ nähert sich die t-Verteilung ohnehin der Normalverteilung an. Erst die t-Verteilung machte jene 'Statistik der kleinen Stichproben' möglich, welche vor allem für die experimentelle Psychologie die Grundlage ihrer Fortschritte im 20. Jh. war.

b. Die chi^2-Verteilung

Bei der Behandlung der bivariaten Zusammenhangsmaße wurde gezeigt, auf welche Weise die Maßzahl chi^2 den Unterschied zwischen einer Kontingenz- und einer Indifferenztabelle ausdrückt und dadurch angibt, wie stark die gemeinsame Häufigkeitsverteilung zweier Variablen von jener abweicht, die dann zu erwarten wäre, wenn zwischen beiden Variablen kein Zusammenhang besteht.*) Kleine chi^2-Werte drücken dabei eine kleine, große chi^2-Werte eine große Abweichung der Kontingenz- von der Indifferenztabelle aus. Nun kann natürlich gefragt werden: Wie groß ist die Wahrscheinlichkeit dafür, daß chi^2 rein zufällig bestimmte Werte annimmt, ohne daß zwischen den beiden Variablen ein Zusammenhang besteht? Es ist intuitiv plausibel, daß sich geringe Unterschiede zwischen Kontingenz- und Indifferenztabelle, also: kleine chi^2-Werte, mit viel größerer Wahrscheinlichkeit auch beim Fehlen eines Zusammenhangs zwischen beiden Variablen ergeben als große chi^2-Werte. Gesucht wird nun ein mathematisches Modell, welches exakt angibt, mit welchen Wahrscheinlichkeiten sich aus der Stichprobe berechnete chi^2-Werte rein zufällig ergeben. Genau dieses Modell ist die 1900 von Karl Pearson neu aufgegriffene chi^2-Verteilung. Auch ihre 'Grenzverteilung' ist die Normalverteilung; darum wird an ihr unmittelbar deutlich, warum das Modell der Normalverteilung auch für die Analyse lediglich nominalskalierter Daten äußerst wichtig ist.

---

*) Siehe S. 66 f.

c. Die F-Verteilung

Bei der Behandlung der Streuungszerlegung wurde gezeigt, daß die Streuung in einer intervallskalierten Variablen dann durch die Einführung einer nominalskalierten Variablen erklärt werden kann, wenn ein (starker) Zusammenhang zwischen beiden Variablen besteht.[*] Als Maß für die Stärke des Zusammenhangs dient dabei das Verhältnis zwischen der (erklärten) Streuung <u>zwischen</u> jenen Gruppen, die durch die Merkmalsklassen der nominalskalierten Variablen gebildet werden, und der (unerklärten) Streuung <u>in</u> diesen Gruppen. Die Streuung wird zunächst durch die Summe der Abweichungsquadrate (SAQ) angegeben. Teilt man die SAQ_z bzw. SAQ_i durch die Zahl der Gruppen bzw. Zahl der Meßwerte, so erhält man die Varianzen s_z^2 bzw. s_i^2. Ihr Verhältnis, also: der Bruch $\frac{s_z^2}{s_i^2}$, gibt an, wie gut die Streuung in der intervallskalierten Variablen durch die nominalskalierte Variable erklärt werden kann. Liegt kein Zusammenhang vor, läßt sich also keine Streuung erklären, so gilt: $s_z^2 = s_i^2$; der Bruch nimmt folglich den Wert '1' an. Liegt ein Zusammenhang vor, läßt sich also Streuung erklären, so gilt: $s_z^2 > s_i^2$. Der Wert von s_z^2 wird den Wert von s_i^2 um so stärker übersteigen, je mehr Streuung erklärt werden kann, also: ein je stärkerer Zusammenhang besteht. Mit zunehmender Stärke des Zusammenhangs wird der Bruch $\frac{s_z^2}{s_i^2}$ darum größer werden.[**]

Nun kann auch hier gefragt werden: Wie groß ist die Wahrscheinlichkeit dafür, daß dieser Bruch <u>rein zufällig</u> bestimmte Werte aufnimmt, <u>ohne</u> daß zwischen den beiden Variablen ein Zusammenhang besteht? Es ist intuitiv plausibel, daß sich Werte des Bruches, die '1' nur wenig übersteigen, mit viel größerer Wahrscheinlichkeit auch beim Fehlen eines Zusammenhangs zwischen beiden Variablen ergeben als größere Werte des Bruches. Gesucht wird ein mathematisches Modell, das <u>exakt</u> angibt, mit welchen Wahrscheinlichkeiten sich aus der Stichprobe berechnete Werte des Bruches <u>rein zufällig</u> ergeben.

---

[*] Siehe S. 124 ff.

[**] Im Grenzfall vollständiger Erklärung der Streuung ist er nicht definiert, da dann gälte: $s_i^2 = 0$, und folglich die Division $s_z^2 : 0$ nötig würde. Auch aus diesem Grund muß statt des Verhältnisses der Varianzen das Verhältnis der (im folgenden erörterten) 'Mittleren Quadratsummen' betrachtet werden.

Aus wahrscheinlichkeitstheoretischen und mathematisch-statistischen Gründen ist die SAQ_z bzw. die SAQ_i zu diesem Zweck freilich nicht durch die Anzahl der Gruppen bzw. Meßwerte zu teilen, sondern durch die 'Anzahl der Gruppen - 1' bzw. durch die 'Anzahl der Meßwerte - 1'.[*] Das entstehende Streuungsmaß heißt dann nicht mehr Varianz, sondern 'Mittlere Quadratsumme' (MQ). Dann ist folgender Bruch zu betrachten: $\frac{MQ_z}{MQ_i} = F$.

Das gesuchte Modell ist folglich die Wahrscheinlichkeitsverteilung der Größe F. Der Grundgedanke dieser F-Verteilung wurde in agrarwissenschaftlichen Forschungszusammenhängen zu Beginn der 20er Jahre dieses Jahrhunderts vom Amerikaner R. A. Fisher entwickelt. Sein Mitarbeiter George W. Snedecor berechnete die gesuchten Wahrscheinlichkeiten jener Größe, die er Fisher zu Ehren 'F' nannte.

Exkurs: Zum Konzept der 'Freiheitsgrade'

Grundlage der Berechnung und Benutzung der t-, chi^2- und F-Verteilung sind stets 'Freiheitsgrade', die, gemäß ihrer englischen Bezeichnung 'degrees of freedom', oft als 'df.' abgekürzt werden. Hier soll intuitiv plausibel gemacht werden, in welchem Problemzusammenhang dieses Konzept steht; im folgenden Abschnitt ist zu zeigen, wie man mit Angaben über Freiheitsgrade praktisch umgeht.

Beispiel: Man wolle eine Summe aus vier Summanden bilden. Da die Summe vorgegeben ist, können von diesen vier Summanden nur drei frei gewählt werden; der vierte Summand ist durch deren Summe sowie die zu erreichende Gesamtsumme festgelegt. Dieser Sachverhalt kann so formuliert werden: bei vier Summanden und einer festgelegten Gesamtsumme verfügt man über drei 'Freiheitsgrade'.

Aus mathematisch-statistischen Gründen muß man Wahrscheinlichkeitsverteilungen die Zahl der Freiheitsgrade zugrunde legen. Bisweilen sind sie leicht und in intuitiv plausibler Weise zu bestimmen. Ist etwa für n-Meßwerte ihr arithmetisches Mittel festgelegt, so können rein zufällig nur (n - 1) Meßwerte so zusammenwirken, daß sich genau dieses Mittel ergibt. Deshalb sind bei der Berechnung von F für die Streuung in allen Gruppen jeweils (n - 1)

---

[*] Diese Anzahlen sind die Anzahlen der jeweiligen 'Freiheitsgrade'. Zu diesem Konzept siehe den folgenden Abschnitt.

Freiheitsgrade zu verwenden, wobei n die Anzahl aller Meßwerte ist; für die Streuung zwischen den m Gruppen sind analog (m-1) Freiheitsgrade zu verwenden, da hier ja die m Gruppenmittelwerte als Meßwerte behandelt werden. Oft bedarf es jedoch sorgfältiger Überlegungen, um die Anzahl der Freiheitsgrade korrekt zu bestimmen. Entsprechende Hinweise sind den ausführlichen Darstellungen der einzelnen Modelle in den einschlägigen Statistik-Lehrbüchern zu entnehmen; bei EDV-gestützter Statistikverwendung wird automatisch vom benutzten Programm die Zahl der Freiheitsgrade bestimmt und den Berechnungen jeweils zugrunde gelegt.

6. Zur praktischen Benutzung von Wahrscheinlichkeitsverteilungen

Wahrscheinlichkeitsverteilungen sind jene intellektuellen Werkzeuge, die Schlüsse von Auswahlen auf Grundgesamtheiten erlauben. Die wichtigsten Wahrscheinlichkeitsverteilungen, vor allem jene, die oben vorgestellt wurden, sind darum meist im Anhang mathematischer Statistik-Lehrbücher abgedruckt und auf manchen Taschenrechnern verfügbar. Weitere Wahrscheinlichkeitsverteilungen finden sich in Speziallehrbüchern[*] oder in eigenen Tafelwerken. Einen besonderen Namen haben die Wahrscheinlichkeitsverteilungen von Maßzahlen, die als 'Prüfgrößen' von Signifikanztests[**] dienen; sie heißen 'Prüfverteilungen'. Zu ihnen gehören u.a. die t-, chi^2- und F-Verteilung.

Prüfverteilungen werden in der Regel in Matrix-Form abgedruckt. In der Vorspalte stehen die zugrunde gelegten Freiheitsgrade, in der Kopfleiste die Angaben über die Wahrscheinlichkeit für das rein zufällige Auftreten einzelner Werte der Prüfgröße. Die zugehörigen Werte der Prüfgrößen finden sich in den Zellen der Matrix, die durch die Angabe der Zahl der Freiheitsgrade und die Angabe des entsprechenden Wahrscheinlichkeitswertes bestimmt werden.

Beispiel:

Ein chi^2-Wert von 9,80 ergibt sich bei 7 Freiheitsgraden rein zufällig mit einer Wahrscheinlichkeit von 0,2.
Dies wird so geschrieben: $\chi^2_{(0,2;\ 7)} = 9,80$.

---

[*] Vor allem: G. A. Lienert, Verteilungsfreie Methoden in der Biostatistik, 2. völlig neu bearb. Aufl., 3 Bde., Meisenheim am Glan 1973 ff, Bd. 3; Sidney Siegel, Nichtparametrische statistische Methoden, dt. Frankfurt 1976.

[**] Dazu siehe S. 207 ff.

Die Angabe $\chi^2_{(0,05;\ 7)} = 14,07$ besagt dementsprechend: bei 7 Freiheitsgraden ergibt sich rein zufällig ein chi^2-Wert von 14,07 mit (nur) 5 % Wahrscheinlichkeit.

Die Tabellen der F-Verteilung sind etwas anders aufgebaut, da ja sowohl für die Meßwerte der intervallskalierten Variablen als auch für die Anzahl der Ausprägungen der nominalskalierten Variablen die entsprechende Anzahl von Freiheitsgraden berücksichtigt werden muß. Deswegen wird für praktisch wichtige Wahrscheinlichkeitswerte (in der Regel: p = 0,05 und p = 0,01) jeweils eine eigene Tabelle der F-Werte angegeben, in deren Vorspalte meist die Freiheitsgrade für die intervallskalierte Variable und in deren Kopfleiste darum die Freiheitsgrade für die nominalskalierte Variable stehen. In den Zellen finden sich wiederum die zugehörigen F-Werte.

Beispiel:

Ein F-Wert von 7,17 ergibt sich bei 50 Freiheitsgraden der intervallskalierten und 1 Freiheitsgrad der (dichotomen) nominalskalierten Variablen rein zufällig mit einer Wahrscheinlichkeit von 0,01.
Dies wird so geschrieben: $F_{(0,01;\ 50;\ 1)} = 7,17$.
Eine Angabe wie $F_{(0,05;\ 100;\ 6)} = 2,19$ besagt folglich: Bei n = 101 und einer nominalskalierten Variablen mit 7 Ausprägungen ergibt sich ein F-Wert von 2,19 rein zufällig mit 5 % Wahrscheinlichkeit.

Von Rechenanlagen ausgedruckte Angaben wie: 'CHI SQUARE = 25,74 WITH 24 DEGREES OF FREEDOM. SIGNIFICANCE = .37' sind analog zu interpretieren. In diesem Fall besagt die Angabe: Bei der Kreuztabelle, anhand welcher der chi^2-Wert für zwei Variablen zu berechnen war, mußten 24 Freiheitsgrade zugrunde gelegt werden; der chi^2-Wert beträgt 25,74 und ergibt sich rein zufällig mit einer Wahrscheinlichkeit von 37 %.

Warum die Feststellung der zugrunde zu legenden Anzahl von Freiheitsgraden so wichtig ist, macht die folgende Abbildung unmittelbar deutlich: sie zeigt, wie sich der Verlauf der Kurven für die t-, chi^2- und F-Verteilung in Abhängigkeit von der Anzahl der Freiheitsgrade verändert. Vom Kurvenverlauf hängen aber alle wahrscheinlichkeitstheoretischen Aussagen ab.

Abb. 55: Kurven der t-, chi^2- und F-Verteilung für verschiedene Anzahlen zugrunde gelegter Freiheitsgrade*)

a) Chi^2- Verteilung

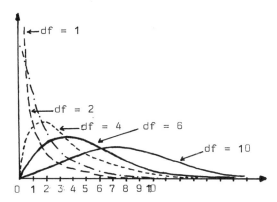

b) F - Verteilung

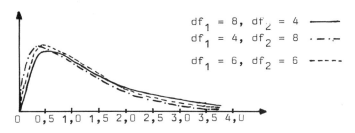

c) t - Verteilung

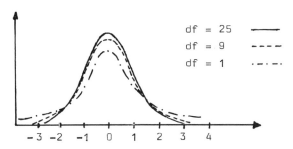

---

*) Aus Kriz, Statistik in den Sozialwissenschaften, a.a.O., S. 101.

4. Kapitel
Schließende Statistik

Die Modelle der schließenden Statistik bauen auf jenen Ergebnissen wahrscheinlichkeitstheoretischer Forschung auf, die im letzten Kapitel dargestellt wurden. Sie erlauben es, vom - durch die Modelle der deskriptiven Statistik problemspezifisch verdichteten - Informationsgehalt einer Datenmatrix auf die Beschaffenheit jener Grundgesamtheit zu schließen, aus welcher die untersuchten Merkmalsträger in Form einer Zufallsstichprobe ausgewählt wurden. Die meisten Modelle der deskriptiven Statistik haben darum ein Gegenstück unter den Modellen der schließenden Statistik.[*] Während die Zahlen, zu denen die Modelle der deskriptiven Statistik bei der Anwendung auf Stichproben führen, 'statistische Maßzahlen', 'statistics' oder 'Stichprobenkennwerte' heißen, nennt man die Zahlen, zu denen sie bei der Anwendung auf Grundgesamtheiten führen, 'Parameter' (dieser Grundgesamtheit). Als 'Erwartungswerte' ('Schätzwerte') werden jene Zahlen bezeichnet, die sich bei der Verwendung inferenzstatistischer Modelle als Ergebnis eines Schlusses von Stichprobenkennwerten auf Grundgesamtheitsparameter ergeben.

Als wahrscheinlichkeitstheoretische Schlüsse müssen alle Schlüsse von Stichproben auf Grundgesamtheiten von theoretischen Annahmen über die Beschaffenheit der Grundgesamtheit ausgehen, da überhaupt erst aus diesen theoretischen Annahmen abgeleitet werden kann, welche Wahrscheinlichkeitsverteilung (bzw. welches inferenzstatistische Modell) bei dem erstrebten Schluß verwendet werden muß. Es wurde bereits klargestellt, daß selbstverständlich jene theoretischen Annahmen, die einem wahrscheinlichkeitstheoretischen Schluß zugrunde liegen, auch selbst auf ihren Wahrheitsgehalt überprüft werden können.[**] Dies ist grundsätzlich unverzichtbar, denn natürlich führen nur theoretische Annahmen, die selbst mit den Tatsachen übereinstimmen, zur Wahl von Wahrscheinlichkeitsverteilungen und statistischen Modellen, die solche Schlüsse auf die Beschaffenheit der Grundgesamtheit erlauben, welche auch ihrerseits mit den Tatsachen übereinstimmen.

---

[*] Falls die Modelle der deskriptiven Statistik mit lateinischen Buchstaben bezeichnet werden, wählt man für ihre inferenzstatistischen Gegenstücke oft griechische Buchstaben. Beispiele sind: $\bar{x}$ und μ, s^2 und σ^2, r und ρ (letzteres nicht zu verwechseln mit Spearmans Rangkorrelationskoeffizienten Rho, der auf griechisch gleich geschrieben wird).

[**] Siehe S. 170 ff.

Unter solchen theoretischen Annahmen ist innerhalb der mathematischen Statistik vor allem jene wichtig, die unterstellt, ein interessierendes Merkmal der Grundgesamtheit lasse sich angemessen durch das Modell der Normalverteilung beschreiben.[*] Viele Modelle der schließenden Statistik (und einige der deskriptiven Statistik) setzen diese Annahme als mit den Tatsachen übereinstimmend voraus, und meistens geht mit dieser Voraussetzung auch die Forderung einher, es müßten intervallskalierte Daten vorliegen. Wenn beides der Fall ist, kann die Verteilung des fraglichen Merkmals vollständig durch die Angabe des arithmetischen Mittels und der Standardabweichung seiner Meßwerte beschrieben werden; die Beschaffenheit der fraglichen Grundgesamtheit läßt sich dann durch Angabe dieser zwei Parameter genau bezeichnen. Die Gesamtheit jener statistischen Modelle, welche diese Annahme der 'Normalverteilung eines Merkmals in der Grundgesamtheit'[**] sowie intervallskalierte Daten voraussetzen, bezeichnet man als 'parametrische Statistik'.

Im Bereich der sozialwissenschaftlichen Forschung mag nun zwar nicht allzu selten die Annahme der Normalverteilung gerechtfertigt sein; metrische Messungen sind jedoch meist nicht möglich. Folglich können die Modelle der parametrischen Statistik sozialwissenschaftlich in der Regel nicht genutzt werden. Die Gesamtheit all jener Modelle, die weder metrisch skalierte Daten noch normalverteilte Wirklichkeitsmerkmale voraussetzen, heißt 'nicht-parametrische Statistik'. Es wird dafür auch die Bezeichnung 'parameter- bzw. verteilungsunabhängige Statistik' verwendet. Dieser Begriff bezieht sich allein darauf, daß keine Normalverteilung und (in der Regel) auch keine andere Form der Verteilung des betrachteten Wirklichkeitsmerkmals vorausgesetzt wird.

> Der ebenfalls geläufige Begriff 'parameter-' bzw. 'verteilungsfreie Statistik' sollte eher gemieden werden, da er irreführend ist: selbstverständlich weisen auch Wirklichkeitsmerkmale, die nicht durch das Modell der Normalverteilung beschrieben werden können, eine Verteilungsform auf, die ihrerseits durch Angabe von Parametern wie Median, Modus, Interquartilsabstand usw. präziser bezeichnet werden kann.

---

[*] Zu den Umständen, unter denen dies der Fall ist, siehe S. 183.
[**] Korrekt, doch umständlich müßte formuliert werden: 'die Annahme, daß die Verteilung des Merkmals in der Grundgesamtheit angemessen durch das Modell der Normalverteilung beschrieben werden kann'.

Zweifellos sind für die sozialwissenschaftliche Forschung die Modelle der nicht-parametrischen Statistik ('nicht-parametrische Modelle') ungleich wichtiger als die parametrischen Modelle; deswegen werden sie im folgenden auch bevorzugt behandelt. Mittels ihrer sind zwei Arten wahrscheinlichkeitstheoretischer Schlüsse möglich:

a. Der statistische Repräsentationsschluß

Bei ihm wird von Stichprobenkennwerten auf Grundgesamtheitsparameter geschlossen ('Hochrechnung'). Sein Name erklärt sich aus der Vorstellung, in der Stichprobe als einem 'verkleinerten Abbild der Grundgesamtheit' fänden sich die interessierenden Eigenschaften der Grundgesamtheit 'repräsentiert'.

b. Der statistische Inklusionsschluß

Bei ihm werden Aussagen, die sich auf die Beschaffenheit der Grundgesamtheit beziehen, anhand von Stichproben auf ihre Übereinstimmung mit den Tatsachen geprüft.

Für alle Zweige der wirtschaftswissenschaftlichen Forschung, für die Amtliche Statistik (v.a.: Mikrozensus), für die Wahlforschung und überhaupt für den Gesamtbereich anwendungsorientierter sozialwissenschaftlicher Forschung sind vor allem statistische Repräsentationsschlüsse wichtig. Im Bereich sozialwissenschaftlicher Grundlagenforschung hingegen, der es um die Erarbeitung und Überprüfung von Theorien über die Beschaffenheit psychischer, sozialer und politischer Tatsachen und Prozesse geht, benötigt man in erster Linie statistische Inklusionsschlüsse. Auf ihnen soll im folgenden der Schwerpunkt der Darstellung liegen, während bezüglich der Repräsentationsschlüsse nur knapp ihre Logik und ihre Grundformen beschrieben werden.

A. Der statistische Repräsentationsschluß

Durch statistische Repräsentationsschlüsse sollen anhand von Stichprobenkennwerten Parameter der Grundgesamtheit geschätzt werden. Vor allem wünscht man Antworten auf folgende Fragen:

- Wie ist die Häufigkeitsverteilung interessierender Sachverhalte in der Grundgesamtheit beschaffen?
- Was sind in der Grundgesamtheit zentrale Tendenz, Streuung und Verteilungsform eines interessierenden Merkmals?
- Was läßt sich über die in der Grundgesamtheit bestehenden Zusammenhänge zwischen Merkmalen und Merkmalsausprägungen aussagen?

An Schätzungen, welche diese Fragen beantworten, sind fünf Forderungen zu stellen. Ähnlich den Forderungen an die bivariaten Zusammenhangsmaße lassen auch sie sich von den einzelnen Schlußmodellen nicht allesamt gleich gut erfüllen.

Erstens soll der von einem Schlußmodell gelieferte Schätzwert bei wachsendem Stichprobenumfang sich dem Parameterwert der Grundgesamtheit annähern; in diesem Fall heißt eine Schätzung 'konsistent'. Zweitens sollen Schätzungen 'effizient' sein, d.h. bei gleichen Stichprobenumfängen einen möglichst geringen Schwankungsbereich haben. Drittens wird gewünscht, daß eine Schätzung 'suffizient' sei, was meint, daß keine weitere Schätzung zusätzliche, neue Informationen über den gesuchten Parameterwert erbringen kann. Ferner hat eine Schätzung 'erwartungstreu' zu sein: sie darf Parameterwerte systematisch weder über- noch unterschätzen. Schließlich wird verlangt, daß eine Schätzung nach Möglichkeit 'robust' sei, d. h.: daß sie auch bei (geringfügigen) Verletzungen der ihr zugrunde liegenden theoretischen Annahmen über die Beschaffenheit der Grundgesamtheit nicht in die Irre führt.

Die mathematischen Strukturen der Schlußmodelle, die diesen Anforderungen mehr oder minder genügen, sind eher kompliziert. Allein ihre Grundgedanken sowie eines ihrer grundlegenden Theoreme können im folgenden dargestellt werden.

I. Der zentrale Grenzwertsatz

Weniger irreführend als 'Satz vom zentralen Grenzwert' (engl.: 'central limit theorem') zu bezeichnen, ermöglicht dieses Theorem eine Vielzahl von Schlußmodellen. Sein mathematischer Beweis ist kompliziert; Generationen von Mathematikern hatten beizutragen, bis er endgültig gelungen war. Hingegen läßt sich die Bedeutung und der Wahrheitsgehalt dieses Theorems leicht veranschaulichen.*) Der zentrale Grenzwert liefert eine Antwort auf folgende Frage: Wie kann man von den Stichprobenkennwerten $\bar{x}$ und s^2 auf die zentrale Tendenz und die Streuung eines Merkmals in der Grundgesamtheit schließen, wenn man überhaupt nicht weiß, welches wahrscheinlichkeitstheoretische Modell für eine Beschreibung von dessen Verteilungsform angemessen ist?

Im einzelnen besagt der zentrale Grenzwertsatz:

a. Zieht man i Zufallsstichproben aus einer Grundgesamtheit, deren interessierendes Merkmal metrisch zu messen sein muß und durch einen Mittelwert μ und die Varianz σ^2 beschrieben werden kann, und berechnet man die arithmetischen Mittel $\bar{x}_i$ der i Zufallsstichproben, so nähert sich die Häufigkeitsverteilung der Mittelwerte $\bar{x}_i$ einer Normalverteilung an, und zwar völlig unabhängig davon, wie die Verteilungsform des interessierenden Merkmals selbst beschaffen ist.

b. Die Verteilung der Stichprobenmittelwerte $\bar{x}_i$ nähert sich um so stärker einer Normalverteilung an, je größer der Stichprobenumfang n ist.

c. Der Mittelwert dieser angenäherten Normalverteilung der Stichprobenmittelwerte $\bar{x}_i$ ist genau der Mittelwert μ des in der Grundgesamtheit interessierenden Merkmals.

d. Die Varianz der angenäherten Normalverteilung der Stichprobenmittelwerte $\bar{x}_i$ ist $\frac{\sigma^2}{n}$. Ihre Wurzel $\frac{\sigma}{\sqrt{n}}$ wird 'Standardfehler' genannt, da sie wie eine Standardabweichung die Streuung der Stichprobenmittelwerte $\bar{x}_i$ um den Grundgesamtheitsmittelwert μ ausdrückt.

Diese Sachverhalte haben äußerst nützliche Konsequenzen. Erstens hängt das Ausmaß, in dem sich die Häufigkeitsverteilung der Stichprobenmittelwerte $\bar{x}_i$ um den Grundgesamtheitsmittelwert μ ausdrückt.

---

*) Entsprechende Demonstrationen finden sich in vielen Statistik-Lehrbüchern; vgl. etwa Kriz, Statistik in den Sozialwissenschaften, a.a.O. S. 98.

Diese Sachverhalte haben äußerst nützliche Konsequenzen. Erstens hängt das Ausmaß, in dem sich die Häufigkeitsverteilung der Stichprobenmittelwerte $\bar{x}_i$ an eine Normalverteilung annähert, ausschließlich vom Stichprobenumfang ab; schon ab n = 30 ist der Unterschied zu einer Normalverteilung praktisch vernachlässigbar. Zweitens wird (da gilt: $s_{\bar{x}_i} = \frac{\sigma}{\sqrt{n}}$) die Streuung der $\bar{x}_i$ um den Mittelwert μ der Grundgesamtheit mit wachsendem Stichprobenumfang immer geringer. Da - drittens - ab n = 30 die in i Zufallsstichproben enthaltenen $\bar{x}_i$ praktisch normalverteilt sind, kann dank der oben behandelten Eigenschaften der Normalverteilung*) angegeben werden, mit welcher Wahrscheinlichkeit μ in welchem Intervall um einen Stichprobenmittelwert $\bar{x}_i$ liegt. Da gewiß ist, daß i Mittelwerte $\bar{x}_i$ bei n $\geq$ 30 normalverteilt sind, genügt ein einziger Wert $\bar{x}_i$ aus einer Stichprobe mit n $\geq$ 30, um eine solche Schätzung von μ vorzunehmen. Das heißt: aufgrund einer einzigen Zufallsstichprobe kann grundsätzlich der Mittelwert eines metrisch gemessenen Merkmals der Grundgesamtheit geschätzt werden. Viertens läßt sich ebenso, über eine chi²-Verteilung vermittelt, an einer einzigen Zufallsstichprobe mit n $\geq$ 30 anhand der Varianz s² dieser Zufallsstichprobe die Varianz σ^2 des metrisch gemessenen Merkmals der Grundgesamtheit schätzen.

Dank dieser Möglichkeiten können komplexere Schlußmodelle entwickelt werden, in denen die Aussagen des hier nur auf metrische Daten bezogenen zentralen Grenzwertsatzes auch für topologische Daten nutzbar gemacht werden.**) Grundsätzlich unterscheiden sich die einzelnen Schlußmodelle jedoch nicht nur in den Anforderungen, die sie an das Meßniveau jener Daten stellen, von denen aus auf die Grundgesamtheit geschlossen werden soll. Da jeder wahrscheinlichkeitstheoretische Schluß Annahmen über die Beschaffenheit jener Grundgesamtheit voraussetzt, auf die zu schließen ist, sind je nach Art und Umfang von gerechtfertigten Annahmen über die Beschaffenheit der Grundgesamtheit verschiedene Schlußmodelle heranzuziehen. Solche Annahmen beziehen sich in erster Linie auf die Verteilungsformen und Parameter der interessierenden Merkmale. Im einzelnen sind folgende Fälle möglich:

- Die Verteilungsform kann unbekannt sein.
- Die Verteilungsform selbst kann zwar bekannt sein, während jene Parameter, durch die sie zu beschreiben wäre, unbekannt sind.

---

*) Siehe S. 176 ff sowie unten die Ausführungen zur Intervallschätzung.
**) Falls Probleme bestehen, diese Nutzungsmöglichkeit intuitiv nachzuvollziehen, sollte an den Parallelfall der auf S. 186 beschriebenen Verwendung der chi²-Verteilung für nominalskalierte Daten gedacht werden.

- Die Verteilungsform selbst kann bekannt sein, und ebenso können einige der Parameter, durch die sie zu beschreiben ist, bekannt sein, doch eben nicht alle.

- Hinsichtlich solcher unbekannter Parameter können begründete Wahrscheinlichkeitsannahmen über ihre Werte verfügbar sein.

- Sowohl die Verteilungsform als auch die sie beschreibenden Parameter können bekannt sein.

Je nach dem, welcher dieser Fälle vorliegt, ist eines der verfügbaren Modelle für Repräsentationsschlüsse zu wählen. Im allgemeinen gilt: je mehr durch schon vorliegende Forschung über die Verteilung eines interessierenden Wirklichkeitsmerkmals und über die diese Verteilung beschreibenden Parameter bekannt ist, umso präzisere wahrscheinlichkeitstheoretische Schlüsse liefern die entsprechenden Schlußmodelle. Auf diese Weise zeigt sich einmal mehr, was die Rede von der 'Kumulativität wissenschaftlicher Forschung' konkret meint.

II. Grundgedanken statistischer Repräsentationsschlüsse

Es können zwei Arten statistischer Repräsentationsschlüsse unterschieden werden. Erstens wünscht man oft, einen unbekannten Parameter der Grundgesamtheit möglichst genau zu kennen: die mittlere Lebensdauer bestimmter Personengruppen zur Kalkulation von Versicherungen und Renten, den Anteil an Ausschußware bei der Produktion irgendeines Gutes, die Stimmenanteile von Parteien bei einer Wahl. In diesem Fall wird eine Punktschätzung durchgeführt. Selbstverständlich wird der Schätzwert so gut wie nie mit dem tatsächlichen Parameterwert genau übereinstimmen. Darum interessieren zusätzliche Angaben über die Wahrscheinlichkeit, mit welcher der gesuchte Parameterwert innerhalb bestimmter Intervalle um den Schätzwert liegen wird. Strebt man solche Angaben an, so führt man eine Intervallschätzung durch.

1. Grundgedanken der Punktschätzung

Punktschätzungen lassen sich für viele Parameter auf der Grundlage von Stichprobenkennwerten durchführen. Ihre Grundgedanken können in drei 'Prinzipien' gegliedert werden.

a. Das Prinzip der kleinsten Quadrate

Aus dem Bereich der deskriptiven Statistik stammend, wurde es bei der Darstellung der Regressionsanalyse bereits behandelt.*) Innerhalb der schließenden Statistik kann es in manchen Fällen ebenfalls benutzt werden. Dann wird ein aus den Stichprobendaten zu ermittelnder Parameterwert so geschätzt, daß die Summe der Quadrate der Abstände zwischen dem Schätzwert und den Stichprobenwerten so klein wie möglich wird. Eigentlich interessieren nur die zu verringernden Abstände selbst; doch für Minimierungs- oder Maximierungsprobleme muß bei der Differentialrechnung bekanntlich das Quadrat der fraglichen Größe betrachtet werden. Beispiele für die Verwendung dieses Prinzips sind die Schätzung des Erwartungswertes μ der Grundgesamtheit durch das arithmetische Mittel $\bar{x}$ der Stichprobe oder die Schätzung von Regressionskoeffizienten für Merkmale der Grundgesamtheit durch jene der Stichprobe.

b. Das Maximum-Likelihood-Prinzip

Dieses Prinzip wird bei Punktschätzungen sehr oft verwendet. Es geht hier darum, für den zu schätzenden Parameter eine Funktionsgleichung zu formulieren, die auf der Grundlage der in den Stichprobendaten verfügbaren Information den möglichen Parameterwerten ihre Wahrscheinlichkeitsdichten zuordnet. Eine solche Funktion heißt 'Likelihood-Funktion'**). Als Schätzwert wird jener Parameterwert verwendet, dessen - von der Likelihood-Funktion zugeordnete - Wahrscheinlichkeitsdichte einen maximalen Wert erreicht.

c. Verwendung des Bayes-Ansatzes

Falls a priori - Wahrscheinlichkeiten für einen zu schätzenden Parameter vorliegen, können diese in Form von sogenannten 'Bayes-Schätzfunktionen' mit einer Likelihood-Funktion für den fraglichen Parameter zusammengebracht werden. Es entstehen so a posteriori - Aussagen über die Verteilung der Wahrscheinlichkeitsdichten der möglichen Werte des zu schätzenden Parameters, anhand welcher man dann die Schätzung vornimmt.

2. Grundgedanken der Intervallschätzung

Bei der Intervallschätzung wird folgende mathematische Eigenschaft stetiger Wahrscheinlichkeitsverteilungen ausgenutzt: die Fläche über einem vorgegebenen Intervall der Abszisse gibt die genaue Wahrscheinlichkeit dafür an, daß ein zufälliges Ereignis mit einem Wert aus diesem Intervall auftritt.***)Bei vorgegebener Wahrscheinlichkeit läßt sich umgekehrt bestimmen, in welchem Intervall um einen fraglichen Wert zufällige Ereignisse

---
*) Vgl. S. 80 ff.
**) Von engl. likelihood = Wahrscheinlichkeit
***) Siehe S. 178 ff.

mit der vorgegebenen Wahrscheinlichkeit auftreten. Zwei Begriffe sind nötig, um diesen Grundgedanken präzis formulieren zu können:

- Konfidenzintervall (auch: 'Mutungsintervall', 'Vertrauensbereich') heißt jenes Intervall um einen Stichprobenkennwert, in dem mit einer angebbaren Wahrscheinlichkeit der zu schätzende Parameterwert liegt.
- Wahrscheinlichkeitsniveau (auch: 'Sicherheitsniveau') heißt jene Wahrscheinlichkeit zwischen 0 und 1 (bzw. 0 und 100%), welche, nach theoretischen Erwägungen gewählt, die Breite des Konfidenzintervalls bestimmt.

Selbstverständlich beziehen sich alle Angaben von Wahrscheinlichkeitsniveaus und Konfidenzintervallen immer auf eine bestimmte Wahrscheinlichkeitsverteilung und folglich auf eine bestimmte Theorie der Beschaffenheit eines Gegenstandsbereichs der Grundgesamtheit. Bezüglich einer bestimmten Wahrscheinlichkeitsverteilung hängt die Breite des Konfidenzintervalls, das einem vorgegebenen Wahrscheinlichkeitsniveau entspricht, von zwei weiteren Sachverhalten ab:

- von der Form der Kurve (falls Normalverteilung: bestimmt durch das Ausmaß der Streuung; falls t-, chi²- oder F-Verteilung: bestimmt durch die Zahl der Freiheitsgrade)*);
- vom (durch den Stichprobenkennwert oder gemäß der Logik eines Inklusionsschlusses bestimmten) Ort des Konfidenzintervalls unter der Kurve.

Offenkundig ist eine Intervallschätzung um so präziser, je schmaler das einem bestimmten Wahrscheinlichkeitsniveau entsprechende Konfidenzintervall ist, d.h.: vor je weniger zufälligen Ereignissen gesagt wird, sie seien mit einer bestimmten Wahrscheinlichkeit zu erwarten. Einerseits ist man nun an möglichst präzisen Schätzungen, andererseits aber an möglichst hohen Wahrscheinlichkeitsniveaus interessiert. Beide Ziele widerstreiten einander, denn das Konfidenzintervall wird umso breiter, je höher das gewählte Wahrscheinlichkeitsniveau ist, bei p = 1 (bzw. bei einem Sicherheitsniveau von 100%) erstreckt sich das 'Intervall' beispielsweise über die gesamte Abszisse. Die besten Voraussetzungen für eine praxisnützliche

---

*) Vgl. S. 188 f.

Intervallschätzung, bei der nicht jedes mögliche Ereignis als wahrscheinlich ausgegeben wird, sind folglich dann gegeben, wenn eine Wahrscheinlichkeitsverteilung mit sehr wenig Streuung, d.h.: mit einem sehr steilen Kurvenverlauf benutzt werden kann. In diesem Fall liegt nämlich ein Großteil der von der Kurve eingeschlossenen Fläche über einem sehr schmalen Intervall. Dann liegen die zu schätzenden Werte mit hohen Wahrscheinlichkeitsdichten nahe beisammen, was offensichtlich gut anzugeben erlaubt, was genau mit großer Wahrscheinlichkeit auftreten wird.

Am folgenden Beispiel sei dies sowie die Logik einer Intervallschätzung überhaupt veranschaulicht:

Anhand des Stichprobenmittels $\bar{x}_i$ (aus einer Stichprobe mit n > 30) soll der Parameter μ der Grundgesamtheit geschätzt werden. Gemäß zentralem Grenzwertsatz verteilen sich die Stichprobenmittelwerte $\bar{x}_i$ bei i Zufallsstichproben mit jeweils n $\geq$ 30 normal um μ. Nun ist sowohl μ als natürlich auch der Abstand zwischen μ und einem $\bar{x}_i$ unbekannt. Bekannt ist aber, daß die $\bar{x}_i$ um μ normalverteilt sind, und folglich, in welchen Intervallen um μ ein $\bar{x}_i$ mit welcher Wahrscheinlichkeit liegen kann. Da nun ein konkretes $\bar{x}$ vorliegt, läßt sich aus ihm dank derselben Überlegung erschließen, in welchem Intervall um dieses $\bar{x}$ mit welcher Wahrscheinlichkeit μ liegen kann. Folglich kann ein Konfidenzintervall für μ angegeben werden. Seine Breite hängt ganz davon ab, wie groß die Streuung der Normalverteilung der $\bar{x}_i$ ist; diese läßt sich bei bekannter Streuung σ der Grundgesamtheit berechnen, ansonsten oft schätzen. Falls dies nicht möglich ist, kann auch kein Konfidenzintervall bestimmt und darum keine Intervallschätzung durchgeführt werden; dann läßt sich jedoch durch einen Signifikanztest prüfen, ob und mit welcher Wahrscheinlichkeit das berechnete $\bar{x}$ als Schätzwert für μ dienen kann.*) Abb. 56 zeigt Beispiele für eine derartige Intervallschätzung: Bei (1) kann ein ebenso schmales Konfidenzintervall wie bei (2) nur auf einem sehr viel niedrigeren Wahrscheinlichkeitsniveau angegeben werden und führt auch prompt zu einer Fehlschätzung von μ. Bei (3) kann μ korrekt auf demselben Wahrscheinlichkeitsniveau wie bei (4) geschätzt werden; allerdings ist das Konfidenzintervall bei (4) wesentlich schmaler als bei (3), die Schätzung also viel präziser.

In Abb. 56 wurden stets zweiseitige Konfidenzintervalle betrachtet. Bei ihnen wird der Schwankungsbereich eines Schätzwertes durch Angabe eines

---

*) Siehe S. 239 f.

Abb. 56: Konfidenzintervalle

a) Unterschiedliche Wahrscheinlichkeitsniveaus
   bei gleichen Konfidenzintervallen

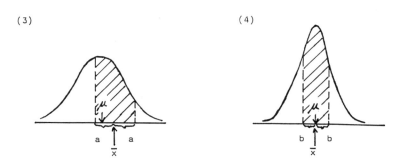

b) Gleiche Wahrscheinlichkeitsniveaus
   bei unterschiedlichen Konfidenzintervallen

Wertes a ausgedrückt, der Intervalle zu beiden Seiten eines Stichprobenwerts bezeichnet; z.B.: $\mu = \bar{x} \pm a$. Für bestimmte Fragestellungen verwendet man jedoch auch einseitige Konfidenzintervalle. Bei ihnen interessiert, mit welcher Wahrscheinlichkeit der zu schätzende Parameter ober- oder unterhalb eines Stichprobenkennwertes liegt. Abb. 57 zeigt zwei Beispiele:

Abb. 57: Einseitige Konfidenzintervalle

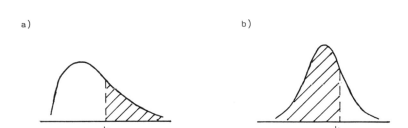

Jene stets gleichen Grundgedanken werden bei allen Schätzungen von Konfidenzintervallen benutzt. Dabei unterliegt es der Entscheidung des Forschers, auf welchem Wahrscheinlichkeitsniveau er seinen Repräsentationsschluß ziehen will. Diese Entscheidung setzt unter anderem subjektive Wahrscheinlichkeitserwägungen darüber voraus, auf welchem Wahrscheinlichkeitsniveau die Aussage über den zu schätzenden Parameter für den jeweils verfolgten praktischen oder theoretischen Zweck ausreichend sicher ist. Falls man über Vorinformationen zum möglichen Wert des zu schätzenden Parameters verfügt, kann man bei gleichem Wahrscheinlichkeitsniveau den Schwankungsbereich des geschätzten Parameters dadurch verengen, daß man den Bayes-Ansatz verwendet und 'Bayes-Konfidenzintervalle' berechnet.

Intervallschätzungen lassen sich stets dann durchführen, wenn Variablen mit metrisch skalierten Daten untersucht werden. Ferner sind Intervallschätzungen für alle Stichprobenkennwerte möglich, für welche sich eine Wahrscheinlichkeitsverteilung angeben läßt. Dank des zentralen Grenzwertsatzes sind dies in erster Linie arithmetisches Mittel und Varianz/Standardabweichung; doch es lassen sich Konfidenzintervalle ebenfalls für den Median, für weitere Centile sowie für Regressionskoeffizienten berechnen. Auch verteilen sich die bei unterschiedlichen Zufallsstichproben aus derselben Grundgesamtheit festgestellten Häufigkeiten pro Merkmalsklasse normal, so daß auch hier Konfidenzintervalle angegeben werden können. Außerdem sei darauf hingewiesen, daß die Logik statistischer Inklusionsschlüsse ebenfalls auf der Intervallschätzung beruht.

In jedem Fall besagt das Ergebnis einer Intervallschätzung: die bei unendlich vielen Intervallsstichproben aus derselben Grundgesamtheit jeweils berechneten Stichprobenkennwerte liegen mit der Wahrscheinlichkeit p im Konfidenzintervall $k \pm a$ bzw. $a \geq k$ oder $a \leq k$. Das heißt, daß sich die durch Intervallschätzung entstandenen Wahrscheinlichkeitswerte nicht auf das Auftreten des einzelnen zu schätzenden Parameters, sondern auf die möglichen Ergebnisse jenes Zufallsexperiments beziehen, welches das Ziehen von Zufallsstichproben darstellt.*) Da diese Ergebnisse jedoch unmittelbar von der Beschaffenheit der untersuchten Grundgesamtheit abhängen, lassen sie sich als (perspektivische) Abbildungen von interessierenden Merkmalen der Grundgesamtheit interpretieren und als praxisanleitende Prognosen nutzen.

---

*) An dieser Stelle wird erneut die für den frequentistischen Wahrscheinlichkeitsansatz charakteristische Schwierigkeit deutlich, Aussagen über Einzelereignisse zu formulieren.

III. Modelle statistischer Repräsentationsschlüsse

Die konkreten Modelle statistischer Repräsentationsschlüsse verbinden die oben vorgestellten Grundgedanken. Sie wenden sie in geeigneter Weise auf Daten verschiedener Meßniveaus an, wobei insbesondere berücksichtigt wird, welche Wahrscheinlichkeitsverteilung die vermutete Häufigkeitsverteilung der in der Grundgesamtheit interessierenden Merkmalsausprägungen am besten beschreiben kann. Wegen des unterschiedlichen Informationsgehalts der einzelnen Meßniveaus sind nicht für alle Daten dieselben Schlußmodelle verfügbar. Wo ein geeignetes Modell für einen Repräsentationsschluß fehlt, geht man darum zu einem Inklusionsschluß über, bei dem geprüft wird, ob der erhaltene Stichprobenkennwert als Aussage über die Beschaffenheit der Grundgesamtheit halten kann. Vom _induktiven_ Schlußmodus des Repräsentationsschlusses wechselt man dergestalt zum _deduktiven_ Schlußmodus des Inklusionsschlusses, bei dem gewissermaßen der fehlende Informationsgehalt der _Daten_ durch eine präzise Hypothese des _Forschers_ 'ersetzt' wird. Diese Hypothese prüft man sodann auf die Wahrscheinlichkeit ihrer Übereinstimmung mit den Tatsachen der Grundgesamtheit.

Beispiel: Man interessiert sich für den Zusammenhang zwischen zwei Merkmalen der Grundgesamtheit. Können sie _intervallskaliert_ gemessen werden, so ist folgendes Vorgehen möglich: man berechnet den Regressionskoeffizienten für die Stichprobendaten und bestimmt dann ein Konfidenzintervall für dieses Zusammenhangsmaß, das Stärke und Richtung des Zusammenhangs _in der Grundgesamtheit_ angibt. Solchermaßen wird _induktiv_ von der Stichprobe auf die Grundgesamtheit geschlossen. Können die zwei Merkmale nur nominalskaliert gemessen werden, ist dieses Vorgehen, das eine Regressionsanalyse erfordert, nicht möglich. Dann berechnet man einen Kontingenzkoeffizienten für die _Stichprobe_, formuliert eine Hypothese über das Vorliegen dieses Zusammenhangs in der _Grundgesamtheit_ und stellt dann fest, wie groß die Wahrscheinlichkeit dafür ist, die Stichprobendaten dann _rein zufällig_ zu erhalten, wenn diese Hypothese nicht stimmt. Ist die Wahrscheinlichkeit dafür, die vorliegenden Daten rein zufällig zu erhalten, falls zwischen beiden Merkmalen _kein_ Zusammenhang besteht, zu gering, so akzeptiert man die Hypothese, es bestehe der vom Kontingenzkoeffizienten ausgedrückte Zusammenhang; anderenfalls hält man diese Hypothese widerlegt. Aus der Widerlegung oder Bestätigung dieser Hypothese, also _deduktiv_, wird auf die Beschaffenheit der Grundgesamtheit geschlossen.

Insgesamt sind bei konkreten Forschungsfragen Repräsentations- und Inklusionsschlüsse geschickt zu _kombinieren_. Folgender _Überblick_ über die Modelle des Repräsentationsschlusses soll genügen:

- Bei _nominalskalierten Daten_ stehen Repräsentationsschlüsse zur Schätzung der Häufigkeiten in den einzelnen Merkmalsklassen zur Verfügung.

Besonders geläufig sind Schätzmodelle für den Fall, daß die nominalskalierte Variable nur zwei Ausprägungen hat, also dichotom ist. Auf diesen Fall lassen sich natürlich auch polytome Variablen durch Zusammenfassung von Merkmalsklassen zurückführen.

- Bei ordinalskalierten Daten kann die Häufigkeitsverteilung in der Grundgesamtheit in gleicher Weise geschätzt werden. Überdies können ein- oder zweiseitige Konfidenzintervalle für den Median und andere Centile bestimmt werden, die ihrerseits Schätzungen der Streuung erlauben.

- Bei intervall- und ratioskalierten Daten können alle Möglichkeiten der Schätzung von (Mittel-)Werten und Streuungen genutzt werden, die sich entweder aus den gemessenen Variablen unmittelbar oder mittelbar aus dem zentralen Grenzwertsatz ergeben. Ferner können Zusammenhänge durch Konfidenzintervalle für Regressionskoeffizienten geschätzt werden.*)

Zusammenfassend kann festgestellt werden, daß die interessierenden Merkmale der Grundgesamtheit auf jedem Meßniveau durch Schätzungen und Signifikanztests zu ermitteln sind.

B. Der statistische Inklusionsschluß

Durch statistische Inklusionsschlüsse werden anhand von Stichprobendaten Hypothesen über die Beschaffenheit der Grundgesamtheit auf ihre Übereinstimmung mit den Tatsachen geprüft. Um ein geeignetes Schlußmodell auswählen zu können, müssen drei Vorfragen beantwortet werden:

- Wie lautet die zu prüfende Hypothese genau?
- Auf welchem Meßniveau sind Informationen über die Beschaffenheit der Tatsachen zu erlangen?
- Was ist über die Häufigkeitsverteilung der interessierenden Wirklichkeitsmerkmale in der Grundgesamtheit, also: über die dem Inklusionsschluß zugrunde zu legende Wahrscheinlichkeitsverteilung bekannt?**)

---

*) Bei topologisch skalierten Variablen sind wahrscheinlichkeitstheoretische Aussagen über Zusammenhänge grundsätzlich durch Inklusionsschlüsse zu erarbeiten.
**) Antworten auf diese Frage lassen sich selbst als Hypothesen von Inklusionsschlüssen auf ihren Wahrheitsgehalt prüfen.

Inklusionsschlüsse sind von einem denkbar geringen Informationsstand an möglich: es müssen nur nominalskalierte Daten vorliegen, und über die Merkmalsverteilung in der Grundgesamtheit muß nichts bekannt sein; die zu prüfende Hypothese muß sich nur auf die Gleichheit oder Verschiedenheit zweier Sachverhalte beziehen. So zeigen sich gerade hier zwei allgemeine Merkmale des Prozesses wissenschaftlicher Forschung: einerseits seine Kumulativität, insofern nämlich komplexere Ergebnisse auf der Basis von einfacheren Ergebnissen möglich werden, und die Einheit von Theorie und Empirie, insofern der Inklusionsschluß beides aufs klarste dadurch verbindet, daß theoretisch abgeleitete Hypothesen dank komplexer theoretischer Überlegungen mit empirisch gewonnenen Daten auf ihre Übereinstimmung mit den Tatsachen geprüft werden.

Nach einer Darstellung der Logik von Inklusionsschlüssen werden im folgenden gut vierzig sozialwissenschaftlich nützliche Signifikanztests knapp präsentiert. Zwar gibt es zweifellos mehr als gut vierzig sozialwissenschaftlich wichtige Hypothesen, die durch Inklusionsschlüsse auf ihren Wahrheitsgehalt zu überprüfen wären. Doch die meisten Hypothesen können auf recht einfache 'Hypothesenkerne' zurückgeführt werden, zu deren Prüfung die verfügbaren Signifikanztests in der Regel ausreichen. Ein Sozialwissenschaftler muß darum sowohl die verfügbaren Signifikanztests überblicken als auch die Fähigkeit erwerben, Hypothesen so 'auf den Punkt zu bringen', daß sie anhand von Signifikanztests auf ihre Übereinstimmung mit jenen Tatsachen geprüft werden können, auf die sie sich beziehen. Die mathematische Struktur der einzelnen Tests muß nur exemplarisch und im konkreten Anwendungsfall bekannt sein; ansonsten genügt die Kenntnis der logischen Struktur, die bei allen Signifikanztests gleich ist.

I. Die logische Struktur eines Signifikanztests

Jeder Signifikanztest ist zugleich ein Falsifikationsversuch und ein indirekter Beweis.

1. Der Signifikanztest als Falsifikationsversuch

Es interessiert der Wahrheitsgehalt einer Hypothese über die Beschaffenheit von Merkmalen der Grundgesamtheit. An einer Zufallsstichprobe von Untersuchungseinheiten werden jene Daten erhoben, welche die zu prüfende Hypothese dann verläßlich widerlegen müßten, wenn sie falsch wäre. Gelingt eine Widerlegung, so kann eine falsche Hypothese aus dem wissenschaftlichen Diskurs eliminiert werden. Gelingt eine Falsifikation der Hypothese trotz einer strengen Prüfung nicht, so kann für weitere praktische und theoretische Zwecke davon ausgegangen werden, daß diese Hypothese mit jenen Tatsachen, bezüglich welcher sie getestet wurde, übereinstimmt. Da beim Schluß von Stichproben auf Grundgesamtheiten nur Wahrscheinlichkeitsaussagen möglich sind, läßt sich auch eine solche Falsifikation aber nur als Wahrscheinlichkeitsaussage formulieren.

2. Der Signifikanztest als indirekter Beweis

Für einen Signifikanztest ist kennzeichnend, daß sich dieser Falsifikationsversuch nicht auf die substanziell interessierende Hypothese selbst, sondern auf ihre Verneinung richtet. Gelingt es nicht, diese 'Antithese' zu widerlegen, so gilt die substanziell interessierende Hypothese als widerlegt; gelingt aber eine Falsifikation der 'Antithese', so gilt die zu prüfende Hypothese bezüglich dieses Falsifikationsversuchs als bewährt. Das heißt: über den Wahrheitsgehalt der interessierenden Hypothese wird nicht direkt, sondern auf jenem Umweg befunden, den die Logik des indirekten Beweises beschreibt. Da freilich der Falsifikationsversuch nur zu einer Wahrscheinlichkeitsaussage führt, beruht der Schluß auf den Wahrheitsgehalt der substanziell interessierenden Hypothese auf einer wahrscheinlichkeitstheoretisch zwar abgesicherten, dennoch aber fehlerauffälligen Entscheidung.

Es ist für ein angemessenes Verständnis des statistischen Inklusionsschlusses ausschlaggebend, den Grund, der zu diesem indirekten Vorgehen führt, zu begreifen; nur in diesem Fall vermeidet man nämlich Fehlinterpretationen der Ergebnisse von Signifikanztests. Zum Zweck klarer Argumentation sind die folgenden Fachbegriffe einzuführen:

- 'H_1' heißt die substanziell interessierende, präzis 'auf den Punkt gebrachte' Hypothese (auch: 'Alternativhypothese', 'H_A').
- 'H_0' heißt die Verneinung der H_1 ('Nullhypothese').
- Unter einer 'Prüfgröße' versteht man eine aus den Stichprobendaten berechnete statistische Maßzahl. Sie hat die Aufgabe, den bei einem konkreten Inklusionsschluß interessierenden Informationsgehalt so zu verdichten, daß präzis angegeben werden kann, welche Werte die Prüfgröße mit welcher Wahrscheinlichkeit annehmen muß, wenn H_0 stimmt. Zu diesem Zweck wird die substanziell interessierende Hypothese 'als Paar von H_1 und H_0 auf die Prüfgröße hin operationalisiert', d.h.: es wird die zu prüfende Hypothese so 'auf den Punkt gebracht', daß sie von einer H_0 exakt verneint werden kann.

Beispiel: Die zu prüfende Hypothese besagt, zwischen zwei nominalskalierten Variablen bestehe ein Zusammenhang. Zusammenhänge zwischen zwei nominalskalierten Variablen kann man u.a. durch den Vergleich von Indifferenz- und Kontingenztabelle feststellen; die entsprechenden Vergleichsergebnisse verdichtet die statistische Maßzahl chi^2. Diese Maßzahl kann nun als Prüfgröße fungieren. Stimmt H_1, besteht zwischen beiden Variablen also ein Zusammenhang, so muß gelten: $chi^2 > 0$. Der solchermaßen präzis formulierten H_1 läßt sich als exakte H_0 entgegensetzen: $chi^2 = 0$. Für den Fall, daß in der Grundgesamtheit zwischen beiden Variablen wirklich kein Zusammenhang besteht, läßt sich nun eine Wahrscheinlichkeitsverteilung für jene chi^2-Werte berechnen, die sich bei Stichproben aus dieser Grundgesamtheit rein zufällig ergeben können. Diese Wahrscheinlichkeitsverteilung ist die chi^2-Verteilung. Jener Signifikanztest, der diese Prüfgröße und ihre Wahrscheinlichkeitsverteilung verwendet, heißt darum 'chi^2-Test'; die Tests, welche etwa die Prüfgrößen F, t, U ... und ihre Wahrscheinlichkeitsverteilungen verwenden, heißen entsprechend 'F-Test', 't-Test', 'U-Test' ...

Wahrscheinlichkeitsverteilungen für Prüfgrößen heißen 'Prüfverteilungen'. Offen blieb bislang die Frage, warum diese Prüfverteilungen für den Fall berechnet werden, daß H_0, also die Verneinung der H_1, stimmt. Schließlich sind ja zunächst zwei Fragestellungen gleichermaßen plausibel:

- Wie wahrscheinlich ist es, daß sich der aus der Stichprobe errechnete Wert der Prüfgröße dann ergibt, wenn H_1 stimmt?

- Wie wahrscheinlich ist es, daß sich der aus der Stichprobe errechnete Wert der Prüfgröße dann ergibt, wenn H_0 stimmt?

Versucht man, anhand der ersten Fragestellung einen wahrscheinlichkeitstheoretischen Schluß zu ziehen, so gerät man in große Schwierigkeiten. Sie seien am obigen Beispiel veranschaulicht. Wenn es zwischen zwei nominalskalierten Variablen einen Zusammenhang gibt, so stehen viele mögliche, einander ähnliche Datenverteilungen der Stichprobe mit dieser Beschaffenheit der Grundgesamtheit in Übereinklang. Bezüglich welcher von diesen vielen möglichen Datenverteilungen soll nun geprüft werden, mit welcher Wahrscheinlichkeit sie sich bei Richtigkeit der H_1 ergeben? Nur die in der Stichprobe tatsächlich erhaltene Datenverteilung zu berücksichtigen, wäre kurzschlüssig, da sie mit der in einer anderen Zufallsstichprobe aus derselben Grundgesamtheit zu erhaltenden Datenverteilung kaum völlig identisch wäre, ohne gleichwohl so verschieden zu sein, daß sie anders als jene interpretiert werden müßte. Welche Datenverteilung soll dem Signifikanztest dann aber zugrunde gelegt werden? Zweifellos gibt es keine befriedigende Antwort auf diese Frage.

Aus diesem Grund wählt man den Umweg über einen auf H_0 bezogenen Schluß: H_0 läßt sich nämlich immer so formulieren, daß es nur eine einzige Datenverteilung gibt, die mit ihr völlig übereinstimmt.*) Die Prüfgrößen werden deshalb so konstruiert, daß ihr Wert jeweils anzeigt, wie stark die in der Stichprobe tatsächlich erhaltene Datenverteilung von jener Datenverteilung abweicht, die bei Wahrheit der H_0 zu erwarten ist. Die Wahrscheinlichkeitsverteilung der Prüfgrößenwerte für den Fall, daß H_0 stimmt, gibt dann aber unmittelbar an, wie wahrscheinlich das rein zufällige Auftreten eines jeden Prüfgrößenwertes ist. Nur wenn die Wahrscheinlichkeit für einen rein zufällig der H_0 entsprechenden Wert der Prüfgröße sehr gering ist, wird man die H_0 als widerlegt zurückweisen und statt dessen die H_1 als bestätigt akzeptieren. Gewissermaßen die 'Negation der Negation' dient somit als Indiz für den Wahrheitsgehalt der H_1. Inklusionsschlüsse stellen folglich Aussagen über Nullhypothesen dar; die Aussagen über die eigentlich interessierende Hypothese ergibt sich erst als Interpretation des Testergebnisses.

II. Die Durchführung eines Signifikanztests

Es lassen sich drei logische Komponenten eines Signifikanztests unterscheiden; ihnen entsprechen konkrete Arbeitsschritte bei der Durchführung eines Signifikanztests:

- Operationalisierung der zu prüfenden Hypothese als Paar von H_1 und H_0;
- Vergleich des aus der Stichprobe berechneten Prüfgrößenwerts mit der Prüfverteilung;
- Entscheidung für oder gegen H_0 bzw. H_1.

1. Die Operationalisierung der zu prüfenden Hypothese als Paar von H_1 und H_0

Dieser Arbeitsschritt verlangt vom Forscher dreierlei. Erstens muß er in der Lage sein, die zu prüfende Hypothese präzis zu formulieren. Zweitens muß er die verfügbaren Signifikanztests zielgerichtet überblicken können, um zu einer solchen Operationalisierung von H_1 und, als deren Antithese, von H_0 zu gelangen, für die eine geeignete Prüfgröße und Prüfverteilung verfügbar ist. Drittens muß der Forscher seine Untersuchung von vornherein auf die zu ziehenden Inklusionsschlüsse so anlegen, daß die Falsifizierung

---

*) Falls man eine substanziell interessierende Hypothese so exakt formulieren kann, benutzt man sie als H_0 eines Signifikanztests, was an dessen logischer Struktur nichts ändert.

der auf eine Prüfgröße hin operationalisierten H_1 bzw. H_0 möglichst weitreichende Interpretationen erlaubt. Das heißt: H_1 und H_0 müssen in einem sorgfältig ausgearbeiteten theoretischen Zusammenhang stehen, innerhalb dessen die Bestätigung oder Falsifikation der H_0 klare und argumentativ wichtige Konsequenzen hat. Signifikanztests ohne derartige Kontexte der Ergebnisinterpretationen sind wertlos. Insgesamt hängt von der die Wahl des Signifikanztests bestimmenden Operationalisierung die gesamte Aussagekraft eines Inklusionsschlusses ab.

2. Vergleich des aus der Stichprobe berechneten Wertes der Prüfgröße mit der Prüfverteilung

Dieser Vergleich ist das Kernstück des Signifikanztests; die Operationalisierung der zu prüfenden Hypothese als Paar von H_1 und H_0 hat schließlich keinen anderen Zweck, als diesen Vergleich zu ermöglichen. Das konkrete Vorgehen soll an folgendem Beispiel erläutert werden:

a) Ein Beispiel (t-Test)

Man interessiere sich dafür, ob es zwischen Männern und Frauen Unterschiede im durchschnittlichen Monatseinkommen gibt. Um eine Antwort auf diese Frage zu finden, die mit den Tatsachen der Grundgesamtheit der Männer und Frauen in einem bestimmten Gesellschaftssystem übereinstimmt, zieht man aus dieser Grundgesamtheit eine ausreichend große Stichprobe von Männern und Frauen. Bei ihnen stellt man auf valide Weise die durchschnittlichen Monatseinkommen fest. Man gelangt dabei zu Zahlen, die man für den praktischen Forschungszweck als intervallskaliert behandeln kann. Deswegen errechnet man als Maß für das durchschnittliche Monatseinkommen die arithmetischen Mittel $\bar{x}_m$ und $\bar{x}_w$ der von den untersuchten Männern und Frauen bezogenen durchschnittlichen Monatseinkommen. Ferner sei es so, daß die Streuungen in den durchschnittlichen Monatseinkommen der Männer und Frauen um $\bar{x}_m$ bzw. $\bar{x}_w$ gleich groß sind, daß also gilt: $s_m = s_w = s$. Außerdem sei anzunehmen, die Einkommensunterschiede bei Männer und Frauen seien normalverteilt.

Die zu prüfende Hypothese besagt nun: 'Das durchschnittliche Monatseinkommen von Männern und Frauen ist verschieden hoch.' Die entgegengesetzte Nullhypothese lautet dann natürlich: 'Das durchschnittliche Monatseinkommen von Männern und Frauen ist gleich hoch.' Knapp kann man formulieren:
$H_1: \bar{x}_m \neq \bar{x}_w$
$H_0: \bar{x}_m = \bar{x}_w$.

Sind die hier beschriebenen Voraussetzungen - normalverteilte Intervalldaten und gleiche Streuung bei Männern und Frauen - gegeben, so kann dieses Paar aus H_1 und H_0 auf eine Prüfgröße t hin operationalisiert werden, die im wesentlichen so aufgebaut ist:

$$t = \frac{\bar{x}_m - \bar{x}_w}{s}$$

Aus den Stichprobendaten läßt sich nun offensichtlich ein t-Wert errechnen, der die hier interessierende Information der Stichprobe verdichtet. Für das rein zufällige Auftreten von t-Werten bei Wahrheit von H_0 kann eine Wahrscheinlichkeitsverteilung berechnet werden, die jedem t-Wert seine Wahrscheinlichkeitsdichte zuweist; dies ist eine t-Verteilung. Der genaue Verlauf ihrer Kurve hängt von der Zahl der Freiheitsgrade ab, die hier ausgehend vom Stichprobenumfang bestimmt werden. Abb. 58 zeigt eine t-Verteilung mit df = 25, anhand welcher das weitere Vergleichsverfahren dargestellt werden kann:

Abb. 58: <u>t-Verteilung mit df = 25</u>

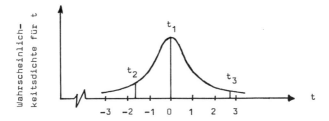

Falls H_0 stimmt, also gilt: $\bar{x}_m = \bar{x}_w$, nimmt t laut seiner Definitionsformel den Wert '0' an; in diesem Fall ist die Wahrscheinlichkeit dafür, auch <u>rein zufällig</u> diesen - mit den Tatsachen übereinstimmenden - t-Wert zu erhalten, natürlich maximal. Der t_1-Wert in Abb. 58 veranschaulicht diesen Sachverhalt. Gilt $\bar{x}_m < \bar{x}_w$, so ergeben sich negative t-Werte; gilt $\bar{x}_m > \bar{x}_w$, so ergeben sich positive t-Werte; t selbst nimmt um so größere <u>Absolutbeträge</u> $|t|$ an, je mehr sich $\bar{x}_m$ und $\bar{x}_w$ unterscheiden. Die Größe des Absolutbetrages von t bestimmt also, wie wahrscheinlich ein solcher t-Wert rein zufällig, d.h. bei Wahrheit von H_0 auftritt; das Vorzeichen des t-Wertes gibt an, ob der errechnete t-Wert auf der linken oder rechten Seite der Wahrscheinlichkeitsverteilung liegt. t_3 tritt offensichtlich mit wesentlich geringerer Wahrscheinlichkeitsdichte rein zufällig auf als t_2, falls die Nullhypothese stimmt. Diese Eigenschaften von t besitzen ebenso oder analog auch die anderen Prüfgrößen.

b) Signifikanzniveau und Ablehnungsbereich

Weder interessieren bei einer stetigen Prüfverteilung die Wahrscheinlichkeitsdichten noch bei einer diskreten Wahrscheinlichkeitsverteilung die Wahrscheinlichkeiten für das rein zufällige Auftreten einzelner Werte der Prüfgröße als solche; sie interessieren vielmehr als Mittel zum Zweck. Man will wissen: 'Wie groß ist die Wahrscheinlichkeit dafür, rein zufällig einen Wert der Prüfgröße zu erhalten, welcher der H_0 widerspricht?' Ist die Wahrscheinlichkeit, einen die H_0 widerlegenden Wert der Prüfgröße nur zufällig zu erhalten, sehr gering, so wird man annehmen müssen, die H_0 sei falsch. Eine solche Überlegung anstellen zu können ist der Zweck, dessentwegen die Wahrscheinlichkeiten/Wahrscheinlichkeitsdichten von Prüfgrößenwerten berechnet werden.

Aus der Abb. 58 wird intuitiv plausibel, daß die Prüfgrößenwerte der H_0 um somehr widersprechen, je weiter sie außen an den Seiten der Prüfverteilung liegen: t_3 widerspricht der H_0 stärker als t_2, während t_1 ihr völlig entspricht. Die oben formulierte Frage kann also zugespitzt werden: 'Wie groß ist die Wahrscheinlichkeit dafür, rein zufällig einen Prüfgrößenwert zu erhalten, welcher der H_0 so stark und noch stärker widerspricht, als der tatsächlich berechnete Prüfgrößenwert?'

Im Fall einer stetigen Wahrscheinlichkeitsverteilung läßt sich diese Frage dadurch beantworten, daß man die Flächen zwischen Kurve und Abszisse für jene beiden Intervalle betrachtet, in denen alle Prüfgrößenwerte liegen, die größer bzw. kleiner als der aus der Stichprobe berechnete Wert der Prüfgröße sind. Abb. 59 veranschaulicht dies:

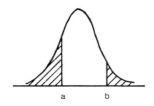

Die Kurve stellt eine stetige Wahrscheinlichkeitsverteilung dar; a und b sind zwei mögliche Werte einer Prüfgröße. Die Fläche links von a und rechts von b gibt die Wahrscheinlichkeit dafür an, rein zufällig einen Prüfgrößenwert k im Intervall k $\leq$ a bzw. k $\geq$ b zu erhalten.

Zeigte die Abb. 59 eine diskrete Wahrscheinlichkeitsverteilung, bei der die Einzelwerte eben zu einer Kurve verschliffen wären, so ist eine analoge Interpretation möglich. a und b sind erneut zwei als zufällige Ereignisse zu interpretierende Werte der Prüfgröße; sie haben innerhalb dieser Wahrscheinlichkeitsverteilung die Wahrscheinlichkeiten P(a) und P(b). Links von a bzw. rechts von b liegen Prüfgrößenwerte, also: zufällige Ereignisse k, deren Wahrscheinlichkeiten P(k) noch geringer sind als die Wahrscheinlichkeiten von a bzw. b. Durch Addition der Einzelwahrscheinlichkeiten für alle k in den Intervallen k $\leq$ a bzw. k $\geq$ b läßt sich berechnen, wie groß die Wahrscheinlichkeit dafür ist, daß ein Prüfgrößenwert auftritt, welcher der H_0 so stark und noch stärker widerspricht als a bzw. b.

Es besagt die Logik eines Signifikanztests: 'H_0 soll dann als falsch zurückgewiesen werden, wenn die Wahrscheinlichkeit dafür, einen der H_0 widersprechenden Wert der Prüfgröße nur zufällig zu erhalten*), sehr gering ist'. Was hier als 'ausreichend geringe Wahrscheinlichkeit' anzusehen ist, muß der Forscher selbst bestimmen: will er eine Wahrscheinlichkeit von 10%, 5%, 1%, 0,1%, allgemein: α% für hinlänglich gering halten?

Diese Entscheidung liegt jeder Interpretation eines Testergebnisses zugrunde. Sie hat nämlich eine wichtige Konsequenz: sie legt Intervalle auf der Abszisse der Prüfverteilung fest. Selbstverständlich handelt es sich dabei um jene Intervalle, in welche die Werte der Prüfgröße dann fallen, wenn sie der H_0 mit eben der gewählten Wahrscheinlichkeit widersprechen. Naturgemäß liegen diese Intervalle an den Seiten der Prüfverteilung, und zwar entweder auf beiden Seiten oder auch nur auf jeweils einer Seite. Ein Wert der Prüfgröße, der ein solches Intervall begrenzt, heißt 'kritischer Wert'. Wenn die Intervalle an den zwei Seiten der Prüfverteilung liegen, gibt es offensichtlich zwei kritische Werte; wird nur ein einziges Intervall an einer Seite der Prüfverteilung betrachtet, so gibt es nur einen kritischen Wert.

Diese Zusammenhänge lassen sich durch folgende Fachbegriffe bezeichnen und komplexeren Überlegungen zugrunde legen:

---

*) und also nicht deshalb, weil H_0 eben wirklich falsch ist!

- Das Intervall bzw. die beiden Intervalle, in welche(s) der Wert der Prüfgröße <u>nicht</u> fallen darf, wenn H_0 weiterhin für wahr gehalten werden soll, heißt '<u>Ablehnungsbereich</u>' (auch: 'kritischer Bereich', 'Signifikanzbereich') und wird durch <u>kritische Werte</u> abgegrenzt.

- Jener vom Forscher gewählte Wahrscheinlichkeitswert α, der die kritischen Werte und somit den Ablehnungsbereich festlegt, heißt '<u>Signifikanzniveau</u>' (auch: 'Wahrscheinlichkeitsniveau', 'Irrtumswahrscheinlichkeit'). Den Wert $1 - \alpha$ nennt man <u>Sicherheitsniveau</u>.

- Fällt der aus den Daten berechnete Wert der Prüfgröße in den Ablehnungsbereich, so wird H_0 als falsch zurückgewiesen und H_1 als bestätigt akzeptiert. Man formuliert dann: '<u>H_1 ist auf dem α%-Niveau signifikant</u>'.

- Es besteht offensichtlich folgender Zusammenhang: Je niedriger das Signifikanzniveau gewählt wird, um so schmaler ist der Ablehnungsbereich; folglich muß der an der Stichprobe berechnete Wert der Prüfgröße der H_0 um so stärker widersprechen, falls H_0 zurückgewiesen und statt ihrer H_1 akzeptiert werden soll; insgesamt: je kleiner α gewählt wird, umso <u>strenger</u> ist der Test. Man formuliert: '<u>H_1 wird auf dem α%-Niveau geprüft</u>'.

Die logische Struktur dieser Nutzung von Signifikanzniveau und Ablehnungsbereich entspricht spiegelbildlich der Benutzung von Sicherheitsniveaus und Konfidenzintervallen bei der Intervallschätzung. Dort wird festgestellt, <u>innerhalb</u> welcher kritischer Werte der zu schätzende Parameter liegt; hier wird ermittelt, ob die Prüfgröße <u>außerhalb</u> kritischer Werte liegt. Dort geht es um die Wahrscheinlichkeit, mit der die Aussage über den wahren Parameterwert <u>stimmt</u>; hier wird herausgefunden, mit welcher Wahrscheinlichkeit die Aussage der H_0 mit den Tatsachen der Grundgesamtheit <u>nicht</u> übereinstimmt.

c. Zweiseitige und einseitige Fragestellung

Im oben benutzten Beispiel besagte die H_1 : $\bar{x}_m \neq \bar{x}_w$, also: die durchschnittlichen Monatseinkommen von Männern und Frauen sind verschieden. Die H_0 behauptet das Gegenteil: $\bar{x}_m = \bar{x}_w$. Ein t-Wert, der dieser H_0 widerspricht, kann auf zweierlei Weise zustande kommen: $\bar{x}_m > \bar{x}_w$ oder $\bar{x}_m < \bar{x}_w$.

Wenn man <u>nicht</u> weiß, welcher dieser Fälle vorliegt, muß man mit beiden Fällen rechnen. Sowohl positive als auch negative t-Werte können dann zur Ablehnung der H_0 führen. Der Ablehnungsbereich besteht folglich aus zwei Intervallen, die als kritische Bereiche an beiden Seiten der t-Verteilung liegen. Die Ausdehnung dieser Intervalle ergibt sich aus dem gewählten Signifikanzniveau von α%. Jedem der beiden kritischen Intervalle ist dann eine Ausdehnung zuzumessen, die einer Irrtumswahrscheinlichkeit von $\frac{\alpha}{2}$ entspricht.*) Die Frage, ob H_0 auf dem α%-Niveau zurückzuweisen sei, ist darum so zu formulieren: 'Fällt der Wert der Prüfgröße in einen der an <u>beiden</u> Seiten der Prüfverteilung bestehenden Ablehnungsbereiche?' In dieser Formulierung wird unmittelbar plausibel, weswegen hier von einer 'zweiseitigen Fragestellung' gesprochen wird.

Nun sei <u>bekannt</u>, daß Frauen allenfalls ein ebenso hohes durchschnittliches Monatseinkommen wie Männer beziehen, daß aber die Aussage, sie verdienten im Monatsdurchschnitt <u>mehr</u> als die Männer, keineswegs mit den Tatsachen übereinstimmt. Offensichtlich verfügt man hier über eine breitere Informationsbasis als im oben betrachteten Fall. Dies wirkt sich unmittelbar auf den Signifikanztest aus.

Es läßt sich nämlich eine <u>präzisere</u> H_1 formulieren. Statt $\bar{x}_m \neq \bar{x}_w$ kann nun ausgesagt werden: $\bar{x}_m > \bar{x}_w$; die H_0 bleibt natürlich unverändert: $\bar{x}_m = \bar{x}_w$. Ein t-Wert, welcher der H_0 widerspricht, kann nun natürlich nur noch <u>positiv</u> sein; folglich gibt es nur noch <u>einen</u> Ablehnungsbereich. Die Frage, ob H_0 auf dem α%-Niveau zurückzuweisen sei, ist darum so zu formulieren: 'Fällt der Wert der Prüfgröße in den auf dieser <u>einen</u> Seite bestehenden Ablehnungsbereich?' Diese Art der Fragestellung heißt 'einseitige Fragestellung'. Die breitere Informationsbasis, die sie voraussetzt, läßt sich nun aber in eine Prüfung von H_1 <u>auf einem strengeren Signifikanzniveau</u> ummünzen. Dies wird in Abb. 60 plausibel:

---

*) Da eben <u>unbekannt</u> ist, ob eher positive oder eher negative t-Werte auftreten, läßt sich eine andere Aufteilung des Wahrscheinlichkeitsniveaus als eine Halbierung schwerlich begründen.

Abb. 60: Einseitige und zweiseitige Fragestellung

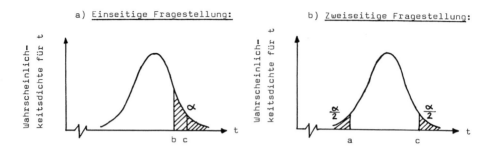

Im Fall einseitiger Fragestellung bei einer Prüfung auf dem α%-Niveau liegen t-Werte mit $t \geq b$ im Ablehnungsbereich; bei einer zweiseitigen Fragestellung auf demselben Signifikanzniveau aber t-Werte mit $t \leq a$ und $t \leq c$. Nun gibt es freilich keinen Grund, bei einseitiger Fragestellung t-Werte zwischen b und c in den Ablehnungsbereich aufzunehmen, da ja t-Werte mit $t \geq c$ ohnehin eine wesentlich strengere Prüfung der H_0 erlauben als t-Werte mit $b \leq t \leq c$. Es genügt also, $t \geq c$ als kritischen Bereich zu betrachten. Dem entspricht nun eine Irrtumswahrscheinlichkeit von nur noch $\frac{\alpha}{2}$. Das heißt: durch bloßen Übergang von zweiseitiger auf einseitige Fragestellung wird das Signifikanzniveau halbiert, der Signifikanztest also verschärft. Folglich sollten Hypothesen nach Möglichkeit so formuliert werden, daß sie einseitig getestet werden können; ein größerer Informationsstand, der dem Test zugrunde gelegt wird, zahlt sich in geringerer Irrtumswahrscheinlichkeit aus.

Manche Signifikanztests sind von vornherein einseitige Tests, während andere Tests sowohl ein- als auch zweiseitige Fragestellungen erlauben. Manche Tests sind nur für zweiseitige Fragestellungen geeignet.*) Eine weitere Gruppe von Signifikanztests erlaubt zwar prinzipiell eine einseitige Fragestellung, läßt aber keine Halbierung des bei zweiseitiger Fragestellung ermittelten Wahrscheinlichkeitsniveaus zu. Grundsätzlich können zweiseitige Irrtumswahrscheinlichkeiten nämlich nur dann durch Halbieren in einseitige Irrtumswahrscheinlichkeiten umgerechnet werden, wenn der fragliche Test eine symmetrische Prüfverteilung (wie etwa die t-Verteilung) benutzt. Manche Tests benutzen jedoch asymmetrische Prüfverteilungen, die allenfalls - wie die chi^2- oder die F-Verteilung - bei einer sehr großen Zahl von Freiheitsgraden symmetrisch werden; dies ist bei praktischen Testdurchführungen aber nicht oft der Fall. Wird mit einseitigen Tests zweiseitig getestet, so ist das Signifikanzniveau natürlich zu verdoppeln. Ob ein Test ein- oder zweiseitig (und mit einer symmetrischen oder einer asymmetrischen Prüfverteilung) testet, ist stets im Anwendungsfall festzustellen und der Interpretation und Benutzung der Testergebnisse zugrunde zu legen.

---

*) Etwa: Wald-Wolfowitz-Test, Moses-Test, Tests für Zusammenhangsmaße.

d. Die konkrete Durchführung eines Signifikanztestes

Wird ein Signifikanztest durch eigene Rechenarbeit durchgeführt, so ist aus den Stichprobendaten zunächst der Wert der Prüfgröße zu ermitteln. Kritische Werte wichtiger Prüfgrößen sind in vielen Statistiklehrbüchern angegeben; man benutzt diese Tabellen wie die Tafeln anderer Wahrscheinlichkeitsverteilungen auch.*) Durch einfaches Nachschlagen der entsprechenden Prüfverteilung kann man darum feststellen, ob sich auf dem gewählten Signifikanzniveau der errechnete Wert im Ablehnungsbereich befindet. Es ist stets darauf zu achten, ob die tabellierten Werte für einen ein- oder einen zweiseitigen Test gelten; ferner ist beim Vergleich der Prüfgröße mit den kritischen Werten die richtige Anzahl von Freiheitsgraden zugrunde zu legen.

Führt man einen Signifikanztest auf einer Rechenanlage durch, so wird als Ergebnis in der Regel angegeben

- der Wert der benutzten Prüfgröße (chi^2, F, t, ...);
- die Wahrscheinlichkeit, mit der sich der genannte Wert der Prüfgröße (oder der auf seine Signifikanz geprüfte Wert eines Zusammenhangsmaßes) bei Wahrheit der H_0 rein zufällig ergibt ('SIGNIFICANCE = ...');
- ob ein ein- oder zweiseitiger Test durchgeführt wurde, soweit sich dies nicht aus der Art des Tests ohnehin ergibt.**)

3. Die Entscheidung für oder gegen H_0 bzw. H_1

Ein Signifikanztest prüft nur <u>mittelbar</u> die eigentlich interessierende Hypothese: sie muß zu einer solchen H_1 operationalisiert werden, für welche eine Prüfgröße verfügbar ist, und kommt gleichwohl nur insoweit ins Spiel, als die H_0 sie verneint. Allein H_0 wird geprüft; H_1 wird akzeptiert, wenn sich H_0 aufgrund des Datenbefundes 'nicht mehr halten läßt'. Einerseits kann auf diesen 'Umweg' nicht verzichtet werden; es ist gewissermaßen der dafür zu entrichtende Preis, daß nur anhand einer <u>Stichprobe</u> Aussagen über eine Grundgesamtheit formuliert werden sollen. Andererseits liegt aus logischen Gründen auch bei indirekter Beweisführung eine Prüfung von H_1 und folglich der interessierenden Hypothese vor, so daß auch dieses etwas komplizierte Vorgehen durchaus valide ist. Allerdings muß man einige Probleme in Kauf nehmen, welche die Entscheidung für oder gegen H_0 bzw. H_1 kennzeichnen.

---
*) Vgl. S. 189 ff.
**) Bei einem zweiseitigen Test findet sich in der Regel die Angabe: '2-TAILED P'.

a. Fehler 1. Art und Fehler 2. Art

Man wolle eine Hypothese auf dem α%-Niveau testen. Sie wird als H_1 'auf den Punkt gebracht'; bezüglich einer geeigneten Prüfgröße wird ihr eine H_0 entgegengesetzt. Ist die Wahrscheinlichkeit dafür, den aus der Stichprobe berechneten Prüfgrößenwert rein zufällig dann zu erhalten, wenn H_0 stimmt, $p \leq \alpha$%, so glaubt man nicht länger, H_0 sei wahr, sondern lehnt H_0 ab und entscheidet sich, H_1 für auf dem α%-Niveau bestätigt zu halten.

Dieser auf H_0 bezogene wahrscheinlichkeitstheoretische Schluß läßt sich freilich auch so formulieren: Selbst wenn H_0 wahr ist, wird sie mit einer Irrtumswahrscheinlichkeit von α% abgelehnt; mit α% Wahrscheinlichkeit riskiert man also den Fehler, eine falsche H_1 als wahr zu akzeptieren. Dieser Fehler heißt 'Fehler 1. Art'; seine Wahrscheinlichkeit ist die Irrtumswahrscheinlichkeit, also das Signifikanzniveau.

Nun kann man das Risiko, einen Fehler 1. Art zu begehen, dadurch reduzieren, daß man ein sehr niedriges Signifikanzniveau wählt, also etwa statt mit 5% Irrtumswahrscheinlichkeit mit 0,01% Irrtumswahrscheinlichkeit arbeitet. Dann kann man ziemlich sicher sein, nur selten eine wahre H_0 zurückzuweisen.

Folglich wird es wegen dieser 'Vorsichtsmaßnahme' dazu kommen, daß man die H_0 nur noch selten zurückweist, also: in der Regel H_1 verwirft. Doch es wird ja nicht so sein, daß meistens die Nullhypothesen stimmen; schließlich verwendet der Forscher seine ganze Energie darauf, mit den Tatsachen übereinstimmende substanzielle Hypothesen, also: wahre Alternativhypothesen H_1, zu erarbeiten. Darum steigt mit der Senkung der Irrtumswahrscheinlichkeit das Risiko, eine H_0 zu akzeptieren, obwohl sie falsch ist, und eine H_1 zurückzuweisen, obwohl sie stimmt. Dieser Fehler, eine falsche H_0 als wahr zu akzeptieren, heißt 'Fehler 2. Art'.

Offensichtlich befindet man sich in einem Dilemma: der Versuch, das Risiko für einen Fehler 1. Art zu reduzieren, vergrößert das Risiko für einen Fehler 2. Art. Dieses Dilemma ist um so unangenehmer, als es nicht so ist, daß das Risiko für den einen Fehler im selben Ausmaß anstiege, in dem es für den anderen Fehler sinkt. Denn der Fehler 1. Art besteht darin, eine wahre H_0 zurückzuweisen*), der Fehler 2. Art aber darin, eine falsche H_0 zu ak-

---

*) Nur für den Fall, daß H_0 wahr ist, läßt sich ja überhaupt eine Prüfverteilung berechnen.

zeptieren. Die entscheidende Variable ist also der Grad der Wahrheit oder Falschheit der H_0. Über den genauen Wahrheits- oder Falschheitsgehalt der H_0 weiß man aber in der Regel nichts. Folglich kann man auch nicht feststellen, wie sich das Risiko eines Fehlers 1. Art im Verhältnis zur Veränderung des Risikos eines Fehlers 2. Art wandelt. Ein 'goldener Mittelweg' läßt sich also <u>nicht</u> angeben; die Festsetzung des Signifikanzniveaus, d.h.: des Risikos, einen Fehler 1. Art zu begehen, muß darum nach anderen Gesichtspunkten erfolgen.

b. <u>Die Festsetzung des Signifikanzniveaus</u>

Folgende Gesichtspunkte führen zur Festsetzung des Signifikanzniveaus:

aa. Wenn es sehr wichtig ist, gewissermaßen um keinen Preis eine falsche H_1 zu akzeptieren, also: wenn alles darauf ankommt, eine wahre H_0 auf keinen Fall zurückzuweisen, dann wird man den Fehler 1. Art so unwahrscheinlich wie möglich halten wollen. In diesem Fall wählt man ein sehr niedriges Signifikanzniveau und nimmt es lieber in Kauf, eine wahre H_1 irrigerweise für falsifiziert zu halten, als in folgenschwerer Weise eine falsche H_1 für wahr zu halten. <u>Beispiel:</u> Man prüft die Wirkungen eines Arzneimittels und will unbedingt verhindern, daß ein Mittel auf den Markt kommt, das anders wirkt als vermutet.

bb. Wenn freilich bewährte Theorien verfügbar sind, welche in verläßlicher Weise Aussagen über das Vorliegen bestimmter Tatsachen und Zusammenhänge formulieren, dann wird man auch bei einer vergleichsweise hohen Irrtumswahrscheinlichkeit (etwa: $10 \pm 5\%$) bisweilen argumentieren wollen: 'Zwar ist die Wahrscheinlichkeit dafür, die Datenverteilung in der Stichprobe rein zufällig auch dann zu erhalten, wenn H_0 und nicht H_1 stimmt, vergleichsweise groß. Doch vieles spricht dafür, daß sich diese Datenverteilung eben <u>nicht</u> zufällig, sondern deswegen ergeben hat, weil H_1 stimmt. Folglich sei H_0 zurückgewiesen und H_1 akzeptiert'.
In diesem Fall will man also den Fehler 2. Art vermeiden und geht darum ein höheres Risiko ein, den Fehler 1. Art zu begehen.

Soll jedoch der Wahrheitsgehalt einer <u>Theorie</u> anhand einer ihrer zentralen Hypothesen geprüft werden, so darf natürlich <u>nicht</u> jene Theorie, in der die zu prüfende Hypothese zentral ist, zur argumentativen Rechtfertigung eines großen Risikos, einen Fehler 1. Art zu begehen, herangezogen werden. Denn sicher wäre es ein klassischer Zirkelschluß, etwa bei einer Irrtumswahrscheinlichkeit von 10% eine zu prüfende Hypothese deswegen zu akzeptieren, weil die Theorie, die man am Fall ihrer zentralen Hypothese auf ihre Richtigkeit prüfen will, für die Richtigkeit der H_1 und gegen die Wahrheit der H_0 spricht. Folglich wird man in diesem Fall niedrige, aber auch nicht unvernünftig niedrige Signifikanzniveaus wählen, denn der Fehler 2. Art soll ja gerade hier nicht <u>allzu</u> groß werden.

cc. Ferner ist bei der Festlegung des Signifikanzniveaus folgender Zusammenhang zwischen den errechneten Irrtumswahrscheinlichkeiten und dem Umfang der Stichprobe, an der die Hypothese geprüft wird, zu beachten:

- Bei einem <u>großen</u> Stichprobenumfang werden auch sehr <u>kleine</u> Zusammenhänge oder Unterschiede <u>signifikant</u>. Maßnahme: Senkung des Signifikanzniveaus, also: <u>strengerer</u> Test.

- Bei einem <u>kleinen</u> Stichprobenumfang werden auch recht <u>starke</u> Zusammenhänge oder große Unterschiede <u>nicht leicht signifikant</u>. Maßnahme: Wahl eines höheren Signifikanzniveaus, also: <u>weniger strenger</u> Test.

Dieser Zusammenhang ergibt sich nur aufgrund der mathematischen Struktur der benutzten Tests; mit Manipulation hat es durchaus nichts zu tun, wenn man diesen <u>rein mathematischen</u> Zusammenhang nicht <u>inhaltlich mißdeutet</u>, sondern aufgrund der vorausgegangenen inhaltlichen Deutung <u>der möglichen Fehlschlüsse</u> das Signifikanzniveau so festsetzt, daß der Irrtum, Signifikantes für nichtsignifikant und Nichtsignifikantes für signifikant zu halten, nach Möglichkeit <u>vermieden</u> wird.

Die Festsetzung des Signifikanzniveaus, die unmittelbar die Entscheidung für oder gegen H_0 bzw. H_1 bestimmt, darf also nicht 'mechanisch' erfolgen; sie verlangt vielmehr sorgfältige theoretische Überlegungen*). Dennoch hat sich in der sozialwissenschaftlichen Forschung die <u>Konvention</u> durchgesetzt, Inklusionsschlüsse meist auf einem der folgenden vier Signifikanzniveaus zu ziehen:

	Signifikanz-niveau	Irrtums-wahrschein-lichkeit	verbale Bezeichnung	Ab-kürzung	Kenn-zeichnung
1.	$p > 0,05$	$p > 5\%$	nicht signifik.	n.s.	
2.	$p \leq 0,05$	$p \leq 5\%$	signifikant	s.	*
3.	$p \leq 0,01$	$p \leq 1\%$	sehr signifikant	s.s.	**
4.	$p \leq 0,001$	$p \leq 0,1\%$	hochsignifikant	h.s.	***

---

*) Diese lassen sich zweifellos von 'subjektiven Wahrscheinlichkeiten' bezüglich möglicher Ausgänge von Signifikanztests bzw. bezüglich sinnvoller Interpretationen der Testergebnisse leiten. Wie bei der Intervallschätzung zeigt sich auch hier, daß metrische Wahrscheinlichkeitsaussagen des Kontexts subjektiver Wahrscheinlichkeitsbeurteilung durchaus nicht entraten können.

Einerseits sind diese Konventionen durchaus nützlich: jeder Fachmann weiß sofort, was mit der Aussage gemeint ist, ein Ergebnis sei (nicht, sehr, hoch-) signifikant. Andererseits erschwert die Benutzung dieser Konventionen durchaus die Interpretation und vor allem eigenständige Verwertung publizierter Forschungsergebnisse. Drei Beispiele seien betrachtet:

Beispiel 1: Man liest in einer Publikation: 'Das Ergebnis x ist auf dem α%-Niveau nicht signifikant'. Hinter dieser Aussage kann sich sowohl eine Irrtumswahrscheinlichkeit von 7% als auch eine von 40% verbergen. Welche Irrtumswahrscheinlichkeit tatsächlich vorliegt, wird dem Benutzer der Publikation in diesem Fall verschwiegen, obwohl ihm eine Auskunft darüber vielleicht höchst willkommen wäre: bei einer Irrtumswahrscheinlichkeit von 7% würde er für seine Zwecke auf dem publizierten Ergebnis aufbauen wollen, bei einer von 40% aber keineswegs. Da er freilich nur weiß: $p > 0,05$ kann er das publizierte Ergebnis von vornherein nicht verwenden.

Beispiel 2: Man liest in einer Publikation: 'Das Ergebnis x ist auf dem α%-Niveau signifikant'. Hinter dieser Ausage kann sich sowohl eine Irrtumswahrscheinlichkeit von $p = 0,049$ als auch eine von $0,009$ verbergen. Welche Irrtumswahrscheinlichkeit tatsächlich vorliegt, wird dem Benutzer der Publikation auch hier verschwiegen. Möglicherweise handelt es sich um einen Fachkollegen, dem daran liegt, aus der konsultierten Arbeit ein Argument für eine Aussage zu gewinnen, die nach menschlichem Ermessen nicht mit den Tatsachen im Widerspruch stehen darf. Das heißt: er will das Risiko, einen Fehler 1. Art zu begehen, so gering wie möglich halten. Betrüge im vorliegenden Fall die Irrtumswahrscheinlichkeit $p = 0,049$, so würde er aus dem fraglichen Ergebnis keine weiteren Schlüsse ziehen wollen; betrüge sie aber $p = 0,009$, so könnte dieses Ergebnis für ihn hilfreich sein. Da er aber nur weiß: $p \leq 0,05$, kann er auch dieses publizierte Ergebnis von vornherein nicht verwenden.

Beispiel 3: Man liest in einer Publikation: 'Ein zweiseitiger t-Test erbrachte kein signifikantes Ergebnis'. Per Konvention kann aus dieser Formulierung zwar noch geschlossen werden, daß gelten dürfte: $p > 0,05$. Die tatsächliche Irrtumswahrscheinlichkeit bleibt jedoch unbekannt; beispielsweise betrage sie 7%. Nun verfüge der Leser der Publikation über Informationen, die einen einseitigen Test der fraglichen Hypothese erlauben. Wüßte er, daß sich beim zweiseitigen Test mit einer symmetrischen Prüfverteilung $p = 0,07$ ergeben hat, könnte er das als nicht signifikant publizierte Testergebnis sofort als mit 3,5% Irrtumswahrscheinlichkeit signifikant interpretieren und daraus weitere Schlüsse ziehen. Da er aber nur weiß: p > 0,05, kann er auch dieses Ergebnis von vornherein nicht verwenden.

Aufgrund dieser Überlegungen ist zu fordern, daß stets die exakten Irrtumswahrscheinlichkeiten angegeben werden, und zwar auch dann, wenn keine signifikanten Ergebnisse erzielt wurden. Keineswegs kann der Einwand überzeugen, solchermaßen würde nur ein irreführender Eindruck von (Pseudo-)Präzision erweckt. Denn um 'Präzision' geht es hier gar nicht, sondern nur darum, dem Benutzer von Publikationen die Möglichkeit zu geben, selbst zu entscheiden, welchen Fehler 1. Art er bei seiner Interpretation des publizierten Ergebnisses riskieren möchte.

III. Fehler bei der Benutzung von Signifikanztests

Grundsätzlich nicht zu umgehen sind die Risiken eines Fehlers 1. oder 2. Art. Solange die festgestellten Signifikanzniveaus unvollständig angegeben werden, sind auch fehlerhafte Ergebnisinterpretationen schwer zu vermeiden. Unnötig sind aber die folgenden Fehler:

1. Unzulässige Umrechnungen zweiseitiger in einseitige Irrtumswahrscheinlichkeiten

Zu ihnen kommt es, wenn bei einem ohnehin einseitigen Test oder bei einer asymmetrischen Prüfverteilung das Signifikanzniveau halbiert wird.

2. Fehlinterpretation des Signifikanzbegriffs

Der Fehler, ein signifikantes Ergebnis für ein 'auffälliges' oder ein 'relevantes' Ergebnis und umgekehrt ein auffälliges oder relevantes Ergebnis für ein signifikantes Ergebnis zu halten, ist weit verbreitet. Demgegenüber ist an folgender Begrifflichkeit festzuhalten:

a) Ein Ergebnis ist (auf dem α%-Niveau) signifikant, wenn die ihm zugehörige H_0 mit α% Irrtumswahrscheinlichkeit zurückgewiesen werden kann.

b) Ein Ergebnis ist auffällig, wenn es einen Forscher oder Leser überrascht. Ob es ihn überrascht, hängt ausschließlich von seinen Hypothesen und Erwartungen, also: von seinen subjektiven Wahrscheinlichkeiten ab. Allenfalls mittelbar kann die Signifikanz eines Ergebnisses zu seiner Auffälligkeit beitragen; doch es sind auch gut solche Fälle vorstellbar, bei denen die Auffälligkeit eines Ergebnisses darin besteht, eben nicht signifikant zu sein.

c) Ein Ergebnis ist <u>relevant</u>, wenn es nützliche theoretische oder praktische Schlußfolgerungen erlaubt. Sicher können signifikante Ergebnisse relevant sein; doch bei nicht signifikanten Ergebnissen kann dies ebenso der Fall sein.

3. Fehlinterpretation des Sicherheitsniveaus

Dieser Fehler besteht darin, aus der Zurückweisung der H_0 auf dem α%-Niveau zu folgen: 'H_1 ist mit $1 - \alpha$ Wahrscheinlichkeit wahr . Bei einem Test auf etwa dem 1%-Niveau ist auch folgende Formulierung üblich: 'Der fragliche Zusammenhang ist mit 99% Wahrscheinlichkeit gesichert'.

Diesem Fehler liegen zwei Mißverständnisse zugrunde. <u>Erstens</u> wird mißachtet; daß sich das Testergebnis auf H_0 und nur mittelbar auf H_1 bezieht. Das Sicherheitsniveau darf darum nicht in bezug auf H_1, sondern muß in bezug auf H_0 interpretiert werden: 'Man kann mit $100 - \alpha$% sicher sein, einen Fehler 1. Art vermieden, d.h. eine wahre H_0 nicht zurückgewiesen zu haben'.

<u>Zweitens</u> bezieht sich die berechnete Irrtumswahrscheinlichkeit und folglich das Sicherheitsniveau nur auf den Fall, daß eine <u>wahre</u> H_0 überprüft wurde. Aus der Wahrscheinlichkeit, eine wahre H_0 nicht zurückgewiesen zu haben, kann aber keine Aussage darüber abgeleitet werden, mit welcher Wahrscheinlichkeit man eine H_0 <u>geringeren</u> Wahrheitsgehalts zu Recht beibehalten oder zu Unrecht zurückgewiesen hat. Um so weniger kann man dann aber angeben, mit welcher Sicherheit die bei Zurückweisung von H_0 akzeptierte H_1 wahr, also:mit welcher Wahrscheinlichkeit sie 'gesichert' sei.

4. Fehlinterpretation des Signifikanzniveaus

Aus der Tatsache, daß etwa bei einem Signifikanzniveau von $p = 0,05$*) die Wahrscheinlichkeit dafür, einen Fehler 1. Art zu begehen, 5% beträgt, wird bisweilen gefolgert: 5% der aufdem 5%-Niveau durchgeführten Signifikanztests wurden zu einer irrigen Zurückweisung der H_0 und darum zu falschen Ergebnissen führen; folglich ist Signifikanztests nicht zu trauen. Richtig wäre diese

---

*) Die gesamte Argumentation ist natürlich auf eine Irrtumswahrscheinlichkeit von α % zu verallgemeinern.

Interpretation nur dann, wenn man nur wahre Nullhypothesen prüfen würde; dann allerdings wären von 100 Testergebnissen tatsächlich etwa 5 als falsch anzunehmen. Doch da alle Anstrengungen sich darauf richten, wahre Alternativhypothesen H_1 zu formulieren, dürften in der Regel nicht gerade die sie verneinenden Nullhypothesen wahr sein. Darum ist zu formulieren: von 100 auf dem 5%-Niveau getesteten H_0 werden rein zufällig 5 zurückgewiesen werden - ob sie nun richtig oder falsch sind. In der Regel werden also, falls mit den Tatsachen so gut wie möglich übereinstimmende Alternativhypothesen H_1 vorliegen, wesentlich weniger als 5% der Signifikanztests falsche Ergebnisse liefern. Dennoch ist aus diesem Zusammenhang abzuleiten, daß mit Signifikanztests sparsam umgegangen werden muß, wenn so weit wie überhaupt möglich der Fehler vermieden werden soll, Zufallsergebnisse als signifikant zu betrachten.

5. Fehlerhafter Einsatz von Signifikanztests bei der Datenanalyse

Wie alle anderen statistischen Modelle dürfen auch Signifikanztests nur dort benutzt werden, wo ihre Anwendungsvoraussetzungen gegeben sind. Kriterien wie 'Art der zu prüfenden Hypothese', 'Skalenniveau der erhobenen Daten' und 'wahrscheinlichkeitstheoretische Voraussetzungen' verstehen sich von selbst; Voraussetzungen wie 'Art der vorliegenden Stichprobe(n)' und 'Stärke-Effizienz des einzusetzenden Tests' werden noch behandelt. Verletzungen dieser Anwendungsvoraussetzungen sind selten; Fehler entstehen jedoch bei folgendem Vorgehen:

Man habe Daten zu 50 Variablen erhoben. Zur Analyse ihrer Zusammenhänge führe man alle 1225 möglichen bivariaten Korrelationsanalysen durch. Auf dem 5%-Niveau werden dann 61 dieser Tests rein zufällig ein signifikantes Ergebnis anzeigen können. Nicht in jedem dieser 61 Fälle muß angenommen werden, eine wahre H_0 sei zurückgewiesen worden; mit etlichen Fehlern ist aber dennoch zu rechnen. Nichtsdestoweniger werden Forscher, die so vorgehen, ihre Interpretationen auf alle signifikanten Ergebnisse stützen - und folglich auch auf einige Artefakte.

Das richtige Vorgehen kennzeichnet sich hingegen dadurch, daß man auf eine mechanische, 'flächendeckende' Verwendung von Signifikanztests verzichtet und durch theoretische Arbeit zuvor sorgfältig klärt, welche Inklusionsschlüsse überhaupt gezogen werden sollen. Für genau diese wenigen, ausgesuchten Fälle führt man Signifikanztests durch und interpretiert ihre Ergebnisse. Die Wahrscheinlichkeit, bei sparsamem und theoretisch wohlbegründetem Umgang mit Signifikanztests immer noch auf Artefakte hereinzufallen, ist dann erheblich reduziert.*)

6. Anwendung von Signifikanztests bei einer Vollerhebung

Manch einer mag versucht sein, auch für bei einer Vollerhebung gewonnene Daten zu berechnen, 'wie wahrscheinlich es ist, daß sie sich rein zufällig ergeben'. Erfahrungsgemäß wird schwer eingesehen, warum man beim 'Notbehelf' der Analyse von Stichprobendaten wohl mehr statistische Modelle verwenden darf, als bei der Analyse von 'informationsreicheren' Grundgesamtheitsbefunden. Doch die Begründung ist recht einfach: verfügt man über eine Vollerhebung, dann besteht die Aufgabe, Repräsentations- oder Inklusionsschlüsse zu ziehen, eben nicht mehr; die dafür geeigneten statistischen Modelle sind funktionslos**) und liefern Artefakte. Es genügen dann die Modelle der <u>deskriptiven</u> Statistik, um <u>alle</u> Forschungsfragen zu beantworten. Freilich sind zwei <u>Sonderfälle</u> denkbar:

<u>Erstens</u> habe man zwar eine Vollerhebung zu einem Wirklichkeitsmerkmal durchgeführt. Man habe aber Grund zur Annahme, die tatsächlich aufgetretenen und untersuchten Merkmalsausprägungen stellten nur einen <u>zufälligen Ausschnitt</u> aus der Menge der <u>prinzipiell möglichen</u> Merkmalsausprägungen dar. Diese Menge bildet dann eine 'hypothetische Grundgesamtheit' ('hypothetisches Universum'), und die durchgeführte Vollerhebung wird als <u>Zufallsstichprobe</u> aus dieser hypothetischen Grundgesamtheit <u>interpretiert</u>. Sollen Hypothesen über die Beschaffenheit der hypothetischen Grundgesamtheit überprüft werden, müssen natürlich Signifikanztests durchgeführt werden. Da eine hypothetische Grundgesamtheit aber stets eine <u>fiktive</u> Größe ist und eine Vollerhebung auch nicht ohne weiteres als ausgerechnet eine <u>Zufallsstichprobe</u> aus dieser fiktiven Grundgesamtheit interpretiert werden kann, bedürfen derartige Schlüsse wohlbegründeter und recht komplexer theoretischer Annahmen.

---

*) Die Eigenschaft von SPSS, beispielsweise gemeinsam mit den Werten der Tau-Koeffizienten stets ihre Signifikanzniveaus anzugeben, macht diese Regel nur scheinbar hinfällig. Denn eine Vielzahl dieser Angaben kann als <u>unnötige</u> Information betrachtet werden; die Analyse beschränkt sich dann <u>eben auf</u> die <u>vorgängig</u> ausgewählten Testergebnisse.

**) Innerhalb ihrer Modellvoraussetzungen wirkt sich dies so aus, daß ihre Hauptforderung, nämlich das Vorliegen einer Zufallsstichprobe, unerfüllt bleibt.

Beispiel: Man habe Daten über alle Kriege zwischen 1815 und 1965 erhoben und untersuche an diesem Datensatz die Ursachen und Merkmale von Kriegen. Man wolle Aussagen über alle möglichen Kriege dieses Zeitraums formulieren, also auch Aussagen über die wahrscheinliche Beschaffenheit jener Kriege, die es zu verhindern gelang. Die tatsächlich ausgefochtenen wie auch die verhinderten Kriege bilden dann eine hypothetische Grundgesamtheit, bezüglich welcher anhand der tatsächlich untersuchten Kriege Inklusionsschlüsse gezogen werden.

Zweitens habe man zwar eine Vollerhebung angestrebt; es sei aber zu sehr vielen Ausfällen gekommen. Falls nun angenommen werden kann, bezüglich der zu prüfenden Hypothesen wirkten die einzelnen Ausfallursachen rein zufällig, so kann die angestrebte, doch gescheiterte Vollerhebung bezüglich jener Hypothesen als Zufallsstichprobe interpretiert werden; statistische Schlüsse auf die interessierende Grundgesamtheit sind dann möglich. Stimmt aber diese Interpretation der (gescheiterten) Vollerhebung als einer Zufallsstichprobe nicht mit den Tatsachen überein, so werden Artefakte für signifikante Ergebnisse gehalten. Das Problem besteht regelmäßig darin, jene Interpretation plausibel zu machen.

IV. Kriterien zur Auswahl eines Signifikanztests

1. Fragestellung, Meßniveau und wahrscheinlichkeitstheoretische Voraussetzungen

Selbstverständlich können nur solche Signifikanztests verwendet werden, auf deren testspezifische H_0 und H_1 hin sich die zu prüfende Hypothese operationalisieren läßt. Ferner müssen Daten jenes Meßniveaus vorliegen, das der jeweilige Test verlangt. Außerdem setzen manche Tests bestimmte Annahmen über das wahrscheinlichkeitstheoretische Modell voraus, mit dem sich die Verteilung des interessierenden Wirklichkeitsmerkmals in der Grundgesamtheit beschreiben läßt. Tests, die dabei Intervalldaten mit Normalverteilung verlangen, heißen 'parametrische Tests'; Signifikanztests, die ohne diese wahrscheinlichkeitstheoretische Annahme und mit topologischen Daten auskommen, nennt man 'nicht-parametrische Tests'. Sie sind für die sozialwissenschaftliche Forschung ungleich wichtiger.

Doch nicht nur gemäß den bislang genannten Kriterien sind Signifikanztests auszuwählen. Zwei weitere Kriterien sind zu beachten.

2. Die Stärke-Effizienz des Tests

Bei einem Signifikanztest ist man daran interessiert, eine falsche H_0 zurückzuweisen und eine wahre H_1 zu akzeptieren. Die Wahrscheinlichkeit, eine wahre H_1 zu akzeptieren, ist gleich der Wahrscheinlichkeit, eine wahre H_1 nicht zurückzuweisen, also: den Fehler 2. Art zu vermeiden. Jeder einzelne Signifikanztest besitzt nun aufgrund seiner mathematischen Struktur eine ihm eigentümliche Wahrscheinlichkeit dafür, den Fehler 2. Art zu vermeiden. Genau diese Eigenschaft eines Signifikanztests, mit spezifischer Wahrscheinlichkeit den Fehler 2. Art zu vermeiden, wird als 'Stärke des Tests' (auch: 'Teststärke') bezeichnet. Ein Test ist umso stärker, je größer die Wahrscheinlichkeit dafür ist, eine wahre H_1 nicht zurückzuweisen.

Es läßt sich zeigen: die konkrete Stärke eines Tests nimmt mit dem Umfang der Stichprobe zu, auf die er angewendet wird. Folglich kann man alle Signifikanztests schon einmal nach dem Gesichtspunkt in eine Rangordnung bringen, wie stark sie bei einem einheitlichen Stichprobenumfang sind. Zweitens kann man innerhalb dieser Rangordnung danach fragen: Wie weit muß bei einem Test L der Stichprobenumfang erweitert werden, damit er die Stärke des nächststärkeren Tests K erreicht? Zur Antwort auf diese Frage sind für viele Tests geeignete Formeln verfügbar.

Bei verschiedenen Tests wird nun das Verhältnis zwischen der Erweiterung des Stichprobenumfangs und der Steigerung der Teststärke verschieden sein, d.h.: gleiche Erweiterungen des Stichprobenumfangs erbringen unterschiedliche Zugewinne in der Teststärke, bzw. gleiche Steigerungen der Teststärke müssen mit unterschiedlichen Zuwächsen in den Fallzahlen erkauft werden. Die Fähigkeit eines Tests, auch bei geringeren Fallzahlen stark zu sein, bezeichnet man als seine 'Effizienz'; das betrachtete Verhältnis zwischen Stärke und Effizienz wird als 'Stärke-Effizienz' eines Test bezeichnet.*)

Der vom Begriff der Stärke-Effizienz erschlossene Zusammenhang hat nun einige wichtige Konsequenzen:

- Tests, die mit (informationsreicheren) metrischen Daten arbeiten, sind grundsätzlich stärker als Tests, die mit (weniger informationsreichen) topologischen Daten arbeiten. Die neben Intervalldaten auch noch Normalverteilung voraussetzenden parametrischen Tests sind die stärksten Signifikanztests.

---

*) engl.: 'power-efficiency'

- Je informationsreicher die Daten sind, auf die sich ein Inklusionsschluß bezieht, umso weniger allgemein können die aus ihm abzuleitenden Schlußfolgerungen sein. D.h.: gerade Signifikanztests, die keine metrischen Daten sind, auf die sich ein Inklusionsschluß bezieht, umso weniger allgemein können die aus ihm abzuleitenden Schlußfolgerungen sein. D.h.: gerade Signifikanztests, die keine metrischen Daten und keine besonderen wahrscheinlichkeitstheoretischen Annahmen voraussetzen, erlauben die Prüfung allgemeiner Hypothesen.

- In den Sozialwissenschaften sind darum sowohl nur schwächere, in der Regel nicht-parametrische Tests möglich als auch immer dann erwünscht, wenn Verallgemeinerungen formuliert werden sollen. Unerwünscht ist freilich, daß schwächere Tests ein größeres Risiko beinhalten, einen Fehler 2. Art zu begehen.

- Deswegen wird versucht, die Stärke eines Tests durch Erweiterung des Stichprobenumfangs und Möglichkeit zu steigern und zu diesem Zweck unter parallel verfügbaren Tests genau jenen mit der größten Stärke-Effizienz auszuwählen.

3. Die Art der vorliegenden Stichprobe(n)

Es wurde klargestellt, daß Signifikanztests nur auf Zufallsstichproben angewendet werden können. Innerhalb dieser Voraussetzung werden aber verschiedene Fälle unterschieden, die man als 'Ein-Stichprobenfall', 'Fall zweier oder mehrerer unabhängiger Stichproben' und 'Fall zweier oder mehrerer abhängiger Stichproben' bezeichnet. Zunächst eher verwirrend, erlaubt diese Terminologie eine Aufgliederung von Zufallsstichproben sowohl nach der Anzahl zugleich betrachteter Variablen als auch nach dem Gesichtspunkt, ob 'Störeinflüsse' ausgeschaltet wurden, welche den von der zu prüfenden Hypothese bezeichneten Sachverhalt überlagern oder verdecken könnten. Offenkundig sind beides für wahrscheinlichkeitstheoretische Schlüsse sehr wichtige Aspekte.

a. Ein-Stichprobenfall (' e i n e Zufallsstichprobe')

Dieser Fall liegt vor, wenn eine Hypothese geprüft werden soll, die sich auf die Verteilung einer einzigen Variablen in der Grundgesamtheit richtet. Beispiel: 'Die Wahlabsichten der wahlberechtigten Bürger des Landes verteilen sich auf seine k Parteien in folgender Weise: ... '

b. Fall zweier unabhängiger Stichproben ('z w e i Zufallsstichproben')

Dieser Fall liegt vor, wenn eine Hypothese geprüft werden soll, die sich auf die gemeinsame Verteilung von zwei Variablen, also: auf einen Zusammenhang richtet. Da hier leicht in den Sinn dieser Terminologie eingeführt werden kann, sei ein Beispiel betrachtet:

Beispiel: Man interessiert sich dafür, ob das durchschnittliche Monatseinkommen berufstätiger Frauen niedriger ist als jenes der berufstätigen Männer. Dazu erhebt man in valider Weise die notwendigen Daten und verdichtet sie in geeigneter Weise zur Prüfgröße eines in Frage kommenden Signifikanztests.

Innerhalb der Terminologie der Signifikanztests wird dieser Sachverhalt so beschrieben:

a) Es wird nicht etwa eine einzige Grundgesamtheit betrachtet, sondern man interessiert sich für zwei Grundgesamtheiten: jene der Männer und jene der Frauen.

b) Aus beiden Grundgesamtheiten werden Zufallsstichproben gezogen. Wenn sichergestellt ist, daß die Auswahl eines Mannes nicht die Auswahl einer Frau beeinflußt, liegen zwei unabhängige Zufallsstichproben vor.*)

c) An beiden Stichproben mißt man das interessierende Merkmal. Die Prüfgröße verdichtet jene Daten dann zu einer solchen Information, die eine Antwort auf folgende Frage erlaubt: 'Mit welcher Wahrscheinlichkeit stammen Männer und Frauen bezüglich des Merkmals 'durchschnittliches Monatseinkommen' aus einer Grundgesamtheit?**)

Ist die Wahrscheinlichkeit dafür geringer als das festgesetzte Signifikanzniveau, so wird die H_0 natürlich abgelehnt und formuliert: 'Bezüglich des monatlichen Durchschnittseinkommens bilden Männer und Frauen (mit α% Irrtumswahrscheinlichkeit) zwei Grundgesamtheiten'.

c. Fall von k unabhängigen Stichproben ('k Zufallsstichproben')

Dieser Fall stellt nur eine Verallgemeinerung des Falles zweier unabhängiger Stichproben dar; er liegt immer dann vor, wenn mehr als zwei Zufallsstich-

---

*) Andernfalls handelt es sich um abhängige Stichproben; dazu vgl. S. 230 ff.
**) Genau dies besagt ja die H_0: 'Es gibt keine Einkommensunterschiede'.

proben daraufhin miteinander verglichen werden, ob sie aus derselben Grundgesamtheit stammen. Der k-Stichprobenfall ergibt sich entweder daraus, daß mehr als zwei Variablen in Beziehung gesetzt werden, oder daraus, daß die Information über die jeweiligen Verteilungen der zwei Variablen nicht in je eine Maßzahl verdichtet wird.

d. Fall zweier abhängiger Stichproben ('zwei Parallelstichproben')

Man wolle eine kausale Hypothese auf ihre Übereinstimmung mit den Tatsachen prüfen. Eine kausale Hypothese lautet in ihrer einfachsten Form so: 'Eine "Behandlung"*) A hat auf B die Wirkung C'. B ist die Menge der interessierenden Untersuchungseinheiten, A irgendeine herbeigeführte oder festgestellte Einflußnahme auf ihn, C die auf irgendeinem Skalenniveau gemessene Veränderung, die B aufgrund von A erfuhr. Im einfachsten Fall wird die Wirkung C einer einzigen Behandlung A auf eine einzige Gruppe von Untersuchungseinheiten festgestellt. Wird auf diese Weise eine kausale Hypothese über die Wirkung C einer Behandlung A auf ihre Übereinstimmung mit den Tatsachen geprüft, so liegt der sogenannte Fall zweier 'abhängiger' Stichproben vor. Seine Verallgemeinerung ist der Fall von k abhängigen Stichproben; er entsteht dann, wenn die (gemeinsamen) Wirkungen $C_{1...n}$ einer oder mehrerer Behandlungen $A_{1...m}$ auf eine oder mehrere Gruppen $B_{1...l}$ von Untersuchungseinheiten betrachtet und Hypothesen darüber geprüft werden sollen.

Die Logik der Verwendung abhängiger Stichproben soll nun am einfachsten Fall zweier abhängiger Stichproben beschrieben und dann verallgemeinert werden. Zwei Grundformen der Erzeugung abhängiger Stichproben lassen sich unterscheiden:

aa. Meßwiederholungstechnik

Man zieht aus der interessierenden Grundgesamtheit eine Zufallsstichprobe von Untersuchungseinheiten (etwa von Personen), die einer Behandlung**) unterzogen werden sollen. Man wolle die Hypothese prüfen: die Behandlung A hat auf Untersuchungseinheiten dieser Grundgesamtheit die Wirkung C. Die Wirkung C bezeichnet eine Veränderung in der Ausprägung eines bestimmten

---

*) engl.: 'treatment'.

**) 'Behandlung' ist im folgenden stets im weitesten Wortsinn als eine ganz beliebige, doch jeweils bestimmte Art der Einflußnahme auf Untersuchungseinheiten zu verstehen.

Merkmals der Untersuchungseinheiten. Um die auf C gerichtete Hypothese zu prüfen, unternimmt man folgende Schritte:

- Man mißt an den Untersuchungseinheiten das fragliche Merkmal.
- Man unterzieht die Untersuchungseinheiten der Behandlung A.
- Man mißt anschließend an den Untersuchungseinheiten erneut das fragliche Merkmal ('Meßwiederholung') und stellt fest, ob (und in welchem Ausmaß) sich eine Wirkung C ergeben hat.
- Man beantwortet durch einen geeigneten Signifikanztest folgende Frage: 'Wie groß ist die Wahrscheinlichkeit dafür, die bei der zweiten Messung gewonnenen Daten dann zu erhalten, wenn die Behandlung keine Wirkung hatte?'

Falls man sichergestellt hat, daß außer der Behandlung keine anderen Einflüsse ('Störeinflüsse') auf die Untersuchungseinheiten einwirken, ist gewährleistet, daß die bei der Meßwiederholung festgestellten Wirkungen auf die Behandlung zurückgehen; folglich kann eine kausale Hypothese getestet werden. Die Menge der Untersuchungseinheiten vor der Behandlung stellt eine Zufallsstichprobe aus der Menge der unbehandelten Elemente der Grundgesamtheit dar; die Menge der Untersuchungseinheiten nach der Behadnlung kann als Zufallsstichprobe aus der Menge der behandelten Elemente der Grundgesamtheit interpretiert werden. Also liegen zwei Zufallsstichproben vor, die Schlüsse auf die beiden interessierenden Grundgesamtheiten erlauben. Sie sind aber nicht unabhängig voneinander gezogen worden: bei der Meßwiederholungstechnik handelt es sich schließlich um jeweils dieselben Untersuchungseinheiten. Man spricht darum von 'abhängigen' Stichproben (auch: 'verbundene Stichproben', 'Parallelstichproben'). Wenn solche Stichproben vorliegen, dann müssen zufällige Ereignisse, die auf Störeinflüsse zurückgehen, vom statistischen Schlußmodell nicht berücksichtigt werden, was andere Wahrscheinlichkeitsberechnungen als bei unabhängigen Stichproben nötig macht.

Abhängige Stichproben durch Meßwiederholungstechnik zu erzeugen ist der Idealfall der auf die Prüfung kausaler Hypothesen ausgerichteten experimentellen Forschung. In der sozialwissenschaftlichen Forschung läßt sich dieser Idealfall aus drei Gründen jedoch selten verwirklichen:

- Sozialwissenschaftliche Untersuchungseinheiten sind sehr oft Personen. Bei einer mit Meßwiederholungstechnik durchgeführten Untersuchung ist es unverzichtbar, daß diese Untersuchungspersonen auch bereit sind, sich den notwendigen Behandlungen zu unterziehen. An dieser Bereitschaft wird es oft fehlen. Täuschungen, die sie dennoch sicherstellen, werden oft nicht möglich sein.

- Falls die Untersuchungspersonen bereit sind, sich den notwendigen Behandlungen zu unterziehen, werden sie oft selbst zu Fehlerquellen: die Künstlichkeit der Situationen, in denen ihre Merkmale gemessen und sie behandelt werden, führt zu anderen Denk-, Lern- und Verhaltensweisen als denen, welche die Untersuchungspersonen im Alltagsleben an den Tag legen. Doch genau ihr alltägliches Denken, Lernen und Handeln interessiert, weswegen von signifikanten Ergebnissen, die im Experiment gewonnnen wurden, nur schwer Schlüsse auf die Grundgesamtheit sozialer Alltagswirklichkeit möglich sind. Allerdings sind durchaus solche Täuschungen der Untersuchungspersonen möglich, die das Risiko verringern, daß die Untersuchungspersonen bezüglich der Forschungsfragen zu Fehlerquellen werden.

- Ethische Erwägungen grenzen die Menge jener Behandlungen, denen man Menschen zu Forschungszwecken unterziehen darf, drastisch ein.*)

Folglich wird in der sozialwissenschaftlichen Forschung meist ein anderes Verfahren zur Erzeugung abhängiger Stichproben benutzt werden müssen.

bb. Paarbildungstechnik ('matching-pairs-technique')

Der Vorteil der Meßwiederholungstechnik besteht darin, festgestellte Wirkungen einer Behandlung tatsächlich dieser Behandlung zuschreiben und folglich kausal interpretieren zu können, da alle Störeinflüsse ausgeschaltet wurden. Untersucht man jedoch die Merkmalsausprägungen nach einer Behandlung an anderen Personen als jenen, deren Merkmalsausprägungen man vor einer Behandlung feststellte, können die gemessenen Veränderungen nicht mehr allein auf die vorgenommene Behandlung zurückgeführt werden. Vielmehr ist zu vermuten, daß individuelle Besonderheiten der zufällig ausgewählten Untersuchungspersonen zu den verschiedenen Meßwerten beitragen, also: als Störeinflüsse wirken. Soll dennoch eine kausale Hypothese über die Wirkung der Behandlung geprüft werden, müssen jene Störeinflüsse ausgeschaltet werden.

Zu diesem Zweck stellt man aufgrund theoretischer Überlegungen, die sich in empirischer Forschung bewährt haben müssen oder wenigstens anderweitig plausibel sind, jene Merkmale der Untersuchungseinheiten fest, die mit den Wir-

---

*) Letztlich gilt dies auch für die Täuschungen, die man zu sozialwissenschaftlichen Forschungszwecken bei der Meßwiederholungstechnik oft verwenden muß.

kungen der interessierenden Behandlung in Zusammenhang stehen könnten. Ein solcher Zusammenhang liegt dann vor, wenn die Wirkung einer Behandlung durch ein Merkmal der zu behandelnden Untersuchungseinheit verstärkt oder abgeschwächt wird. Diese zu kontrollierenden Merkmale der Untersuchungseinheiten werden von Kontrollvariablen erfaßt.

Nun zieht man aus der zu erforschenden Grundgesamtheit eine Zufallsstichprobe von Untersuchungseinheiten. Durch das Auswahlverfahren sorgt man dafür, daß in der Zufallsstichprobe alle Ausprägungen aller Kontrollvariablen etwa gleichstark vertreten sind. Man führt also eine (disproportional) geschichtete Zufallsauswahl durch, bei der die Kontrollvariablen als Schichtungsmerkmale dienen. Der Grundgedanke der Ausschaltung von Störeinflüssen besteht nun darin, Paare von je zwei Untersuchungseinheiten zu bilden, die sich in allen zu kontrollierenden Merkmalen gleichen. Auf diese Weise wird die erhobene eine Zufallsstichprobe in zwei Stichproben zerlegt, die wegen des gezielten Vorgangs der Zuordnung einzelner Untersuchungseinheiten auf die Gruppen natürlich nicht mehr voneinander unabhängig, sondern abhängig sind ('verbundene Stichproben', 'Parallelstichproben'). Die Elemente der zwei abhängigen Stichproben sind damit einander in allen Merkmalen gleich ('homogen'), die bezüglich der zu untersuchenden Wirkung einer Behandlung als Störeinflüsse wirken könnten. Folglich werden die Störeinflüsse bezüglich einer bestimmten Behandlung wie gewünscht ausgeschaltet. Damit wird für den Spezialfall der Prüfung einer bestimmten Hypothese annäherungsweise jener Zustand erreicht, der im Fall der Meßwiederholungstechnik wegen der Identität der Untersuchungseinheiten von Anfang an gegeben war. Jede Untersuchungseinheit eines dieser Paare heißt 'Paarling'; die zu kontrollierenden Merkmale, die von den Kontrollvariablen erfaßt und der Paarbildung zugrunde gelegt wurden, heißen 'Paarungsmerkmale'.

Mit so erzeugten abhängigen Stichproben können kausale Hypothesen auf recht verschiedene Weise überprüft werden. Mit diesen Möglichkeiten befaßt sich die Theorie experimenteller Versuchspläne. Hier sollen exemplarisch zwei Fälle betrachtet werden:

-- An einer der beiden Stichproben mißt man die interessierenden Merkmalsausprägungen; an der anderen Gruppe nimmt man, ohne zuvor eine Messung durchzuführen, die fragliche Behandlung vor und stellt dann die Merkmalsausprägungen fest. Die nur zu Beginn gemessene, doch nicht behandelte Stichprobe heißt 'Kontrollgruppe'; die behandelte und am Schluß gemessene Stichprobe heißt 'Experimentalgruppe'. Die Meßwerte beider Stichproben werden so verdichtet, daß man mittels eines Signifikanztests folgende Frage beantworten kann: 'Wie groß ist die Wahrscheinlichkeit dafür, die unterschiedlichen Meßwerte von Kontroll- und Experimentalgruppe dann zu erhalten, wenn die betrachtete Behandlung <u>keine</u> Wirkung hatte?' Da man durch Paarbildung Störeinflüsse ausschaltete, kann die festgestellte Wirkung kausal der <u>Behandlung</u> zugeschrieben werden. Letztlich geht man ähnlich wie im Fall der Meßwiederholungstechnik vor, doch mit dem Unterschied, daß an der Experimentalgruppe <u>vor</u> der Behandlung <u>keine</u> Messung vorgenommen wird. Fehler, die auf unkontrollierbare 'Lerneffekte' der Untersuchungspersonen zurückgehen, sind also ausgeschlossen. Allerdings muß man auch hier die Untersuchungspersonen der Experimentalgruppe einer Behandlung erst unterziehen, so daß dieses Verfahren an ähnliche Grenzen stößt wie die Meßwiederholungstechnik.

Viele interessierende Behandlungen treten aber als die soziale Wirklichkeit kennzeichnende Sachverhalte ohnehin <u>von selbst</u> im Gegenstandsbereich sozialwissenschaftlicher Forschung auf: Menschen werden auf bestimmte Weisen erzogen und behindert, bestraft und belohnt usw. Falls sich die zu prüfende kausale Hypothese auf <u>derartige</u> Behandlungen bezieht, kann sie durch folgendes Vorgehen einer Überprüfung zugeführt werden:

-- Man erhebt in der oben beschriebenen Weise eine Zufallsstichprobe. Zusätzlich zur Schichtung nach den Kontrollvariablen stellt man sicher, daß etwa gleich viele Untersuchungseinheiten zufällig ausgewählt werden, die der fraglichen Behandlung <u>unterzogen</u> bzw. <u>nicht unterzogen</u> wurden (etwa: Studenten, die beim Abitur durchfielen bzw. nicht durchfielen). Bei der Aufspaltung der erhobenen Zufallsstichprobe in die beiden voneinander abhängigen Parallelstichproben sorgt man dafür, daß innerhalb jedes Paars von einander in den Kontrollvariablen gleichen Paarlingen der eine Paarling die fragliche Behandlung aufweist, der andere sie aber nicht aufweist. Jene Teilstichprobe, deren Elemente der fraglichen Behandlung <u>nicht</u> unterzogen wurden, dient als <u>Kontrollgruppe</u>; die andere Teilstichprobe, deren Elemente <u>behandelt</u> wurden, ist als <u>Experimentalgruppe</u> zu begreifen. Die Meßwerte beider Stichproben werden auch hier so verdichtet, daß man mittels eines Signifikanztests folgende Frage beantworten kann: 'Wie groß ist die Wahrscheinlichkeit dafür, die unterschiedlichen Meßwerte von Kontroll- und Experimentalgruppe dann zu erhalten, wenn die betrachtete Behandlung <u>keine</u> Wirkung hatte?' Da auch hier durch Paarbildung Störeinflüsse ausgeschaltet wurden, kann die festgestellte Wirkung erneut kausal der <u>Behandlung</u> zugeschrieben werden. Da die interessierende Behandlung grundsätzlich nicht vom Forscher veranlaßt wird, sondern - in wie verbrecherischer Weise auch immer - von jenen Menschen selbst, die der Gegenstand sozialwissenschaftlicher Forschung sind, gibt es für dieses Verfahren der Prüfung kausaler Hypothesen keinerlei ethische Grenzen. Es kann immer verwendet werden, wenn

- genügend viele Fälle von interessierenden Behandlungen aufgetreten sind;
- sich Kontrollvariablen angeben und als Schichtungsmerkmale einer Zufallsstichprobe verwenden lassen;
- die Datenerhebung als Ziehung einer Zufallsstichprobe*) gestaltet oder interpretiert werden kann.

Derartige 'quasi-experimentelle Versuchspläne' sind für die sozialwissenschaftliche Grundlagenforschung von allergrößter Bedeutung.

e. Fall von k abhängigen Stichproben ('k Parallelstichproben')

Dieser Fall stellt nur eine Verallgemeinerung des Falls zweier abhängiger Stichproben dar: er liegt immer dann vor, wenn mehr als zwei abhängige Stichproben miteinander daraufhin verglichen werden, ob sie aus derselben Grundgesamtheit stammen. Der k-Stichprobenfall ergibt sich

- bei der Meßwiederholungstechnik, wenn die Wirkungen von mehr als nur einer Behandlung untersucht werden;
- bei der Paarbildungstechnik, wenn mehr als je eine Experimental- und Kontrollgruppe miteinander verglichen wird. In diesem Fall lassen sich entweder die Wirkungen von k verschiedenen Behandlungen auf k homogenisierte Gruppen oder die Wirkungen derselben Behandlung auf k Gruppen untersuchen, welche bis auf je e i n Merkmal (bzw. je e i n e Merkmalsausprägung) einander gleich sind.

Offensichtlich können durch Signifikanztests, die für den k-Stichprobenfall geeignet sind, sehr komplexe kausale Hypothesen auf ihre Übereinstimmung mit den Tatsachen geprüft werden.

---

*) gegebenenfalls auch aus einer hypothetischen Grundgesamtheit

V. Signifikanztests im Überblick

Der folgende Überblick soll zeigen, für wie vielfältige Fragestellungen Signifikanztests verfügbar sind. Doch selbstverständlich bleibt es der Kreativität jedes Benutzers überlassen, seine substanzielle Hypothese jeweils so 'auf den Punkt zu bringen', daß ihr eine der Hypothesen entspricht, zu deren Prüfung ein spezieller Signifikanztest vorliegt. Bei der folgenden, Vollständigkeit keineswegs beanspruchenden Darstellung wird darum vor allem herausgearbeitet, zur Beantwortung welcher Forschungsfragen sich der jeweilige Test eignet; ferner werden seine meß- und wahrscheinlichkeitstheoretischen Voraussetzungen genannt. Gegliedert werden die Tests nach der Art von Stichproben, auf die sie sich beziehen, da auf diese Weise am ehesten ihr Stellenwert für konkrete sozialwissenschaftliche Forschungszwecke deutlich wird. Überlegungen zur Stärke-Effizienz oder Darlegungen zur mathematischen Struktur bleiben grundsätzlich ausgespart; mit ihnen muß man sich ohnehin detailliert beschäftigen, sobald man einen nach inhaltlichen Gesichtspunkten ausgewählten Test tatsächlich benutzen will.

1. Tests für den Ein-Stichprobenfall

(Prüfung von Hypothesen über die Verteilung e i n e r Variablen)

Hypothesen über die Verteilung einer Variablen in der Grundgesamtheit werden so überprüft, daß man die erwartete Häufigkeitsverteilung der Variablen mit jener Häufigkeitsverteilung vergleicht, die sich in der Stichprobe tatsächlich ergeben hat. Sieben Tests bzw. Gruppen von Tests sollen vorgestellt werden:

a. Binomialtest

Es wurden Daten zu einer nominalskalierten, dichotomen Variablen erhoben. Beispielsweise interessiere man sich dafür, wie in einem Staat mit Zweiparteiensystem sich die Wahlabsichten der wahlberechtigten Bevölkerung auf beide Parteien aufteilen. Die interessierende Grundgesamtheit besteht dann ebenso wie die Stichprobe aus zwei Klassen von Elementen, etwa: Wähler der A-Partei und Wähler der B-Partei. Die bezüglich einer solchen Grundgesamtheit zu prüfende Hypothese kann drei verschiedene Formen annehmen:

- 'Beide Klassen sind verschieden stark besetzt' (zweiseitige Fragestellung).

- 'Die Klasse mit dem Merkmal A ist stärker besetzt als die Klasse mit dem Merkmal B (d.h.: Nicht-A)' (einseitige Fragestellung).

- 'Die Besetzungszahlen beider Klassen verhalten sich im Verhältnis X : Y' (zweiseitige Fragestellung zu einer Hypothese über einen Proporz).

Ferner läßt sich die Hypothese jeweils in doppelter Zielrichtung formulieren:

- Stimmt die Hypothese mit der Beschaffenheit der Grundgesamtheit überein?
- (Falls bekannt ist, daß die Hypothese mit der Beschaffenheit der Grundgesamtheit übereinstimmt): Ist die gezogene Stichprobe bezüglich der interessierenden Variablen mit den Ausprägungen A und Nicht-A) eine unverzerrte Stichprobe aus dieser Grundgesamtheit?

b. chi^2-Test für e i n e Stichprobe

Es interessiere eine nominalskalierte Variable mit k Ausprägungen. Beispielsweise betrachte man eine Grundgesamtheit, die in k Merkmalsklassen zerfällt; etwa: die Wahlabsichten der wahlberechtigten Bevölkerung in einem Staat mit k Parteien. Auch hier kann die zu prüfende Hypothese drei verschiedene Formen annehmen:

- 'Die Häufigkeiten sind in allen k Merkmalsklassen gleich groß'.
- 'Die Häufigkeiten sind nicht in allen k Merkmalsklassen gleich groß'.
- 'In den k Merkmalsklassen bestehen folgende relativen Häufigkeiten: a, b, c, ..., k'. In diesem Fall wird eine Hypothese über einen Proporz getestet.

Wie beim Binomialtest kann jede Hypothese in doppelter Zielrichtung formuliert werden:

- Stimmt die Hypothese mit der Beschaffenheit der Grundgesamtheit überein?

- (Falls bekannt ist, daß die Hypothese mit der Beschaffenheit der Grundgesamtheit übereinstimmt): Ist die gezogene Stichprobe bezüglich der interessierenden Variablen mit den k Ausprägungen eine <u>unverzerrte</u> Stichprobe aus dieser Grundgesamtheit?

c. <u>Iterationstest ('Sequenzanalyse')</u>

Der Iterationstest verlangt nur <u>dichotome Nominaldaten</u> und hat zwei Anwendungsmöglichkeiten:

- Es interessiere eine Variable mit zwei Ausprägungen. In diesem Fall gliedert sich die betrachtete Grundgesamtheit im Licht der zu prüfenden Hypothese in zwei Klassen: Träger des Merkmals A und Träger des Merkmals B (d.h.: Nicht-A). Man will nun wissen, ob in einer aus theoretischen oder praktischen Gründen betrachteten Reihenfolge sich die Träger des Merkmals A rein zufällig mit Trägern des Merkmals B abwechseln, oder ob es vielmehr 'Gruppen' von Merkmalsträgern in der Reihenfolge gibt.
- Man hat aus einer Grundgesamtheit eine Stichprobe gezogen und will nun wissen, ob die gezogenen Untersuchungseinheiten sich bezüglich zweier Merkmale A und Nicht-A rein zufällig abwechseln.

d. <u>Kolmogorov-Smirnov-Test für e i n e Stichprobe</u>

Man interessiere sich für die <u>Rangordnung</u>, welche bezüglich eines Merkmals der Grundgesamtheit vermutet wird; die zu prüfende Hypothese treffe eine Aussage über die <u>Art und Form</u> jener vermuteten Rangordnung. Voraussetzung dieses Tests sind <u>streng monotone Ordinaldaten</u>.

Im einzelnen erlaubt der Test eine Prüfung hypothetischer Antworten auf folgende Fragen:

- Gibt es in der Grundgesamtheit wirklich die theoretisch vermutete Rangordnung?

- Verteilt sich das ordinalskaliert gemessene Merkmal auf eine Weise, die durch das Modell der Poissonverteilung beschrieben werden kann?
- Falls der Test nicht auf Ordinal-, sondern auf Intervalldaten angewendet wird: Verteilt sich das intervallskaliert gemessene Merkmal auf eine Weise, die durch das Modell der Normalverteilung beschrieben werden kann?

e. Tests für die Verteilungsform

Nicht nur der Kolmogorov-Smirnov-Test kann Hypothesen über die Verteilungsform prüfen; dies vermögen auch andere Tests. In Abhängigkeit vom Meßniveau und angeleitet von entsprechenden theoretischen Überlegungen kann man folgende Hypothesen testen:

- (Es liegen dichotome, nominalskalierte Daten vor): 'Die Variable ist in der Grundgesamtheit binomialverteilt'*).
- (Es liegen dichotome, nominalskalierte Daten vor; es gibt große Fallzahlen, doch man erwartet nur geringe Häufigkeiten für eine der beiden Variablenausprägungen): 'Die Variable ist in der Grundgesamtheit poissonverteilt'.
- (Es liegen intervallskalierte Daten vor): 'Die Variable ist in der Gesamtheit normalverteilt'.

Unter der Prämisse, diese Hypothesen seien wahr, lassen sich für eine gegebene Zufallsstichprobe die erwarteten Häufigkeiten berechnen; diese können mit den tatsächlich aufgetretenen Häufigkeiten verglichen werden. Als Prüfgröße dient dann chi^2, als Prüfverteilung die chi^2-Verteilung.

f. Test für den Mittelwert

Es sei aus vorliegenden Studien die Hypothese abzuleiten, der Mittelwert einer intervallskaliert gemessenen Variablen in einer normalverteilten Grundgesamtheit sei μ. Aus dieser Grundgesamtheit wurde eine Zufallsstichprobe gezogen; das arithmetische Mittel $\bar{x}$ der interessierenden intervallskalierten Variablen wurde berechnet. Nun können zwei Fragen gestellt und durch geeignete Tests beantwortet werden:

---

*) In diesem Fall ist der oben genannte Binomialtest zu verwenden.

- (Falls man annehmen kann, µ sei wirklich das Mittel der Variablen in der Grundgesamtheit): Ist jene Stichprobe bezüglich der interessierenden Variablen eine <u>unverzerrte</u> Stichprobe?

- (Falls man annehmen kann, die Stichprobe sei unverzerrt): Läßt sich die Hypothese aufrechterhalten, µ sei der Mittelwert der interessierenden Variablen in der Grundgesamtheit?

g. <u>Tests für die Varianz</u>

Eine Variable zu einem in der Grundgesamtheit <u>normalverteilten</u> Merkmal wurde <u>intervallskaliert</u> gemessen. Ferner sei aus vorliegenden Studien die <u>Varianz</u> σ^2 der Variablen in der Grundgesamtheit <u>bekannt</u>. Aus dieser Grundgesamtheit wurde eine Zufallsstichprobe gezogen; die Varianz s^2 der fraglichen Variablen wurde berechnet. Auch hier können zwei Fragen gestellt und durch geeignete Tests beantwortet werden:

- (Falls man annehmen kann, σ^2 sei wirklich die Varianz der Variablen in der Grundgesamtheit): Ist jene Stichprobe bezüglich der interessierenden Variablen eine <u>unverzerrte</u> Stichprobe?

- (Falls man annehmen kann, die Stichprobe sei unverzerrt): Läßt sich die Hypothese aufrechterhalten, σ^2 sei die Varianz der interessierenden Variablen in der Grundgesamtheit?

2. Test für zwei unabhängige Stichproben
(Prüfung von Hypothesen über Zusammenhänge zwischen zwei Variablen)

a. <u>Fisher-Test</u>

Es interessiere, ob zwei <u>nominalskalierte, dichotom gemessene</u> Variablen miteinander zusammenhängen. Die Stichprobenumfänge beider Variablen können sehr klein sein, doch falls die unter Geltung der H_0 zu erwartende Häufigkeit in einer der Zellen der hier entstehenden Kreuztabelle auf $m \leq 3$ sinkt, so ist statt des Fisher-Tests der analoge G-Test von Woolf anzuwenden.

b. <u>chi²-Test für zwei unabhängige Stichproben</u>

Er ist bei ausreichend großen Stichprobenumfängen statt des Fisher-Tests zu verwenden.

c. Test gegen den Trend nach Pfanzagl

Zwei Variablen wurden nominalskaliert gemessen, eine davon dichotom. Obwohl keine Ordinaldaten vorliegen, lasse sich eine bestimmte Reihenfolge der Merkmalsklassen sinnvoll interpretieren; diese interpretierbare Reihenfolge werde bei beiden Variablen der Kreuztabelle zugrunde gelegt. Es interessiere nun, ob es innerhalb dieser gemeinsamen Verteilung beider Variablen einen Trend gibt.

d. Mediantest für zwei unabhängige Stichproben

Man interessiere sich dafür, ob sich zwei Gruppen von Untersuchungseinheiten in ihren Ausführungen bezüglich eines ordinalskaliert gemessenen Merkmals unterscheiden; das Gruppierungsmerkmal wird nominalskaliert dichotom gemessen. Da die Information über die jeweiligen Ausprägungen in der ordinalskalierten Variablen durch das Modell zur Erfassung der zentralen Tendenz verdichtet wird, heißt dieser Test 'Mediantest'.

e. Mann-Whitney-U-Test

Er erlaubt eine Prüfung derselben Hypothesenart, für welche auch der Mediantest verwendet werden kann. Wie jener Test prüft er auf Unterschiede in der zentralen Tendenz der Verteilung des interessierenden Merkmals in beiden Gruppen. Statt durch Betrachtung des Medians werden die entsprechenden Informationen aber durch eine Prüfgröße U verdichtet. Ferner verlangt der U-Test strengere Voraussetzungen:

- Es müssen ordinalskalierte Daten vorliegen.
- Es muß angenommen werden können, die ordinalskaliert gemessene Variable sei in der Grundgesamtheit stetig verteilt.
- Die Daten müssen streng monoton sein; d.h.: sie müssen eine echte Rangordnung bilden und dürfen folglich nicht, wie beim Mediantest, gruppiert sein). Von dieser Voraussetzung hängt ab, ob die Prüfgröße U berechnet werden kann.

f. Kolmogorov-Smirnov-Test für zwei unabhängige Stichproben

Mit diesem Test kann man dieselbe Hypothese prüfen wie mit dem Median- oder dem U-Test. Er setzt ordinalskalierte, in der Regel streng monotone Daten und etwa gleich große Umfänge beider Stichproben voraus. Während der Median- und der U-Test aber nur auf Unterschiede in der zentralen Tendenz beider Stichproben prüfen, betrachtet der Kolmogorov-Smirnov-Test, ob sich Unterschiede in der zentralen Tendenz oder der Streuung oder der Schiefe oder in allen drei Merkmalen der beiden Datenverarbeitungen ergeben.

g. Iterationstest nach Wald-Wolfowitz

Dieser Test prüft dieselbe Hypothese wie der Median-, U- oder Kolmogorov-Smirnov-Test; wie der letztgenannte prüft er auf jede Art des Unterschieds in der Datenverteilung. Er setzt streng monotone Ordinaldaten über ein in der Grundgesamtheit stetig verteiltes Merkmal voraus.

h. Moses-Test

Der Moses-Test erlaubt es, an unabhängigen Stichproben eine kausale Hypothese mit folgender Aussage zu prüfen: 'Eine Behandlung A verändert ein Merkmal so, daß es 'zu extremeren Ausprägungen tendiert', wobei eine Richtung dieser Tendenz nicht erkennbar ist, sondern die Behandlung lediglich zu größerer Streuung führt'. Ohne die Meßwiederholungs- oder Paarbildungstechnik zu verwenden, werden zwei unabhängige Zufallsstichproben gezogen, von denen an der einen das zu untersuchende Merkmal nur gemessen wird (Kontrollgruppe), während die Untersuchungseinheiten der anderen Stichprobe der fraglichen Behandlung tatsächlich unterzogen werden (Experimentalgruppe); anschließend wird auch an ihnen das interessierende Merkmal gemessen. Die H_1 besagt: die Behandlung führt zu größerer Streuung; die H_0 behauptet: die Behandlung führt zu keinem Unterschied in der Streuung.

Zur Prüfung dieser H_0 kann der Moses-Test dann herangezogen werden, wenn das fragliche Merkmal ordinalskaliert gemessen wurde und die Meßwerte streng monoton sind; in gewissen Fällen sind auch Verbundwerte (ties) zulässig. Bisweilen empfiehlt es sich, allzu extreme Meßwerte als atypisch vom Test auszuschließen.

i. Randomisierungstest für zwei unabhängige Stichproben

Falls intervallskalierte Daten vorliegen, lassen sich mit ihm dieselben Hypothesen prüfen wie mit dem Median- oder dem Mann-Whitney-U-Test. Des Rechenaufwands wegen eignet er sich aber vor allem für kleine Stichproben; bei großen Stichprobenumfängen kann er nur unter bestimmten Bedingungen verwendet werden.

j. F-Test

Der F-Test prüft, ob die Streuung in einer intervallskalierten Variablen durch die Einführungen einer nominalskalierten Variablen erklärt werden kann. Seine Grundgedanken wurden bei der Behandlung der Streuungszerlegung und der Varianzanalyse dargestellt.*) Falls die nominalskalierte Variable dichotom ist, wird der F-Test auf zwei unabhängige Stichproben angewandt; in diesem Fall prüft er, ob die Varianzen in den beiden Stichproben gleich groß sind. Der F-Test verlangt überdies, daß das fragliche Merkmal in beiden Stichproben normalverteilt ist; er erweist sich bei Verletzungen dieser Annahme jedoch als relativ robust, wenn in der entsprechenden Gruppe die Fallzahl $n \geq 20$ ist.

k. t-Test für zwei unabhängige Stichproben

Wie beim Median-, U- oder Randomisierungstest interessiere man sich dafür, ob sich zwei Gruppen bezüglich eines interessierenden Merkmals in ihrer zentralen Tendenz unterscheiden. Im Unterschied zu den obengenannten Tests werden hier aber andere Voraussetzungen verlangt: es müssen intervallskalierte Daten vorliegen; das interessierende Merkmal muß in der Grundgesamtheit normalverteilt sein (zuvor also: Test auf Normalverteilung); die Varianzen in beiden Gruppen müssen gleich groß sein (zuvor also: F-Test).

l. Welch-Test

Dieser Test dient zum selben Zweck wie der t-Test und setzt ebenfalls intervallskalierte und normalverteilte Daten voraus. Er ist jedoch dann anstelle des t-Tests zu verwenden, wenn die Varianzen der beiden betrachteten Gruppen verschieden groß sind.

3. Tests für k unabhängige Stichproben

(Prüfung von Hypothesen über den Zusammenhang zwischen zwei und mehr Variablen)

Bislang wurden Tests für solche Hypothesen über Zusammenhänge zwischen zwei Variablen betrachtet, bei denen mindestens eine Variable nur dichotom ge-

---

*) Siehe S. 124 ff und 131 ff.

messen wurde. Auf diese Weise lagen stets nur zwei (unabhängige) Stichproben vor. Sobald jedoch beide Variablen mehr als zwei Merkmalsklassen aufwiesen, entsteht auch bei bivariaten Zusammenhängen der k-Stichprobenfall. Bei multivariaten Zusammenhängen liegt er ohnehin immer vor.

a. chi^2-Test für k unabhängige Stichproben

Der chi^2-Test für k unabhängige Stichproben stellt eine Verallgemeinerung des chi^2-Tests für zwei abhängige Stichproben dar. Er verlangt nominalskalierte Daten für zwei Variablen und kann bei Kreuztabellen beliebigen Formats verwendet werden.

b. Mediantest für k unabhängige Stichproben

Dieser Test stellt die Verallgemeinerung des Mediantests für 2 unabhängige Stichproben auf k Gruppen von Untersuchungseinheiten dar. Die Gruppierungsvariable muß nominalskaliert, die Variable, die das zu vergleichende Merkmal erfaßt, ordinalskaliert sein.

c. H-Test ('Einfache Rangvarianzanalyse nach Kruskal und Wallis')

Man habe an k Gruppen von Untersuchungseinheiten ein Merkmal X ordinalskaliert gemessen. Die Meßwerte müssen streng monoton sein, also eine echte Rangreihe bilden. Ferner muß angenommen werden können, das Merkmal X sei in der Grundgesamtheit stetig verteilt. Es interessiere nun folgende Hypothese: 'Die k Gruppen unterscheiden sich im Merkmal X'. Diese Hypothese läßt sich durch den H-Test prüfen. Da seine logische Struktur der Varianzanalyse entspricht, er im Gegensatz zu ihr aber mit ordinalskalierten Daten arbeitet, heißt dieser Test auch 'Rangvarianzanalyse'.

d. Varianzanalyse für unabhängige Stichproben

Die Varianzanalyse erlaubt wie der Moses-Test die Überprüfung kausaler Hypothesen an unabhängigen Stichproben. Im Kapitel über 'Deskriptive Statistik' wurde sie als multivariates Modell zur Erfassung der Zusammenhänge zwischen mehreren unabhängigen und mehreren abhängigen Variablen dargestellt*); hier bleibt nachzutragen, mittels welcher Signifikanztests sie anhand von Stichproben kausale Hypothesen auf ihre Übereinstimmung mit den

---

*) Siehe S. 131 ff.

Tatsachen der Grundgesamtheit prüft. Die Varianzanalyse setzt für die unabhängigen Variablen nominalskalierte, für die abhängigen Variablen intervallskalierte Daten voraus. Außerdem müssen die abhängigen Variablen in der Grundgesamtheit normalverteilt und die Varianzen in den durch die Ausprägungen der unabhängigen Variablen erzeugten Gruppen gleich groß sein ('Varianzhomogenität'); dasselbe gilt für die Fallzahlen in den Gruppen. Schließlich muß angenommen werden können, die Gesamtvarianz setze sich additiv für den Einzelvarianzen der Gruppen sowie aus einer nicht erklärten 'Reststreuung' zusammen.

Innerhalb der Varianzanalyse werden Signifikanztests zu drei verschiedenen Zwecken durchgeführt:

- Prüfung, ob die Voraussetzungen für die Anwendung der Varianzanalyse gegeben sind;
- Prüfung, ob die formulierten kausalen Hypothesen aufrechtzuerhalten sind;
- Prüfung, welcher der unabhängigen Variablen bzw. welcher ihrer Ausprägungen ein festgestellter kausaler Effekt zuzuschreiben ist.

Die für die einzelnen Aufgaben nötigen Signifikanztests sollen nun knapp und ohne Anspruch auf Vollständigkeit vorgestellt werden:

aa. Prüfung, ob die Voraussetzungen für die Anwendung der Varianzanalyse gegeben sind

Nicht alle Voraussetzungen müssen durch Signifikanztests überprüft werden; Fragen nach Meßniveaus und Fallzahlen sind unmittelbar zu beantworten. Signifikanztests werden aber für drei Prüfungszwecke verwendet:

- Ob Normalverteilung vorliegt, wird durch den 'Test auf Normalverteilung' festgestellt.
- Das Vorliegen von Varianzhomogenität ist durch Cochrans C-Test, den Bartlett-Box-F-Test oder Hartleys F-max-Test zu prüfen.
- Die Annahme der Additivität wird durch den Tukey-Test geprüft.

Falls sich bei diesen Tests zeigt, daß die Annahme der Additivität falsch ist, kann die Varianzanalyse nicht verwendet werden. Geringfügige Verletzungen einer anderen Voraussetzung führen zu keinen dramatischen Fehlern. Insgesamt ist das Signifikanzniveau der eigentlichen Hypothesenprüfung um so strenger zu wählen, je mehr die Voraussetzungen verletzt sind.

bb. <u>Prüfung, ob die formulierten kausalen Hypothesen aufrechtzuerhalten sind</u>

Eine varianzanalytisch zu prüfende kausale Hypothese ist eher unspezifisch: es wird nur ausgesagt, die unabhängige(n) Variable(n) könnte(n) die Varianz in der (bzw. den) abhängigen Variablen erklären. Doch es gewinnt eine solche Hypothese innerhalb theoretischer Kontexte erhebliche Aussagekraft.

Das Zentralmodell zur Prüfung solcher Hypothesen ist der F-Test. Sobald von der einfachen zur mehrfachen oder gar multiplen Varianzanalyse übergegangen wird, müssen freilich die F-Werte, die dem F-Test zugrunde gelegt werden, in zunehmend komplexeren Modellen aus den Varianzverhältnissen der einzelnen Gruppen von Untersuchungseinheiten berechnet werden. Die Komplexität der theoretischen Überlegungen, die nötig sind, um komplizierte Interaktionseffekte angemessen zu interpretieren, steigt ebenfalls rapide an und erreicht rasch eine kaum mehr überwindbare Schranke.

cc. <u>Prüfung, welcher der unabhängigen Variablen bzw. welcher ihrer Ausprägungen ein festgestellter kausaler Effekt zuzuschreiben ist</u>

Durch den F-Test wird lediglich geprüft, ob eine kausale Hypothese der Art aufrechterhalten werden kann, daß die unabhängige(n) Variable(n) die Streuung in der abhängigen Variablen erklärte(n). Offen bleiben zwei Fragen:

- Haben alle Ausprägungen der unabhängigen Variablen <u>dieselben</u> Auswirkungen auf die abhängige Variable, oder unterscheiden sich die Wirkungen der einzelnen Ausprägungen? - Im Fall der einfachen Varianzanalyse läßt sich diese Frage durch den 'Test auf die geringsten signifikanten Unterschiede', den Duncan-Test, den Student-Newman-Keuls-Test oder den Scheffé-Test beantworten. Im Fall der mehrfachen Varianzanalyse ist die multiple Klassifikationsanalyse*) anzuwenden.

- Unterscheiden sich bei einer mehrfachen Varianzanalyse die Wirkungen der einzelnen unabhängigen Variablen auf die abhängige Variable, oder wirken sie alle im gleichen Ausmaß? - Auch diese Frage läßt sich durch die multiple Klassifikationsanalyse beantworten.

---

*) Vgl. S. 134.

4. Tests für zwei abhängige Stichproben

(Prüfung von kausalen Hypothesen über die Wirkung e i n e r Behandlung)

a. McNemar-Test

Es interessiere, ob durch eine Behandlung überhaupt eine Wirkung hervorgerufen wird. Das Merkmal, auf das sich die Hypothese über die Wirkung der Behandlung bezieht, wird vor und nach der Behandlung dichotom gemessen, d.h.: es genügen nominalskalierte Daten.

b. Vorzeichentest

Man interessiere sich dafür, ob ein bestimmtes Merkmal durch eine bestimmte Behandlung vergrößert oder verkleinert, verstärkt oder vermindert wird. Im Unterschied zum McNemar-Test muß man sich also für ein Wirklichkeitsmerkmal interessieren, das prinzipiell ordinalskaliert gemessen werden kann. Doch die Richtung der Wirkung der 'Behandlung' auf das Merkmal wird lediglich durch das Vorzeichen '+' (= vergrößernd, verstärkend ...) bzw. '-' (= verkleinernd, abschwächend ...) angegeben, also nicht im eigentlichen Sinn auf einer Rangskala gemessen. Ferner muß anzunehmen sein, das interessierende Merkmal sei in der Grundgesamtheit stetig verteilt.

c. Wilcoxon-Vorzeichenrang-Test

Mit diesem Test kann man eine Hypothese gleicher Art wie mit dem Vorzeichentest prüfen: unterscheiden sich die Untersuchungseinheiten darin, daß ein bestimmtes Merkmal nach einer Behandlung anders ausgeprägt ist als vor einer Behandlung? Anders als beim Vorzeichentest müssen streng monotone Ordinaldaten vorliegen. Ferner müssen sich die Abstände zwischen den Rangplätzen, ohne zwar intervallskaliert meßbar zu sein, auch ihrerseits in eine Rangordnung bringen lassen. Insgesamt muß also eine 'ordered metric scale' vorliegen.

d. Walsh-Test

Er prüft dieselbe Art von Hypothesen wie der Vorzeichen- oder Vorzeichenrang-Test, kann aber dann angewendet werden, wenn intervallskalierte Daten mit symmetrischer Verteilungsform vorliegen. Allerdings bietet er trotz dieser strengeren Voraussetzungen keine Vorteile gegenüber einem auch in diesem Fall angewandten Wilcoxon-Test*).

e. Randomisierungstest für zwei abhängige Stichproben

Mit ihm kann man bei intervallskalierten Daten dieselbe Hypothese prüfen wie mit dem Wilcoxon-Test; allerdings verlangt er, des erheblichen Rechenaufwands wegen, kleine Stichproben (n $\leq$ 12).

f. Ferguson-Test

Ein Merkmal sei vor und nach einer Behandlung an den Untersuchungseinheiten intervallskaliert gemessen worden. Zudem sei die Annahme gerechtfertigt, in der Grundgesamtheit sei dieses Merkmal normalverteilt. Es interessiere nun, ob die Behandlung tatsächlich eine Wirkung hatte. Hat die Behandlung eine Wirkung, so sollte die Streuung vor und nach der Behandlung verschieden groß sein. Genau diese Hypothese wird vom Ferguson-Test überprüft.

g. t-Test für zwei abhängige Stichproben

Man interessiere sich dafür, ob eine Behandlung zur Verschiebung der zentralen Tendenz in den Meßwerten eines zu untersuchenden Merkmals führt. Bei ordinalskalierten Daten würde man den Wilcoxon-Test verwenden; verfügt man über intervallskalierte Daten, so kommt der t-Test für abhängige Stichproben in Betracht, falls zudem das interessierende Merkmal in der Grundgesamtheit normalverteilt ist.

5. Tests für k abhängige Stichproben
(Prüfung von kausalen Hypothesen über die Wirkungen mehrerer Behandlungen)

a. Cochraus Q-Test

Dieser Test stellt eine Erweiterung des McNemar-Tests von zwei auf k abhängige Stichproben dar. Er ist dann anzuwenden, wenn das Merkmal, auf das sich die Hypothese über die Wirkung von Behandlungen bezieht, vor und nach den Behandlungen dichotom gemessen wird. Da Cochraus Q-Test schon

---

*) Vgl. Lienert, Verteilungsfreie Methoden, Bd. 1, a.a.O., S. 420, Anm. 2.

beim Vorliegen von Nominaldaten benutzt werden kann, ist ein sehr vielseitig verwendbarer Test.

b. Friedmans Rangvarianzanalyse

Dieser Test ist statt Cochrans Q-Test dann zu verwenden, wenn das Merkmal, auf das sich die Hypothese über die Wirkung der Behandlungen richtet, ordinalskaliert gemessen wurde. Er prüft Veränderungen in der zentralen Tendenz des interessierenden Merkmals, die durch die Behandlung hervorgerufen werden könnten.

c. Varianzanalyse für Meßwiederholungen

Falls das interessierende Merkmal auf Intervallskalenniveau gemessen wurde, kann statt der Rangvarianzanalyse die parametrische Varianzanalyse verwendet werden. Zusätzlich zur Intervallskalenqualität der Daten verlangt sie noch weitere Voraussetzungen, die weitgehend denen im Fall der Varianzanalyse für unabhängige Stichproben analog sind. In ähnlicher Weise lassen sich auch hier Verletzungen in bestimmten Grenzen 'heilen'. Die Logik des Vorgehens entspricht dem der Varianzanalyse für unabhängige Stichproben.

6. Signifikanztests für Zusammenhangsmaße

Im Kapitel über 'Deskriptive Statistik' wurden die gebräuchlichsten Zusammenhangsmaße vorgestellt. Ihre Zahlenwerte verdichten die in der Stichprobe verfügbare Information über die gemeinsame Verteilung von je zwei Variablen. Auch bezüglich dieser Zusammenhangsmaße kann natürlich die durch einen Signifikanztest zu beantwortende Frage gestellt werden: 'Wie groß ist die Wahrscheinlichkeit dafür, die durch den Wert der Maßzahl beschriebene gemeinsame Verteilung beider Variablen in der Stichprobe rein zufällig dann zu erhalten, wenn in der Grundgesamtheit der durch den Koeffizientenwert ausgedrückte Zusammenhang nicht besteht?'

Während die Zusammenhangsmaße die in der Datenmatrix enthaltene Informationsmenge verdichten, erlauben erst die Signifikanztests für Zusammenhangsmaße einen Schluß von diesen Stichprobendaten auf die Beschaffenheit der Grundgesamtheit. Leider stehen nicht für alle Zusammenhangsmaße Signifikanztests zur Verfügung. Gegebenenfalls sollte darum bei entsprechenden Analysen zusätzlich zu dem Zusammenhangsmaß, das die verfügbare Information optimal ausschöpft, für welches aber kein Signifikanztest verfügbar ist, auch ein weniger effizientes Zusammenhangsmaß benutzt werden, für das sich die

Irrtumswahrscheinlichkeit für einen Inklusionsschluß berechnen läßt. Selbstverständlich wirkt sich die 'schlechtere Informationsausschöpfung' jenes Zusammenhangsmaßes auch auf seinen Signifikanztest aus; deswegen sind Interpretationen gegebenenfalls mit Vorsicht vorzunehmen. Auf folgende Signifikanztests für Zusammenhangsmaße sei hingewiesen:

a. <u>Signifikanztests für nominale Zusammenhangsmaße</u>

Es stehen Tests für Pearsons Phi und den Kontingenzkoeffizienten C zur Verfügung.

b. <u>Signifikanztests für ordinale Zusammenhangsmaße</u>

Sowohl für Kendalls Tau-Koeffizienten als auch für Spearmans Rho gibt es Signifikanztests.

c. <u>Signifikanztests für metrische Zusammenhangsmaße</u>

Es lassen sich Irrtumswahrscheinlichkeiten für den Maßkorrelationskoeffizienten r berechnen.

d. <u>Signifikanztests für die Gleichheit zweier Korrelationskoeffizienten</u>

aa. <u>Test für die Gleichheit zweier unabhängiger Korrelationskoeffizienten</u>

Man habe die Zusammenhänge zwischen den jeweils <u>intervallskalierten</u> und <u>normalverteilten</u> Variablen X und A einerseits und X und B andererseits durch die Maßkorrelationskoeffizienten r_1 und r_2 ausgedrückt. Die Variablen A und X einerseits und B und X andererseits habe man an <u>unterschiedlichen</u> Untersuchungseinheiten gemessen. Das heißt: es liegen <u>unabhängige</u> Stichproben vor. Nun will man wissen, ob A mit X ebenso stark korreliert wie B mit X; man will also die Frage beantworten, ob sich r_1 und r_2 signifikant unterscheiden oder nicht. Dies läßt sich dadurch prüfen, daß man r_1 und r_2 der Fisher'schen Z-Transformation unterzieht, aus den transformierten r_1 und r_2 die Prüfgröße Z berechnet, und Z mit der Standardnormalverteilung vergleicht.

bb. <u>Test für die Gleichheit zweier abhängiger Korrelationskoeffizienten</u>

Dieser Test erlaubt, bei Vorliegen gleicher Voraussetzungen, die Beantwortung derselben Frage wie im Fall zweier unabhängiger Korrelationskoeffizienten. Allerdings habe man die Korrelationen X und A einerseits und X und B andererseits an denselben Untersuchungseinheiten gemessen; folglich liegen abhängige Stichproben vor.

e. Signifikanztests für partielle Zusammenhangsmaße

Bei nominalskalierten dichotomen Variablen läßt sich die Signifikanz des partiellen Assoziationskoeffizienten durch den S-Test prüfen. Bei ordinalskalierten Variablen können zwar partielle Tau- und Gamma-Koeffizienten berechnet werden; für sie stehen aber noch keine Signifikanztests zur Verfügung. Lediglich bei metrischen, normalverteilten Variablen läßt sich die Signifikanz partieller Maßkorrelationskoeffizienten gut prüfen.

5. Kapitel
EDV-gestützte Verwendung statistischer Modelle

I. Grundsätzliche Bemerkungen

Fertigkeiten statistischen Rechnens, das übliche Ausbildungsziel von Statistik-Kursen, sind zweifellos äußerst nützlich. Gehen sie mit einem wirklichen Verständnis jener Dienstleistungen einher, die statistische Modelle der sozialwissenschaftlichen Forschung erbringen, erlauben erst sie dem Forscher ein ungebrochenes Verhältnis zur Statistik. Zudem machen nur konkrete statistische Berechnungen das genaue 'Wie' statistischer Informationsreduktion und statistischen Schließens klar. Und Unabhängigkeit von Rechenanlagen und Zuarbeitern und folglich ein ganz anderer 'Kontakt' zum Datenmaterial ist allein dann möglich, wenn die Auswertung kleinerer Datenmengen jederzeit am eigenen Schreibtisch vorgenommen werden kann, ohne daß auf die Nutzung hilfreicher statistischer Modelle verzichtet werden muß.

Indessen setzen der Umfang von Datenbeständen und die Komplexität der durchzuführenden Berechnungen solchem 'desk research' oft Grenzen. Will man dann weder auf Arbeitsmittel verzichten, welche den Forschungszielen dienlich sind, noch wertvolle Kraft und Zeit auf bloße Rechenarbeit verwenden, kommt man am Einsatz der elektronischen Datenverarbeitung (EDV) nicht vorbei. Es gilt darum, die üblichen Berührungsängste abzubauen und zu erkennen, daß einerseits die EDV lediglich ein <u>Hilfsmittel</u> der Forschung darstellt, wie es Karteikarten, Aktenordner und auch Konzeptpapier für kleinere Rechenaufgaben immer schon waren. Andererseits soll man den gewaltigen <u>qualitativen Sprung</u> nicht verkennen, den die EDV der sozialwissenschaftlichen Forschung ermöglicht: erstmals verfügt sie über Arbeitsmittel, die es mit der Komplexität ihres Untersuchungsgegenstandes halbwegs aufnehmen können. Es hat darum nichts mit 'Modernismus' zu tun, wenn man sich mit den Möglichkeiten der EDV vertraut macht; vielmehr handelt es sich um die Fortsetzung klassischer Forschungsarbeit mit neuen, weiterreichenden Mitteln.

Um sich dieser Mittel bedienen zu können, muß man - erstens - über die notwendigen Geräte verfügen. Für viele Zwecke reicht bereits ein halbwegs leistungsfähiger Taschenrechner aus. Je komplexer die statistischen Modelle aber sind, die man einzusetzen wünscht, um so leistungsfähigere Rechner werden benötigt. Über Personal Computer (PC) gelangt man zu immer komplexeren Anlagen. In der Regel wird man letztlich auf die Anlage des universitäts- oder institutseigenen Rechenzentrums zurückgreifen, die für alle praktischen Zwecke ausreicht. Die Zugangsmodalitäten werden unterschiedlich gehandhabt, doch stets eröffnet erst eine 'Benutzernummer' die Möglichkeit, Daten in die Rechenanlage einzugeben, sie zu analysieren und die Ergebnisse ausdrucken zu lassen. Bei Nachweis eines entsprechenden Forschungsanliegens wird eine solche Benutzernummer problemlos auf Antrag erteilt; mit ihr geht die Zuweisung von Rechenzeit, Speicherplatz und mancherlei Serviceleistungen des Rechenzentrums einher.

Völlig falsch ist die immer noch verbreitete Ansicht, man liefere seine Daten gleichsam am Rechenzentrum ab, 'lasse sie elektronisch auswerten' und verfüge dann über 'objektive Ergebnisse'. Doch ein Rechenzentrum ist nur eine Werkstatt, in der nützliche Werkzeuge bereitstehen, gewartet und fallweise den Bedürfnissen eines Kunden angepaßt werden; mit ihnen arbeiten muß der Wissenschaftler schon selbst. Folglich ist - zweitens - spezielle Kompetenz vonnöten.

Denn das Personal des Rechenzentrums wird ihn nach seinen Wünschen fragen. Darum muß der Forscher bereits wissen, was er realistischerweise von einem Rechenzentrum erwarten kann und wie er sich dessen Ressourcen am besten nutzbar macht. Mit der Rechenanlage kommt er in Form von Terminals und sonstigen Geräten zur Ein- und Ausgabe von Daten, Anweisungen und Ergebnissen in Berührung. Er muß deswegen in der Lage sein, mittels dieser Geräte den Rechner zu all dem anzuhalten, was er ihm abzuverlangen gedenkt. Die dabei ausschlaggebende Leistungsfähigkeit des Rechenzentrums erschließt sich dem Forscher in Form von Benutzerhandbüchern und der Programmbibliothek. Diesen Unterlagen muß er zu entnehmen verstehen, was er auf welche Weise von der Rechenanlage ausführen lassen kann.

Selbstverständlich ist auch bei der Nutzung der EDV Arbeitsteilung und Spezialisierung vorteilhaft und möglich. Selbst die Programmbibliothek eines Rechenzentrums benutzen und am Terminal arbeiten zu können, ist für einen Sozialwissenschaftler ebenso nützlich wie die Fertigkeit, statistische Berechnungen selbst durchzuführen. Indessen verlangt auch die EDV-Arbeit besondere Fähigkeiten und Neigungen, die der Qualifikation eines Sozialwissenschaftlers durchaus fern liegen; auch wird man oft wertvolle Arbeitskraft und Zeit lieber auf andere Dinge verwenden. Darum wird sowohl die Arbeit am Terminal als auch die ihr vorausliegende Programmierarbeit in der Regel delegiert. Doch gerade deswegen benötigt ein Sozialwissenschaftler so umfassende EDV-Kenntnisse, daß er seine(n) EDV-Mitarbeiter gezielt einsetzen und anleiten kann. Der ganze Erfolg der EDV-gestützten Datenauswertung hängt nämlich davon ab, daß der Forscher seine substanziellen Auswertungsabsichten dem EDV-Mitarbeiter so zu verdeutlichen versteht, daß dieser die für sie geeigneten EDV-Möglichkeiten erkennen und nutzbar machen kann, und umgekehrt muß der Forscher seinen Mitarbeiter begreifen können, wenn dieser ihm Restriktionen oder zusätzliche Leistungsfähigkeiten von Programmbibliothek und Rechenanlage erläutern will.

Solche Kompetenz, mit dem 'EDV-Spezialisten' in einer Forschungsgruppe ohne Kommunikationsprobleme zusammenarbeiten zu können, sollte ein Sozialwissenschaftler heute unbedingt erwerben. Dabei wäre es am vorteilhaftesten, sich während der eigenen Ausbildung die wichtigsten Fertigkeiten im Umgang mit Terminals und Programmbibliotheken anzueignen und sie im Verlauf des Studiums als Hilfskraft bei Forschungsprojekten anzuwenden, so daß man später, gerade wenn man diese Arbeiten delegiert, auf eigene Erfahrungen zurückgreifen kann.

II. Grundkenntnisse für EDV-gestützte Statistikverwendung

1. Hardware, Software und Betriebsarten

Von jenen Geräten, welche die Benutzung der EDV überhaupt erst ermöglichen, spricht man als von der 'Hardware'; unter 'Software' versteht man jene Programme und Programmsysteme, mittels welcher die Hardware genutzt wird. Um die Hardware muß sich ein Sozialwissenschaftler in der Regel nicht kümmern; es hat ohnehin zu benutzen, was an seinem Rechenzentrum verfügbar ist.

Für seine Zwecke kann ein Sozialwissenschaftler drei Gruppen von Hardware-Komponenten unterscheiden:

a. Ein- und Ausgabegeräte

Mittels ihrer wird mit der Rechenanlage kommuniziert. Seit Lochkarten ver-

altet sind, gibt man Daten und Anweisungen meist über ein <u>Terminal</u> in die
Rechenanlage ein. Ein Terminal besteht aus einer um viele Funktionstasten
erweiterte Schreibmaschinentastatur und einem Bildschirm. Auf dem Bildschirm erscheint alles, was in den Rechner eingegeben wird, sowie die Antworten der Anlage auf die Anweisungen des Benutzers. Natürlich können auch
Auswertungsergebnisse vom Bildschirm abgelesen werden. In der Regel läßt
man sich diese aber ausdrucken ('<u>Computerausdruck</u>'). Handelt es sich bei
den Ergebnissen um Texte, Ziffern oder Tabellen, so dienen dazu <u>Drucker</u>
verschiedenster Leistungsfähigkeit; <u>Graphiken</u>, gegebenenfalls auch mehrfarbige, läßt man sich von <u>Plottern</u> ausgeben.

b. <u>Der Rechner</u>

Er bildet die Zentraleinheit einer Rechenanlage. Mit Hauptspeicher, Rechen-
und Steuerwerk sorgt er dafür, daß alle vom Benutzer gewünschten Aufgaben
erfüllt werden.

c. <u>Externe Speicher</u>

In ihnen werden auf Magnetplatten oder Magnetbändern sowohl die Daten gespeichert, die zu verarbeiten sind, als auch die Programme, die der Rechner
bei seiner Arbeit benutzt. Daten und Programme, die konkret verwendet werden, kopiert der Rechner auf entsprechenden Befehl in seinen Hauptspeicher.
Da man externe Speicher miteinander vernetzen und - über Zentraleinheiten
vermittelt - viele ihrer Inhalte an beliebigen Terminals abrufen kann, eröffnen sich Möglichkeiten der Datenanalyse, die vor fünf Jahrzehnten noch
völlig unvorstellbar waren.*)

Die Hardware wird durch Programme benutzt, die in unterschiedlichen Komplexitätsstufen aufeinander aufbauen. Ihrer physikalisch-technischen Struktur
wegen 'versteht' eine Rechenanlage nur solche Daten und Anweisungen, die in
Ziffernfolgen von '0' und '1' ausgedrückt sind ('<u>Binärcode</u>'). Je nach Hardwaretyp werden darum '<u>Maschinensprachen</u>' benutzt, die auf verschiedenen
Binärcodes beruhen. Auf ihnen bauen sich über <u>Assembler</u> und <u>Compiler</u> die
'<u>höheren Programmiersprachen</u>' auf, die problembezogen sind und strukturell

---

*) Aus diesen ungeheueren Möglichkeiten entsteht natürlich das Problem und
die Aufgabe des Datenschutzes.

mehr oder weniger der natürlichen Sprache gleichen.*) In diesen höheren Programmiersprachen werden die meisten Programme geschrieben, die ein Sozialwissenschaftler beim EDV-Einsatz benutzt.

Freilich muß ein Sozialwissenschaftler die höheren Programmiersprachen in der Regel nicht erlernen, wenn er über ein Terminal Datenanalysen vornehmen will. Denn mittels ihrer wurden inzwischen mehrere Programmsysteme ('Programmpakete') aufgebaut, die auf spezielle sozialwissenschaftliche Verwendungswünsche zugeschnitten sind und die sehr angenehme Eigenschaft haben, daß der Forscher die notwendigen Anweisungen in einer Sprache formulieren kann, die mit seiner Fachterminologie weitgehend identisch ist. Diese Programmpakete sind jene Software, die ein Sozialwissenschaftler zu überblicken hat, wenn er den EDV-Einsatz zielgerichtet planen will. Unter diesen Programmpaketen ist inzwischen SPSS ('Statistical Package for the Social Sciences') besonders wichtig geworden.

Bei der Nutzung von EDV-Anlagen sind zwei Betriebsarten zu unterscheiden:

a. Interaktiver Betrieb ('interactive mode')

Bei ihm sitzt der Benutzer am Terminal, gibt seine Anweisungen und erhält die Auswertungsergebnisse, zu denen sie führten, sogleich am Bildschirm dargestellt. Der interaktive Betrieb setzt eine große Rechnerkapazität voraus. Er ist vor allem für Forscher nützlich, die selbst am Terminal zu arbeiten verstehen. Ihnen ermöglichen geeignete Programme in Form einer 'explorativen Datenanalyse' regelrechte 'Spaziergänge durchs Datenmaterial'. Als Ergänzung zur nachfolgend beschriebenen Betriebsweise stellt der 'interactive mode' die Idealform kreativer Datenauswertung dar.

b. Stapelbetrieb ('batch mode')

Bei ihm formuliert der Benutzer abgeschlossene Aufgaben ('Jobs'), die der Rechenanlage über ein Terminal unterbreitet, von ihr nach verschiedenen Gesichtspunkten 'gestapelt' und dann der Reihe nach abgearbeitet werden. Im Unterschied zum interaktiven Betrieb muß der Benutzer also warten, bis seine Ergebnisse entweder am Bildschirm oder in Form eines Computerausdrucks verfügbar sind. Der Stapelbetrieb ist die übliche Weise, eine Rechenanlage zu benutzen.

---

*) 'Assembler' sind anlagenspezifische 'Verbalisierungen' der Maschinensprache; 'Compiler' sind Programme, welche die anlagenunabhängigen höheren Programmiersprachen in die anlagenspezifischen Maschinensprachen übersetzen.

Ferner sind folgende Begriffe wichtig, um die konkrete Nutzungsweise einer Rechenanlage zu verstehen:

- Datenmatrizen bzw. Programme bilden jeweils ein 'File' ('Datei').
  Bei der Nutzung der EDV geht es folglich darum, Files zu erzeugen, zu benutzen und zu verändern. Dabei sind Daten-Files von Job-Files zu unterscheiden: Daten-Files enthalten die auszuwertenden Daten, Job-Files jene Anweisungen, die zu einer erwünschten Datenanalyse führen.

- Formatierungsvorschriften legen fest, wie Dateien aufgebaut und Kommandos formuliert werden müssen. Eine Rechenanlage 'versteht' nur solche Eingaben, die den Formatierungsvorschriften der benutzten Programmiersprache oder des benutzten Programmsystems entsprechen.

- Karten sind abgeschlossene Anweisungen an die Rechenanlage. Der Begriff erinnert an jene Zeiten, da diese Anweisungen grundsätzlich auf Lochkarten erteilt wurden. An Terminals sind Karten lediglich bestimmte Sequenzen von Angaben und Befehlen.

2. Sozialwissenschaftliche Nutzungsmöglichkeiten der EDV

Es lassen sich vier Hauptanwendungsgebiete der EDV für die sozialwissenschaftliche Forschung hervorheben:

a. Informationsspeicherung und Informationswiedergewinnung

In Datenbanken sind mittlerweilen Daten und Ergebnisse sozialwissenschaftlicher Forschung, betriebs- und verwaltungsinterner Dokumentationsarbeit und der Amtlichen Statistik in großem Umfang gespeichert. Im Rahmen des aus Datenschutzgründen Möglichen läßt sich auf diese Informationsbestände zielgerichtet zugreifen ('information retrieval', Informationswiedergewinnung). Für die empirische Überprüfung sozialwissenschaftlicher Aussagen sowie für Bestandsaufnahmen und Analysen aktueller Probleme steht auf diese Weise reichhaltiges Material bereit. Entsprechende Aggregatdaten- und Sekundäranalysen können eigene Erhebungen nicht selten verzichtbar machen und solchermaßen sozialwissenschaftliche Forschung verbilligen und beschleunigen. In der Bundesrepublik Deutschland werden sozialwissenschaftlich interessante Datenbestände vor allem am Kölner Zentralarchiv für empirische Sozialforschung gesammelt und verfügbar gehalten.

b. Benutzung statistischer Modelle

Diese Nutzungsmöglichkeit interessiert hier in erster Linie. Mittels geeigneter Programmpakete oder einzelner Programme kann die gesamte Rechenarbeit, die mit der Verwendung statistischer Modelle verbunden ist, an Rechenanlagen delegiert werden.

c. Automatische Inhaltsanalyse

Hier wird die Fähigkeit von Rechenanlagen ausgenutzt, alle möglichen Zeichenkombinationen in Datenmengen sicher wiederzufinden. In der Regel wendet man EDV-gestützte Inhaltsanalysen auf Textmaterial an; bei geeigneter Codierung läßt sich der Grundgedanke aber auf die Analyse aller denkbaren Zeichenbestände verallgemeinern. Das Verfahren soll am Beispiel der Analyse von Texten skizziert werden.

Zunächst ist der gesamte zu analysierende Textbestand über geeignete Eingabegeräte in der Rechenanlage zu speichern. Zweitens ist ein 'Lexikon' zu entwickeln. Dies ist der zentrale Schritt der EDV-gestützten Inhaltsanalyse: im Lexikon werden all jene Worte und/oder Wortkombinationen aufgelistet, die von der Rechenanlage im eingelesenen Textbestand identifiziert werden sollen. Selbstverständlich muß das Lexikon auf die Fragestellungen des Forschers abgestellt sein; es ist gewissermaßen das Erhebungsinstrument. Das Lexikon wird dann auch seinerseits im Rechner gespeichert. Durch geeignete Programme läßt sich der Rechner anschließend dazu anhalten, anhand des Lexikons im zu analysierenden Text alle gewünschten Worte und/oder Wortkombinationen zu identifizieren und in einer vom Benutzer verlangten Weise auszudrucken. Diese ausgedruckten Ergebnisse der automatischen Inhaltsanalyse, die im Rechner dann ebenfalls als Datei enthalten sind, stellen faktisch eine Datenmatrix dar, die ihrerseits mit geeigneten statistischen Modellen weiter ausgewertet werden kann.

d. Computersimulation

Komplexe Prozesse der sozialen Wirklichkeit können durch Strukturgleichungen beschrieben werden, die man sich in Analogie zu denen der Pfadanalyse vorstellen kann. Allerdings werden hier auch Wandlungen von Variablen im Zeitverlauf sowie die hieraus entspringenden Wirkungen erfaßt und solchermaßen zeitreihenanalytische Vorstellungen eingearbeitet. Es entsteht ein Simulationsmodell für einen interessierenden Wirklichkeitsausschnitt. Anhand von vorliegenden Forschungsergebnissen wird es so konstruiert, daß es innerhalb der gewählten Untersuchungsperspektive den fraglichen Wirklichkeitsausschnitt korrekt abbildet. Mittels solcher Simulationsmodelle lassen sich folgende Forschungsaufgaben bewältigen:

- Überprüfung komplexer Hypothesen über vielfältig bedingte Prozesse;
- Erarbeitung von Prognosen;
- Erkundung von Variablenkonstellationen, die zu - innerhalb einer bestimmten Perspektive - optimalen Systemzuständen führen;
- Graphische Darstellung ablaufender Prozesse an Bildschirmen.

Derartige Forschungsarbeiten setzen die Verwendung geeigneter statistischer Modelle voraus und sind wegen des ungeheuren Rechenaufwands nur EDV-gestützt möglich.

Die erste der vier Nutzungsmöglichkeiten beschreibt die Voraussetzung dafür, in der sozialwissenschaftlichen Forschung überhaupt die EDV anwenden zu können. Den Kern sozialwissenschaftlicher EDV-Nutzung stellt die EDV-gestützte Statistik-Verwendung dar; sie erst erschließt die Möglichkeiten von automatischer Inhaltsanalyse und Computersimulation.

3. EDV-gestützte Statistikverwendung: SPSS als Beispiel

SPSS ist das am weitesten verbreitete Programmsystem zur EDV-gestützten Statistikverwendung und läßt sich folgendermaßen beschreiben:

SPSS verlangt, daß die eingelesenen Daten zunächst in die Form einer Datei gebracht werden, die bestimmte Format-Anforderungen erfüllen muß ('SPSS-File'). Ist dies geschehen, so können diese Daten seit neuestem interaktiv, in der Regel aber im Stapelbetrieb analysiert werden. Zu diesem Zweck muß der Forscher entscheiden, welche statistischen Modelle er in welcher Reihenfolge zur Analyse welcher Variablen, verwenden will. Durch mehrere Karten ('Datenkarten', 'Steuerkarten' und 'Kommandokarten') legt er fest, auf welche Variablen welches statistische Modell auf welche Weise angewendet und wie die Ergebnisse von der Rechenanlage an ihn ausgegeben werden sollen. Für jeden einzelnen von ihm gewünschten Schritt der Datenauswertung wird der Forscher entsprechende Kommandos festlegen; die Karten, in die sie umgesetzt werden, bilden einen Job. Für jeden Job erhält der Forscher, falls so gewünscht, einen Computerausdruck, der auf mehr oder weniger vielen Seiten die interessierenden Informationen enthält und am Schreibtisch wie ein

Buch, Aktenordner oder Karteikasten zur weiteren Arbeit benutzt werden kann.

SPSS verfügt über Karten zur Verwendung der meisten oben beschriebenen Modelle und erlaubt ferner die Nutzung mancher nicht behandelter Modelle. Natürlich hat es auch Lücken und Schwächen, vor allem im Bereich der graphischen Darstellung von Datenverteilungen. Gegebenenfalls sind eben andere Programmsysteme heranzuziehen.

Konkret wird SPSS, sobald auf ein Daten-File zugegriffen werden kann, folgendermaßen benutzt:

a) Durch Verwendung anlagenspezifischer Kommandos setzt sich der Benutzer an einem Terminal mit der Rechenanlage in Verbindung ('eine Session wird eröffnet'). Er kommuniziert dabei mit der Anlage über ihr Betriebssystem. Innerhalb dieses Systems kann es verschiedene Programme 'aufrufen', darunter auch SPSS.

b) Hat er SPSS aufgerufen, so kann er jenes Job-File schreiben, das den Rechner zu jenen Arbeiten anhält, als deren Resultat er schließlich den Computerausdruck mit den gewünschten Informationen erlangt. Im einzelnen hat er Karten zur Definition des Jobanfangs, zum Zugriff des Rechners auf die zu analysierenden Variablen, zur Anforderung der gewünschten statistischen Modelle und zur Spezifikation seiner Wünsche zu benutzen und mit den im Einzelfall nötigen Angaben zu versehen. Dies geschieht in der Weise, daß er sich in SPSS-Nachschlagewerken über die verfügbaren Karten und ihre Verwendungsweisen sachkundig macht und die entsprechenden Worte und Ziffern einfach am Terminal wie auf einer Schreibmaschine eintippt. Das Jobende ist ebenfalls durch eine geeignete Karte zu kennzeichnen.

c) Ist ein Job fertiggeschrieben, wird er der Anlage unterbreitet ('ein Job wird abgeschickt'). SPSS führt dann eine 'Syntax-Prüfung' durch und macht den Benutzer durch 'Fehlermeldungen' auf grammatisch unkorrekte Eingaben*) aufmerksam, die zu verbessern sind, bevor der Rechenvorgang eingeleitet werden kann. Selbstverständlich kann weder die Rechenanlage noch SPSS den Forscher auf zwar grammatisch korrekte, doch inhaltlich sinnlose Forderungen hinweisen.**)

---

*) d.h.: innerhalb der Syntax des Programmsystems bzw. der Programmiersprache unkorrekte Eingaben.

**) wie etwa auf das Kommando, zwei nominalskalierte Variablen einer Regressionsanalyse zu unterziehen.

d) Sind aufgetretene Syntaxfehler beseitigt, dann wird der Job vom Betriebssystem in eine Warteschlange eingereiht und innerhalb einer entsprechenden Frist 'gerechnet'. Wer lange Wartezeiten vermeiden will und ungehinderten Zugang zu einem Terminal hat, sollte außerhalb der üblichen Benutzungszeiten seine Jobs rechnen lassen. Ist der Job gerechnet, wird dies dem Benutzer auf dem Bildschirm und gegebenenfalls auch akustisch mitgeteilt.

e) Die Rechenergebnisse können durch geeignete Kommandos sodann am Bildschirm eingesehen werden. In jedem Fall lassen sie sich über einen Drucker oder Plotter ausgeben; falls gewünscht, können sie auch im Rechner zur weiteren Verwendung abgespeichert werden.

f) Durch entsprechende Kommandos wird anschließend das gewählte Programmsystem (etwa: SPSS) verlassen und die Sitzung beendet. Das Terminal ist dann für den nächsten Benutzer frei. Selbstverständlich wird durch entsprechende Sicherungsmaßnahmen dafür gesorgt, daß ein Benutzer nicht auf die Dateien und Programme des anderen zugreifen kann.

III. Grundzüge der EDV-gestützten Statistikverwendung im Ablauf eines Forschungsprozesses

Stets ist bereits bei der Planung eines Forschungsprozesses zu entscheiden, ob die Datenauswertung EDV-gestützt erfolgen soll. Einerseits hängt von einer solchen Entscheidung die Ausgestaltung des Personaleinsatz- und Finanzierungsplans ab; andererseits ergeben sich aus dieser Entscheidung Restriktionen bzw. neue Möglichkeiten für die zu beantwortenden Forschungsfragen. Vor allem auf die Ausgestaltung der Erhebungsinstrumente (Fragebogen, Beobachtungsschema, Kategorienschema für eine Inhalts- oder Sekundäranalyse) hat die Entscheidung für einen EDV-Einsatz erhebliche Auswirkungen.

Sie beziehen sich natürlich nur insoweit auf ihre inhaltliche Gestaltung, als der EDV-Einsatz die Nutzung von Auswertungsmodellen möglich macht, welche komplexere Fragestellungen zu bearbeiten erlauben. Wichtig sind jedoch die Konsequenzen für die graphische Gestaltung der Erhebungsinstrumente.

Denn alle EDV-gestützt auszuwertenden Daten müssen zunächst in die Rechenanlage eingegeben ('eingelesen') werden; dadurch entsteht die Datenmatrix konkret in Form einer Datei. Während dies früher regelmäßig durch Übertragung der Ergebnisse auf Lochkarten ('Ablochen') und Einlesen der Lochkarten geschah, erfolgt auch dieser Arbeitsschritt heute meist über ein Terminal. Es stehen Datenerfassungsprogramme ('Masken') zur Verfügung, die es erlauben, direkt von den ausgefüllten Fragebögen, Beobachtungsprotokollen und Kategorienschemata durch Eintippen am Terminal Zahlen und Texte abzuspeichern. Folglich wird dieser erste Arbeitsschritt der EDV-Nutzung wesentlich beschleunigt und weniger anfällig gegen Eingabefehler gemacht, wenn die Erhebungsinstrumente selbst schon so gestaltet sind, daß die eingetragenen Kreuze, Ziffern und Texte im Fragebogen usw. ohne Mißverständnisse abgelesen und am Terminal bequem eingegeben werden können. Es ist darum dringend zu raten, einen erfahrenen EDV-Mitarbeiter schon bei der Erstellung der Erhebungsinstrumente zu konsultieren.

Will man SPSS benutzen, müssen die eingelesenen Daten sodann in die Form einer SPSS-Datei (SPSS-File) gebracht werden. Dabei können Bezeichnungen für die einzelnen Variablen und ihre Werte festgelegt werden ('Labels', 'Etiketten'), welche die Lektüre der Computerausdrucke wesentlich erleichtern. Diese Labels sind sorgfältig zu wählen, da mißverständliche Bezeichnungen bei der Ergebnisinterpretation, die sich ja auf die Computerausdrucke stützt, irreführen können.

Entweder noch vor der Erstellung der SPSS-Datei anhand der eingelesenen Datenmatrix oder gleich nach ihrer Erzeugung muß eine Kontrolle der eingegebenen Daten vorgenommen werden, da Eingabefehler nie auszuschließen sind. Vor allem mit folgenden Fehlern ist zu rechnen:

- Man vertippt sich bei der Datenerfassung und schreibt falsche Zahlenwerte oder Buchstaben statt Ziffern (und umgekehrt) in die Datei.
- Man läßt einzulesende Werte aus; gegebenenfalls 'überspringt' man sie, so daß etwa für die Variablen 10, 11, 12 ... die Werte für die Variablen 10, 12, 13 ... eingelesen werden.
- Man tippt Werte doppelt ein; gegebenenfalls werden dann für die Variablen 10, 11, 12, 13 ... die Werte der Variablen 10, 10, 11, 12 ... eingelesen.
- Einzelne Fragebogen usw. ('Datensätze') werden versehentlich nicht eingelesen.

Je nach der Qualität des Datenerfassungsprogramms läßt sich die Wahrscheinlichkeit einzelner Fehler verringern. Beispielsweise kann dafür gesorgt werden, daß der Rechner unzulässige Zahlenangaben nicht akzeptiert; dies wäre etwa der Fall, wenn bei einer dichotomen Variablen mit den Ausprägungen '1' und '2' vergeblich versucht würde, eine '4' einzutippen. Trotz aller Vorsichtsmaßnahmen kommt es eigentlich immer zu Fehlern. Deshalb sind stets Kontrollen durchzuführen und Korrekturen vorzunehmen ('Datenbereinigung'). Dafür bieten einzelne Programmsysteme verschiedene Möglichkeiten. Falsch eingetippte zulässige Werte kann man jedoch grundsätzlich nur durch den Vergleich der eingegebenen Werte mit den ausgefüllten Fragebogen usw. identifizieren. Darum ist es ratsam, sich in jedem Fall anhand einer Stichprobe der eingelesenen Datensätze einen Eindruck vom Ausmaß dieser Fehler zu verschaffen und weitere Entscheidungen vom Ergebnis dieser Prüfung abhängig zu machen.

Sobald die Datenbereinigung abgeschlossen ist, wird man gegebenenfalls Recodierungen vornehmen. Oft faßt man Antworten auf offen formulierte Fragen (beispielsweise zu 'Stundenzahlen', 'Alter', 'Ausgaben für ...') nach einer Inspektion der erhaltenen Häufigkeitsverteilung zu Merkmalsklassen zusammen und erzeugt dadurch gruppierte Daten. Bisweilen kreiert man auch anhand des erhobenen Materials durch Zusammenfassung von Indikator-Variablen neue Variablen (beispielsweise:'Schicht' aus Variablen wie 'Einkommen', 'Beruf' und 'Bildungsstand'). Doch zumindest wird man dafür sorgen, daß die Code-Nummern für 'keine Antwort' oder 'nicht klassifizierbare Antwort' größere Zahlenwerte aufweisen als der höchstzulässige substanziell interessierende Variablenwert, damit bei kumulierten Häufigkeitsverteilungen die Summierung der relativen Häufigkeiten nicht mit den auf diese Rubriken entfallenden Untersuchungseinheiten beginnt.

Alle 'Problemfälle', die bei der Datenerfassung und der Datenbereinigung auftreten, sind aufzulisten und samt den bezüglich ihrer getroffenen Entscheidungen zu dokumentieren; dasselbe gilt erst recht für alle Recodierungsmaßnahmen. Eine gründliche Dokumentation ist deswegen nötig, weil nur sie es später erlaubt, den tatsächlich erhobenen Datenbestand von jenem modifizierten Datenbestand zu unterscheiden, den die Eingriffe des Forschers erzeugten, und nur eine solche Unterscheidung ermöglicht eine Kontrolle und dadurch Verhinderung (unbewußt) manipulatorischer (Selbst-)Täuschungen.

Wenn die Arbeitsschritte 'Datenerfassung', 'Datenbereinigung' und 'Recodierung' abgeschlossen sind, kann die erstrebte Auswertung der Daten beginnen. Selbstverständlich ist der konkrete Auswertungsplan, der bivariate und Drittvariablenanalysen, die Verwendung multivariater Modelle, die Durchführung von Punkt- und Intervallschätzungen sowie von Signifikanztests umgreift, bereits in der Phase der Konzeptualisierung des Forschungsprojekts zu erstellen. Schließlich liefert ja die Datenauswertung jene Antworten, derentwegen man das ganze Forschungsprojekt überhaupt durchführt. Folglich dürfen weder Variablen 'vergessen' noch unzulängliche Variablenausprägungen oder Meßniveaus zugrunde gelegt werden - mögliche Probleme, die sich am sichersten dann identifizieren und beseitigen lassen, wenn man schon im vorhinein detailliert festlegt, welche statistischen Modelle zur Beantwortung welcher Fragen auf welche Variablen angewendet werden sollen.

Zwar wird immer noch sehr oft so vorgegangen, daß man zunächst die Daten erhebt und sich erst in der Auswertungsphase fragt, mit welchen statistischen Modellen man diese Daten wohl analysieren könnte. In der Regel hat man dann unangenehme und folgenreiche Versäumnisse zu bereuen. Ohnehin ist es keineswegs so, daß man die Laufzeit eines Projekts dadurch verkürzen kann, daß man die Konzeptualisierungsphase einschränkt. Ganz im Gegenteil kann man dann am zügigsten und inhaltlich befriedigendsten arbeiten, wenn man während der Datenanalyse auf keine irreparablen Versäumnisse stößt, sondern gemäß einem gut durchdachten Auswertungsplan Schritt für Schritt die Ernte seiner Erhebungen einfahren kann.

Am zweckmäßigsten ist es darum, zugleich mit der Formulierung der Forschungsfragen und der Erstellung der Erhebungsinstrumente einen detaillierten Auswertungsplan zu erarbeiten; dabei hat der EDV-Mitarbeiter mit technischen Ratschlägen mitzuwirken. Er erhält dann einen präzisen Aufgabenplan, der u.a. festlegt, in welcher Reihenfolge welche Häufigkeitsverteilungen auszuzählen, welche Korrelationskoeffizienten für welche Variablen zu berechnen, welche Signifikanztests durchzuführen und welche Jobs für multivariate Analysen auszuarbeiten sind. Durch diesen Aufgabenplan wird zudem sichergestellt, daß der Forscher seine Ergebnisse in einer inhaltlich sinnvollen Reihenfolge zur weiteren Bearbeitung vorgelegt bekommt. Zweifellos wird man im Licht der schrittweise zur Kenntnis genommenen Ergebnisse zusätzliche Analysen wünschen und durchführen lassen, gegebenenfalls auch manche Fragestellungen überhaupt erst anhand der Ergebnisse entdecken und dann durch explorative Auswertungsschritte zu beantworten versuchen. Doch dies alles wird natürlich viel effizienter vorgenommen werden können, wenn zunächst ein fester Rahmen verfügbar ist, innerhalb dessen alle Einzelanalysen wie ein Räderwerk zusammenwirken.

Überhaupt sollte darauf geachtet werden, die Jobs stets auf inhaltlich abgegrenzte Fragestellungen zu beziehen und in einer Reihenfolge berechnen und ausdrucken zu lassen, die dem Forscher ein wirklich planvolles und zielgerichtetes Eindringen in seinen Datenbestand ermöglicht. Liegt pro konkreter Fragestellung genau ein Job vor, der alle nötigen Daten präsentiert, so lassen sich die Computerausdrucke am Schreibtisch wie Bücher oder Aufsätze benutzen. Im Computerausdruck wird man auffällige oder relevante Ergebnisse kennzeichnen, Interpretationen, Ideen und weiterführende Fragen notieren und in mehrmaligen 'Durchgängen' durch das Material sich einen Eindruck davon verschaffen, wie die Antworten auf die Forschungsfragen wohl lauten. Wann immer dies sinnvoll ist, wird man auch, wie bei der Benutzung 'traditioneller' Materialien, Exzerpte anfertigen und auf diese Weise jene Informationen zusammentragen, auf die man seine Ergebnisinterpretation gründet. In Zusammenhang solcher Auswertungen der einzelnen Jobs wird man dann zu allen Teilfragen des Forschungsprojekts <u>Arbeitspapiere</u> verfassen, die ihrerseits als Grundlage der aus dem Projekt entstehenden Publikationen dienen.

Meist werden erste Interpretationen zu modifizieren sein, sobald ein Gesamtbild der Ergebnisse entstanden ist, oder es werden auch Ausgangsannahmen des Forschers im Licht der erhaltenen Ergebnisse korrigiert werden müssen. Fern davon, 'objektive Zahlen' zu liefern, stellen auch Computerausdrucke nichts anderes dar als 'Text', mit dem in hermeneutischer Weise umgegangen wird. So wie zu Beginn des Forschungsprozesses die Fragen des Forschers und die Begrifflichkeit, in der sie formuliert wurden, die Perspektive und Zielrichtung des gesamten Vorgehens prägten, so erschließt sich an seinem Ende der Sinn von Ergebnissen nur dank der Interpretationskompetenz des Forschers. Offensichtlich besteht zwischen der 'traditionellen Forschungsweise' und der 'modernen Forschungsweise' der Sozialwissenschaften also durchaus nicht jene Kluft, die man oft zu identifizieren meint. Empirische Forschung, die nach sorgfältigen Auswahlplänen erhobene Stichprobendaten auswertet, valide Messungen durchführt, geeignete statistische Modelle verwendet und sich der Möglichkeiten moderner EDV bedient, ist nur <u>komplexer</u>; Aufgabe, Forschungslogik und Erkenntnismotivation sind jedoch identisch.

Literaturverzeichnis

Das folgende Literaturverzeichnis soll Wege zur Vertiefung des in dieser Einführung behandelten Stoffes aufzeigen. Sicher ist die Zusammenstellung subjektiv. Da jedem letztlich andere Darstellungsweisen 'liegen', wurde versucht, auch innerhalb der vorgeschlagenen Literatur Auswahlmöglichkeiten zu eröffnen; dabei wurde vorausgesetzt, daß jedem Leser eine wissenschaftliche Bibliothek zugänglich ist, so daß die Auswahl nach Einsichtnahme in die angegebenen Bücher vorgenommen werden kann. Es sollte aus jedem Abschnitt mindestens ein Buch benutzt werden. Bis auf wenige Ausnahmen wurden nur deutschsprachige Titel aufgenommen, um zur 'Stoffbarriere' nicht auch noch eine Sprachbarriere zu errichten.

1. Literatur zu wissenschaftstheoretischem Grundlagenwissen

    - H. Esser, K. Klenovits, H. Zehnpfennig, Wissenschaftstheorie. 2 Bde., Stuttgart 1977

    - Bernard Giesen, Michael Schmid, Basale Soziologie: Wissenschaftstheorie. München 1976

    - René König, Hrsg., Handbuch der empirischen Sozialforschung. Taschenbuch-Ausgabe 1973^3, Bd. 1: Geschichte und Grundprobleme

    - Kurt Kreppner, Zur Problematik des Messens in den Sozialwissenschaften. Stuttgart 1975

    - Franz Kromka, Sozialwissenschaftliche Methodologie: Eine kritisch-rationale Einführung. Paderborn u.a. 1984

    - Karl-Dieter Opp, Methodologie der Sozialwissenschaften. Einführung in Probleme ihrer Theoriebildung. Durchgreifend revidierte und wesentlich erweiterte Neuauflage. Reinbek 1976

2. Lehrbücher zu den sozialwissenschaftlichen Forschungsmethoden

    - Heine v. Alemann, Der Forschungsprozeß. Eine Einführung in die Praxis der empirischen Sozialforschung. Stuttgart 1977

    - Peter Atteslander, Methoden der empirischen Sozialforschung. 5., völlig neu bearb. u. erw. Aufl. Berlin, New York 1985

    - Jürgen Bortz, Lehrbuch der empirischen Forschung. Für Sozialwissenschaftler. Berlin u.a. 1984

    - Jürgen Friedrichs, Methoden empirischer Sozialforschung. Opladen 1982^{10}

    - Ted Robert Gurr, Politometrie. Einführung in die quantitave Makropolitik, dt. Frankfurt, New York 1974 (orig. USA 1972)

    - Fred N. Kerlinger, Grundlagen der Sozialwissenschaften. 2 Bd., dt. Weinheim, Basel 1978, 1979

    - Helmut Kromrey, Empirische Sozialforschung, Modelle und Methoden der Datenerhebung und Datenauswertung. 2. überarb. Aufl., Opladen 1983

    - Renate Mayntz, Kurt Holm, Peter Hübner, Einführung in die Methoden der empirischen Soziologie. Opladen 1978^5

    - Erwin Roth, Sozialwissenschaftliche Methoden. München, Wien 1984

    - Achim Schrader, Einführung in die empirische Sozialforschung. Stuttgart 1973^2

3. Literatur zur Geschichte der Statistik und der sozialwissenschaftlichen Forschung

   - Monika Böhme, Die Moralstatistik. Ein Beitrag zur Geschichte der Quantifizierung in der Soziologie. Marburg/Lahn 1969
   - Hermann Berner, Die Entstehung der empirischen Sozialforschung. Giessen 1983
   - Heinz Maus, Zur Vorgeschichte der empirischen Sozialforschung, in: René König, Hrsg., Handbuch der empirischen Sozialforschung. Taschenbuch-Ausgabe Stuttgart 1973^3, S. 21-56
   - Erich H. Witte, Signifikanztest und statistische Inferenz. Analysen, Probleme, Alternativen. Stuttgart 1980, S. 6-15

4. Literatur zur Amtlichen Statistik

   - Statistisches Bundesamt, Hrsg., Das Arbeitsgebiet der Bundesstatistik 1981. Stuttgart, Mainz 1981
   - Grundlagen der Statistik. Amtliche Statistik und beschreibende Methoden. Von O. Anderson u.a., Berlin u.a. 1978
   - Karl Hüttner, Das Statistische Bundesamt. Bonn 1972
   - Manfred Hüttner, Grundzüge der Wirtschafts- und Sozialstatistik. Systematische Darstellung mit zahlreichen Beispielen und einer Aufgebensammlung. Wiesbaden 1973

5. Umfassende Lehrbücher der Statistik

   - Günter Bamberg, Franz Baur, Statistik. 3., überarb. Aufl. München, Wien 1984
   - Manfred Bogun, Christoph M. Erben, Rolf Schulmeister, Einführung in die Statistik. Ein Lernbuch für Psychologen und Sozialwissenschaftler. Weinheim, Basel 1983
   - Jürgen Bortz, Lehrbuch der Statistik - Für Sozialwissenschaftler. Berlin 1979^2
   - Herbert Büning, Götz Trenkler, Nichtparametrische statistische Methoden. Berlin, New York 1978
   - Günter Clauß, Heinz Ebner, Grundlagen der Statistik für Psychologen, Pädagogen und Soziologen. Nachdruck der 2., neubearb. u. erw. Aufl., Thun, Frankfurt 1977
   - Joachim Hartung, Bärbel Elpelt, Karl-Heinz Klösener, Statistik. Lehr- und Handbuch der angewandten Statistik. München, Wien 1985^3
   - Dieter Hochstädter, Einführung in die statistische Methodenlehre. 4., erw. u. überarb. Aufl., Frankfurt, Bern 1982
   - Jürgen Kriz, Statistik in den Sozialwissenschaften. Reinbek 1978
   - Arthur Lindner, Willi Berchtold, Elementare statistische Methoden. Basel u.a. 1979
   - Paul Neurath, Grundbegriffe und Rechenmethoden der Statistik für Soziologen, in: René König, Hrsg., Handbuch der empirischen Sozialforschung. Taschenbuch-Ausgabe Stuttgart 1973^3, Bd. 3b
   - Jürgen Ritsert, Egon Becker, Grundzüge sozialwissenschaftlich-statistischer Argumentation. Eine Einführung in statistische Methoden. Opladen 1971

- Lothar Sachs, Statistische Methoden . 5., neubearb. Aufl., Berlin u.a. 1982

6. Darstellungen der Deskriptiven Statistik (ohne multivariate Modelle)

- Hans Benninghaus, Deskriptive Statistik. Stuttgart 1974

- Jörg M. Diehl, Heinz V. Kohr, Deskriptive Statistik. Frankfurt 1977

- Franz Ferschl, Deskriptive Statistik. 2., verb. Aufl., Würzburg, Wien 1980

- Wolf-Dieter Heller, Henner Lindenberg, Manfred Nuske, Karl-Heinz Schriever, Beschreibende Statistik. Mit vollständig gelösten Aufgaben. Basel u.a. 1979

- Helmut Hoffmann, Bildstatistik in der politischen Sachinformation. 2., völlig neubearb. Aufl., München 1975

- Hans Zeisel, Die Sprache der Zahlen. Köln 1970

7. Darstellungen von multivariaten Modellen

a. Überblicksdarstellungen

- Ludwig Fahrmeir, Alfred Hamerle, Hrsg., Multivariate statistische Verfahren. Berlin, New York 1984

- Joachim Hartung, Bärbel Elpelt, Multivariate Statistik. Lehr- und Handbuch der angewandten Statistik. München, Wien 1984

- Hans J. Hummel, Probleme der Mehrebenenanalyse. Stuttgart 1972

- Manfred Küchler, Multivariate Analyseverfahren. Stuttgart 1979

- C. Schuchard-Ficher, K. Backhaus, V. Humme, W. Lohrberg, W. Plinke, W. Schreiner, Multivariate Analysemethoden. Eine anwendungsorientierte Einführung. 2., verb. Aufl., Berlin u.a. 1982

b. Einzelne multivariate Modelle

- Heinz Ahrens, Jürgen Läuter, Mehrdimensionale Varianzanalyse. 2., erw. u. ber. Aufl., Berlin (Ost) 1981

- Gerhard Arminger, Faktorenanalyse. Stuttgart 1979

- Hubert M. Blalock, Jr., Causal inferences in nonexperimental research. New York 1972

- ders., Theory construction. From verbal to mathematical formulations. Englewood Cliffs, N.J. 1969

- Erhard Eimer, Varianzanalyse. Eine Einführung. Stuttgart u.a. 1978

- Franz Josef Geider, Klaus-Eckart Rogge, Harald P. Schaaf, Einstieg in die Faktorenanalyse. Heidelberg 1982

- Karl-Dieter Opp, Peter Schmidt, Einführung in die Mehrvariablenanalyse. Grundlagen der Formulierung und Prüfung komplexer sozialwissenschaftlicher Aussagen. Reinbek 1976

- Jürgen Ritsert, Elmar Stracke, Frank Heider, Grundzüge der Varianz- und Faktorenanalyse. Frankfurt, New York 1976

- Otto Schlosser, Einführung in die sozialwissenschaftliche Zusammenhangsanalyse. Reinbek 1976

- Erhard Schwedler, Möglichkeiten und Grenzen multivariater Analysen auf der Grundlage von Kontingenztabellen. Frankfurt u.a. 1984
- Helmuth Späth, Hrsg., Fallstudien Cluster-Analyse. München, Wien 1977
- Dieter Urban, Regressionstheorie und Regressionstechnik. Stuttgart 1982
- Erich Weede, Hypothesen, Gleichungen und Daten. Spezifikations- und Meßprobleme bei Kausalmodellen für Daten aus einer und mehreren Beobachtungsperioden. Kronberg/Ts. 1977

8. Darstellungen zur Zeitreihenanalyse und zu dynamischen Modellen

- Ernst P. Billeter, Vladimir Vlach, Zeitreihen-Analyse. Einführung in die praktische Anwendung. Würzburg, Wien 1981
- Wolfgang Birkenfeld, Methoden zur Analyse von kurzen Zeitreihen. Basel, Stuttgart 1977
- Thomas Burdelski, Univariable Zeitreihenanalyse und kurzfristige Prognose. Königstein/Ts. 1980
- Andreas Diekmann, Peter Mitter, Methoden zur Analyse von Zeitverläufen. Anwendungen stochastischer Prozesse bei der Untersuchung von Ereignisdaten. Stuttgart 1984
- Th. Harder, Dynamische Modelle in der empirischen Sozialforschung. Stuttgart 1973
- Bernd Leiner, Einführung in die Zeitreihenanalyse. München, Wien 1982
- Rainer Schlittgen, Bernd H.J. Streitberg, Zeitreihenanalyse. München, Wien 1984

9. Einführung in die Wahrscheinlichkeitstheorie

- Karl Bosch, Hans Wolff, Grundkurs Wahrscheinlichkeitsrechnung und Statistik. Braunschweig 1978
- Walter Dürr, Horst Mayer, Wahrscheinlichkeitsrechnung und schließende Statistik. München, Wien 1981
- Arthur Engel, Wahrscheinlichkeitsrechnung und Statistik. Stuttgart 1973.
- Robert Ineichen, Einführung in die elementare Statistik und Wahrscheinlichkeitsrechnung. Luzern, Stuttgart 1977
- Alex Keel, Statistik II. Wahrscheinlichkeit. St. Gallen 1981
- S. Maaß, Statistik für Wirtschafts- und Sozialwissenschaftler I. Wahrscheinlichkeitstheorie. Berlin u.a. 1983
- Schätzen und Testen. Eine Einführung in die Wahrscheinlichkeitsrechnung und schließende Statistik. Berlin u.a. 1976

10. Darstellungen zum Bayes-Ansatz

- Douglas E. Hunter, Political / military applications of Bayesian analysis. Methodological issues Boulder, Col. 1984
- Gernot D. Kleiter, Bayes-Statistik. Grundlagen und Anwendungen. Berlin, New York 1981
- Kurt Stange, Bayes-Verfahren. Schätz- und Testverfahren bei Berücksichtigung von Vorinformationen, Berlin u.a. 1977

11. Darstellungen zur schließenden Statistik

   a) Einführungen

   - Siegfried Hoppe, Detlev Liepmann, Einführung in die Statistik für die Verhaltenswissenschaften. Ein Arbeitstext mit einer Einführung in die EDV. Teil II: Inferenzstatistik. Stuttgart u.a. 1976

   - S. Maaß, H. Mürdter, H. Rieß, Statistik für Wirtschafts- und Sozialwissenschaftler II. Induktive Statistik. Berlin u.a. 1983

   - Heinz Sahner, Schließende Statistik. Stuttgart 1971

   b) Repräsentationsschluß

   - Gerhard Marinell, Statistische Ausweitung. München, Wien 1984

   c) Inklusionsschluß (Signifikanztests)

   - G. A. Lienert, Verteilungsfreie Methoden in der Biostatistik, 2., völlig neubearb. Aufl., 3 Bde., Meisenheim am Glan 1973, 1975 und 1978

   - H. Renn, Nichtparametrische Statistik. Eine Einführung in die Grundlagen. Stuttgart 1975

   - E. Schaich, A. Hamerle, Verteilungsfreie statistische Prüfverfahren. Eine anwendungsorientierte Darstellung. Berlin u.a. 1984

   - Sidney Siegel, Nichtparametrische statistische Methoden. dt. Frankfurt 1976

   - Manfred Tiede, Werner Voß, Prüfverfahren in der Wirtschafts- und Sozialstatistik. Bochum 1982^2

   - Erich H. Witte, Signifikanztest und statistische Inferenz. Analysen, Probleme, Alternativen. Stuttgart 1980

12. Darstellungen zur sozialwissenschaftlichen EDV-Verwendung

   - K. Allerbeck, Datenverarbeitung in der empirischen Sozialforschung. Eine Einführung für Nichtprogrammierer. Stuttgart 1972

   - F. Bauer, Datenanalyse mit SPSS. Berlin u.a. 1984

   - Rainer Guski, Statistische Computer-Anwendungen, in: Hoppe/Liepmann, Einführung in die Statistik/Inferenzstatistik, a.a.O., S. 170-219

   - Steffen Harbordt, Computersimulation in den Sozialwissenschaften, 2 Bde. Reinbek 1974

   - Wolf-Michael Kähler, SPSS. Einführung in das Datenanalysesystem. Eine Anleitung zur EDV-gestützten statistischen Datenauswertung. Braunschweig/Wiesbaden 1984

   - Jürgen Kriz, Datenverarbeitung für Sozialwissenschaftler. Einführung in Grundlagen, Programmierung und Anwendung. Reinbek 1975

   - Paul R. Lohnes, William W. Cooley, Einführung in die Statistik mit EDV-Übungen. dt. Hannover u.a. 1976

   - Erwin K. Scheuch, Entwicklungsrichtungen bei der Analyse sozialwissenschaftlicher Daten, in: René König, Hrsg., Handbuch der empirischen Sozialforschung, Taschenbuch-Ausgabe Stuttgart 1973^3, Bd. 1, S. 161-237

- Helmuth Späth, Cluster-Formation und -Analyse. Theorie, FORTRAN-Programme, Beispiele. München, Wien 1983
- SPSS 9. Statistik-Programm-System für die Sozialwissenschaften. Eine Beschreibung der Programmversionen 8 und 9. Von Peter Beutel und Werner Schubö, 4. Aufl. Stuttgart, New York 1983

13. Kritik fehlerhafter Statistik-Verwendung

- Darrell Huff, How to lie with statistics. New York 1954

- Gregory A. Kimble, How to use (and misuse) statistics. Englewood Cliffs, N.J. 1978
- Jürgen Kriz, Methodenkritik empirischer Sozialforschung. Eine Problemanalyse sozialwissenschaftlicher Forschungspraxis. Stuttgart 1981

Oldenbourg · Wirtschafts- und Sozialwissenschaften · Steuer · Recht

Statistik
für Wirtschafts- und Sozialwissenschaften

Bamberg · Baur
Statistik
Von Dr. Günter Bamberg, o. Professor für Statistik und Dr. habil. Franz Baur.

Hackl · Katzenbeisser · Panny
Statistik
Lehrbuch mit Übungsaufgaben
Von Professor Dr. Peter Hackl, Dr. Walter Katzenbeisser und Dr. Wolfgang Panny.

Hartung
Statistik
Lehr- und Handbuch der angewandten Statistik
Von Dr. Joachim Hartung, o. Professor für Statistik, Dr. Bärbel Elpelt und Dr. Karl-Heinz Klösener.

Hartung · Elpelt
Multivariate Statistik
Von Professor Dr. Joachim Hartung und Dr. Bärbel Elpelt.

Krug · Nourney
Wirtschafts- und Sozialstatistik: Gewinnung von Daten
Von Dr. Walter Krug, Professor für Statistik, und Martin Nourney, Leitender Regierungsdirektor.

Leiner
Einführung in die Zeitreihenanalyse
Von Dr. Bernd Leiner, Professor für Statistik.

Leiner
Einführung in die Statistik
Von Dr. Bernd Leiner, Professor für Statistik.

von der Lippe
Klausurtraining in Statistik
Von Dr. Peter von der Lippe, Professor für Statistik.

Marinell
Statistische Auswertung
Von Professor Dr. Gerhard Marinell.

Marinell
Statistische Entscheidungsmodelle
Von Professor Dr. Gerhard Marinell.

Oberhofer
Wahrscheinlichkeitstheorie
Von Dr. Walter Oberhofer, o. Professor für Ökonometrie.

Rüger
Induktive Statistik
Von Dr. Bernhard Rüger, Professor für Statistik.

Schlittgen · Streitberg
Zeitreihenanalyse
Von Professor Dr. Rainer Schlittgen und Professor Dr. Bernd H. J. Streitberg.

Vogel
Beschreibende und schließende Statistik
Formeln, Definitionen, Erläuterungen, Stichwörter und Tabellen
Von Dr. Friedrich Vogel, o. Professor für Statistik.

Zwer
Internationale Wirtschafts- und Sozialstatistik
Lehrbuch über die Methoden und Probleme ihrer wichtigsten Teilgebiete
Von Dr. Reiner Zwer, Professor für Statistik.

Operations Research

Hanssmann
Einführung in die Systemforschung
Methodik der modellgestützten Entscheidungsvorbereitung
Von Dr. Friedrich Hanssmann, o. Professor und Vorstand des Seminars für Systemforschung.

 Oldenbourg · Wirtschafts- und Sozialwissenschaften · Steuer · Recht

Oldenbourg · Wirtschafts- und Sozialwissenschaften · Steuer · Recht

Schönwitz · Weber
Wirtschaftsordnung
Einführung in Theorie und Praxis
Von Dr. Dietrich Schönwitz und Dr. Hans-Jürgen Weber.

Außenwirtschaft

Dixit · Norman
Außenhandelstheorie
Von Avinash K. Dixit und Victor D. Norman. Übersetzt aus dem Englischen von Dr. Bernd Kosch.

Konjunktur

Assenmacher
Konjunkturtheorie
Von Dr. Walter Assenmacher, Akad. Oberrat.

Geldtheorie und -politik

Schaal
Monetäre Theorie und Politik
Lehrbuch der Geldtheorie und -politik
Von Professor Dr. Peter Schaal.

Inflation

Ströbele
Inflation – Einführung in Theorie und Politik
Von Dr. Wolfgang Ströbele, Professor der Wirtschaftswissenschaft.

Ökonometrie

Assenmacher
Einführung in die Ökonometrie
Von Dr. Walter Assenmacher, Akad. Oberrat.

Heil
Ökonometrie
Von Dr. Johann Heil.

Input-Output-Analyse

Holub · Schnabl
Input-Output-Rechnung: Input-Output-Tabellen
Von o. Professor Dr. Hans-Werner Holub und Professor Dr. Hermann Schnabl.

Städte- und Raumplanung

Bökemann
Theorie der Raumplanung
Regionalwissenschaftliche Grundlagen für die Stadt-, Regional- und Landesplanung
Von Professor Dr. Dieter Bökemann.

Sozialwissenschaft

Methoden

Roth
Sozialwissenschaftliche Methoden
Lehr- und Handbuch für Forschung und Praxis
Herausgegeben von Professor Dr. Erwin Roth unter Mitarbeit von Dr. Klaus Heidenreich.

Soziologie

Eberle · Maindok
Einführung in die soziologische Theorie
Von Dr. Friedrich Eberle und Dr. Herlinde Maindok.

Mikl-Horke
Organisierte Arbeit. Einführung in die Arbeitssoziologie
Von Professorin Dr. Gertrude Mikl-Horke.

 Oldenbourg · Wirtschafts- und Sozialwissenschaften · Steuer · Recht

Oldenbourg · Wirtschafts- und Sozialwissenschaften · Steuer · Recht

Fremdsprachen
für Wirtschafts- und Sozialwissenschaften

Gallagher
German-English Translation. Texts on Politics and Economics.
Deutsch-englische Übersetzungsübungen. Lehrbuch mit Texten über Politik und Wirtschaft.
Von John D. Gallagher, Lehrbeauftragter für Wirtschaftsenglisch.

Schäfer
Wirtschaftsenglisch
Lehr- und Übungsbuch
Von Professor Dr. Wilhelm Schäfer.

Gallagher
Cours de Traduction allemand-français. Textes politiques et économiques.
Deutsch-französische Übersetzungsübungen. Lehrbuch mit Texten über Politik und Wirtschaft.
Von John D. Gallagher, Lehrbeauftragter für Wirtschaftsfranzösisch.

Allgemeine Volkswirtschaftslehre

Cezanne · Franke
Volkswirtschaftslehre
Eine Einführung
Von Professor Dr. Wolfgang Cezanne und Professor Dr. Jürgen Franke.

Ertel
Volkswirtschaftslehre
Eine Einführung am Beispiel der Bundesrepublik Deutschland
Von Dr. Rainer Ertel.

Haslinger
Volkswirtschaftliche Gesamtrechnung
Von Professor Dr. Dr. Franz Haslinger.

Allgemeine Betriebswirtschaftslehre

Bestmann
Kompendium der Betriebswirtschaftslehre
Herausgegeben von Professor Dr. Uwe Bestmann unter Mitarbeit von Prof. Dr. Ebert, Prof. Dr. Grimm-Curtius, Prof. Dr. Pfeiffer, Prof. Dr. Preißler, Prof. Dr. Wanner, Prof. Dr. Wenzel und Prof. Dr. Wiese.

Brede
Betriebswirtschaftslehre für Juristen
Von Dr. Helmut Brede, o. Professor der Betriebswirtschaftslehre.

Hanssmann
Quantitative Betriebswirtschaftslehre
Lehrbuch der modellgestützten Unternehmensplanung
Von Dr. Friedrich Hanssmann, o. Professor der Betriebswirtschaftslehre.

Hummel
Betriebswirtschaftslehre
Gründung und Führung kleiner und mittlerer Unternehmen
Von Dipl.-Kfm. Dipl.-Hdl. Thomas Hummel.

Schierenbeck
Grundzüge der Betriebswirtschaftslehre
Von Dr. Henner Schierenbeck, o. Professor der Betriebswirtschaftslehre.

Schierenbeck
Übungsbuch zu Grundzüge der Betriebswirtschaftslehre
Von Dr. Henner Schierenbeck, o. Professor der Betriebswirtschaftslehre.

Schneider
Geschichte betriebswirtschaftlicher Theorie
Allgemeine Betriebswirtschaftslehre für das Hauptstudium
Von Dr. Dieter Schneider, o. Professor der Betriebswirtschaftslehre.

 Oldenbourg · Wirtschafts- und Sozialwissenschaften · Steuer · Recht

Die Zeitschrift für den Wirtschaftsstudenten

Die Ausbildungszeitschrift, die Sie während Ihres ganzen Studiums begleitet · Speziell für Sie als Student der BWL und VWL geschrieben · Studienbeiträge aus der BWL und VWL · Original-Examensklausuren · Fallstudien · WISU-Repetitorium · WISU-Studienblatt · WISU-Kompakt · WISU-Magazin mit Beiträgen zu aktuellen wirtschaftlichen Themen, zu Berufs- und Ausbildungsfragen.

Erscheint monatlich · Bezugspreis für Studenten halbjährlich DM 48,– zzgl. Versandkosten · Kostenlose Probehefte erhalten Sie in jeder Buchhandlung oder direkt beim Deubner und Lange Verlag, Postfach 41 02 68, 5000 Köln 41.

Deubner und Lange Verlag · Werner-Verlag